기독교신학 개론

조종남

신교횃불

기독교신학 개론

지은이 | 조종남
초판 발행 | 2012년 8월 20일

등록번호 | 제22-657호
등록된 곳 | 서울특별시 송파구 삼전동 103번지
발행처 | 도서출판 선교횃불
영업부 | 02)2203-2739
출판부 | 02)2203-2765

책 값은 뒤 표지에 있습니다.
ISBN 978-89-5546-192-5 03230

편집부에서 독자의 의견을 기다립니다.
ccm2you@gmail.com http://www.ccm2u.com

이 책의 성경 본문은 개역개정판을 사용하였습니다.
이 출판물은 저작권법에 의해 보호를 받는 저작물이므로
무단전재와 무단복제를 금합니다.

기독교신학 개론

조종남

contents

저자의 서문 • 8

제 1장_기독교신학의 정의와 그 과제 • 11
1. 기독교신학의 정의 • 11
2. 신학의 과제와 그 소재 • 14
3. 학문으로서의 신학: 신학의 필요성 • 17
4. 기독교신학의 구조와 연구방법 • 20
   1) 구성의 종류
   2) 신학작업의 통합개념
      (Integrative Motif or Orienting concept)
   3) 신학 연구의 방법
5. 신학도의 기본자세 • 27

제 2장_하나님의 계시와 성경 • 29
1. 신학의 권위와 규범으로서의 하나님의 계시 • 29
2. 일반계시와 특별 계시 • 30
   1) 자연과 역사에 나타난 하나님의 일반계시
   2) 특별계시
   * 특별계시가 명제적인가, 아니면 인격적인가?
     (Propositional or Personal)
3. 기록된 계시인 성경 • 38
   1) 계시의 기록으로서의 성경
   2) 성경의 내용: 구약과 신약
   3) 성경의 영감: 하나님의 말씀으로서의 성경
4. 성경해석의 원리 • 49
   * 성경 읽는 자세

제 3장_하나님 아버지 • 55
1. 신 존재에 대한 여러 증명 • 56
   1) 우주론적 증명(Cosmological Evidence)
   2) 목적론적 증명(Teleological Evidence)
   3) 존재론적 증명(Ontological Evidence)
   4) 도덕론적 증명(Moral Evidence)
   5) 종교적 증명(Religious Evidence)
2. 하나님의 속성(Attribute of God) • 60
   1) 인격적인 하나님
   2) 자연적 속성: 하나님은 위대하신 주권자이시다
   3) 도덕적 속성: 하나님은 거룩한 사랑의 아버지,
      의로우신 분이시다
3. 삼위일체이신 하나님 • 80
   1) 기독교의 신관은 사벨리아니즘(Sabellianism)의
      주장을 배격한다
   2) 기독교의 신론은 삼신론(Tritheism)이 아니다
   3) 기독교는 단일신론(Unitarianism)을 배격한다

제 4장_우주론 • 85
1. 기독교는 하나님이 우주를 창조하셨다고 믿는다 • 85
   1) 천지창조의 신학적 의미
   2) 창세기 1장에 나타난 창조 기사에 대한 이해
   3) 창조의 목적
2. 하나님의 섭리 • 92
   1) 하나님의 일반 섭리
   2) 하나님의 특별 섭리
   3) 하나님의 섭리와 기적
   4) 하나님의 섭리와 기도
   5) 하나님의 섭리와 악의 문제

제 5장_인간론 • 101

1. 피조물로서의 인간 • 101
   1) 인간은 하나님의 형상을 따라 창조됨
   2) 인간은 영혼과 몸으로 구성된 한 개체임
   3) 인간 창조의 목적
2. 인간의 타락과 죄 • 114
   1) 아담의 범죄
   2) 아담의 범죄의 결과
   3) 원죄와 하나님의 은총: 원죄에 대한 견해들
3. 자범죄 • 122
   1) 신약성경에 나타난 죄의 종류
   2) 인간은 모두 죄인이다

제 6장_기독론 • 127

1. 예수님의 인격 • 128
   1) 예수님의 인성
   2) 예수님의 신성
   3) 예수님은 한 인격자이시다
2. 예수 그리스도의 직임 • 141
   1) 선지자의 직책: 계시 역할
   2) 왕의 직책: 그리스도의 통치
   3) 제사장의 직책: 중보와 속죄
3. 속죄 교리 • 149
   1) 속죄에 대한 여러 가지 학설들
   2) 속죄 교리에 대한 성경적 증거
   3) 그리스도의 대속 범위와 혜택

제 7장_성령론 • 159

1. 성령은 인격자이다 • 159
   1) 성경은 성령을 남성 대명사로 표현하고 있다
   2) 성령님의 사역은 그가 인격체(person)임을 드러내고 있다
   3) 성령님은 또 하나의 보혜사이다
2. 성령님은 하나님이시며 삼위일체의 한 위이시다 • 162
   1) 성령님은 그의 속성에 비추어 볼 때 하나님이시다
   2) 삼위일체 하나님은 언제나 함께 역사하신다
3. 성령의 사역 • 164
   1) 예수님이 구주임을 확신하게하며 또한 증거한다
   2) 성령님은 모든 그리스도인에게 은사를 준다
   3) 죄와 의와 심판에 대하여 증거하며, 신자를 진리 안으로 인도한다
   4) 우리는 성령님께 순종하여야 한다.

부록: 신유에 대한 신학적 이해 • 172

contents

제 8장_구원론(1):칭의, 중생, 성자 • 193
 1. 구원의 시간적 범주 • 194
 2. 구원의 필요와 본질 • 194
 3. 최근 신학에서의 구원의 개념 • 196
  1) 자유주의 신학
  2) 실존주의 신학
  3) 해방의 신학
  4) 복음주의 신학
 4. 구원의 정의와 단계 • 200
  1) 구원의 정의
  2) 구원의 순서
  3) 구원의 단계
 5. 칭의(稱義) • 203
 6. 양자됨(성자) • 206
 7. 중생 • 208
 8. 그리스도와 연합된 삶 • 211
 9. 죄인이 어떻게 거듭날 수 있는가? • 213
  1) 중생은 하나님의 은혜로 인하여 가능하다
  2) 중생은 우리가 회개와 믿음으로 받아야 한다
  3) 중생의 조건에는 회개와 믿음 밖에는 없다는 것인가?

제 9장_구원론(2): 성화론 • 225
 1. 성화의 정의: 신분상의 성화와 실제적 성화 • 225
 2. 성화의 과정과 단계 • 226
  1) 성화는 중생함으로 시작되 믿음으로 받는 은혜이다
  2) 이는 중생의 순간부터 점진적으로 성장하는 것이다
  3) 점진적인 성장과정에 순간적인 요소가 결합되어 있으며, 무한히 성장하는 것이다.

 (4) 성화의 단계
 3. 온전한 성화(성결) • 231
  1) 왜 거듭난 신자가 온전한 성화를 추구하여야 하는가?
  2) 온전한 성화(성결)의 특징
  3) 온전한 성화(성결)의 은혜를 받기위하여 어떻게 하여야 하는가?
  4) 성결의 은혜를 받은 것을 어떻게 알 수 있나?
  5) 영광스러운 구원을 위해 성결의 은혜를 받아야 한다: 성결과 마지막 구원
  6) 성결의 교리는 성경의 도리요 온전한 복음을 전하는 사람들의 교리이다

제 10장_교회론 • 277
 1. 교회는 하나님의 백성들의 모임에 존재한다 • 278
  1) 교회는 그리스도의 재성육신 곧 그리스도의 몸이다
  2) 교회는 하나님의 백성들의 모임이다
 2. 교회는 거룩한 공회이다 • 282
  1) 현실 교회는 부패했음에도 불구하고 거룩하다
  2) 교회는 공회이다
 3. 교회의 사명과 기능 • 287
  1) 예배
  2) 전도와 가르침
  3) 사회참여
  4) 복음전도의 우위성
 4. 교회의 정치형태 • 299
  1) 감독정치(Episcopal)
  2) 장로회정치(Presbyterian)
  3) 회중정치(Congregational)

4) 무교회주의(Nongovernment)
   5. 성례전 • 301
      1) 세례
      2) 성만찬

제11장_종말론 • 323

   1. 죽음 • 324
      1) 죽음의 실재와 본질
      2) 죽음이 어디에서 왔나?
      3) 육체적 죽음의 성례전적 의미
   2. 중간 상태에 대한 여러 견해들 • 329
      1) 영혼 불멸설
      2) 연옥설(Purgatory)
      3) 영혼 취침설(sleep of soul)
      4) 정통주의 입장
      5) 순간적 부활 (Instantaneous Resurrection)
      6) 결론
   3. 주님의 재림 • 336
      1) 주님의 재림은 분명히 있다
      2) 사도들은 주님의 재림을 대망하면서 살았다
      3) 주님은 영광 중에 인격적으로 오실 것이다
      4) 주님은 언제 오실지 모른다
      5) 재림의 목적
   4. 천년왕국과 대환난 • 342
      1) 천년왕국설에 대하여
      2) 대환난과 재림의 관계에 대하여
   5. 몸의 부활 • 351
      1) 영지주의자들의 반론
      2) 신자와 불신자의 부활
      3) 부활에서 어떤 몸으로 부활하나?
      4) 신자와 불신자가 언제 부활하나?
   6. 최후의 심판 • 357
      1) 심판 주와 심판의 근거
      2) 심판의 목적
   7. 우주의 회복: 새 하늘과 새 땅 • 360
   8. 최후의 상태 (영생) • 361
      1) 하늘나라
      2) 하늘나라의 본질 (nature of Heaven)
      3) 지옥

주석(註釋) • 368
참고도서 • 383
색인(Index) • 385

| 저자의 서문 |

　최근에 다시 기독교신학을 강의하게 되면서 교재로 사용할 수 있는 새로운 책의 필요를 절실히 느끼게 되었다. 또한 그 동안 신학교에서 가르치면서 내가 믿고 확신하는 신학적 견해를 후배들을 위하여 글로 남기고 싶은 생각도 들었다. 신학은 신앙의 학문이요 고백이기 때문이다. 그래서 이 저술은 이전에 출판한 나의 사도신경 강해를 보완하는 작업이기도 했다.

　책마다 특징이 있다. 특히 신학연구서적은 이런 점에서 그 차이가 더욱 현격하다. 따라서 이 책의 특징은 집필자의 신앙고백과 신학적 입장 및 집필 의도에 있어서 다른 신학연구서들과는 구별되는 몇 가지 특징이 있다.

　첫째, 나는 기독교신학은 성경에 근거하여야 한다는 전제에서 출발하였다. 성경은 전체가 성령의 영감으로 기록된 말씀으로, 성경이 주장하는 바(as it affirms)에는 오류가 없다고 믿는다. 이는 바로 로잔 언약이 주장하는 그대로이다. 따라서 성경에 오류가 있다고 주장하며 성경의 권위를 인정하지 않는 자유주의 신학이나, 성경은 단지 하나님의 말씀을 증거하는 도구일 뿐이라고 보면서 성경 그 자체를 하나님의 말씀으로서는 인정하지 않는 신정통주의 신학의 입장을 거부한다. 반면에 성경이 신학의 최고 권위이며, 하나님은 지금도 성경을 통하여 말씀하신다는 것을 믿고 주장하는 복음주의 신학의 입장에서 저술하였다. 그리하여 이 책에서 나는 모든 교리에 대한 성경적 근거를 제시하였다. 그러나 독자가 성경에 대한 기본적인 이해를 가지고 있다고 전제했기에 구체적인 주석은 생략하였다.

둘째, 나는 교회의 전통을 존중한다. 그리하여 복음주의 신학의 입장, 구체적으로는 웨슬리의 신학 입장에서 이 책을 서술하였다. 요한 웨슬리야말로 종교개혁의 원리를 재천명한 철저한 은총의 신학자로서, 은총의 역사를 역동적으로 이해하고 신앙생활과 전도활동에 적용하는 면에 있어 정통신학에 피와 살을 붙여 산 신학을 만들었다. 오늘의 시대에 요청되는 신학은 학문의 바벨탑 속에 감추어진 신학이 아니라 인간의 구원과 전도의 현장에 적실성을 가지는 신학이라야 한다. 나는 이 책에서 하나님의 은혜는 모든 사람의 구원을 위한 것이며 그 은혜는 넓고 깊다는 것을 강조하였다. 따라서 구원론, 특히 성화론에 깊은 관심을 가지고 집필하였다.

셋째, 이 책은 기독교신학의 입문서이다. 성경에 있는 중요한 교리를 깊고 복잡하게 다루기보다는 될 수 있는 대로 간략하게 서술하기 위해 노력하였다. 이 책이 신학을 공부하는 학생, 그리고 기독교의 기본적인 교리를 공부하고자 하는 평신도에게도 도움이 되도록 배려했다. 물론 신학연구를 필생의 사명으로 삼고 있는 이들에게도 효과적인 입문서가 되기를 기대한다.

이 책을 출판함에 있어서, 출판을 격려하며 원고 정리에 큰 도움을 준 이정근 박사와 원고의 최종 교정을 보느라고 수고한 박수진 전도사, 그리고 출판을 맡아 준 선교횃불의 김수곤 장로님에게 감사를 표한다. 무엇보다도 기독교신학을 강의할 때마다 감격을 안겨주신 하나님께 감사한다.

2012년 부활절에,

저자 조 종 남

말씀이 육신이 되어 우리 가운데 거하시매
우리가 그의 영광을 보니
아버지의 독생자의 영광이요
은혜와 진리가 충만하더라(요 1:14)

제 1장
기독교신학의 정의와 그 과제

1. 기독교신학의 정의

　기독교신학 또는 조직신학이라는 용어를 정의하기 이전에 우선 신학이라는 말의 의미에 대하여 살펴볼 필요가 있다. 신학(theology)이라는 용어는 헬라어의 θεὸς, 곧 신이라는 단어와 λόγος, 곧 말씀 혹은 학문이라는 단어가 합쳐서 형성된 말이다. 그러므로 신학은 신(하나님)에 대한 것, 또한 신과 관계되는 일들을 논리적으로 설명하는 학문이라고 할 수 있다.

　신학이라는 말은 기독교 이전에도 사용된 말이다. 그리고 그 뜻도 기독교에 한정된 것은 아니었다. 그러므로 우리는 의미를 보다 분명하게 하기 위하여 "기독교신학"이라고 불러야 한다. 기독교의 입장에서 말하는 신학(神學)임을 분명하게 하기 위함이다.

그러면 "기독교신학"을 어떻게 정의하여야 하는가? 영국의 신학자 포프(William Burton Pope)는 다음과 같이 정의했다. "기독교신학이란 하나님과 하나님에 관련된 것들에 관한 학문이지만, 예수 그리스도 안에서 이루어진 하나님의 계시에 기초하여 교회 안에서 여러 가지로 조직된 학문이다."[1]

그리고 마르텐슨(Martensen)은 "조직신학은 신자의 공동체, 곧 교회가 믿는 기독교의 교리들에 대한 조직적인 연구"[2]라고 말했다.

여기에서 우리는 기독교신학의 성격이 독특함을 본다. 첫째로, 기독교신학은 하나님의 계시에 근거한 신학이다. 이 점에서 기독교신학은 "종교학"과 구별된다. 일반 종교학에서도 "신"을 말하고 연구하며 신과의 관계된 것들, 그리고 신앙체험을 논의하지만, 그들은 일반적으로 말하는 종교체험에 근거하여 학문을 시작한다. 이에 비하여 기독교신학은 하나님의 계시에 근거하며 교회 안에서 연구하는 학문, 곧 믿음을 전제로 하는 학문이다. 기독교의 신앙체험은 엄밀한 의미에서는 우리를 향하신 하나님의 말씀에 호응하는 체험이기 때문이다. 기독교의 하나님은 계시하시는 하나님이시다. 여러 모양으로 계시하셨지만, 마침내 예수 그리스도 안에서 그의 뜻을 온전히 나타내셨다(요 1:14, 히 1:1-2). 그러므로 포프(Pope)가 말했듯이 기독교신학은 예수 그리스도 안에서 계시된 말씀과 진리에 기초하여 하나님과 관련된 일들을 다루는 학문이다.

또한 기독교신학은 철학과도 구별된다. 철학에서도 우주의 궁극적인 존재로서의 '신'문제를 다루고 있다는 점에서 학문의 주제는 같은 점도 있다. 그러나 그 방법(方法)에서는 크게 다르다. 곧 철학(哲學)은 인간개인의 이성에 의하여 추리해 나간다. 그러기에 그 학문에 있어 권위는 바로 이성(理性)이다. 그들에게 있어서는 이성적이고 합리적인 것이 진리이다. 그러나 기독교신학은 하나님의 계시 곧 성경의 말씀에 기초하여 학문을 해나간다. 이성에 의해서보다 믿음으로 출발한다. 따라서 신학은 믿는 사람들의 공동체인 교회의 학문이라는 점에서 철학과 차이가 있다.

거듭 말하거니와 기독교신학은 신앙의 학문이다. 이는 신학을 하는 대전제가 '신앙'이라는 것을 말한다. 이 세상에 학문하는 대전제 없이 시작된 학문은 없다. 과학의 실험도 설정한 가설이라는 그 무엇을 전제로 하고서야 시작되는 것이다.

기독교신학은 하나님이 계심을 믿는 전제에서 시작한다. 하나님이 존재하느냐 아니냐를 따지는 것이 신학이 아니다. 하나님이 계시는 것을 전제로 한다. 하나님은 우리 인간과는 다른 분으로 그분과 그 하나님의 뜻은 그가 계시하심으로써만 정확히 알 수 있다. 하나님은 스스로를 계시하시는 분이시다. 하나님은 여러 가지로 계시하셨다. 역사적 사건과 말씀을 통하여 계시하셨다. 그리고 마침내 예수 그리스도께서 성육신하여 하나님의 은혜와 진리를 온전히 나타내셨다(요 1:4, 히 1:2-3). 그리고 말씀을 예수에게 성육신하게 하신 성령은 하나님에 대한 진리를 영감으로 성경에 기록하게 하여 증거하게 하셨다. 우리 인간에게 계시로 자기의 뜻을 전달(communicate)하시고자 하신 하나님이 그 말씀을 그런 방법으로 보존시켜 나가신다는 것을 믿는 것은 어렵지 않다. 그리하여 하나님께서는 교회를 통하여 기독교회가 경전(canon)을 가지게 인도하신 것이다. 따라서 우리 신학은 성경에 기초하여야 한다. 그리고 하나님은 그 말씀을 통하여 성령 안에서 지금도 우리에게 '말씀'으로 육박해 오시는 하나님이시다.

  그러므로 우리가 '내가 믿는다' 할 때 이는 하나님께서 성령을 통하여 우리에게 말씀하시는 하나님께 대한 호응으로서의 인간의 결단을 말하는 것이다. 따라서 그의 체험의 표현은 고백적인 것이다. 신학이 신앙의 학문이라 함은, 신학이 현재에 고백되고 그 믿음과 관계된다는 의미이다. 이런 이해에서 볼 때 '기독교신학'이란 현재의 신앙에 관한 학문이라고 할 수 있다. 기독교의 '신'에 대하여 말한다는 것은 진정한 의미에서는 믿음으로만 가능하기 때문이다.

  신앙이 구체적으로 일어나는 장소는 교회이다. 그러므로 신학은 다른 한편으로 교회의 학문이라고 할 수 있다. 또 우리가 개인의 신앙을 말하지만 사람의 신앙인식은 불완전할 수 있다. 그러므로 공통적인 체험이 신앙을 공증하게 된다. 그래서 교회가 공통적으로 고백한 신조는 중요한 위치를 갖게 된다.

2. 신학의 과제와 그 소재

  신학의 역할은 어떤 것인가? 그것은 사람이 사용하는 말에 대한 '문법'과 같은 역할을 한다고 생각하면 된다. 표준말의 '문법'이라는 것은 어려운 문장을 해석하는데 도움을 준다. 예를 들어 우리는 영어문장을 읽을 때도 영문법을 잘 알면 그것이 문장 해석에 얼마나 도움이 되는지를 안다. 뿐만 아니라 문법은 사람이 일상 사용하는 말이 옳은가 그른가를 알게 하는 기준이 된다. 결국 문법이라는 것은 말을 옳게 개진하여 자기의 의사를 남에게 바르게 전달케 하는데 도움을 주는 것이다. 루터(Luther)가 신학을 하나님의 말씀의 문법이라고 했듯이 신학이라는 것은 우리 신앙생활의 문법이라 할 수 있다. 이로부터 우리도 신학의 과제(task)내지 임무를 쉽게 알 수 있다.

첫째로, 신학은 하나님의 말씀을 옳게 해석하도록 도와준다. 성경에 기록된 하나님의 말씀과 뜻을 그 본문에 비추어 옳게 이해하도록 해야 한다. 그리고 그 의미를 현대인에게 적응성 있게 해석하여야 한다. 그러므로 신학하는 자는 그 말씀이 역사적으로 믿는 자들의 공동체에서 어떻게 이해되어 왔나에 비춰서 오늘의 사람들이 상황에 적응되는 뜻으로 해석을 하도록 하여야 한다.

그렇기 때문에 신학의 소재는 첫째가 성경이다. 하나님께서 인류에게 계시하신 구속사적 사건과 그 의미가 하나님의 전달의 경륜에서 성령의 역사로 성경에 수록되었기 때문이다. 그 다음에는 신학의 소재로서 교회 역사를 상고하여야 한다. 즉 성경에 나타난 진리가 각이한 역사적 상황에서 어떻게 적응되었는가를 봄으로써 말씀의 실제적 의미를 구체적으로 이해할 수 있기 때문이다. 이런 면에서 교회의 해석 곧 전통은 중요한 비중을 차지하게 된다. 그리고 우리는 신앙 체험을 참고하여야 한다. 하나님의 말씀은 결국 신앙 체험을 통하여 이해되기 때문이다. 개인의 체험적 고백도 필요하지만 교회의 공통적인 고백 곧 신조 등이 중요하다

두 번째로 신학의 과제는 말에 있어 문법의 역할이 그렇듯이 오늘의 교회가 하나님의 말씀을 옳게 성경적으로 가르치고 선포하고 있는가를 점검하는데 있다. 교회역사를 소재로 삼는 신학은 오늘의 교회가 과거의 교회 일부에서 범한 과오를 또 범하고 있지는 않는가를 살펴 교회가 바른 진리에 서고 신자들의 믿음이 성경적인 것이 되도

록 도와준다. 그러므로 신학은 말씀의 바른 해석을 돕는 동시에 그 일을 통하여 교회에 봉사한다.

그러나 신학의 과제는 그 이상이다. 곧 하나님의 말씀을 옳게 해석하여 신앙의 그릇된 것을 지적하여 교회 내에서 봉사할 뿐 아니라 더 나아가 하나님의 말씀을 논리적이며 조직적으로 제시하여 선교에 이바지하는데 있다. 그러므로 신학은 선교 지향적(missionary theology)이라야 한다.

따라서 신학의 소재로서 성경에서 시작하여 신앙 체험과 교회의 역사적 소재를 삼을 뿐 아니라 현대의 사상적 배경, 상황을 포함하여야 한다. 그리하여야만 옳게 해석된 하나님의 진리가 현대인들에게 설득력 있게 전달될 수 있기 때문이다. 어떤 학자는 말하기를 신학하는 사람이 염두에 두고 익혀야 할 분야가 셋이 있다고 했다. 곧 케리그마(kerygma), 상황(situation), 전달(communication)에 관한 것이다.

첫째로, 교회가 선포할 말씀을 분명히 하여야 한다. 여기에는 성경의 말씀에 대한 바른 해석이 요청된다. 두 번째로, 말씀 선포가 효율적이기 위해서는 상황(situation)을 잘 알아야 한다. 상황에 맞는 신학적 표현이라야 한다. 그러므로 교회역사와 오늘의 상황을 연구하여야 한다. 그리고 마지막으로, 신학의 목적이 지성세계를 향한 복음의 설득력 있는 선포에 있는 것이기에 전달(communication)의 기술을 갖추어야 한다.

그러나 마지막으로 부언하고 싶은 것이 있다. 곧 신학이 하나님에 대한 믿음을 전제하여 신앙적 고백으로 시작되는 것이라면 신학 하는 데 긴요한 것은 진리의 영, 성령의 인도를 따라야 한다. 성령을 통하여 역사적 사건과 예언으로 계시하시고, 성령으로 예수 그리스도에 있어 계시하시고, 지금 우리를 위하여 그 성령의 감동으로 성경을 주신 하나님은 바로 그 성령의 인도를 따라 우리가 하나님의 말씀을 깨달을 수 있고(고전 2:10-13), 성령의 인도를 따라 말씀을 능력 있게 전할 수 있도록 도우시기 때문이다(요 15:26, 16:13). 그러므로 신학하는 사람은 진지한 공부와 아울러 기도하는 가운데 성령의 지도 아래 신학을 하여야 한다.

따라서 에릭슨(Erickson)은 조직신학은 다음의 특징을 갖추어야 한다고 지적했다.[3]

1. 신학은 성경적이라야 한다. 성경에 근거하여야 한다.
2. 신학은 조직적이라야 한다. 성경에서 발견된 진리들을 하나의 일관성 있는 총체적 진리로 이끌어 내는 시도를 해야 한다.
3. 신학은 인간 문화의 상황 속에서, 그리고 오늘의 시대에 사는 사람들이 이해할 수 있도록 재구성해야 한다.
4. 신학은 실제적이라야 한다. 신학은 매일의 삶에 적용되는 것이라야 한다.

3. 학문으로서의 신학: 신학의 필요성

신학도 학문의 하나로서 과학적(science)인 면이 있음을 간과해서는 안된다. 사도바울이 말씀하신 대로 "진리의 말씀을 옳게 분별"하기(딤후 2:15) 위한 신학은 진리를 전개하고 설명함에 있어서 조직적이며 논리적인 설명이 중요하다. 따라서 신학하는 방법에 있어 과학적 방법이 적용된다. 진리 탐구에서나 그 개진에 있어 조직적인 것이라야 한다. 학문하는 태도에 있어서도 선입관이나, 편벽된 주견에 이끌리지 않고 진리 자체에 개방적이어야 하며 그에 순종하는 정직한 태도라야 한다.

와일리(Wiley)가 지적한대로 학문으로서의 신학은 진리 그 자체를 발견하되 그것이 객관적이든 주관적이든 가장 합법적인 방법을 이용하여 추구하여야 한다. 간혹, 어떤 이들은 신앙은 학문의 대상이 될 수 없기에 신앙에서 출발하는 신학은 과학적인 학문일 수 없다고 생각할지 모른다. 그러나 심지어 자연과학 자체도 믿음의 근거에서 학문한다는 것을 상기하여야 한다. 자연과학도 이 우주의 질서를 믿고, 존재에 대한 신뢰를 전제할 때만이 학문이 가능한 것이다. 오히려 우리는 모든 학문이 마침내는 신학에 연결되는 것을 안다. 신학은 모든 진리와 실제의 궁극적인 원천인 하나님에 관한 것을 주로 다루며, 모든 과학이나 학문이 진리를 추구함에 있어 종국에 가서는 하나님 안에서 그리고 하나님과 우주와의 관계에서 그 궁극적인 것을 발견하게 되기 때문이다. 그리하여 많은 분들이 신학을 "학문의 여왕(Queen of science)"이라고 부른다.

더 나아가 우리가 알아야 할 것은 하나님께서 사람을 지으시되 인간을 인격적 존재인 동시에 지적인 존재로 지으셨기에 인간이 믿음으로 하나님과 관계를 갖게 되나 그 신앙은 지적인 이해를 요청한다(faith seeking understanding)는 사실이다. 사람이 이성적으로 이해했을 때에 그 체험은 바르게 성숙된다. 그때에만 그 신앙체험이 충분한 의미를 갖는다. 그때에야 신자는 남에게 그 신앙체험을 나눌 수 있게 된다.

그러므로 신앙생활은 그에 대한 지적 이해 곧 신학을 필연적으로 요청한다. 이성이 하나님의 계시를 앞설 수는 없으며, 또 이성이 신앙을 낳게 하는 것은 아닐지라도 신앙은 결코 이성의 작용을 배제하는 것은 아니다. 오히려 신앙생활을 의미 있게 하기 위하여서는 신학이 필요한 것이다.

그런데 한편으로 신앙생활과 신학은 별개의 것이라고 말하는 사람들이 있다. 신앙생활은 열심히 하지만, 나는 '신학은 모른다'고 하면서 자신의 생활이 신학과 상관없는 듯 생각한다. 이는 그릇된 생각이다. 예를 들어 말을 하는 사람은 문법(文法)의 개념을 늘상 떠올리거나 문법을 정리할 줄은 몰라도 부지불식간에 나름대로 '문법'에 맞추어 언어생활을 하고 있다. 그것이 표준 문법이냐, 그릇된 문법이냐의 문제가 있는 것뿐이다. 마찬가지로 신앙생활을 한다고 하면 그 자체에 그 나름대로 신학이 있는 것이다. 문제는 그것이 올바른 신학과 일치한 신앙이냐 아니냐가 문제일 뿐이다. 신앙생활을 바로 하기 위하여도 바른 신학을 알아야 하는 것이다. 믿는 도리에 대한 이유, 설명, 곧 신학적 이해가 갖추어져야 한다.

오늘 교회 일부에서는 그저 열심이 있으면 신앙이 좋은 것이라 생각하고 '교리'를 소홀히 여기는 사람들이 있다. 그의 생활이 진실하면 그 사람이 예수 잘 믿는다고 생각한다. 그러나 이는 기독교의 신앙을 잘못 이해한데서 나오는 생각이다. 물론 열심도 중요하고, 생활의 진실함도 소중하다. 그러나 그에 앞서 무엇을 믿는가가 더 중요하다. 기독교의 신앙은 심리적인 것이나 주관적인 것이 아니요, 하나님의 말씀에 대한 '응답'으로서의 믿음이기 때문이다. 그러므로 바른 신앙생활을 위하여서는 믿는 도리에 대한 바른 이해가 앞서야 한다. 오히려 바른 신앙, 곧 바른 진리가 그의 행동과 도덕적 품격과 그의 운명을 결정짓는다는 것을 알아야 한다.

여기에 사도 바울은 디모데후서 3장 14절에서 "그러나 너는 배우고 확실한 일에 거하라"고 권고한다. 또 디모데후서 1장 13절에 말씀하시기를 "그대는 그리스도 예수를 통해서 얻은 믿음과 사랑을 가지고 나에게서 들은 건전한 말씀을 생활원칙으로 삼으시오"(공동번역)라고 한다.

그러므로 기독교의 교리를 바로 공부하는 것은 모든 그리스도인에게 주어진 의무이다. 우리의 구원, 건전한 신앙, 인격, 그리고 거룩한 생활은 올바른 믿음의 도리를 체득하는데 달려 있기 때문이다.

4. 기독교신학의 구조와 연구방법

기독교신학이 하나님과, 하나님과 연관된 일들을 다루는 학문인만큼 그 내용이 방대하다. 기독교신학은 성경에 기초하여 이 방대한 내용을 논리적으로 정리하고 조직적으로 체계화해서, 다른 사람들, 특히 지성인들이 해석할 수 있도록 서술해야 한다.

그러므로 신학은 적절한 방법과 잘 짜인 구조(system)를 가져야 한다. 그러나 찰스 하지(Charles Hodge)가 말한 대로 하나님께서 천문학이나 화학을 가르쳐 주지 않고 그런 학문을 믿을 수 있는 사실들만 주셔서 사람으로 하여금 학문하게 하셨듯이 하나님께서는 성경에 여러 사실 곧 진리를 주셨을 뿐이다. 그러므로 사람이 그 진리를 정리하고 조직하여 기독교신학을 영위하여야 한다. 더 나아가 사람은 여기저기 산재해 있는 지식을 음미하고, 분석하고, 종합하여 하나의 구조 있는 체계를 정리하고자 하는 성향이 있다. 또 그렇게 정리 되어야만 자족해 한다. 따라서 기독교신학이 학문이 되기 위해서 구조적 체계는 불가피한 것이다. 따라서 '기독교신학의 구조'에 대하여 고찰해 보기로 하자.

1) 구성의 종류

교회사적으로 보면 기독교신학의 구성에는 몇 가지의 유형이 있다. 첫째, 삼위일체론적 구조; 둘째, 인간론적 접근. 셋째, 그리스도론적 접근. 그리고 넷째, 상황적 접근법 등이다.

첫째로 삼위일체론적 방법(Trinitarian approach)이란, 초대 교회가 기독교의 신앙을 요약하여 표현한 사도신경에서 보는 대로 그 구성이 성부 하나님의 교리, 성자 그리스도의 교리, 그리고 성령의 교리를 골격으로 하는 구조이다. 이런 구성방식은 초대교회에서부터 현대에 이르기까지 많은 신학자들에 의하여 채택되고 있는 방법이다. 왜냐하면 사도신경은 교리해석이라기 보다 성경에 있는 진리, 사도들의 가르침을 요약한 것으로써, 이는 기독교 신앙의 핵심적 표현이요 당시의 그릇된 사상을 시정하며 교회에 바른 교훈을 가르치기 위한 것이다. 따라서 사도신경 자체가 기독교신학의 요약이라고도 할 수 있기 때문이다. 이 사도신경은 추후 100-150년 사이에 초대교회의 세례 받을 때 사용하던 고백(baptismal formula)이 확장된 것으로 전해오고 있다. 그러므로 교회는 사도신경을 통하여 기독교가 공통적으로 믿는 신조를 계승시키는 교량의 역할을 해 왔다. 그러므로 사도신경을 본받아 삼위일체적인 구조가 하나의 표준적 구조로 인식되어 왔던 것이다.

그렇다고 해서 사도신경의 구조가 모든 학자에게 만족스럽게 채택되고 있다는 것은 아니다. 그래서 후세에 신학자들이 자기 나름대로의 구조를 가지고 기독교신학을 개진하였다. 그 중의 하나가 인간론적 방법(the Anthropological approach)이다. 이 방법은 신학구조의 중심교리가 인간관계에 있는 것으로 생각하여 먼저 인간의 상황, 곧 인간의 지적인 상황, 구원이 요청되는 인간상으로부터 신학을 시작한다. 이런 방법의 대표자는 19세기의 로테(Rotte)이다. 그리고 현대 신학자 가운데는 폴 틸리히(Paul Tillich)가 이러한 구성으로서 상호연관의 방법을 사용하였다.

다음으로는 기독론적인 구조(Christological approach)가 있다. 이들은 하나님의 계시, 곧 진리가 예수 그리스도 사건에 있다고 보기에 구속사적 계시 사건으로서의 예수 그리스도를 중심으로 신학을 구성한다. 이 방법을 취한 신학자에는 아울렌(A. G. Aulen), 스미드(Henry B. Smith), 커티스(O. A. Curtis) 등이 있다. 현대에 있어서는 칼 바르트(Karl Barth)가 이 방법론의 대표적인 신학자이다.

그런가 하면, 요즈음 신학에서는 상황화의 방법, 상황적 접근(Contextual approach)을 하는 방법도 시도되고 있다. 삼위일체론적인 방법이나 기독론적 방법에서는 하나님의 계시에 나타난 진리의 조명에서 하나님과 그리고, 인간의 구원, 그리스도인의 윤리생활 등 신학영역 전반을 설명하며 신학을 영위한다면, 상황적 접근법을 취하는 이들은 반대로 현 역사에서 이루어지고 있는 역사적 실천(praxis)을 인정하고 거기에서 신학을 출발하며 그 현실의 문제를 해결하기 위한 생활분석에서 그 해결의 방법과 전략으로 신학을 영위한다. 이는 최근의 남미의 해방 신학자 구티에레즈(Gutierrez)나, 세군도(Segundo), 그리고 보니노(Miguez Bonino)에 의하여 대표적으로 채택되고 있는 방법이다. 한국에서 말하는 민중신학도 그런 접근을 택하는 듯하다.

 이 방법은 신학적 관심을 현실에 집중시킨다는 면에서는 장점이 있어 보인다. 그러나 인간론적 방법이나 이 접근 방법은 신학의 내용을 인간의 욕구나 기대에 응하는 그 범위로 제약시킨다고 하는 약점을 가지며, 신학을 철학으로 변질시키거나 이데올로기화 할 위험성을 내포하고 있다. 그러므로 기독교신학의 구조는 현실의 문제에 적응성을 갖도록 영위하되, 그 출발과 구조는 어디까지나 하나님께서 계시하신 진리, 가르침(orthodox)에서 취하여야 한다고 믿는다.

 그러므로 필자는 전통적인 방법으로, 사도신경의 순서를 따르되, 보다 오늘의 삶의 상황과 긴밀하게 관련을 시키면서 전개해 보고자 한다. 따라서 기독교신학의 구조는 첫째, 하나님에 대한 교리로부터 다룰 것이다. 그리고 둘째로, 하나님이 하신 일 곧 우주와 인간에 대하여 살피며, 셋째로 예수 그리스도께서 객관적으로 하신 구속 사건들을 다룬 후에, 넷째로 성령론, 곧 그를 통하여 이루어지는 구원론을 다루고, 다섯째로 교회론, 그리고 여섯 번째로 종말론의 순서로 신학을 개진하려고 한다. 그러나 이 모든 교리에 앞서서, 하나님의 계시와 성경에 대한 교리를 다룰 것이다. 왜냐하면, 기독교신학은 하나님의 계시에 기초한 학문이며, 그 계시는 성경에 기록되어 있기 때문이다.

2) 신학작업에서의 통합 개념(Integrative Motif or Orienting concept)

앞에서 설명한 구조에서 신학을 전개하되, 학자에 따라서는 신학작업에서 특히 강조하는 개념이 있어 자신의 신학을 하나의 특징있는 신학체계로 전개하여 나가곤 한다. 예를 들어, 루터(Luther)신학에 있어서는 믿음으로 의롭다 함을 받는다는 이신득의(Justification by faith)의 교리가 중심이 되고 있다. 칼빈(Calvin)에 있어서는 하나님의 절대주권 곧 하나님의 영광이 중심 교리였다. 그런가 하면 웨슬리(Wesley)신학에서는 하나님의 거룩한 사랑, 따라서 인간의 호응을 요청하는 은총(Responsible grace)이 중심 교리였다. 현대 신학자에게서도 각이한 중심 교리를 볼수 있다.[4]

필자의 신학 전개는 요한 웨슬리의 입장과 같이 하나님의 거룩한 사랑, 인간의 호응을 요청하는 은총(Responsible Grace of God)을 통합적 개념(Orienting concept)으로 삼아 추진될 것이다. 사람을 향한 구속의 은총을 사랑으로 이해하게 될 때, 이 은총은 이론적이며 일방적인 것이 아니며 인격적(personal)인 것으로, 그 은총은 인격적인(personal) 호응(response)을 기대한다. 그러므로 하나님의 은혜는 인간의 호응을 요청하는 은총(Responsible Grace)이다. 사랑의 하나님은 인류가 범죄로 인하여 정죄 당할 때 동시에 은총의 손을 뻗으셨다. 이는 모든 사람에게 주어진 선행적 은총(prevenient grace)이다. 그러기에 인간은 하나님의 은총에 의해서 하나님의 계속적인 은총에 호응할 수 있으며, 따라서 책임이 있는 것이다. 이러한 근거에서 우리는 하나님의 구속의 은총을 강조하며 동시에 그 은총에 대해 믿음으로 호응하라고 주장하게 되는 것이다.

하나님의 사랑은 거룩한 사랑이다. 그러므로 하나님이 요구하시는 구원은 신분상의 성결 뿐 아니라 주관적인 성결을 포함한다. 내적 변화를 가져오지 않는 은혜는 값비싼 은혜일 수가 없다. 따라서 필자는 구원론을 말함에 있어 성결론을 중심으로 할 것이다.

3) 신학 연구의 방법

신학을 연구함에 있어 웨슬리는 성경, 이성, 신앙체험 그리고 교회 전통 이 네 가지를 가이드라인으로 삼고 시작하였다.[5] 이를 요약하면 결국 두 가지이다. 성경과 하나님의 사람들의 신앙체험이다. 교회 전통, 신조는 결국 교인의 신앙체험의 공통적 표현이며 이성은 신앙체험에 따르는 것으로 이해되기 때문이다. 여기에 필자는 하나를 추가하여 다음과 같은 입장에서 신학을 연구하여야 한다고 생각한다.

(1) 신학은 성경에 근거를 두어야 한다.
나는 신학의 근거와 원천은 성경이라고 믿는다. 그리고 성경의 말씀은 성경이 주장하는 바에 있어 오류가 없는 권위 있는 하나님의 말씀이요, 능력의 말씀이다.

웨슬리가 말했듯이, 성경을 영감으로 기록케 하신 바로 그 성령은 기도하는 마음으로 성경을 읽는 신자에게 영감으로 도와주신다. 성령께서 이처럼 증거하실 때에 성경은 하나님의 말씀으로 받아들여지는 것이다. 그러므로 우리는 성경의 권위를 믿을 뿐 아니라, 성경의 능력(Authority and Power of the Holy Scriptures)을 믿어야 한다. 하나님은 지금도 성경을 통하여 신자에게 말씀하시기 때문이다. 이는 로잔 언약을 통하여 세계 교회의 대다수의 교회 지도자가 믿는 신앙이다.

하나님의 영감으로 기록된 성경에는 통일성이 있다. 그러므로 성경은 성경으로 풀이할 뿐만 아니라, 성경구절 가운데 불분명하거나 애매한 것들은 성경 전체에 흐르고 있는 큰 원리 곧 중요한 교리(예를 들어 은총으로 인한 구원, 예수가 온 인류의 구주요, 인간은 모두가 죄인이라는 교리 같은 것들)에 조화를 이루도록 풀어 나가야 한다. 이는 하나님의 계시와 성경의 통일성(unity)을 믿기 때문이다.

(2) 하나님의 사람들의 신앙체험을 중요시하여야 한다.

하나님의 진리는 신앙체험에서 이해되며 또한 확인되는 것이다. 하나님의 계시와 신학 언어는 인격적인 언어(personal language)이기에 인격적인 호응, 곧 체험을 통하여서만 이해되는 것이다. 신학은 이성의 논리로 추리하는 학문이 아니다. 그러므로 기독교의 교리를 연구함에 있어서 하나님의 사람들의 신앙체험은 중요한 도움을 준다. 동시에, 신앙이 개인의 주관에 빠지지 않기 위하여 우리는 공통적인 증거 곧 교회의 전통(신조)을 존중하여야 한다. 신학적 진리가 체험으로 확인될 때 신학은 흥분과 감격이 있는 학문이 된다. 그러므로 신학은 기도하는 가운데 공부하여야 하며 전도하는 상황에서 개진하여야 한다.

(3) 신학은 오늘의 선교상황 속에서 하여야 한다.

위에서 말했듯이, 거룩한 하나님의 사랑을 강조하는 신학은 선교로 직결되며 또한 선교를 뒷받침한다. 신학은 선교적 신학(Missionary theology)이라야 한다. 신학은 하나님 나라의 복음을 오늘의 상황에 적응성 있게 해석하고 설명하여, 듣는 자가 깨닫고(회개) 호응(믿음)하도록 인도하는데 그 중요한 목적이 있어야 한다. 따라서 신학 공부는 오늘의 선교상황에 연관시키면서 연구하여야 한다. 웨슬리는 가슴 뜨겁게 하나님의 구원의 은총을 체험하고 나니, 그 감격으로 인하여 나아가 복음을 전파하지 않을 수 없었다. 오늘의 시대가 요청하는 신학자는 단순한 신학자가 아니라 신학자인 동시에 전도자이다.

5. 신학도의 기본자세

신학도의 기본자세를 말함에 있어, 베드로전서 3장 15-16절에 있는 말씀을 소개하고자 한다. "너희 마음에 그리스도를 주로 삼아 거룩하게 하고 너희 속에 있는 소망에 관한 이유를 묻는 자에게는 대답할 것을 항상 준비하되 온유와 두려움으로 하고 선한 양심을 가지라".

이 말씀은 필자가 신학을 공부함에 있어서 모토(motto)로 삼고 있는 성구이다. 여기에서 우리는 신학하는 자가 취하여야 할 기본자세를 읽는다.

첫째로, 공부(Study)- 믿음의 소망에 관한 이유 곧 그에 대한 설명을 할 수 있는 공부를 늘 하고 있어야 한다. 그 준비를 하되, 누구에게나, 그리고 언제나 설명할 수 있도록 예비하고 있어야 한다. 믿음뿐만 아니라 그 믿음의 도리를 설명할 수 있도록 신학공부를 하여야 한다. 믿는 도리에 대한 이유를 알고 설명할 수 있는 신도가 되어야 한다.

둘째로, 도덕적 훈련(Moral discipline)- 온유와 두려움과 선한 양심으로 가르치고, 전도할 수 있는 자가 되어야 한다는 것이다. 경건의 훈련을 쌓아야 한다. 복음의 전달과 가르침은 겸손한 인격을 갖고 하여만 능률적으로 전달되기 때문이다.

그리고 셋째로, 영적훈련(Devotion)- 마음에 그리스도를 주로 삼아 거룩하게 하는 자세이다. 곧 그리스도에게 순종하며 그리스도의 종이 되어야 한다는 것이다. 그러기 위하여 먼저 하나님 앞에 겸손하여야 한다. 그리스도를 이용하는 자가 아니라 순종하는 자로서, 기도로 늘 그리스도의 영감을 받는 경건이 따라야 한다.

제 2장
하나님의 계시와 성경

1. 신학의 권위와 규범으로서의 하나님의 계시

"선입견 없이 시작하는 학문은 하나도 없다"(There is no science without presupposition)는 말이 있다. 이는 자연과학에 있어서도 해당된다. 그들은 자연이 있다는 것, 그리고 지구의 인력과 같은 중요한 공리 등을 전제로 하고 연구를 해나가는 것이다. 마찬가지로 기독교신학에도 대전제 사항이 있다. 우선 우리는, 하나님은 위대하시며 인간과 차원을 달리 하시는 분으로 믿고 시작한다. 성경에 말씀하시기를 "이는 내 생각이 너희의 생각과 다르며 내 길은 너희의 길과 다름이니라 여호와의 말씀이니라 이는 하늘이 땅보다 높음 같이 내 길은 너희의 길보다 높으며 내 생각은 너희의 생각보다 높음이니라"(사 55:8-9)고 하셨다. 하나님에 대한 것은 사람의 생각으로는 충분히 헤아릴 수 없는 것이다. 하나님께서 스스로 나타내신 계시에 근거할 수밖에 없다. 성경이 말하는 하나님은 스스로 계시하시는 하나님이시다.

기독교신학에서 하나님의 계시는 주로 일반계시와 특별계시로 구분하여 설명한다. 일반계시라 함은 하나님께서 창조하신 자연이나 사람, 그리고 일반역사의 과정에 나타난 하나님의 능력 등을 말한다. 특별계시란 예수 그리스도에서 나타난 하나님의 구속(救贖)의 사건과 같이 하나님께서 직접적으로 역사에 개입하시고 또는 그를 해석하거나 예언하시는 말씀으로 구체화된 계시를 말한다.

2. 일반계시와 특별계시

1) 자연과 역사에 나타난 하나님의 일반계시

일반계시란 하나님이 그가 지으신 피조물의 세계에서 그의 능력과 영광을 우리가 감지한 것을 의미한다. 예를 들어, 피조물인 자연계, 역사, 그리고 인간의 이성과 종교심 등에 하나님이 계시는 것과 그에 대한 어떤 면이 나타나 있는 것이다.

시편 기자는 19편에서 말한다. "하늘이 하나님의 영광을 선포하고 궁창이 그의 손으로 하신 일을 나타내는도다 날은 날에게 말하고 밤은 밤에게 지식을 전하니 언어도 없고 말씀도 없으며 들리는 소리도 없으나 그의 소리가 온 땅에 통하고 그의 말씀이 세상 끝까지 이르도다"(시 19:1-4).

하나님께서 사람을 지으셨기에 하나님의 음성이 인간의 영혼 깊은 곳에서 막연하게나마 들린다. 사람의 본능과 이성을 통해 하나님이 계심을 알 수 있는 것이다. 로마서 1장 19-20절에서 "이는 하나님을 알 만한 것이 그들 속에 보임이라 하나님께서 이를 그들에게 보이셨느니라 창세로부터 그의 보이지 아니하는 것들 곧 그의 영원하신 능력과 신성이 그가 만드신 만물에 분명히 보여 알려졌나니 그러므로 그들이 핑계하지 못할지니라"고 하셨다.

또한 역사의 과정에서 하나님에 관하여 알 수 있는 부분이 있는 것이다. 이스라엘 백성의 보존에 대한 것이 그 실례이다. 이스라엘이라는 작은 국가는 수세기를 심한 대립에 직면하는 적대적 환경에서 생존해 왔다. 이에서 특별한 백성에 대한 하나님의 특별한 보호 같은 것을 보게 된다.

이런데서 얻은 하나님의 계시를 일반계시 또는 자연계시라고 칭한다. 그리고 이런 자연계시를 근거로 한 신학을 자연신학(Natural Theology)이라고 부른다. 이런 신학이 토마스 아퀴나스 같은 중세 신학자를 통하여 성행하기도 했다.

그러나 우리는 기억해야한다. 여기에 나타난 하나님의 계시는 분명치는 않다. 욥도 욥기 37장 5절에서 말했다. "하나님께서는 뇌성벽력으로 신비한 일을 알려 주시지만 그 하시는 큰일을 우리는 감히 알 수가 없소"(공동번역)라고. 그러므로 우리는 일반계시, 곧 자연계시에서 신학을 출발하려 하지 않는다. 하나님께서는 보다 분명하게 그의 뜻과 그의 구속적 목적을 그의 특별계시를 통하여 계시하셨기 때문이다. 자연에 나타난 하나님의 계시는 분명한 하나님의 계시의 빛 아래서 볼 때에 바로 이해될 수 있는 것이다. 왜냐하면 세상에 죄가 들어옴으로 자연에 나타난 하나님의 솜씨는 희미해지고 부패했을 뿐 아니라 인간도 영적으로 둔하여져서 과오와 불신앙의 종이 되었기 때문이다.

그러므로 하나님께서는 죄에 물든 인간의 마음을 조명하며 구속의 새로운 계시를 주시기 위하여 특별한 방법으로 계시하신 것이다. 이런 특별계시로 하나님께서 직접 관여하신 역사적 사건과 그를 해석하는 말씀이 마침내는 예수 그리스도 안에서 나타난 것이다. 하나님께서는 자기의 뜻을 계시하시기 위하여 특별한 방법을 택하셨다 (히 1:1-2).

2) 특별계시

하나님의 특별계시의 형태 또는 양식(Modes of Special Revelation)은 구속사적 사건, 하나님의 말씀 그리고 예수님의 성육신으로 나타났다.

첫째, 구속사를 통하여 하나님께서 계시하셨다. 하나님께서는 역사에 관여하심으로 그의 뜻을 계시하시되 특히 그의 택하신 백성들의 역사 속에서 행하신 그 일들을 통하여 자신을 나타내셨다. 출애굽기 9장 16절에서 여호와께서는 모세를 세워 역사하시면서 말씀하셨다. "내가 너를 세웠음은 나의 능력을 네게 보이고 내 이름이 온 천하에 전파되게 하려 하였음이니라". 성경은 어떤 의미에서는 하나님께서 역사 속에서 행하신 일, 하나님의 역사(Act of God)가 그 중심이 되고 있는 것이다.

실상 구약은 다음과 같은 일곱 가지 중요한 역사적 사건이 그 골격을 형성하고 있음을 볼 수 있다.
① 아브라함을 위시한 족장들의 부르심과 그들에게 주어진 약속
② 이스라엘 백성들을 애굽에서 구출해 내신 출애굽 사건

③ 시내산에서 이스라엘 백성들에게 계약을 맺으신 일
④ 이스라엘 백성들의 가나안 땅 정복
⑤ 다윗왕의 통치
⑥ 이스라엘 민족이 앗수르와 바벨론에 포로된 사건과 그들의 우상 숭배에 대한 하나님의 심판
⑦ 포로시대에서 이스라엘의 남은 자들을 회복시키신 사건

이 사건들에서 하나님께서 그의 은혜와 능력으로 인간 체험과 인간역사에 개입하셔서 자기를 구체적으로 계시하셨다. 그러므로 우리는 이를 하나님의 계시적 역사(Revelation history) 또는 구속사(Salvation history)라고 부른다.

구약에 나타난 구속사에서 그 중심과 절정을 이루고 있는 것은 "출애굽"사건이다. 하나님의 선민 이스라엘을 애굽에서 당하고 있는 억압과 고통에서 "여호와께서 강한 손과 편 팔과 큰 위엄과 이적과 기사"(신 26:8)로 해방하시고 "젖과 꿀이 흐르는" 약속의 땅으로 인도하신 것이다. 이 해방의 사건을 예수 그리스도의 구속에서 보편적 성취로 본 것으로 인해 이 출애굽 사건은 성경 전체의 중심이 되고 있는 것이다. 성경의 기록을 보면 이 해방 사건은 하나님께서 일찍이 약속하셨고(창 15:13-14, 46:4, 48:21, 50:24-25) 이 사건을 통하여 위대하신 하나님께서 구주(Savior)이심을 나타내셨다(출 15:2, 시 106:21). 또 이 출애굽 사건은 어린 양의 피 흘림과 함께 유월절을 통하여 늘 기억됨으로 예수 그리스도를 통한 우주적 구속의 예표가 되었다.

둘째, 말씀, 곧 구속사건에 대한 해석을 통한 계시가 있다. 구속사적 사건은 믿음의 눈을 통하여 해석될 때에 의미 있는 하나님의 계시가 된다. 그러므로 성경에 기록된 역사적 사건들은 그 사건 자체로써

중요한 것이 아니라 그 사건에 대한 해석과 아울러 의미를 갖게 되므로 중요하게 된 것이다. 일어난 역사적 사건이 하나님께서 나타내시고자 하는 의미를 가짐으로 계시사건(Event of Revelation)이 되는 것이다. 그러므로 하나님께서는 예언자를 통하여 말씀하시곤 하셨다. 그래서 성경을 보면 여호와의 말씀이 예레미야 선지자에게 임하였고 또 선지자는 "여호와의 말씀이 내게 임하니라 이르시되"(렘 1:2,4)라고 기록하고 있다.

그러나 구약의 구속사는 미완성된 역사이다. 장래를 내다보는, 곧 주의 날을 대망하는 역사이다. 따라서 역사는 예언으로 연결된다. 신약 성경은 베드로후서 1장 21절에서 증언한다. "예언은 언제든지 사람의 뜻으로 낸 것이 아니요 오직 성령의 감동하심을 받은 사람들이 하나님께 받아 말한 것"이다. 그리하여 하나님의 구속사를 통한 특별계시는 신약에서, 곧 예수 그리스도에게서 그 절정(Apex)을 이루며 완성을 본 것이다.

셋째, 예수 그리스도 안에서의 계시이다. 하나님께서는 구속사와 해석의 말씀을 통하여 여러 번, 여러 가지 모양으로 우리 조상들에게 말씀하셨다. 그러나 이 마지막 시대에 와서는 자신의 아들을 통해 우리에게 말씀하셨다. 하나님께서는 당신의 아들을 통하여 온 세상을 창조하셨으며 그 아들에게 만물을 물려주시기로 하셨다.

여기 성경이 히브리서 1장 1-2절에서 증언하는 말 가운데 여러 번(in many ways), 여러 가지 모양으로(in various ways)라는 표현에 주의하여야 한다. 하나님의 계시하심은 통일성이 있는 것이로되, 하나님께서는 율법과 선지자를 통하여 모형으로, 은유로, 또는 약속과 경고로, 그리고 여러 사건과 사람들, 곧 예언자, 사사들, 왕들을 통하여 여러 번 계시하셨던 것이다. 그러나 이러한 계시도 모두가 부분적(partial)인 것이지 온전한(complete) 것이 아니었다. 이 계시는 본질적으로 진행적(progressive)인 것이었다. 한 번에 전부를 계시했다고 한 번에 다 이해될 수는 없기 때문이다. 이는 바로 구약에 기록된 하나님의 계시가 미완성으로 끝났다는 것이다. 그러나 히브리서 1장 2절에서 성경기자는 대조적으로 증언한다. 이 '마지막 시대', 곧 메시야 시대에 하나님께서 '당신의 아들'로 말씀하셨다는 것이다. 여기에 아들 안에서라는 표현은 '하나님의 아들이신 그 사람 안에서'라는 뜻으로 바로 예수 그리스도의 성품과 사역을 통하여 계시가 이루어졌다는 것이다.

인격자(person)이신 하나님이 비인격적(impersonal) 계시로 나타날 때에는 늘 불충분하며 불완전하다. 인격자에 대한 계시는 인격적으로 이루어질 때만이 완전한 계시가 된다. 그러므로 하나님께서도 마침내 '성육신'하시어 역사 속에 거하시게 된 것이다. 성경은 요한복음 1장 14절에 증언하고 있다. "말씀이 육신이 되어 우리 가운데 거하시매 우리가 그의 영광을 보니 아버지의 독생자의 영광이요 은혜와 진리가 충만하더라." 예수님께서도 외치셨다. "나를 본 자는 아버지를 보았거늘 어찌하여 아버지를 보이라 하느냐"(요 14:9). "하나님을 본 사람이 없으되 아버지 품 속에 있는 독생하신 하나님이 나타내셨느니라"(요 1:18).

인격자로 나타나신 예수 그리스도의 생애와 그 가르침에서 우리는 구속사건과 그 해석 그리고 예언의 말씀이 모두 결합된 것을 본다. 그러므로 하나님의 계시는 그리스도 안에서 그 종국(finality)을 이룬 것이다. 예수 그리스도 안에서 우리는 하나님의 신성을 본다. 동시에, 하나님과 함께 하는 참 인간의 모습을 본다. 또한 예수 그리스도는 갈보리에서 하나님의 사랑을 계시하셨다. 세상 끝날이 올 때까지는 이 이상의 계시가 있을 수 없다. 신약 성경은 바로 그리스도 안에서 나타난 그 계시를 주로 기록한 것이다. 이리하여 성경이 기록된 말씀으로 불리게 된다. 그러면 성경에 대하여 좀 더 생각해 보기로 하자.

◆ 특별계시가 명제적인가, 아니면 인격적인가? (Propositional or Personal)

앞에서 우리는 하나님의 특별계시는 성육신하신 예수 그리스도에서 극치를 이루었다고 언급했다. 예수에서 하나님의 계시는 사건(act)으로 그리고 말씀으로 임하였다. 예수님은 하나님의 말씀을 말했고, 하나님의 속성을 드러내셨다. 따라서 주님이 말씀하신대로 예수를 본 자는 아버지 하나님을 본 것이요 하나님의 말씀을 들은 것이다(요 14:9-10). 사도 요한은 이를 놀랍게 표현하였다. "태초부터 있는 생명의 말씀에 관하여는 우리가 들은 바요 눈으로 본 바요 자세히 보고 우리의 손으로 만진 바라"(요일 1:1).

그런데 신정통신학자들은 계시는 오로지 인격적인(personal) 것이지, 명제적인(propositional) 것, 곧 어떤 정보를 전달하는 것이 아니라고 한다. 그들에 의하면, 하나님은 자신에 대하여 어떤 말을 하시는 분이 아니라 자신을 드러내는 것일 뿐이라고 한다. 따라서 우리는 하나님과의 만남(encounter)을 통하여 그를 알게 된다는 것이다. 그러기에 계시는 명제적인 것이 아니라, 인격적인 것이라고 주장한다.

그들의 주장에 의하면 우리의 믿음은 오로지 개인적인 신뢰요, 맡김(trust and commitment)인 것이지, 계시된 진리에 대한 동의

(assent)는 아니다. 따라서 이들에 의하면 신학은 이미 계시된 교리들의 체계(set of doctrines)가 아니다. 교리란 하나님 자신의 계시에서 얻어진 것들을 교회가 표현한 것이기에 그 교리에 신적 권위가 있는 것은 아니라고 주장한다.

이런 견해가 믿음의 역동성을 강조하는 데 공헌하는 일면은 있으나, 한편 지나친 주장이라는 것을 우리는 알아야 한다. 우리가 믿는다 하면 그 믿음의 기초(basis of faith)가 요구되는 것이 아닌가? 누구를 신뢰하려면 그에 대한 어떤 지식이 있어야 하는 것이 아니란 말인가? 어떤 교리를 말할 때 명제적인 교리를 어떻게 비명제적인 계시로부터 수립할 수가 있겠는가?

그들의 문제는 계시를 명제적인 것과 인격적인 것, 즉 이것이냐 저것이냐로 양자택일(either-or) 하려는 데 있다. 예수님에서 읽었듯이 계시는 둘 다를 포함하고 있는 것이다. 곧 both/and인 것이다. 하나님이 자신을 인격적으로 계시하시는 것이 사실이요, 또한 동시에 하나님은 어느 정도 자신에 대하여 우리들에게 말씀도 하고 계시는 것이 사실이다.

3. 기록된 계시인 성경

1) 계시의 기록으로서의 성경

성경은 위에서 설명한 하나님의 계시의 사건과 계시의 말씀을 기록한 책이다. 하나님의 해석 또는 예언, 하나님께서 관여하신 그 계시적 사건과 예수 그리스도의 생애와 승천 등의 기록이다. 하나님의 계시가 하나님의 말씀을 인간에게 전달(communicate)하기 위한 것이었다면, 하나님께서 역사 속에서 계시하실 때에 없었던 사람들, 예수 그리스도의 생애를 보지 못한 사람들, 아니 모든 사람들에게 하나님의 계시가 미치게 하기 위해서는 기록하여 남길 필요가 있었던 것이다.

그리하여 성령으로 말씀을 성육신케 하신 하나님은 바로 그 성령의 영감으로 성경을 기록케 하셨다. 이것이 성경이 계시의 도구로 있게 된 이유이다. 이 성경에 대하여 웨슬리는 다음과 같이 말하였다.

> 일반적으로 성경은 살아계신 하나님의 말씀이다. 그 말씀은 첫 족장들에게 나타나시고 모세의 때에 와서는 기록에 남겼다. 이 기록에 다른 예언자들의 글이 추가되었다. 마지막 때에 하나님의 아들로서 설교하고 그 후에는 성령이 사도들과 전도자를 통하여 말씀하셨다. 그리고 사도들과 전도자들이 기록하였다. 이것이 우리가 가지고 있는 성경이다. 이것이 영원히 남아있을 하나님의 말씀이다. 하늘과 땅이 없어질지라도 일점일획이라도 없어지지 아니할(마 5:18) 말씀인 것이다. 그러므로 성경 곧 구약과 신약은 하나님의 진리의 가장 조밀(solid)하고도 귀한 체계인 것이다.[1]

이와 같이 성경은 계시의 기록인 동시에 계시(말씀) 그 자체이다. 위에서 설명한대로 하나님의 계시는 하나님의 인격적인 현현과 아울러 전하는 진리(information truth)인 까닭이다.

2) 성경의 내용: 구약과 신약

(1) 구약성경

성경은 구약과 신약, 두 부분으로 구성되어 있다. 구약성경(Old Testament)은 39권으로 되어있다. 이는 유대인들이 경전으로 받아들이고 있는 "히브리 경전"과 같다. 유대의 경전은 주후 90년에 잼니(Jamni)회의에서 최종 확정되었다. 유대인들은 이것을 (1) 율법, (2) 예언서, 그리고 (3) 성문록(The Writings)으로 구분했다. 유대인의 경전은 24권으로 되어있다. 그러나 이 속에 오늘날 개신교에서 말하는 39권이 다 포함되어 있다.

그들이 말하는 율법은 '토라(Torah)'라고 해서 모세 5경을 말한다. 예언서에는 여호수아, 사사기, 사무엘서, 열왕기 [이상이 전(前)선지자], 그리고 이사야, 예레미야, 에스겔, 호세아로부터 말라기에 이르는 12선지서가 있다.

성문록(The Writings)은 그 나머지 책들, 곧 시편, 잠언, 욥기, 아가, 룻기, 애가, 전도서, 에스더, 다니엘, 에스라, 느헤미야, 역대기이다. 성문록이 시편으로 시작되어있기에 이를 한편으로는 '시편(the Psalms)이라고도 부른다. 이런 히브리 성경의 구분은 예수님께서 "이르시되 내가 너희와 함께 있을 때에 너희에게 말한 바 곧 모세의 율법과 선지자의 글과 시편에 나를 가리켜 기록된 모든 것이 이루어져야 하리라"(눅 24:44)고 하신 말씀에도 반영되어있다. 3세기경에 이 히브리 경전이 70인에 의해 희랍어(Greek)로 번역이 되었다. 이를 70인역(Septuagint)이라고 부른다. 이때에 구약은 제목을 달리 구분하여 배열했다. 이것은 오늘 우리가 가지고 있는 구약성경의 배열과 같다.

그 구분은 다음과 같다.
① 모세오경(The Pentateuch)또는 율법서- 창세기, 출애굽기, 레위기, 민수기, 신명기
② 역사서 - 여호수아, 사사기, 룻기, 사무엘上下, 열왕기上下, 역대上下, 에스라, 느헤미야, 에스더
③ 시가서- 욥, 시편, 잠언, 전도서, 아가서
④ 예언서- 대선지서- 이사야, 예레미야와 애가, 에스겔, 다니엘
　　　　소선지서- 호세아, 요엘, 아모스, 오바냐, 요나, 미가, 나훔, 하박국, 스바냐, 학개, 스가랴, 말라기

◆ 외경(Apocrypha)
　로마 가톨릭교회에서 사용하는 성경에는 14권이나 되는 책이 더 수록되어 있다. 이를 외경(Apocrypha)이라 부른다. 이 외경이 70인역과 라틴 번역판(Vulgate)에 포함되어 있다. 그러나 기독교 개신교에서는 이를 경전으로 받아들이지 않고 있다. 왜냐하면 4세기에 로마 가톨릭 교회의 공적번역판(Vulgate)의 번역의 대임을 맡았던 제롬(Jerome)이 말한 대로 이 책들이 유익한 점도 있으나 권위 있는(authoritative) 것이 아니기 때문이다. 그리하여 영국교회의 39개 신조를 위시한 개신교 신조에서는 이 책들을 외경으로 취급하고 경전에는 포함시키지 않고 있다. 이는 실제로 성경(전체)과 일치하지 않는 것들이 그 외경 속에 있기 때문이다. 한 예로서 토빗트(Tobit)라는 책에는 "구제가 죄를 사한다"는 말이 있다. 우리가 알고 있듯이 이는 성경 전체에 흐르고 있는 교리와 상치되는 것이다. 성경이 가르치고 있는 구원의 교리는 하나님의 은혜로 인하여 믿음으로 받는 것

이지 사람이 돈으로 사는 것이 결코 아니기 때문이다.

(2) 신약성경(The New Testament)
신약성경은 27권으로 되어 있다. 이 27권은 크게 나눠 4그룹으로 나눌 수 있다.
① 복음서– 마태복음, 마가복음, 누가복음, 요한복음,
② 사도행전
③ 서신– 로마서, 고린도 전·후서, 갈라디아서, 에베소서, 빌립보서, 골로새서, 데살로니가 전·후서, 디모데 전·후서, 디도서, 빌레몬서, 히브리서, 야고보서, 베드로 전·후서, 요한일·이·삼서, 유다서
④ 계시록– 요한계시록

이 신약 27권은 모두가 1세기 후반기에 기록된 것으로 교회에서 경전으로서 종국적으로 확정된 것은 397년 칼테지(Carthage)회의에서이다. 이 회의에서 교회는 이 27권의 경전들만을 교회에서 공적으로 봉독하는 것으로 규정지었다.

사복음서에서는 예수 그리스도께서 행하신 일과 교훈을 기록함으로 그리스도의 역사적 사건을 통해 하나님의 계시를 기록하고 있다. 사도행전에서도 예수가 승천하신 뒤에 성령의 인도를 따라 교회가 생기고 확장되어 나가는 가운데 해설된 그리스도의 교훈과 그때 주신 하나님의 말씀이 기록되어 있다. 그리고 마지막 책, 계시록에서는 미래에 그리스도를 통한 하나님의 하실 일들에 대한 예언이 기록되었다. 그리고 그 중간에 있는 서신들은 각 상황에서 그리스도 안에서 나타난 하나님의 말씀이 그 상황에서 의미하는 바를 교리적으

로 설명하며 그 처지에서의 교훈이 기록되어있다. 그러므로 신약에는 예수 그리스도 안에서의 구속사의 기록과 해석의 말씀이 수록되어 있는 것이다.

3) 성경의 영감: 하나님의 말씀으로서의 성경

(1) 성경 영감의 사실

성경이 하나님의 영감으로 기록되었다는 것은 성경 자체가 주장하고 있다. 베드로후서 1장 21절에서 다음과 같이 증언하고 있다.

"예언은 언제든지 사람의 뜻으로 낸 것이 아니요 오직 성령의 감동하심을 받은 사람들이 하나님께 받아 말한 것임이라." 여기에서 사도 베드로는 구약의 예언이 사람의 생각이나 뜻에서 나온 것이 아니라 하나님께로부터 나온 것임을 말하고 있다.

디모데후서 3장 16절에서는 사도 바울은 증거하기를 "모든 성경은 하나님의 감동으로 된 것으로 교훈과 책망과 바르게 함과 의로 교육하기에 유익하니" 그 속에 "그리스도 예수 안에 있는 믿음으로 말미암아 구원에 이르는 지혜"가 있다고 말했다. 여기에서 바울은 구원과 교훈에 있어 성경이 그 권위를 지니고 있음을 증언하고 있는 것이다.

이런 주장은 초대 사도들의 설교에서도 힘있게 뒷받침되고 있다. 예수 그리스도 자신도 "성경은 폐하지 못한다"(요 10:35, 마 5:17-18)라고 하시며 구약성경의 권위를 인정하셨다. 또한 주님은 구약성경이 하나님의 말씀인 것을 확신하여 인용하셨다(마 22:29-32; 눅 24:25-27, 44-45, 마 5:17-19 참조).

이는 신약성경에도 적용되는 것으로 신약성경 자체도 하나님에게서 나왔다고 믿는다. 베드로후서 3장 16절에서 사도 베드로가 "모든 편지들 곧 바울의 서신들도" 다른 성경과 같이 그것도 억지로 풀려고 하지 말아야 한다고 말하고 있음을 봐서도 알 수 있다.

요한계시록 22장 18-19절에서는 말하기를 "만일 누구든지 이것들 외에 더하면…(또는) 누구든지 이 두루마리의 예언의 말씀에서 제하여 버리면 하나님이 이 두루마리에 기록된 생명나무와 및 거룩한 성에 참여함을 제하여 버리시리라"고 했다. 이 말씀은 구약에서 경전에 대한 경고와 같은 것으로(신 4:2, 12:32, 잠 30:6), 그 예언의 권위가 구약성경과 같다고 본 것을 의미한다.

다른 한편 주님께서는 요한복음 14장 26절에서 말씀하시기를 "보혜사 곧 아버지께서 내 이름으로 보내실 성령 그가 너희에게 모든 것을 가르치고 내가 너희에게 말한 모든 것을 생각나게 하리라"고 하셨다. 성령은 초대 교회 오순절에 충만히 임하게 되어 사도들에게서 역사하였다. 그때 그들에 의해서 신약성경이 기록된 것이다. 그때에 기록되고 교회에 의하여 경전으로 결정된 신약전서는 모두가 하나님의 영감으로 기록되었다고 결론을 내리게 된다.

실로 상식적으로 봐도 성경전서가 하나님께로부터 왔었다고 볼 수밖에 없다. 요한 웨슬리는 성경이 하나님의 영감으로 하나님에 의하여 나왔다는 것을 믿게 하는 소위 4대 논리를 말했다.[2]

그가 말한 대로,

① 성경은 선한 사람이나 천사들에 의하여 만들어졌든지, 악한 사람이나 마귀에 의하여 기록되었든지, 아니면 하나님께로부터 왔든지 그 중의 하나일 수밖에 없다.

② 성경은 선한 사람이나 천사가 쓴 것일 수가 없다. 왜냐하면 그

들이 성경을 쓸 때에 "주님께서 이와 같이 말씀하신다"고 말하였는데, 선한 사람이 그런 거짓말을 했을 리가 없기 때문이며, 또한 그렇게 거짓말을 할 수도 없기 때문이다.

③ 성경은 악한 사람이나 마귀가 쓴 것일 수도 없다. 왜냐하면 그들은 모든 의무를 지키고 죄를 짓지 말라 하면서 그들의 영혼을 영원히 지옥에 가도록 정죄할 수가 없기 때문이다.

④ 그러므로 나는 결론을 내린다. 성경은 하나님의 영감으로 주어졌음이 틀림없다.

그리고 웨슬리는 성경은 구원에 필요한 모든 것을 담고 있다고 주장했다.

"성경은 구원에 필요한 모든 것을 담고 있다. 그러므로 성경에 기록되어 있지 않은 것이나 또는 성경에 의하여 증명되지 않는 것을 사람에게 요구해서는 안 된다. 또한 이런 것을 신조로 주장하거나, 구원에 요구되거나 필요한 것으로 생각해서는 안 된다."[3]

모든 성경 전체가 하나님의 영감으로 주어진 것이라고 하는 성경의 전체영감(plenary inspiration 혹은 완전영감)과 충족성(Sufficiency of the Scripture)을 믿는 것이 복음주의 신학의 입장이다.

(2) 영감의 범위

성경이 하나님의 계시로 주어진 것이라면 누가 어떻게 기록한 것인가? 사람이 기록하였다면, 사람이 하는 일에는 늘 과오가 있듯이 성경에도 과오가 있을 것으로 봐야하는 것 아닌지, 사람이 기록하였음에도 성경이 하나님의 계시로의 권위가 있다고 봐야하는 것인지의 문제가 제기된다.

이에 대하여 자유주의 신학자들은 성경은 사람의 종교체험 내지 종교사상을 기록했기에 과오가 있다고 말한다. 더 나아가 성경에 있는 기사와 이적도 인과율(cause-effect principle)의 법칙에 의해 증명이 안 되므로 모두 실제의 역사사건이 아니라고 한다.

불트만(Bultmann) 같은 신정통주의 신학자는 성경에 있는 기사와 이적은 초대교인들이 체험한 신앙을 당시의 신화를 통하여 표현한 것이라고 한다. 기사와 이적이 실세로 있었던 것으로는 보지 않는다는 의미에서는 자유주의 신학자와 견해를 같이 한다. 그러나 이들은 그 신화적인 표현을 무시하지 말고, 비신화하여 초대 교회가 표현코자 하였던 신학적 의미를 찾아야 한다고 주장한다.

바르트(Barth)나 부루너(Brunner) 같은 신정통주의 신학자들은 성경에 오류가 있다고 본다. 성경의 기사는 계시에 대한 중요한 증거로써, 성령께서 말씀을 이용해 사람에게 부딪칠 때에 그것이 하나님의 말씀이 된다고 주장한다.

그런가하면 오스카 쿨만(Cullmann) 같은 구속사 학파에서는 성경에 있는 기사와 이적이 실제로 있었던 역사적 사건이라고 주장한다. 그들은 말하기를, 사람의 이성으로 증명할 수 없기에 그 역사적 사건을 부정하는 것은 어리석은 일이라고 한다. 하나님이 관여하신 사건은 사람의 이성으로 증명할 수가 없는 것이 있다는 것이다. 그리하여 이 학파에서는 성경에 있는 기사와 이적을 믿는다. 이는 하나님께서 계시하시기 위하여 행하신 사건, 곧 구속사적 사건이라고 주장한다. 이들의 주장은 역사를 인과율(cause/effect)의 법칙에서만 인정하려는 자유주의 신학의 오류를 극복한 것이다. 그러나 역사는 그에 대한 의미가 주어짐으로 계시사건이 되는 것인데, 그 의미는 하나님이 주신 것이 아니라 체험한 사람들이 덧붙인 것이기에 그 의미에는 각자에 따라 다르며 신학은 그들의 의미부여를 분석하고 바른 의미를 찾고자 하는 것이라고 하는 견해를 갖고 있다. 이런 면에서 이 학파도 성경 전체가 권위일 수가 없다고 말한다.

그러나 복음주의 입장에서는 이런 견해들을 받아들일 수가 없다. 그들이 말하는 대로라면 성경은 정확한 경전이 되지 못하기 때문이다. 즉 성경에 근거한 교리나 교훈도 일정한 것이 있을 수 없고 모두 상대적인 것이 될 수밖에 없다는 것 아닌가. 과연 하나님께서 경전을 허락하시되 이렇게 불충분한 것으로 허용하였을까? 계시가 그렇듯이 성경이 하나님의 뜻을 전달(communicate)하고자 하는 섭리에서 이루어진 것이라면 하나님께서 그의 말씀을 모호한 상태로 보존하셨겠는가? 여기에서 우리는 하나님께서 "성경"이 기록되는 것에도 직접 관여하셨음을 생각하게 된다. 곧 하나님께서는 그의 영감을 받은 사람으로 성경을 기록케 하신 것이다. 하나님께서 직접 개입하시어 계시하신 그 역사적 사건에 대한 의미도 하나님께서 그의 영감으로 해석케 하셨음을 본다. 하나님께서 행하신 역사적 사건의 뜻과 그를 통하여 전달하고자하는 의미는 엄밀히 말해 하나님께서 그의 영으로 말씀하셔야만 정확히 알 수 있기 때문이다. 그러므로 하나님께서 성경을 기록케 할 때에 영감으로 쓰게 하셨다고 믿는 전통적인 교회는 성경 전체가 영감되었다(plenary inspiration)고 믿는다. 그런 까닭에 성경이야말로 하나님께로부터 나온 것이다. 따라서 이는 하나님의 계시에 대한 신뢰할 수 있는 원천이다. 성경은 모든 신학에 대한 최고의 권위이다. 이것이 복음주의 신학의 입장이다.

이에 로잔 언약은 다음과 같이 선언한다.[4]

우리는 신구약 성경이 하나님의 영감으로 기록되었음을 믿으며 그 진실성과 권위를 믿는다. 성경은 그 전체가 기록된 하나님의 유일한 말씀으로서 그 모든 가르치는(affirm) 바에 전혀 착오가 없으며, 신앙과 행위에 있어 유일하고 정확 무오한 규준임을 믿는다. 하나님의 말씀은 또한 그의 구원 목적을 이루시는 하나님의 능력이다. 성경 말씀은 온 인류를 위한 것이다. 이는 그리스도와 성경에 나타난 하나님의 계시는 불변하기 때문이다. 그 계시를 통하여 성경은 오늘도 말씀하신다. 성경은 어떤 문화 속에서나 모든 하나님의 백성의 마음을 깨우치사 그들의 눈으로 친히 이 진리를 새롭게 보게 하시고 하나님의 여러 모양의 지혜를 온 교회에 더욱 더 풍성하게 나타내신다(딤후 3:16 ; 벧후 1:21 ; 요 10:35 ; 사 55:11 ; 고전 1:21 ; 롬 1:16 ; 마 5:17, 18 ; 엡 1:17,18 ; 3:10, 18).

(3) 영감의 양식

그러면 어떻게 영감되었다는 말인가? 어떤 사람들은 하나님께서 주시는 말씀을 성경기자가 한 마디 한 마디 받아쓴 것이라고 생각한다. 이를 기계적 서술론적 영감(mechanical dictation theory)이라고 한다. 물론 주님께서 말씀하신 그대로 기록된 성경의 부분도 있을 것이다. 그러나 성경 전부가 그와 같은 방식으로 기록되었다고 주장하는 것에는 무리가 있다. 이는 지나친 견해이다.

성경 66권은 각 권이 각기 문체가 다르게 쓰여져 있기 때문이다. 또 성경에서 같은 사건을 쓰는 기사에 있어 한 기자가 표현한 것과 다른 기자가 표현한 것의 "말"이 다른 것을 본다. 예를 들어 누가는 예루살렘에 입성하는 예수님을 많은 군중들이 예수님을 향하여 소리치기를 "오시는 왕이여 하늘에는 평화요 가장 높은 곳에는 영광이로다"(눅 19:38)라고 기록했다. 그러나 마태는 "호산나 다윗의 자손이여 찬송하리로다 주의 이름으로 오시는 이여 가장 높은 곳에서 호산나 하더라"(마 21:9)고 표현하였다. 여기서 우리가 알 것은 교훈하고자 하는 것, 곧 주장하는 것은 동일하나, 그것을 표현하는 말이나 현상(phenomena)은 각 저자의 것들이 사용되었다는 점이다. 따라서 저자의 환경과 문화적 배경에 따라, 의미를 전달키 위해 인용한 사실이나 현상의 표현은 다를 수가 있는 것이다. 성경의 기사에는 저자 특유의 서술방식도 있음을 알아야 한다. 이는 마치 예수 그리스도께서 인간들에게 말씀을 계시하기 위하여 성육신(成肉身)하시어 말씀이 인간의 모습으로 된 것과 유사하다. 그에게 신성과 인성이 더불어 있었듯이 성경에도 하나님의 계시를 전달함에 있어 저자들이 알고 있는 역사적 사실이 인간적으로 활용되고 있는 것이다. 따라서 성경을 쓴 사람은 단순히 수동적이었다기보다는 능동적으로 하나님의 말씀을 쓴 것이라고 본다.

그러나 우리는 믿는다. 하나님께서 성령을 통하여 역사하셔서 저자로 하여금 하나님께서 계시하신 그 구속사건과 예수 그리스도의 사건, 그 해석, 교훈을 정확히 기록하도록 인도하신 것이다(벧후 9:21). 그러므로 성경에 기록된 말씀은 그것이 주장하는 교훈에 있어 그릇됨이 없다고 믿는 것이다. 이를 와일리(Wiley)는 역동적 영감(Dynamic inspiration)이라고 불렀다.

그리하여 우리는 이 기록된 말씀을 신격화해서는 안 된다. 왜냐하면 이 기록된 말씀은 하나님의 말씀을 전달하기 위한 도구(instrument)로써의 말씀인 것으로, 성령의 감동으로 읽는 자나 듣는 자에게 역사하여 산 말씀, 능력의 말씀으로 사람에게 부딪히게 하는데 목적이 있기 때문이다.

우리는 성령의 영감을 계시의 전달(communication)에 관련시켜 이해하여야 한다. 성령의 영감이란 하나님의 말씀을 사람에게 전달케 하려는 하나님의 역사이다. 효율적인 전달에는 세 가지 요소, 곧 ① 보내는 자-전달의 원천(source) ② 메시지 ③ 받는 자가 관련된다.

전달을 목적으로 한 것이기 때문에, 메시지가 있다고 다 되는 것이 아니다. 메시지를 받는 자에게 메시지가 실제로 전달됨으로써 전달의 효과가 모두 이루어지는 것이다. 신정통주의자처럼 원천과 받는 자의 관계만 강조하고 정확한 메시지가 없다고 한다면 전달하고자 하는 뜻도 극히 주관적인 것으로 전락되기가 쉽다. 그러므로 하나님께서 객관적인 메시지를 성경 안에 남기셨다는 것을 알아야 한다. 하나님께서는 직접 말씀하시되 성경을 통하여 말씀하신다. 이것이 복음주의 신학의 입장이다.

4. 성경해석의 원리

그러면 성경을 어떻게 해석할 것인가? 이에 있어 많은 학자들이 견해를 밝히고 있지만 실제적인 면에 있어 웨슬리의 제언이 도움을 준다고 생각되어 아래에 소개하고자 한다.

웨슬리는 성경 전체가 성령의 영감에 의하여 기록되었다고 믿었다. 그리고 바로 그 성령이 기도하는 마음으로 성경을 읽는 자를 계

속 도와준다고 믿었다.⁵

이런 전제에서 웨슬리는 다음과 같이 해석의 원리를 소개하고 있다.⁶

1) 성경은 부분적으로가 아니라 전체적으로 읽어야 하되 성령의 인도를 따라 해석하도록 하여야 한다. 성경은 성령의 영감으로 기록되었기에 성령의 인도 없이는 참 뜻을 이해할 수 없기 때문이다. 그러므로 성경을 해석하고자 할 때는 기도가 앞서야 한다.

2) 성경해석은 늘 문자의 뜻(literal sense)에 따라 인도를 받아야 한다. 성경을 주석할 때는 우선적으로 본문의 문자의 뜻에 따라 하도록 하고, 그러고 나서 필요하면 조심스럽게 유추하거나 은유적으로 교훈을 찾아야 할 것이다. 그러나 믿음의 유추(analogy of faith) 안에서 해야 할 것이다. 그렇게 함으로 열광주의자들처럼 성경을 우의적으로 해석(allegorical interpretation)하여 본문의 뜻에서 이탈하는 것을 예방하여야 한다.

3) 성경해석에 있어 문맥과 역사적, 지리적 그리고 문화적 배경을 중요시하여야 한다. 해석함에 있어 앞뒤의 문맥을 무시하고 어떤 구절을 취함으로써 본뜻에서 이탈되는 경우를 경계하여야 할 것이다. 역사적, 지리적, 문화적 배경을 살필 때 그 문자의 뜻이 분명하여질 것이기 때문이다.

4) 성경해석에 있어 이성(reason)은 믿음의 도우미로서 활용되어야 한다. 성경의 진리는 믿음과 믿음의 유추(analogy of faith)로만 이해되기 때문이다. 이성은 선한 것이며 성경해석에 도움이 된다. 그러나 이성은 믿음, 사랑, 소망 같은 것을 파악할 수는 없으며 하나님의 사랑을 나타낼 수도 없기 때문이다. 그러므로 이성은 하나님의 뜻

을 알고자 함에 있어, 이성이 갈 수 있는 데까지만(as far as it will go) 활용하고 늘 믿음의 유추에 의하여 해석해야 한다.

5) 해석에 있어 불분명하거나 애매한 구절은 그 상황에서 분명하게 표현된 구절에 의하여 조명을 받도록 하라. 그러고도 분명하지 않으면 성경 전체에 흐르고 있는 중요한 진리(grand truths)에 조화되게 해석하도록 하라. 왜냐하면 우리는 한 하나님이 계시하신 진리에는 통일성이 있다고 믿기 때문이다. 그런 의미에서 성경에 대한 최선의 해석자는 성경자체인 것이다(Scripture is the best expounder of Scripture). 그러므로 늘 성경을 성경과 대조하면서 해석하는 것이 최선의 방법일 것이다.

6) 성경해석에 있어 그리스도인의 신앙체험과 교회 전통(공통적 신앙체험)을 중요시하라.

한 성령이 인간 영혼에서 행하신 역사는 기록된 말씀과 상통할 것이기에, 비록 과오가 있을 수 있으나 그럼에도 교회의 역사적 증언은 성경의 의미를 찾는데 도움이 될 것이기 때문이다.

◆성경 읽는 자세
웨슬리는 다음과 같은 자세로 성경을 읽으라고 권하고 있다.

아침저녁으로 하나님의 말씀을 명상하라. 그리하면 최선의 지식, 곧 유일하신 참 하나님, 곧 하나님이 보내신 예수 그리스도를 알게 될 것이다. 그리고 이 지식이 여러분으로 하여금 하나님을 사랑하도록 인도할 것이다. 이는 하나님께서 여러분을 먼저 사랑하셨기 때문이다…이 결과로써 여러분은 성경에 기록된 거룩한 모든 성품(tempers)을 즐겁게 체험하면서 여러분을 거룩해지라고 부르신 그대로 모든 언어와 행실에 있어서 거룩해질 것이다. 이런 목적이 응답되기를 바란다면 성경을 다음과 같은 방법으로 읽으라고 권하고 싶다.

1) 가능하면 성경을 상고하기 위하여 적은 시간이나마 아침저녁으로 시간을 따로 정하라.

2) 시간이 허락하면 매번 구약성경에서 한 장, 그리고 신약성경에서 한 장씩을 읽으라. 시간이 허락하지 않으면 한 장만 읽든지, 또는 그 일부만을 읽으라.

3) 성경을 읽을 때는 하나님의 뜻을 알고 그대로 행하겠다는 결의, 그 한 가지 관심을 가지고 읽도록 하라. 또한 하나님의 뜻을 알기 위해서는 여러분은 다음과 같이 해야 한다.

4) 항상 믿음의 유추와 성경의 기본적인 교리들, 곧 원죄, 이신득의(以信得義), 신생, 성결 같은 교리들 간의 연결과 조화에 유의하라.

5) 하나님의 말씀을 상고하기 전에 진지하고 간절하게 기도하라. 성경은 성경을 주신 바로 그 성령을 통하여서만 이해될 수 있음을 알기 때문이다. 성경읽기를 마칠 때에도 기도하라. 이는 우리가 읽은 것들이 우리 마음에 기록되기 위하여서이다.

6) 또한 읽는 동안에도 가끔 멈추어 읽는 말씀에 비추어 우리 자신의 마음과 생활에 관하여 검토해 본다면 유익할 것이다. 이와 같이 하여 하나님의 뜻과 일치한 것을 발견할 때에는 하나님을 찬양케 되고 또 우리가 미치지 못한 것을 느끼게 될 때에는 겸손하게 기도하게 될 것이다. 읽는 가운데 빛을 받으면 그 즉시 그를 최대한으로 활용하라. 지체하지 말라. 무엇인가 결심한 것이 있으면 될 수 있는 대로

그 순간부터 실행에 옮기라.

　이와 같이 함으로 여러분은 읽는 그 말씀이 현재와 영원한 구원에 이르게 하는 하나님의 능력이 됨을 알게 될 것이다.[7]

"하나님은 영이시니
예배하는 자가
영과 진리로 예배할지니라"
(요 4:24)

제 3장
하나님 아버지

    종교적 신앙은 신이 존재한다는 확신에서 시작된다. 성경적 기독교의 입장도 마찬가지이다. 성경은 하나님이 존재하신다는 것을 전제로 하고 증거하고 있다. 성경은 마음에 하나님이 없다고 하는 자는 어리석은 자(시 14:1)라고 말하고 있다. 성경은 하나님께서 천지를 창조하신 일로 시작하여 하나님께서 어떤 분이신가를 말하고 있다.
    그러나 어떤 사람은 종교에 도전하여 하나님이 어디에 있느냐고 반문한다. 이런 도전에 직면하여 우리는 신 존재에 대한 이론적 변증을 펼 필요가 있다.

1. 신 존재에 대한 여러 증명

중세기의 신학자 아퀴나스(Thomas Aquinas)의 신 존재 증명 등 몇 가지 증명이 있다. 물론 이런 증명이 하나님에 대한 완전한 논리적 확실성이나 체험적 확신을 주는 것은 아니지만 성경의 진리를 예비시키는 것으로, 또는 신앙을 뒷받침하는 것으로는 유용하다고 생각된다. 그러면 이 신 존재에 대한 논증을 간단히 소개하고자 한다.

1) 우주론적 증명(Cosmological Evidence)

우주론적 증명은 "원인 없는 일은 없다"는 상식에 기초한 논리이다. 현실세계가 있는 것을 보면, 이에 대한 최초의 원인(The first cause)이 있었음이 틀림없다는 것이다. 이 첫째 원인이 바로 하나님이라고 주장하는 것이다.

사실, 모든 과학의 구조가 인과율의 법칙에 근거하고 있다. 현재 우주 안에서 일어나는 사건들에 그 원인이 있다고 본다면, 우주 자체가 적절한 원인을 요청한다고 생각하지 않을 수 없다. 그 첫째 원인이 곧 하나님이라고 추리하는 것이다. 그러므로 우주론적 변론은 우주는 시작이 있었고 그 시작은 능력 있는 자에 의하여 원인되었다고 생각하는 것이 보다 합리적이라고 변증한다.

2) 목적론적 증명(Teleological Evidence)

이 변증은 우주론적 변론을 더 확대한 것이다. 우리는 우주가 존재할 뿐 아니라, 우주 안에는 일정한 질서가 있는 것을 본다. 그럴진대 이 우주가 창조될 때 하나의 목적이 있어 창조된 것이라고 본다. 그리고 그 목적과 질서는 우주 밖에 있는 어떤 존재에 의하여 결정된 것이라고 보고, 그 분을 바로 신(神)이라고 한다. 하나의 유기체가 상호작용하는 데서 보듯이 이 질서는 목적과 각 지체의 활동하는 것이 그 목적에 적절히 조화를 이루는 것으로 보아, 신(神)은 지성과 지혜의 하나님일 것이라고 변증한다.

이 목적론적인 증명은 대단히 설득력 있는 변론이라고 인정되고 있다. 노벨상을 받은 바 있는 미국의 과학자 콤톤(Arthur H. Compton)은 다음과 같이 말했다. "이 우주는 최고의 지성을 가지신 분이 지으셨고 또 그 분이 사람을 창조했다고 깨닫게 되어 나는 신앙을 갖게 되었다."

한 계획(plan)이 있는 곳에는 질서 있는 하나의 지성(intelligence)이 있다는 것은 변론할 여지가 없는 일이다. 그러므로 우주의 진행은 태초에 하나님이 계셨다는 것을 증명해 주고 있다고 본다.

3) 존재론적 증명(Ontological Evidence)

이 증명의 근본 논리는 신의 관념(The idea of God)이 곧 신의 실재와 직결된다는 것에서 나왔다. 이 변증을 내세움으로 유명해진 학자는 안셀름(Anselm)이다. 그에 의하면, 실제로 존재하는 것은 단지 사람의 생각 안에(in intellect) 있는 것보다 크다. 그런데 우리는 무한히 완전한 존재에 대한 생각을 가지고 있다. 하나님은 이보다 더 큰 자는 없다고 생각하는 바로 그 존재이다.

신은 최고의 진리요, 최고의 존재요, 최고 선(善)이기 때문에 완전한 존재이다. 이 이상 더 위대한 것은 생각할 수도 없는 관념이다. 이러한 관념 속에는 존재라는 생각이 이미 포함되어 있다. 사실, 모든 사람은 신에 대한 관념을 가지고 있으며, 따라서 신은 존재한다고 주창하는 것이다.

4) 도덕론적 증명(Moral Evidence)

이 증명은 임마누엘 칸트(Kant)에 의하여 유명해진 것으로, 이는 인간의 양심과 도덕적 성격에 근거한 변론이다. 사람의 양심은 본질상 선악관을 가지고 있다. 그리하여 인간은 모두 선(善)은 행하여야 하고 악(惡)은 피하여야 한다고 알고 있다. 여기에서 도덕적 의무감이 생긴다. 칸트는 이 도덕적 의무감에서 사람은 벗어날 수가 없다고 보았다. 이런 도덕성 곧 실천 이성은 인간의 선택의 자유와 영혼의 불멸성 그리고 하나님의 존재를 요청(postulate)한다. 인간의 도덕법과 인간의 양심은 선을 행한 사람은 보상을 받아야하고 악을 행한 사람은 마침내 벌을 받는다고 믿는다. 이 필연성은 심판자이신 하나님의 존재를 요청한다.

따라서 하나님은 존재한다고 말한다. 더 나아가 인간 세계에는 자연법이 있듯이 도덕법이 없을 수 없다. 이런 도덕법은 우주 배후에 있는 존재, 곧 신은 도덕적 존재(Moral Being)일 것이라고 주장한다. 도덕적인 사람을 창조하신 신은 도덕적인 신임에 틀림없기 때문이다.

5) 종교적 증명(Religious Evidence)

이 변증은 존재론적 증명과 유사하다. 곧 역사적으로 볼 때, 신이란 관념을 모든 인류가 공통적으로 가지고 있음을 역사가 증명해 주고 있으니 신이 존재한다고 인정할 수밖에 없다는 것이다. 모든 인종에게 종교가 있고 신을 숭배해 왔다는 사실은 바로 이를 뒷받침해주고 있다. 사실 인간의 마음속 깊이 신을 동경하고 그의 존재를 시인하는 직감이 있음을 안다.

이상의 다섯 가지 변증은 신존재에 대한 주요한 증명이다. 우리가 알 것은 이런 증명이 이성을 중심으로 한 증명이기에 강한 설득력이 있다고는 볼 수 없다. 칸트는 그의 인식론을 다룬 「순수이성비판」에서 이런 증명들이 논리적으로 완벽한 확실성을 가져다주지 못한다고 했다. 현대에 와서 칼 바르트(Karl Barth)도 이성적으로 하나님의 존재를 수립할 수 없다고 말했다. 하나님은 이성의 독자적 인식의 대상이 아니기 때문이다. 오히려 하나님의 존재를 확신하는 것은 하나님과의 직접적인 만남, 곧 구원의 체험에서 생기는 것이다. 그러므로 성경은 하나님의 계시, 곧 하나님 스스로가 역사하시며 자기를 나타내시는 일에 근거하여 하나님의 존재를 확인하고 있다.

그러나 지금까지 설명한 신존재에 대한 논증이 지적으로 진리를 탐구하고 이를 어느 정도 만족시켜줌에는 틀림없다. 사실, 믿음이 결코 이성과 반대되는 것은 아니다. 그러므로 하나님을 믿는 자들이 지식인들에게 반증할 때에 도움이 되기도 한다.

2. 하나님의 속성(Attribute of God)

그러면 하나님은 어떤 분인가? 여기에서 우리는 하나님의 속성문제를 다루게 된다. 속성(attribute)이란 하나님이 존재하신다면 그분은 어떤 분이냐(What He is)는 것, 즉 행동의 특징을 규정짓는 성격, 특징을 의미한다. 자연이나 인간 이성의 추리로는 하나님이 어떤 분인가를 확실히 알 수는 없다. 왜냐하면 "내 생각이 너희의 생각과 다르며 내 길은 너희의 길과 다름이니라 여호와의 말씀이니라 이는 하늘이 땅보다 높음 같이 내 길은 너희의 길보다 높으며 내 생각은 너희의 생각보다 높음이니라"(사 55:8-9)고 하신 바와 같이, 하나님의 속성은 하나님의 계시에 근거할 수밖에 없기 때문이다. 하나님은 자신이 친히 계시하시고 그 계시에서 우리가 그를 친히 만나기까지는 그분을 신비로운 분으로 감추고 있는 분이시다.

1) 인격적인 하나님

성경을 보면 하나님께서는 자기를 "이름"으로 계시하였다. "나는 스스로 있는 자니라"(출 3:14).
그러면 무슨 이름으로 그를 부를 수 있는가? 이 신비로운 분은 그의 "이름"을 우리에게 알게 하시며 계시하신 분이다. 성경을 보면 모세가 그분께 "원하건대 주의 영광을 내게 보이소서"(출 33:18)하고 간청하자 그 분은 대답하셨다.

"여호와께서 이르시되 내가 내 모든 선한 것을 네 앞으로 지나가게 하고 여호와의 이름을 네 앞에 선포하리라 나는 은혜 베풀 자에게 은혜를 베풀고 긍휼히 여길 자에게 긍휼을 베푸느니라"(출 33:19).

"여호와께서 그의 앞으로 지나시며 선포하시되 여호와라 여호와라 자비롭고 은혜롭고 노하기를 더디하고 인자와 진실이 많은 하나님이라"(출 34:6).

이와 같이 기독교의 신은 "이름"으로 자기를 계시하였다. 구약에 나타난 하나님의 계시에는 그 "이름"이 그 메시지의 중심을 차지하고 있다. 신약에 와서도 하나님의 이름은 중요하게 취급되고 있다. 주 예수 그리스도께서도 기도할 때 먼저 당신의 이름, 곧 "하나님의 이름이 거룩히 여김을 받으시옵소서"하고 기도하라고 가르치셨다(마 6:9). 그리고 예수님께서 이 지상에서의 사역을 마침에 있어서 드린 대제사장으로서의 기도에서도 말씀하시기를 "세상 중에서 내게 주신 사람들에게 내가 아버지의 이름을 나타내었나이다"(요 17:6)라고 하셨다.

하나님께서 "자기 이름"으로 사람을 만나셨다는 것은 큰 의의가 있다. 곧 "이름"으로 사람과 직면한다는 것은 하나님은 사물과 같은 어떤 대상(it)이 아니라는 것이다. 오히려 "당신"(thou)이라고 불리며 사람과 대화하시는 인격자(person)라는 것이다. 인격자이신 하나님(personal God)은 사람의 사유(思惟)를 통하여 알려지신 것이 아니다. 여기에 성경의 하나님은 신(神)을 그저 하나의 절대정신으로 보려는 헤겔 같은 철학자의 신과는 다른 분이심을 분명히 알아야 한다.

하나님은 자기 스스로 나타내시는 분, 곧 계시하시되 인격적으로 (personal) 나타내시는 분이시다. 그리하여 스스로 존재하시는 분이 우리를 위하여 존재하시는 분도 되는 것이다. 인격자이신 하나님은 인간과의 관계에 있어 다음의 특징이 있다. 곧 ① 하나님은 우리를 인격적으로 취급하신다. ② 따라서 우리는 언제든지 하나님의 대화의 대상이다. ③ 신약에 와서 하나님을 아버지라고 표현한다.

2) 자연적 속성: 하나님은 위대하신 주권자이시다.

인격자인 하나님의 자연적 속성은 한마디로 "위대하신 주권자"이시다. 성경에서 하나님을 주(主)님(Lord, אדני) 또는 엘로힘(Elohim)이라고 부른 것은, 바로 그의 위대하심을 드러내는 것이다. 그는 도덕적인 면에서나, 그 영성에서나, 모든 것이 그의 통치하에 있다. 아니 모든 면에서 모든 존재위에 계시는 위대하신 주권자이시다. 출애굽기 20장 1-3절에서 "하나님이 이 모든 말씀으로 말씀하여 이르시되 나는 너를 애굽 땅, 종 되었던 집에서 인도하여 낸 네 하나님 여호와니라 너는 나 외에는 다른 신들을 네게 두지 말라"고 하였다. "예수께서 말씀하시되 사탄아 물러가라 기록되었으되 주 너의 하나님께 경배하고 다만 그를 섬기라"(마 4:10)고 하였다. 그러면 성경은 하나님의 이 위대하심을 어떻게 표현했는가?

(1) 하나님은 영이시다.

성경은 하나님은 영(spirit)이라고 표현했다(요 4:24). 하나님은 어떤 사물에 제한된 분이 아니다. 성경은 종종 하나님을 마치 손과 발을 가지신 분처럼 묘사하고 있다. 그러나 이는 단지 사람에 비유해서 하나님을 설명한 말이다. 하나님은 영이시기에 어떤 지역에나 육체에 제약을 받으시는 분이 아니다. 또한 그는 영이시기 때문에 물질처럼 파괴되는 분이 아니다. 영원하신 분, 곧 산 영(living spirit)이시다. 따라서 어떤 형상을 만들어 놓고 하나님이라고 숭배하는 일, 곧 우상숭배는 금지되어 있다. 성경은 "하나님은 영이시니 예배하는 자가 영과 진리로 예배할지니라"(요 4:24)고 말하고 있다.

(2) 하나님은 무한하신 분이시다.

하나님 안에서는 부족하거나 유한한 것이 없다. 그는 전능하시고, 전지전능하시다. 그리고 안 계신 곳이 없이 어디에나 편재하시다. 하나님께서는 힘이 없어서 못하시는 것이 하나도 없다. 그러나 하나님은 자신의 인격과 본성에 일치하도록 행하신다. 그래서 때로는 하나님이 어떤 일은 못하시는 것처럼 보인다. 예를 들어서 하나님은 모든 것을 다 하실 수 있으나 거짓말은 못 하신다. 이는 하나님이 무능해서 못하는 것이 아니라 하나님의 그 의로우신 본성에 배반되는 것이기 때문에 안 하시는 것이다. 하나님은 친히 말씀하시기를 "나는 전능한 하나님이라"(אלשדי God almighty)라고 하셨다(창 17:1). 하나님은 또한 모르시는 것이 없다. 하나님의 섭리하시는 지혜에는 스스로 제한하시는 일은 있어도 그 분 자신이 모르시는 것은 없다.

또 하나님은 안 계시는 곳이 없다. 그러므로 하나님의 임재를 피할 수는 없다. 시편 기자는 이렇게 말하고 있다. "여호와여 주께서 나를 살펴 보셨으므로 나를 아시나이다 주께서 내가 앉고 일어섬을 아시고 멀리서도 나의 생각을 밝히 아시오며 나의 모든 길과 내가 눕는 것을 살펴 보셨으므로 나의 모든 행위를 익히 아시오니 여호와여 내 혀의 말을 알지 못하시는 것이 하나도 없으시니이다 주께서 나의 앞뒤를 둘러싸시고 내게 안수하셨나이다 이 지식이 내게 너무 기이하니 높아서 내가 능히 미치지 못하나이다 내가 주의 영을 떠나 어디로 가며 주의 앞에서 어디로 피하리이까 내가 하늘에 올라갈지라도 거기 계시며 스올에 내 자리를 펼지라도 거기 계시니이다 내가 새벽 날개를 치며 바다 끝에 가서 거주할지라도 거기서도 주의 손이 나를 인도하시며 주의 오른손이 나를 붙드시리이다"(시 139:1-10).

(3) 하나님은 창조자이시며 만물을 유지하시는 분이시다.

하나님께서 위대하시며 주권자(sovereign)이심은, 그가 사람과 세상을 무에서 창조하시고 만물을 유지하는 주권자라는데 있다. 바로 성경은 "태초에 하나님이 천지를 창조하시니라"(창 1:1) "그 능력의 말씀으로 만물을 붙드시며"(히 1:3) 계시다고 증언하고 있다. 곧 성경 기자들은 이 세상과 모든 물질적인 우주의 존재가 하나님께로부터 나왔으며, 이것들이 하나님의 힘에 의하여 계속되고 있다고 믿고 있다(마 5:45, 6:25-30, 10:29-30참조).

하나님의 자연적 속성에 대하여 한마디로 요약한다면 '위대하신 분이시며 주권자'이시다. 하나님의 위대하심에 대한 깨달음은 시편기자들로 하여금 하나님을 찬양하게 했으며, 오늘날도 믿는 자들로 하여금 소리쳐 그 분을 찬양하게 한다. "주 하나님 지으신 모든 세계 내 마음 속에 그리어볼 때 하늘의 별 울려 퍼지는 뇌성, 주님의 권능 우주에 찼네 주님의 높고 위대하심을 내 영혼이 찬양하네 주님의 높고 위대하심을 내 영혼이 찬양하네"(찬송가 79장(통40장)).

(4) 하나님의 초월성과 내재성

위대하신 하나님, 특히 하나님의 창조하신 세상과의 관계를 말함에 있어서 우리가 분명히 이해하고 넘어가야 할 것이 있다. 곧 하나님은 초월적이며 또한 내재적인 신이라는 사실이다. 이것이 바로 성경 기자들이 이해하고 있는 하나님이다. 이 하나님의 초월성(超越性, transcendence)과 내재성(內在性, immanence)이라는 성경적 견해가 바로 이해되어 양자 간의 그 긴장과 균형을 유지하면서 말할 때만이 하나님을 바로 이해하게 된다.

만약 어느 한 면을 지나치게 강조한 나머지 다른 한 면을 희생시키면 정통적인 기독교의 이해는 변질되고 만다. 만일 하나님의 초월성을 지나치게 강조하면, 우리 가운데서 역사하시는 하나님(Active God)의 개념이 사라져 이신론(理神論, deism)에 빠질 것이며, 만일 하나님의 내재성을 지나치게 강조하면 인격적 신의 개념은 범신론(pantheism)으로 변질되고 말 것이다.

기독교의 입장은 범신론과 이신론의 입장을 배격한다. 성경적 기독교에서는 하나님께서 우리의 창조주로서 절대 타자(他者)이시지만 또한 우리 안에 계시는 하나님이라고 주장한다. 성경은 말하고 있다. "지극히 존귀하며 영원히 거하시며 거룩하다 이름하는 이가 이와 같이 말씀하시되 내가 높고 거룩한 곳에 있으며 또한 통회하고 마음이 겸손한 자와 함께 있나니 이는 겸손한 자의 영을 소생시키며 통회하는 자의 마음을 소생시키려 함이라"(사 57:15).

① 하나님의 내재성

하나님의 내재성이란 하나님께서 자연과 인간의 실제 역사 안에 현존하신다는 의미이다. 성경은 하나님의 내재에 대하여 여러 가지로 증언하고 있다. 예레미야 23장은 하나님이 온 우주에 충만해 있음을 증언하고 있다. "여호와의 말씀이니라 사람이 내게 보이지 아니하려고 누가 자신을 은밀한 곳에 숨길 수 있겠느냐 여호와가 말하노라 나는 천지에 충만하지 아니하냐"(렘 23:24)

공동 번역에는 "내 말을 똑똑히 들으라… 하늘과 땅 어디를 가나 내가 없는 곳은 없다"고 했다. 이사야 63:11, 미가 3:8, 학개 2:5에 보면, 하나님은 또한 백성 중에 머물러 있다고 하였다. 성경은 이와 같이 하나님의 내재성을 말하고 있다. 그러므로 하나님께서는 역사 속에 있는 사람들에게, 또한 국가 같은 조직체 가운데서 역사하고 계심을 알아야 한다. 따라서 우리는 하나님께서 창조하신 것들을 귀중히 여기게 된다. 더 나아가, 하나님께서 세상 속에서 어느 정도 임재하시며 역사하시고 계시다고 보기에, 미신자나 이방문화권에도 복음 전달의 가능성을 말하게 된다.

그러나 성경은 하나님의 내재성을 일정한 제한을 두고 말하고 있다. 하나님은 또한 초월적으로 존재하시기 때문이다. 만약에 이 제한을 넘어서 하나님의 내재성을 지나치게 강조할 때에는 문제가 생긴다. 성경이 말하는 하나님의 개념을 그릇되게 설명하게 된다. 이런 과오를 우리는 근래의 자유주의 신학(Theological liberalism), 특히 하나님은 죽었다고 말하는 사신신학(死神神學), 또는 행동의 신학에서 본다.

자유주의 신학은 하나님을 이 세상 속에 내재하시는 것으로만 말한다. 이들에게는 이 자연 밖에서 역사하시는 하나님, 곧 초자연적인 하나님은 없는 것이다. 이점에서 자유주의 신학은 전통적인 기독교와 구별된다. 그러므로 자유주의 신학은 초자연적인 기사와 이적을 믿지 않는다. 그리고 하나님과 자연, 인간사이의 계속성(continuity)를 주장한다. 따라서 이들에 의하면 하나님과 사람 사이에는 질적 차이는 본질적으로 없으며 양적인 차이(Quantitative difference)가 있을 뿐이다. 그들은 진화론(Evolution)을 채택하여 자연의 과정 속에서의 하나님의 역사를 말한다. 이들에 의하면, 사람은 작은 하나님이다. 그러므로 사회 속에서 이루어지는 운동을 곧 하나님의 활동으로 보게 되는 것이다. 이렇게 될 때에 우리는 큰 위험성을 본다. 이들에게 있어서는 사회 속에 이루어지고 있는 일에 대한 윤리적 판단을 내릴 기초가 없어지고 마는 것이다. 그리하여 칼 바르트(Karl Barth)가 지적했듯이 1930년대에 독일의 자유주의 교회가 독일에서 히틀러(Hitler)의 정치와 활동을 세속 안에서의 하나님의 활동으로 오인케 하는 과오를 범하게 하는 결과를 가져왔다. 이들에 있어서는 종교활동(religious activity)이 결국 다른 사회활동(social activity)과 같은 것이 되고 말기 때문이다.

이와 같은 자유주의 신관은 신정통주의 신학(Neo-orthodox)에 의하여 반박을 받았으나, 또 폴 틸리히(Paul Tillich)에 의하여, 하나님을 존재 자체(being self) 또는 존재의 근거(the ground of being)로 이해함으로 초월적인 인격적인 하나님이 만물 안에 있는 것으로 말하는 범내재신론(panentheism)에 빠지고 말았다.

1960년대 미국에서 일어난 사신신학(死神神學)에 이르러서 내재성은 더 과격하게 주장되었다. 사신신론자 알타이저(Altiger)는 말하기를 초월적인 하나님께서 오랜 세월에 걸쳐 자연과 인간 속으로 내려와 마침내 신 자신이 인간이 되어졌다고 하였다. 마침내 예수의 성육신(成肉身)에서 그 과정은 완결되었다고 한다. 이와 같은 과정을 통하여 신의 최초의 상태(primordial God)는 세상의 일부분이 되고 말았다. 그러므로 사신신학자들에게 있어서 초월적인 인격적

신은 없는 것이다. 따라서 기도, 예배 등은 무의미해지고 말았다. 이런 입장은 최근의 혁명의 신학 또는 해방의 신학에서 더 한층 그 위험성이 드러나고 있다.

이와 같이 하나님의 내재성 개념을 발전시켜 그것만 강조하면 하나님과의 인격적 관계는 이해할 수 없게 된다. 자연이 그리고 인간이 곧 신이 되고 말기 때문이다. 이렇게 되면 하나님의 독자성이 없어진다. 하나님께서 창조 전에 존재했다고 말할 수 없게 된다. 그리고 하나님께서 무에서 창조하셨다는 기독교의 창조론을 부정하게 된다. 그러므로 내재성만을 지나치게 강조하는 것은 경계해야 한다.

② 하나님의 초월성

하나님의 초월성이라는 개념은, 세상과의 관계에서 하나님은 한편 세상과 또는 인간에게서 독립된 존재로서 격리되어 역사한다는 것이다. 하나님의 생각은 사람의 생각과는 다르다. 하나님은 생각에서 뿐 아니라 그의 위대하심에서나, 능력에서나, 지식에서, 그리고 그의 인자하심과 성결함에서도, 아니 모든 면에서 사람을 초월하시는 분이시다.

성경은 하나님의 이런 초월성에 대하여 여러 가지로 증언하고 있다. 이사야 55장 8-9절에서는 이렇게 말하고 있다. "이는 내 생각이 너희의 생각과 다르며 내 길은 너희의 길과 다름이니라 여호와의 말씀이니라 이는 하늘이 땅보다 높음 같이 내 길은 너희의 길보다 높으며 내 생각은 너희의 생각보다 높음이니라"

시편기자는 하나님의 초월성을 가리켜 시편 113편에서 말하기를 "여호와는 모든 나라보다 높으시며 그의 영광은 하늘보다 높으시도다 여호와 우리 하나님과 같은 이가 누구리요"(시 113:4-5)라고 노래하였다. 인간 속에 내려오신 예수께서는 자기를 따르는 사람들에게 말씀하시기를 "너희는 아래에서 났고 나는 위에서 났으며 너희는 이 세상에 속하였고 나는 이 세상에 속하지 아니하였느니라"(요 8:23)고 하였다. 이사야가 성전에서 보고 묘사한 하나님은 '거룩하고 거룩하고 거룩한 만군의 여호와'이시다(사 6:3). 이는 하나님의 초월성을 가리키는 말이다. 그러나 이사야는 동시에 "만군의 여호와여 그의 영광이 온 땅에 충만하도다"(사 6:3)라고 표현하며 하나님의 내재성을 말하고 있다. 이와 같이 성경의 하나님은 내재적이며 또한 초월적인 분이시다.

성경이 증언하듯이, 하나님의 초월성을 인정하는 것은 우리의 신앙생활에 중요한 의미를 갖는다. 첫째로, 이는 하나님과 인간 사이에는 질적인 차이(qualitative difference)가 있다는 것을 전제로 한다. 모든 면에서 사람은 사람이지 하나님이 아님을 알아야 한다. 하나님은 사람들이 예배할 자이시다. 사람의 구원도 하나님께로부터 오는 것이요 사람이 자기의 힘으로 성취할 수 있는 것이 아니다. 따라서 하나님은 사람의 철학적 사고로 온전히 파악될 수 없다. 하나님의 생각은 사람의 생각과는 다르기 때문이다.

두 번째로, 하나님의 초월성을 인정할 때, 우리 인간이 최고의 존재도 아니요 인간이 우주에서의 지고선(至高善, the highest good)이 아님을 깨닫게 된다. 따라서 인간 세계에서의 가치의 기준은 인간 이상에서, 곧 하나님에 의하여서 주어져야만 한다. 하나님의 판단과 심판이 인간의 가치를 규정짓는다.

세 번째로, 하나님의 초월성을 인정할 때 우리는 인류의 구원이 사람의 힘으로는 불가능하다는 것을 깨닫게 된다. 우리의 구원은 하나님의 은혜로써 가능케 되는 것이다. 따라서 사람은 하나님께서 초월적으로 행하시는 역사를 의지해야 하는 것이다.

그러나 우리는 하나님의 초월성만을 지나치게 주장하여 하나님의 내재성을 희생시켜서는 안 된다. 만일 초월성만을 주장하면 이신론(Deism)에 빠져 하나님은 마치 세상을 창조하신 후에는 세상에나 사람의 일에는 관여치 않은 신처럼 되어 버리기 때문이다.

20세기에 들어서면서 칼 바르트(Karl Barth) 같은 신학자가 하나님의 초월성을 강조했다. 바르트가 하나님의 초월성을 잃었던 자유주의 신학을 비판하고 하나님의 초월성을 제시한 것은 큰 업적이다. 그러나 자유주의 신학에 대한 반동(reaction)으로써 하나님은 사람과는 무한한 질적 차이(an infinite qualitative difference)가 있는 분으로 절대 타자(The wholly other, altogether other)라고 말함으로 하나님의 내재성을 부정하는 듯한 인상을 준 것은 많은 오해와 또 어려움을 초래했다. 바르트의 주장 액면 그대로라면 마침내는 하나님과 사람과의 교분(fellowship)의 가능성마저 제거해버리는 것일 수 있기 때문이다.

물론 현대 신학자들이 하나님의 초월성에 대한 표현은 달리할 수는 있을 것이다. 예를 들어, 전통적으로 하나님의 초월성을 "위에(above), 저기에(up there)" 계시는 하나님으로 공간적으로 표현했다면, 케에르케고르(S. Kierkegaard)는 이를 관계적 측면에서 표현하여 하나님은 질적으로 구분된다(qualitative distinction)고 하면서 차원적 피안(Dimensional Beyondness)으로서의 모델을 사용했다. 희망의 신학자들은 역사적 모델로서 초월성을 종말론적으로 이해하여 하나님의 미래에 대한 개방으로 표현했다. 이런 시도들은 그 나름대로 의미가 있다.

　그러나 우리가 분명히 하고 넘어가야 할 것은 하나님은 초월적이며 동시에 내재적이라는 것이다. 이것이 성경적 하나님의 특성이기 때문이다. 하나님의 속성들은 이 두 가지를 다 포함하고 있다. 참으로 하나님은 우리들이 있는 바로 그 곳에 거하신다. 그렇다고 그 분은 단순히 그저 접할 수 있는 그런 하나님은 아니시다. 하나님은 우리와 차원을 달리하고 계시는 분이시기 때문이다. 이는 마치 우리가 방에서 라디오를 들을 때의 상황과 유사하게 이해될 수 있을 것이다. 내가 라디오를 듣고 있는 방안에 여러 소리(many sounds)가 들어와 있다. 우리가 라디오의 채널 다이얼을 돌려보면 안다. 많은 방송 소리가 들린다. 여러 방송의 전파음이 현재 방 안에 흐르고 있어 채널을 돌릴 때 잡히는 것이다. 그러나 우리는 또한 안다. 그 음파는 방 밖에서 오는 것이다. 곧 '타자'이다. 이와 같이 하나님은 늘 우리 곁에 가까이 계신다. 하나님의 임재와 역사는 어디에나 있다. 그러나 하나님은 영이시기 때문에 그때 그 지리적 위치에만 있다고 꼬집어 말할 수는 없다. 주파수를 맞추는 자에게만 체험된다.

　그 분은 초월적인 존재이다. 이와 같이 초월적이요 동시에 내재적인 여호와 하나님에 대하여 이사야 57장 15절에서 말하고 있는 것이 바로 이런 의미인 듯하다. "지극히 높으신 이, 보좌에 영원히 앉아 계시는 이, 거룩하신 분이라 불리는 이께서 말씀하신다. "나는 높고 거룩한 보좌에 앉아 있으면서도 얻어맞아 용기를 잃은 사람들과 함께 살며 잃은 용기를 되살려 주고, 상한 마음을 아물게 해주리라."(사 57:15, 공동번역)

3) 도덕적 속성: 하나님은 거룩한 사랑의 아버지, 의로우신 분이시다.

지금까지 우리는 하나님의 속성을 말하면서 하나님은 위대하신 주권자이심을 설명했다. 이는 하나님의 자연적 속성이다. 그럼 하나님의 도덕적 속성에 대하여 알아보자. 하나님의 도덕적 성품은 성경에 자주 사용된 하나님의 명칭인 사랑의 아버지, 거룩한 아버지, 의로우신 아버지로 나타난다.

(1) 아버지이신 하나님

하나님을 아버지로 부른 표현은 주로 신약성경에서 발견된다. 하나님은 아버지와 같으신 분이다. 물론 하나님을 아버지라고 부른 표현은 구약에도 있었다(참고. 시 103:13, 사 63:16, 렘 3:19, 말 2:10). 그러나 신약에 와서, 특히 예수님의 교훈에서 하나님을 "아버지"라고 이해하는 것이 신 사상의 중심이 되었다.

성경이 말하는 하나님은 사도 바울이 증언하는 대로 "우리 주 예수 그리스도의 아버지"(엡 1:3)이시다. 그러므로 우리 주 예수 그리스도의 아버지이신 하나님은 우리의 필요한 것에 관심을 가지시고 돌보시는 하나님이시다. 예수님께서는 말씀하셨다.

"공중의 새를 보라 심지도 않고 거두지도 않고 창고에 모아들이지도 아니하되 너희 하늘 아버지께서 기르시나니 너희는 이것들보다 귀하지 아니하냐"(마 6:26)
"그러므로 염려하여 이르기를 무엇을 먹을까 무엇을 마실까 무엇을 입을까 하지 말라 이는 다 이방인들이 구하는 것이라 너희 하늘 아버지께서 이 모

든 것이 너희에게 있어야 할 줄을 아시느니라"(마 6:31-32)

하나님이 이러한 아버지이시기 때문에 우리는 하나님을 신뢰할 수 있다. 또 우리는 예수 그리스도 안에서 하나님을 사랑하며 친밀한 사귐(fellowship)을 가질 수가 있는 것이다. 하나님은 아버지와 같으신 분이기에 우리와 구분되어 초월해 계시지만 또한 가까움을 느끼게 하시는 분이다. 예수님께서 비유로 가르쳐 주셨듯이 하나님은 아버지와 같이 자기 품으로 죄를 회개하고 돌아오는 사람들을 반겨주실 뿐 아니라 잃어버린 자식, 실패한 자녀를 찾아 나가시는 하나님이시다. 어떤 이가 양 백 마리를 가지고 있었는데, 그는 양 아흔아홉 마리를 들판에 그대로 둔 채 잃은 양을 찾아 나가는 것(눅 15:4)과 같이 우리를 찾으시는 아버지이시다. 하나님께서는 바로 예수 그리스도 안에서 이렇게 우리 인생을 자기 곁으로 찾으시는 아버지, 곧 그리스도 안에 계시사 우리를 자기와 화목하게 하시는(고후 5:19) 아버지이시다. 그러므로 성경은 "하나님은 사랑이시라"(요일 4:8, 16)고 했다. 그러면 하나님의 도덕적 속성으로서의 그 사랑에 대하여 생각해 보자.

(2) 사랑의 아버지

하나님의 도덕적 속성의 핵심은 바로 그의 사랑에 있다고 해도 과언이 아니다. 요한일서 4장 8절에는 '하나님은 사랑이시기 때문에 사랑하지 아니하는 자는 하나님을 알지 못한다'고 하였다. 한번은 예수님께서 비유로 하나님 아버지의 사랑을 말씀하셨다. 어떤 사람이 두 아들이 있었다. 그 둘째가 아버지의 재산 중 자기에게 돌아올 몫을 달라고 했다. 그는 그것을 가지고 아버지를 떠나 먼 나라로 가서

맘대로 살고 싶었던 것이다. 그래서 둘째 아들은 재산을 가지고 먼 나라로 갔다. 거기서 허랑방탕하여 그 재산을 다 허비했다. 그는 나중에는 갈 데가 없어 들로 가서 돼지나 먹는 쥐엄 열매로 배를 채우는 신세가 되었다. 아버지의 재산을 탕진하며 아버지를 떠난 죄를 진 것이다.

그때 이 둘째 아들이 제 정신이 들었다. 스스로 돌이켜 아버지를 찾게 되었다. 그러나 그는 자기가 지은 죄가 있기에 도저히 아들로는 되돌아갈 수 없다고 생각했다. 그래서 그저 품꾼의 하나로 삼아 달라고 간청했다. 그러나 이 둘째 아들이 돌아오는 것을 먼 상거에서 본 아버지는 그를 측은히 여겨 달려가 목을 안고 입을 맞추고 환영하며 '종이라니 무슨 말이냐 죽은 줄 알았던 아들이 돌아와 기쁘다'며 종들에게 명하여 좋은 옷을 내다 입히고 발에 신을 신겼다. 발에 신을 신긴 것은 종이 아니라는 표이다. 그리고 손에 가락지를 끼웠다. 손에 가락지를 끼는 것은 상속권이 있는 아들의 표이다. 그리고 송아지를 잡고 기쁨의 잔치를 했다. 그랬더니 밭에 나갔던 큰 아들이 들어왔다. 잔치하는 까닭을 물었더니, 둘째 아들이 돌아왔기 때문이라고 한다. 큰 아들은 아버지께 너무 하신다고 불평을 했다.

이 이야기는 바로 우리 하나님 아버지의 사랑을 말하고 있는 것이다. 떠나간 둘째 아들을 늘 생각하는 아버지처럼, 하나님은 뉘우치고 돌아오는 아들을 사람이 기대할 수 없는 사랑으로 받아주시고 기뻐하시는 분이시다. 죄인 자신도 상상할 수조차 없는 그런 사람이다. 그럼 맏형의 불평은 무엇인가? 죽은 줄 알았던 동생이 돌아왔으니 형도 얼마나 기뻤겠는가? 그러나 형은 그렇게까지 환영하는 아버지의 깊은 사랑을 이해할 수 없었다. 그렇다. 하나님의 사랑은 사람이 생각할 수 없는 사랑인 것이다. 인간 세계에서는 알 수 없는 사랑인 것이다. 오직 "하나님이 우리를 사랑하사 우리 죄를 속하기 위하여 화목제물로 그 아들을 보내셨음이라"(요일 4:10)라고 하신 말씀에서 읽을 수 있는 사랑이다. 신약성경 기자는 이 사랑을 '아가페(agape)' 라고 표현했다. 사도바울이 말한 대로(엡 2:4) 하나님 아버지께서는 "본질상 진노의 자식"이었던 우리를, 긍휼이 풍성하신 하나님은 그의 그 큰 사랑을 인하여 허물로 죽은 우리를 그리스도와 함께 살리신 것이다.

그래서 신학자들은 이 예수 그리스도 안에서 계시된 이 하나님의 사랑은 인애로우시며(benevolence), 은혜로우시며(grace), 자비로우시며(mercy), 꾸준하시다(persistence)라고 표현한다(롬 5:6-11 참조).

그렇다. 첫째로 하나님의 사랑의 기초에는 자선의 차원이 있다. 자선이란 곧 그 사랑하는 자를 향한 이기적인 동기가 없다는 것이다. 오로지 상대방이 궁극적으로 잘되는 것만을 위한 사랑이다. 그러므로 성경은 하나님의 사랑은 '그리스도로 말미암아 우리를 살리려 하심(요일 4:9)'이라고 하셨다. 그렇기에 하나님의 사랑은 아가페(agape)로 표현하여 사람들에게서 나오는 여러 사랑과 구별하였다.

이런 사랑이기에 하나님은 '세상을 이처럼 사랑하사 독생자를 주셨으니 이는 그를 믿는 자마다 멸망하지 않고 영생을 얻게 하려' 하시는 것이다(요 3:16).

두 번째로 하나님의 사랑은 은혜롭다. 은혜라고 함은 사랑하되 상대방에게 어떤 가치나 공로가 있어서가 아니라 하나도 없음에도 불구하고 사랑한다는 뜻이다. 자선이 자기 이익을 구하지 않는 사랑이라면, 은혜는 더 나아가 상대가 아무 가치 없음에도 불구하고 사랑하는 것이다. 그러므로 하나님은 사람이 죄인이요 하나님의 저주 아래 있음에도 불구하고 하나님은 우리를 사랑하시는 것이다. 우리의 구원은 바로 이런 하나님의 은혜(사랑)에서 나온 것이다. 사도 바울은 말한다. "그 기쁘신 뜻대로 우리를 예정하사 예수 그리스도로 말미암아 자기의 아들들이 되게 하셨으니 이는 그가 사랑하시는 자 안에서 우리에게 거저 주시는 바 그의 은혜의 영광을 찬송하게 하려는 것이라"(엡 1:5-6). 그러므로 성경과 함께 우리는 우리의 구원은 하나님의 선물(엡 2:8)이라고 간증하게 된다.

세 번째로 하나님의 사랑은 자비롭다. 곧 하나님은 죄인도 사랑하시는 은혜를 베푸실 뿐 아니라 사람의 비참한 모습, 사람의 곤고함을 내려다보시는 하나님이시다. 아버지가 그 자식을 긍휼히 여기는 것처럼 사람들을 긍휼히 여기시는 하나님이시다. 이런 자비는 부르짖는 이스라엘 백성을 긍휼히 여기시고 찾아오신 그 모습에서 잘 읽을 수 있다. 특히 예수님께서 목자 없는 양과 같이 시달리며 허덕이는 군중을 보시고 불쌍한 마음이 들으셨으며 도시와 마을을 두루 다니시며 병자와 허약한 사람들을 모두 고쳐 주신 데서(마 9:35-36 참조) 우리는 하나님의 자비를 구체적으로 읽는다.

네 번째로 이 하나님의 사랑은 오래 참는 사랑이다. 오래 지속하는(persistence) 사랑이다. 사람은 타인을 계속해서 사랑하지를 못한다. 사람들에게 있어, 사랑을 하게 하는 그 동기가 늘 변하기 때문이다. 그러나 하나님의 사랑은 상대방에게서 원인되어지는 것이 아니요 영원한 하나님 자신에서 나오는 것이기에 영원하고 변함이 없다. 성경에 말씀하시기를 "여인이 어찌 그 젖 먹는 자식을 잊겠으며 자기 태에서 난 아들을 긍휼히 여기지 않겠느냐 그들은 혹시 잊을지라도 나는 너를 잊지 아니할 것이라"(사 49:15)고 하였다. 이런 사랑으로 하나님께서는 오직 우리를 대하여 오래 참으사 아무도 멸망하지 않고 다 회개하기에 이르기를 원하시는(벧후 3:9) 분이시다.

지금까지 하나님의 사랑을 생각해 보았다. 하나님은 이런 사랑으로 예수 그리스도 안에서 우리를 사랑하시는 분이심을 깨닫게 되기를 바란다. 또한 우리들의 사랑도 이렇게 되기를 기원한다. 주님께서 우리에게 새 계명을 주셨기 때문이다. "곧 내가 너희를 사랑한 것 같이 너희도 서로 사랑하라"(요 15:12).

(3) 거룩한 아버지

하나님의 도덕적 속성의 두 번째는 예수님께서 하나님을 "거룩한 아버지"(요 17:11)라고 부르신 데서 잘 나타나 있다. 성경에는 하나님이 거룩하신 분이라는 묘사가 매우 많이 있다. 하나님이 거룩하시다는 것은 주로 두 가지의 기본적인 면을 말한다. 첫째로, 하나님이 우리 인간, 곧 피조물과는 전적으로 다른 분이시라는 의미이다. 그 위대함에서 우리를 초월하신 분일 뿐 아니라 도덕적 면에서도 우리를 초월하신 분이신 것이다. 그러므로 하나님의 거룩함을 대하는 사람은 그 앞에서 두렵고 그를 찬송케 된다. 시편 기자는 외쳤다. "주의 크고 두려운 이름을 찬송할지니 그는 거룩하심이로다"(시 99:4). 또한 하나님이 거룩하시다는 것은, 하나님은 도덕적으로 순결하고 고상하다는 의미이다. 하나님에게는 죄악이 없다는 것이다. 그에게는 흑암도 없다. 하나님은 윤리적으로 완전하시다는 뜻이다. 예수 그리스도의 생애에서 본 그대로 하나님은 윤리적으로 온전하신 분이시다.

둘째로, 하나님이 거룩하시다는 것은 하나님의 완전하심이 사람들의 도덕성품과 그 종교 생활의 동기의 표준이 되었다는 의미이다. 그리하여 하나님께서는 이스라엘 백성에게 "내가 거룩하니 너희도 거룩할지어다"(레 11:45) 하였다. 예수님께서도 말씀하시기를 "하늘에 계신 너희 아버지의 온전하심과 같이 너희도 온전하라"(마 5:48)고 하셨다. 그러므로 하나님의 거룩함(holiness)은 우리 인간도 거룩하게 한다. 하나님의 거룩함은 죄를 용납할 수 없기 때문이다. 그러므로 사람은 성결함을 받아야 한다. "이것이 없이는 아무도 주를 보지 못하리라"(히 12:14). 이 '성결'이야말로 하나님께서 우리의 생각과 행위에서 이룩하기를 원하시는 것이다. 이를 위해 예수님을 십자가에서 피를 흘렸다. 이로써 예수님의 대속은 우리의 성결의 근거(터)가 되었다.

하나님의 거룩한 성품은 감염성(contagious nature)이 있다. 그러므로 옛날 구약시대에 성소에서 성별하고자 할 때 거룩한 단에 접촉하는 것이 다 거룩하게 여김을 받았듯이(출 29:37) 하나님 앞에 예수 그리스도를 통하여 나오는 자들도 깨끗케 될 것이다(히 9:11-14). 그러나 이 감염성은 부정적인 작용도 한다. 그래서 구약에서 하나님의 법을 어기면서 하나님의 것을 접할 때에는 하나님의 진노가 임하였던 것이다(삼하 6:7 참조). 이로부터 우리는 죄인을 형벌하시는 하나님을 이해하게 된다. 성경은 한편 "우리 하나님은 소멸하는 불이심이니라"(히 12:29)고 하였다.

그러므로 우리는 하나님이 사랑이시지만 그의 본질이 거룩이기 때문에 죄를 정죄하시는 분이시라는 것을 이해하게 된다. 그러므로 루이스(Edwin Lewis)는 다음과 같이 말하였다.

"하나님의 거룩함은, 무엇이 옳으냐에 깊은 관심을 갖고 있고 하나님의 사랑은 사람의 선에 깊은 관심을 갖고 있다. 죄악은 사람의 최선을 파괴한다. 그러므로 하나님은 죄는 용납 못하신다. 하나님은 거룩하실 뿐 아니라 또한 사랑이시기 때문이다. 그러므로 하나님께서는 인간의 최선과 행복을 '의'로 말미암아 바라시고 구하신다."[1]

이것은 무슨 말인가? 거룩한 사랑의 하나님은 모든 사람을 사랑하셔서 구원하기를 원하시고 또 그렇게 역사하시되, 그가 세우신 언약(계약)을 믿음으로 받아들이면 구원하시고, 불순종하면 구원 대신 진노하신다는 것이다.

(4) 의로우신 아버지

그런 까닭에 도덕적인 하나님은 또한 의로우신 하나님이시다. 예수님도 하나님을 의로우신 아버지라고 불렀다(요 17:25). 하나님이 의로우시다(righteous)는 말은, 하나님이 하시는 일, 특히 그가 세우시는 하나님의 법 또는 계약은 그의 성품 그대로의 표현으로써 완전하다는 뜻이다. 동시에 하나님은 그 자신이 세우신 법이나 말씀에 일치하게 모든 행동을 하신다는 의미이다. 그러므로 우리는 하나님의 말씀을 그대로 믿고 그를 신뢰할 수 있는 것이다. 주님은 우리가 여호와는 사랑과 정의와 공의를 땅에 행하는 자인 줄 깨닫기를 원하신다(렘 9:24). 그러므로 우리는 신뢰와 확신을 가지고 하나님 앞에 죄를 고백할 수 있다(요일 1:9). 하나님은 의로우신 분이시기에 주님이 말씀하신대로 예수를 믿는 자는 구원이요 믿지 않는 자는 멸망을 받는다는 것을 우리는 그대로 믿는다. 이와 같이 의로우신 여호와는 말씀하신다. "오라 우리가 서로 변론하자 너희의 죄가 주홍 같을지라도 눈과 같이 희어질 것이요 진홍 같이 붉을지라도 양털 같이 희게 되리라 너희가 즐겨 순종하면 땅의 아름다운 소산을 먹을 것이요 너희가 거절하여 배반하면 칼에 삼켜지리라 여호와의 입의 말씀이니라"(사 1:18-20).

    우리가 하나님의 여러 가지 속성을 모두 다 충분히는 살펴본 것은 아니다. 그리고 그 속성이 상호간 어떻게 작용하는가 하는 상호 관계도 구체적으로 다루지 못했다. 얼핏 보면 속성 상호간에 마찰되는 것이 있어 보이기도 한다. 그러나 그것은 사람 편에서 추상적으로 생각할 때에 그런 것이요, 한 인격자이신 하나님 편에서 생각한다면 하나님은 모든 것이 포함된 하나의 인격자이시므로 그 안에서 조화를 이루시는 분이라는 것을 우리는 믿어야 한다. 그러므로 하나님은 인격 안에서 모든 속성이 조화를 이룬 하나님의 성품으로 역사하시며, 그 안에 갈등이나 모순이 있을 수 없다.

3. 삼위일체이신 하나님

    마지막으로 기독교의 하나님은 삼위일체(三位一體, Triune God)의 하나님이시다. 하나님은 성부, 성자, 성령 3위의 인격을 가지시는데 이는 삼신론이 아니다. 하나님은 하나의 영체이신 분이시다. 여기에서 기독교의 하나님은 철학의 신관이나 유대교, 이슬람교, 다른 종교의 신관과 구분된다.
    삼위일체라는 말은 성경에는 없지만, 성경 전체가 삼위일체 신관을 뒷받침하고 있다. 성경을 보면, 하나님의 창조, 세상섭리, 그리고 계시에 있어서나 구원의 역사에 있어서, 또는 선교에 있어서(마 28:18-20) 성부, 성자, 성령 모두 하나의 하나님으로 역사하신다. 따라서 이 삼위일체 신의 고백이 기독교의 독특한 고백인 것이다. 기독신자가 되고자 할 때, 곧 세례를 받을 때 반드시 하나님의 삼위일체성을 고백하게 되는데 그러한 신앙고백이 바로 사도신경이다.

> 전능하사 천지를 만드신 하나님 아버지를 내가 믿사오며
> 그의 외아들 우리 주 예수 그리스도를 믿사오니
> 이는 성령으로 잉태하사 동정녀 마리아에게 나시고
> 본디오 빌라도에게 고난을 받으사 십자가에 못박혀 죽으시고
> 장사한지 사흘만에 죽은자 가운데서 다시 살아나시며
> 하늘에 오르사 전능하신 하나님 우편에 앉아 계시다가
> 저리로서 산 자와 죽은 자를 심판하러 오시리라
> 성령을 믿사오며 거룩한 공교회와 성도가 서로 교통하는 것과
> 죄를 사하여 주시는 것과 몸이 다시 사는 것과
> 영원히 사는 것을 믿사옵니다. 아멘

또한 초대교회의 아타나시우스 신조(The Athanasian Creed)는 삼위일체 하나님에 대하여 다음과 같이 설명하고 있다.[2]

"우리는 삼위일체 안에 계신 한분 하나님과 하나(Unity) 안에 계신 삼위일체를 예배한다. 인격(persons)을 혼동하지도 실체를 분리하지도 않는다. 성부의 한 인격과 성자의 다른 인격과 성령의 또 다른 인격이 있으나, 성부, 성자, 성령의 신성은 모두 하나이며, 영광은 동등하고, 위엄도 서로 영원하다."

그러므로 복음주의 신학의 입장은 하나님은 신성에 있어서 한 실체이고, 이 하나의 실체 안에 세 인격이 있다고 하는 것이다. 그리고 그 인격은 분리될 수 없고 혼동될 수 없는 것으로 이해하여야 한다.

1) 기독교의 신관은 사벨리아니즘(Sabellianism)의 주장을 배격한다.

기독교의 신관은 하나님은 한 분이고 그분이 다른 형태를 지니고 나타난 것뿐이라고 하는 사벨리아니즘(Sabellianism)을 거부한다. 사벨리아니즘은 성령과 예수님의 하나님 됨을 부정하였다.
 그러나 분명히 성경은 하나님에 대하여 표현할 때 하나님이 삼위인 것으로 표현하고 있다.
 예를 들면, 구약에서 하나님을 표현할 때 사용한 단어에서 그것을 볼 수 있다. 하나님에 대한 명사를 복수로 표현하고 있는 것이다. 곧 하나님을 가리키는 말이 '엘'인데 하나님을 '엘'로 부르지 않고 '엘로힘'이라는 복수를 사용하고 있다. 유일신을 신봉하는 히브리인들이 '엘로힘'이라고 표현하는 것은 주목할 만한 것이다.
 또한 하나님이 자신을 표현할 때 '우리'라는 복수를 사용하고 있는 것을 볼 수 있는데, 예를 들어 다음과 같은 성경 구절에서이다. "하나님이 이르시되 우리의 형상을 따라 우리의 모양대로 우리가 사람을 만들고 그들로 바다의 물고기와 하늘의 새와 가축과 온 땅과 땅에 기는 모든 것을 다스리게 하자 하시고"(창 1:26).
 이 말은 창조 사역과 섭리에 있어서도 삼위 하나님이 함께 역사하였다는 것을 드러내는 것이다. 다음의 성경 구절들도 이를 뒷받침하고 있다.

"땅이 혼돈하고 공허하며 흑암이 깊음 위에 있고 하나님의 영은 수면 위에 운행하시니라 하나님이 이르시되 빛이 있으라 하시니 빛이 있었고"(창 1:2-3).

"자, 우리가 내려가서 거기서 그들의 언어를 혼잡하게 하여 그들이 서로 알아듣지 못하게 하자 하시고"(창 11:7).

요한복음 1장 1-3절에서도 삼위 하나님에 대한 표현을 볼 수 있다.

"태초에 말씀이 계시니라 이 말씀이 하나님과 함께 계셨으니 이 말씀은 곧 하나님이시니라 그가 태초에 하나님과 함께 계셨고 만물이 그로 말미암아 지은 바 되었으니 지은 것이 하나도 그가 없이는 된 것이 없느니라"

2) 기독교의 신론은 삼신론(Tritheism)이 아니다.

이상에서 살펴본 내용을 통해 성령이 하나님의 한 위라고 하는 결론에 이르지 않을 수 없다.

그러나 기억할 것은, 그렇다고 기독교가 고백하는 신론이 삼신론(Tritheism)을 말하는 것은 아니라는 것이다. 성경은 하나님이 그 본질, 실체(ουσία, 곧 substance or essence)에 있어서 하나임을 주장하고 있기 때문이다.

성경은 신명기 6장 4절에서 다음과 같이 말씀하고 있다.

"이스라엘아 들으라 우리 하나님 여호와는 오직 유일한 여호와이시니"

마가복음 12장 29절에서도 말씀하고 있다.

"예수께서 대답하시되 첫째는 이것이니 이스라엘아 들으라 주 곧 우리 하나님은 유일한 주시라"

요한복음 17장 3절에서도 말씀하고 있다.

"영생은 곧 유일하신 참 하나님과 그가 보내신 자 예수 그리스도를 아는 것 이니이다"(갈 3:20 참조).

3) 기독교는 단일신론(Unitarianism)을 배격한다.

삼위일체 신관이란 한 하나님의 실체 안에 세 인격(persons)을 지니고 있다는 것이다. 따라서 기독교의 신관은 삼위일체 하나님이신 예수님과 성령님의 하나님 됨을 부인하는 사벨리아니즘(Sabellianism)도, 더군다나 독립된 삼신론(Tritheism)도 아니며, 단일신론(Unitarianism)도 아니다.

제 4장
우주론 -하나님과 세계와의 관계-

1. 기독교는 하나님이 우주를 창조하셨다고 믿는다.

하나님이 하늘과 땅(천지)을 태초에 창조하셨다(창 1:1)는 표현은, 우주 공간에 존재하는 모든 것이 하나님에 의하여 있게 되었다는 선언이다. 다음의 성구들이 이를 확인하고 있다.

"만물이 그로 말미암아 지은 바 되었으니 지은 것이 하나도 그가 없이는 된 것이 없느니라"(요 1:3).

"우주와 그 가운데 있는 만물을 지으신 하나님께서는 천지의 주재시니" (행 17:24).

"만물이 그에게서 창조되되 하늘과 땅에서 보이는 것들과 보이지 않는 것들과 혹은 왕권들이나 주권들이나 통치자들이나 권세들이나 만물이 다 그로 말미암고 그를 위하여 창조되었고 또한 그가 만물보다 먼저 계시고 만물이 그 안에 함께 섰느니라"(골 1:16-17).

"주께서 만물을 지으신지라 만물이 주의 뜻대로 있었고 또 지으심을 받았나이다"(계 4:11).

1) 천지창조의 신학적 의미

하나님의 천지창조를 주장하는 믿음은 신학적으로 다음과 같은 것을 선언하는 것이다.

① 하나님이 만물의 원천이며, 하나님이 우주의 주관자임을 의미한다(롬 4:11, 요 1:3, 히 11:3).

② 하나님은 전능, 전지하신 위대하신 신이시다.

③ 우주에는 하나의 원리가 있으며, 이것의 정신적, 도덕적인 우위성을 인정한다.

④ 우주가 하나님의 세계이기에, 또한 우리는 하나님의 지혜와 사랑을 신뢰하기에 우리는 삶에서 안전감과 신뢰감을 가지고 살 수 있다.

⑤ 하나님의 피조물은 좋은 것이다. 하나님의 뜻에서 시작된 피조물은 하나님이 선하심과 같이 선하다. 하나님께서 창조하시고 보기에 좋았더라고 하시지 않았는가! (창 1:3, 10, 12, 18, 21; 딤전 4:4) 이는 물질을 악하다고 보는 노스틱(Gnostic, 영지주의)의 입장, 그와 비슷한 플로티누스(Plotinus, AD 205-270)나, 물질을 환상(maya)으로 생각하는 힌두교(Hinduism)의 입장을 반대하는 것이다.

⑥ 시간에 시작이 있다는 것을 의미한다. 하나님의 창조 활동으로 시간의 시작이 생겼다. 이는 역사가 순환적인 것이 아니라, 일직선상에 있다는 것을 의미한다.

⑦ 세상에 있는 그 어느 것도 예배의 대상이 될 수 없다. 창조주만이 예배의 대상이다(마 4:10). 따라서 우리는 사람보다 하나님을 순종하여야 한다(행 5:29).

⑧ 하나님의 천지창조를 주장하는 믿음은 동시에 유물론과 범신론의 창조설을 부정한다.

유물론(Materialism)은 물질(matter)이 영원한 것이며 늘 존재하였다는 전제 하에서, 우주가 그 물질로부터 생기게 되었다는 학설이다. 많은 희랍인들은 신이 무엇인가 이미 있는 것(preexisting matter)에서 창조하였다고 주장한다. 플라톤(Plato)은 그것을 혼돈(the formless or chaos)이라고 불렀다. 신은 그것을 이용하여 만물을 형성(form)하였다고 주장한다. 따라서 신은 창조자가 아니라 형성자(former)라고 한다.

유출설(Emanation theory)과 범신론(Pantheism)은 영원히 존재하는 것은 영(mind, or spirit)뿐이라고 전제하고, 우주는 거기에서 유출되었다고 한다. 따라서 이 주장에 따르면 모든 것은 신으로부터 왔으며 또한 모든 것은 신의 한 부분이라는 것이다. 여기에는 창조가 없다. 우주는 무에서 또는 이미 존재한 어떤 것에서 만들어진 것이 아니라 신으로부터 유출되었다는 것이다. 이 주장에 의하면 창조주와 피조물 사이에 절대적인 구분(distinction)이 없다. 따라서 인간도 어떤 면에서 보면 곧 신이라는 그릇된 결론에 도달한다.

2) 창세기 1장에 나타난 창조 기사에 대한 이해

(1) 직접적인 창조와 간접적인 창조

창세기 1장에 기록된 창조의 기사는 성경저자가 천문학도들에게 설명하려는 목적이 아니었다. 종교적 진리를 전달하려는 것이었다. 따라서 이 기사에서 과학적 설명을 기대하는 것은 옳지 않다. 또한 이 기사는 반과학적인 것도 아니다. 창조 기사에는 직접적인 창조(bara)와 간접적인 창조(asah)가 구분되어 있다.

직접적인 창조란 무에서의 창조(Primary creation or origination)을 의미한다. 곧 하늘과 땅(primary matter)의 창조(창 1:1), 모든 생물, 혼(living creature, soul)의 창조(창 1:21), 사람의 영혼(spirit, personal being)의 창조(창 1:27) 등이 이에 속한다. 이는 하나님의 초월성과 연관된 창조라고 할 수 있다.

간접적인 창조란 창조된 물체들(entities)로부터 창조하신 것을 일컫는다. 곧, 빛이 있게 되다(첫째날 창 1:3), 궁창이 나뉘다(둘째날, 창 1:6), 땅과 물(바다)이 갈라지고 풀과 채소가 있게 되다(셋째날, 창 1:9,11), 하늘과 광명이 있어 낮과 밤이 생기다(넷째날, 창 1:14), 물들은 생물을 번성하게 하고 하늘의 궁창에는 새가 날게 되다(다섯째날, 창 1:20), 땅에서 생물이 종류대로 있게 되다(창 1:24-25), 흙으로 사람을 지으시고(창 1:26-27, 2:7) 등 7가지가 간접창조이다. 이는 하나님의 내재성과 연관된 창조라고 볼 수 있다.

이와 같이 하나님의 우주 창조에는 무에서의 창조와 그에 이어서 간접창조로 계속되었다(요 1:3 참조). 와일리(Wiley)는 이렇게 창조에 있어 초월적인 면과 내재적인 면을 조화있게 설명하는 것은 기독

교의 영광이라고 말했다.[1]

(2) 창조의 순서 (The order of creation)
창세기의 기사는 무기적인 시기와 유기적인 시기로 구분되는 긴 기간이 있었다는 것을 암시하고 있다.
① 무기적 기간 (The Inorganic Era)
　　제 1일, 우주적인 빛
　　제 2일, 궁창 (물과 궁창)
　　제 3일, 땅, 바다와 땅,
　　　　풀과 채소 (식물의 창조) – 무기적시대의 질징
② 유기적 기간 (The Organic Era)
　　제4일, 발광체들 (The luminaries)
　　제5일, 물고기와 공중의 새(fishes and birds)
　　제6일, 지상 동물들,
　　　　인간의 창조 (사람) – 유기적 시대의 절정

가) 창조의 기간 (The period of creation)
성경은 하나님께서 6일만에 창조하셨다고 기록하고 있다. 여기에 사용된 단어는 '욤(yom)'인데, 이 단어는 일반적으로 24시간의 기간을 의미하는 것으로 이해되기도 하지만 결코 그 의미에만 한정되는 것은 아니라는 주장이 있다. 이로부터 창조기간에 대한 각이한 학설이 나오고 있다.[2]
① 이상적 시간 이론 (The ideal-time theory).
이는 욤(yom)을 24시간으로 이해하기에, 하나님께서 6일이라는

단시일에 창조하셨다는 학설이다. 이 학설에 의하면 아담도 그의 생애를 갓 태어난 아기에서부터 시작한 것이 아니다. 나무들도 단순히 씨를 창조하신 것이 아니라, 창조되었을 때 이상적인 나이를 가졌을 것이라고 설명한다. 이런 식으로 피조계의 각각의 요소들은 그들이 생애 역사 속의 어느 한 지점에서부터 시작되었다고 생각한다.

② 세대설 이론(The age-day theory).

이 학설은 욤(yom)을 24시간으로 보지 않고 한 시대나 긴 기간을 의미하는 것으로 보는 입장이다. 그래서 하나님께서 기나긴 기간의 시간 속에서 일련의 행위들을 통하여 창조하셨다고 주장한다. 그러면서 지질학적 연대나 화석의 기록들은 그러한 하나님의 창조 사역들의 순서와 일치한다고 본다.

③ 회화적 날 이론(The Pictorial-day theory).

이 이론은 창조의 날들이 시간적인 순서의 문제라기보다는 논리적인 구조의 문제라고 간주한다. 그리하여 하나님께서 모세에게 창조에 관한 계시를 주실 때 6가지의 그림들 속에서 주신 것이거나, 아니면 성경의 저자가 그의 자료들을 6개 기간들의 형태를 갖춘 논리적 구조로 배열한 것이라고 주장한다.

이런 모든 학설들은 강점과 아울러 문제점도 지니고 있다. 그러나 확실한 것은 바로 하나님이 창조하셨다는 사실이다. 현 시점에서 어떤 학자들은 세대설 이론이 가장 만족스럽다고 말한다.[3] 그러나 창세기의 기사는 24시간의 하루를 지지하는 듯하다. 이 이유는 창세기 1장 전체에 나오는 말 "저녁이되고 아침이 되니" 하는 문구를 주목하여 하여야 한다. 만약 시대설이론을 따른다면, 그 긴 저녁시간에 무엇을 하셨다고 설명하여야 하는가? 또한 출애굽기 20장에 안식일을 기억하라고 명령하였는데, 그러나 안식일이 긴 세월이 될 수는 없지 않는가? 이런 의미에서 창세기의 기록은 하루를 24시간으로 취급하고 있는 듯하다.

3) 창조의 목적

토마스 오덴(Thomas Oden)은 하나님의 우주 창조는 그의 선하심(goodness)을 피조물과 나누고 싶은 동기에서 이루어졌다고 생각한다. 그런 의도에서 하나님은 하나님의 영광과 선하심을 피조물의 수용능력에 따라 직접 교통하기를(personally communicate) 원하신 것이다.[4]

가이슬러(Geisler)도 비슷한 견해를 말하고 있다. 그에 의하면, 하나님은 자신의 선하심을 드러내시며 나눔으로 피조물로 하여금 하나님의 나타내신 선하심을 인식하고 하나님께 감사하며 영광을 돌리게 하기 위하여 창조를 행하셨다. 그리고 이성적인 존재, 곧 사람으로 하여금 하나님을 경배하게 하셨다.[5]

필자는 하나님은 인격자시라는 것으로부터 창조의 목적을 찾는다. 삼위일체 안에 갖는 관계에서 그렇듯이, 하나님의 인격적인 속성은 관계적이다. 따라서 사랑하고 사랑을 받으며 그 사랑이 완전해지기를 원하신다. 이런 하나님의 속성이 창조로 이어지게 된 것이다. 하나님은 피조물을 사랑하시고 또한 피조물로부터 사랑과 경배를 받으시기를 원하셨다. 따라서 사랑이 바로 창조의 동기라고 보고 싶다.

2. 하나님의 섭리 (God's Providence)

창조가 우주의 시작과 관계된 것이라면 하나님의 섭리는 하나님이 창조하신 피조물에 대한 계속적인 돌보심을 의미한다. 곧 하나님의 우주와의 현재관계를 말하는 것이다. 하나님은 만물의 창조에서 그치지 않고 계속하여 우주와 역사 안에서 피조물을 보존하시며 돌보시고 계신다.

그러기에 모든 일이 우연히 일어나는 것이 아니라 하나님의 돌보심 안에 있다는 것을 믿는다. 하나님의 섭리는 두 가지 면이 있다. 일반 섭리(General Providence)와 특별 섭리(Special or personal providence)이다.

1) 하나님의 일반 섭리

하나님의 일반 섭리란 하나님께서 계속하여 피조물을 떠받치고 있어 우주가 유지되고 있다는 것을 의미한다. 성경은 하나님이 "그의 능력의 말씀으로 만물을 붙드시며"(히 1:3) "우리가 그를 힘입어 살며 기동하며 존재하느니라"(행 17:28)고 증언하고 있다.

구약성경에서도 다음과 같이 증언하고 있다.

"오직 주는 여호와시라 하늘과 하늘들의 하늘과 일월 성신과 땅과 땅 위의 만물과 바다와 그 가운데 모든 것을 지으시고 다 보존하시오니 모든 천군이 주께 경배하나이다"(느 9:6).

예를 들어 하나님이 이스라엘이 하나의 국가로 유지하고 계시는 것 또한 비를 땅에 내리시고 물을 밭에 보내시며(욥 5:10) 공중에 나는 새들도 먹이시는(마 6:26, 31-36, 시 104 참조) 것이 하나님의 섭리의 한 줄기가 아니겠는가.

우리가 하나님의 일반 섭리를 믿는다는 것은 하나님은 우주를 창조하시고 그 후에는 우주의 진행에는 전혀 관여하시지 않고 우주는 자동적으로 운행한다는 이신론(Deism) 같은 주장을 거부하는 것이다.

하나님의 일반 섭리를 믿는 신자는, 창조된 세계는 지혜로우시며 선하신 하나님이 주관하고 계시기에 세계에는 일정한 규칙이 있다고 신뢰하며 살 수 있는 것이다. 그리하여 시편 기자는 다음과 같이 말하였다.

"너는 밤에 찾아오는 공포와 낮에 날아드는 화살과 어두울 때 퍼지는 전염병과 밝을 때 닥쳐오는 재앙을 두려워하지 아니하리로다"(시 91:5-6).

"그가 너를 위하여 그의 천사들을 명령하사 네 모든 길에서 너를 지키게 하심이라"(시 91:11).

2) 하나님의 특별 섭리

하나님의 특별 섭리란 늘 사람의 사건들과 직접적으로 또는 간접적으로 연관된 일들이다. 하나님은 인간들의 행사에 관여하신다. 어떤 면에서 구약의 모든 기사는 사람들, 특히 이스라엘 사람들과 연관된 하나님의 섭리를 다루고 있는 듯하다. 야곱의 아들 요셉의 경우는 극적이다. 하나님의 섭리를 믿는다는 것은 곧 사람의 개인 생활이 하나님의 지혜와 관심 속에 있다는 것을 믿는 일이다.

특별섭리에 있어 중추적인 말씀은 로마서 8장 28절에 나타난다.

"우리가 알거니와 하나님을 사랑하는 자 곧 그의 뜻대로 부르심을 입은 자들에게는 모든 것이 합력하여 선을 이루느니라"[6]

여기에서 보면 하나님의 섭리에는 불가피하게 인격적인 요소(personal element)가 포함되어 있다. 그래서 하나님은 사람과 함께 역사하시지 홀로 역사하시지는 않는다. 하나님께서 어떻게 이스라엘의 역사에서 역사하셨나를 보면 잘 알 수 있다.

그러기에 하나님의 특별 섭리에 있어서 하나의 중요한 문제는 하나님의 절대 주권과 인간의 자유와의 관계일 것이다. 이 점에 있어 하나님은 인간의 자유라는 콘테스트에서 역사하신다. 즉 하나님은 인간의 선택을 홀로 결정하시지 않고 인도하신다. 예를 들어서, 사람이 범죄하지 않도록 인도하신다(창 26:6 참조). 그런가 하면 자유의지에 의한 범죄함을 허용하시기도 한다. 하나님께서 지나간 세대에는 모든 민족으로 자기들의 길들을 가도록 방임하셨으나, 본래는 그렇지 않다. "예수께서 이르시되 모세가 너희 마음의 완악함 때문에 아내 버림을 허락하였거니와 본래는 그렇지 아니하니라"(마 19:8).

결국 하나님은 사람을 설득하는 방법을 쓰시되 대체로 일방적으로는 행하시지 않는다. 인간의 자유와 하나님과의 관계에 관한 문제는 앞으로 구체적으로 살펴보기로 하겠다.

3) 하나님의 섭리와 기적

하나님이 때때로 기적을 행하시는 것을 우리는 체험한다. 기적(miracle)은 자연계에서 뿐만 아니라 인간에게도 신유의 역사로 가끔 일어난다. 이는 하나님의 초자연적인 능력의 관여로 일어나는 것이다. 하나님은 그가 세우신 자연법칙을 존중하되 동시에 그것을 초월하시는 하나님이심을 드러낸다. 우리가 체험하는 대로 자연의 법은 절대적인 것이 아니다. 하나님께서 태초에 창조하시고 그 안에 계속 역사하시고 계시기 때문이다. 그러므로 하나님의 관여에 따라 기적은 일어날 수 있는 것이다.

그러면 하나님께서 기적을 행하시는 목적은 무엇인가? 이는 하나님께 영광을 돌리기 위하여, 또는 인간의 필요를 충족시키기 위하여, 그리고 때로는 하나님의 계시가 초자연적인 것임을 드러내기 위하여 하나님은 기적을 행하신다고 생각된다.

4) 하나님의 섭리와 기도

하나님은 인격자이다. 인격자 간에는 자연히 상호작용(대화)이 있게 마련이다. 기도는 바로 하나님과의 대화인 것이다. 그러므로 믿음이 있는 곳에는 기도가 있게 마련이다. 기도는 여러 가지 형태를 취한다. 예로서, 감사, 찬양, 숭배(adoration), 중보, 간구 등이다.

하나님은 그의 자녀의 기도를 들으신다. "그를 향하여 우리가 가진 바 담대함이 이것이니 그의 뜻대로 무엇을 구하면 들으심이라"(요일 5:14).

그리하여 퍼카이저(Purkiser)는 기도는 능력의 통로라고 말했다.[7] 따라서 기도가 하나님의 기적의 통로가 되기도 한다. 이처럼 기도와 기적은 세계 속에서 하나님의 임재를 드러내는 것이다.

하나님은 기도를 통하여 그가 목적하신 바를 성취하신다. 그러므로 기도를 통하지 않고서는 그 뜻이 이루어지지 않는다. 그렇다고 내가 구하는 바를 모두 그대로 이루어 주시지는 않는다. 기도가 하나님의 목적하신 바를 임의로 변경하지는 않기 때문이다.

사도 바울도 자기 몸에 있는 가시를 없애 달라고 세 번이나 기도하였지만, 하나님은 허락하시지 않으셨고 도리어 더 필요한 것을 주셨다(고후 12:9-10). 그러므로 우리는 지혜로우시고 선하신 하나님을 신뢰하는 가운데 구함에 있어 최선의 것을 주신다는 것을 믿고 하나님께 간구하여야 할 것이다. 이 믿음에서 시편기자는 다음과 같이 고백했다.

"여호와 하나님은 해요 방패이시라 여호와께서 은혜와 영화를 주시며 정직하게 행하는 자에게 좋은 것을 아끼지 아니하실 것임이니이다 만군의 여호와여 주께 의지하는 자는 복이 있나이다"(시 84:11-12).

5) 하나님의 섭리와 악의 문제

하나님의 섭리를 말함에 있어 제기되는 하나의 문제는 악의 문제이다. 하나님이 전능하신데 어떻게 악이 존재하느냐는 것이다.

악에는 두 가지 종류가 있다. 하나는 자연 악(Natural evil)이요 다른 하나는 도덕적 악(Moral evil)이다. 도덕적 악이란 도덕적 존재인 인간의 자유로운 선택의 결과로 초래되는 악, 곧 죄이다. 그러나 자연 악은 인간의 의지와는 상관없이 존재하며 인간에게 해를 끼친다. 예를 들어서 지진, 허리케인, 폭우, 가뭄, 추위, 더위 등이다.

우리는 이런 자연 악이 존재하는 것을 체험한다. 그럼 이런 악이 어디에서 오는 것인가? 이는 하나님의 전능하심과 어떤 관계가 있는 것인가?

(1) 악의 기원과 존재에 대한 여러 가지 주장들.

① 매니키이즘(Manichaeism or Zoroastrianism)은 우주에는 두 원리가 있는 것으로 보아 애초부터 선과 더불어 악이 있었다고 하는 이원론을 주장한다. 그러기에 현재에도 악이 있다는 것이다. 무에서의 창조를 주장하는 기독교 입장에서는 이를 거부한다.

이와 비슷한 견해로는 브라이트만(Brightman)의 주장이다. 그는 하나님의 성품 안에 유한한 것이 있어서 악이 있게 되었다고 하여, 하나님의 유한성을 악의 근원으로 본다. 이는 이원론과 비슷하다. 그러나 하나님이 악의 근원이라는 것은 기독교가 믿는 하나님의 성품과는 다르다. 따라서 이 견해를 성서적이라고 볼 수 없다.

② 크리스챤 사이언스(Christian Science)의 창설자 베이커(Mary Eddy Baker)는 악은 인간의 환상(illusion)이라고 본다. 전능하시고 선하신 하나님과 악이 어떻게 공존할 수가 있겠냐고 하면서 악의 존재를 부인한다. 이들은 사람이 체험하는 질병이라는 것도 그릇된 생각으로 인하여 그러한 것이지 실체가 없는 것이라고 말한다.

③ 어떤 이들은 악은 인간의 자유와 죄로 인하여 자연적으로 있게 되었다고 주장한다. 이들은 인간이 죄를 범하지 않았으면 악이 없었을 것이라고 주장한다. 물론 죄로 인하여 생기는 악도 있지만, 모든 악이 인간의 죄로 인한 것이라고는 말할 수 없다. 예를 들어, 지진 같은 악을 어떻게 인간의 죄 때문이라고 하겠는가. 유다서 6절을 보면, 이미 천사가 타락한 사건이 있었다. 주님은 요한복음 8장 44절에서

말씀하시기를, "너희는 너희 아비 마귀에게서 났으니 너희 아비의 욕심대로 너희도 행하고자 하느니라 그는 처음부터 살인한 자요 진리가 그 속에 없으므로 진리에 서지 못하고 거짓을 말할 때마다 제 것으로 말하나니 이는 그가 거짓말쟁이요 거짓의 아비가 되었음이라"고 하셨다.

④ 어떤 이들은 하나님이 선과 함께 악도 보내신 것이라고 주장한다. 모든 것이 하나님께로부터 왔다고 볼 수밖에 없으니, 악도 하나님의 창조의 일부라고 생각하는 것이다. 그렇다면 하나님이 악의 원인이라고 봐야 한다. 그러므로 이를 받아들일 수는 없다.

⑤ 어떤 이들은 악은 죄에 대한 하나님의 형벌이라고 주장한다. 그러나 모든 경우에 그렇다고 주장하는 것은 무리다. 왜냐하면 지진 참사 같은 경우, 천진한 어린이들이 악을 체험하는 것에 대해 그들의 죄 값이라고 보는 것은 타당치 않기 때문이다. 하나님이 선한 사람을 악한 사람과 동등하게 벌하신다는 것은 안 될 말이다. 요한복음 9장 1-3절을 보면 예수님께서는 어려서부터 시각장애인이 된 아이에 대하여 그 부모의 죄 때문이라 여기지 말라고 제자들에게 말씀하셨다.
한 사람의 죄가 다른 사람에게 형벌을 받게 한다고도 볼 수 없다. 성경은 말한다.

"범죄하는 그 영혼은 죽을지라 아들은 아버지의 죄악을 담당하지 아니할 것이요 아버지는 아들의 죄악을 담당하지 아니하리니 의인의 공의도 자기에게로 돌아가고 악인의 악도 자기에게로 돌아가리라"(겔 18:20, 신 24:16).
더욱이 성경의 증언에 의하면 악은 아담이 죄를 범하기 이전에 이미 존재하고 있었다. 창세기 3장 1절을 보면 이미 간교한 뱀이 등장하고 있다.

(2) 악에 대한 기독교의 견해.

그러면 바람직한 견해는 어떤 것인가? 이원론(dualism)은 성경적 견해가 아니다. 하나님은 무에서의 창조주이시다. 그리고 하나님이 창조하신 것은 '보기 좋은 것' 곧 선한 것이었다. 그러므로 선이 먼저 있은 것이다. 이원론은 불가능하다.

그렇다면 하나님의 창조하심에 악의 가능성이 포함되어 있었던 것으로 생각해 볼 수 있다. 창세기 3장에서 읽듯이 에덴동산 중앙에 있는 '선악과'는 선한 피조물이나 그로 인하여 죄를 짓게 하는 가능성을 포함하고 있었던 것이다. 그래서 가이슬러는 악은 마치 기생충과 같은 것이라고 했다. 나무에 생기는 부식(rod)과도 같다. 부식은 원래 있었던 것은 아니다. 나무에서 생긴 것이다. 나무가 그런 가능성을 지니고 있는 것이다.[8]

창조에는 그와 같은 위험성(risk)이 따른다. 그렇다고 해서 창조하지 않는 것보다는 창조하는 것이 보다 큰 가치가 있기에 하나님은 창조하셨을 것이다. 동시에 하나님은 악에서의 구원을 계획하고 계신다. 그러므로 가능성으로서의 악은 하나님의 구속사역에서 정복되게 되어 있다.

문제는 현재 우리가 닥치는 악을 어떻게 대할 것이냐의 문제이다.

① 도덕적 악에 대하여

도덕적인 악, 곧 죄로 인한 고통은 하나님의 사죄, 성령의 거룩케 하시는 은혜 안에서 해결을 보아야 한다. 하나님은 예수 그리스도의 대속의 죽음과, 부활, 중보의 기도를 통하여 인간의 죄로부터 구원을 마련하셨다.

② 자연 악에 대하여

악이 하나님께로부터 온 것은 아니지만 이를 교육적 기회로 받아들여야 한다. 욥의 경우에서 보듯이 고통이 때로는 하나님의 교육방법의 한 부분이 될 수 있기 때문이다. 고난을 하나님의 일을 나타내는 기회로 삼아야 한다(요 9:3).

동시에 우리가 기억할 것은 하나님은 종말에 가서 자연 악을 포함한 모든 악에서의 속량을 마련하고 계시다는 사실이다(롬 8:19-23). 그리하여 사도 바울은 다음과 같이 외쳤다.

"생각하건대 현재의 고난은 장차 우리에게 나타날 영광과 비교할 수 없도다"(롬 8:18).

모든 악에서의 구원을 성경은 증언하고 있다.

"또 내가 새 하늘과 새 땅을 보니 처음 하늘과 처음 땅이 없어졌고 바다도 다시 있지 않더라"(계 21:1). "모든 눈물을 그 눈에서 닦아 주시니 다시는 사망이 없고 애통하는 것이나 곡하는 것이나 아픈 것이 다시 있지 아니하리니 처음 것들이 다 지나갔음이러라"(계 21:4).

이와 같이 하나님의 그리스도를 통한 대속(redemption)이 창조와 상호 관계하고 있는 것이다. 창조는 부패와 죽음의 법과 무상함에 예속되어 있으나(롬 8:20) 결국에 가서는 그리스도의 대속의 사역에 의하여 속량될 것이다. 악의 결과에 대한 하나님의 해답은 새 하늘과 새 땅이다.[9]

제 5장
인간론

1. 피조물로서의 인간

하나님께서는 물질세계를 창조하시고(창 1:1), 다음으로 생물들(Living things that moves)을 창조하시고(창 1:21), 마지막으로 사람을 창조하셨다(창 1:27). 그리고 하나님은 사람으로 하여금 땅을 정복하고 모든 생물을 다스리라고 하셨다(창 1:28).

그러므로 인간은 하나님의 창조의 절정이라 할 수 있다. 인간은 천사보다는 좀 낮은 존재이나(히 2:9), 동물보다는 높은 존재로서(유다 10), 하나님의 형상을 따라 남자와 여자로 창조되었다(창 1:27, 5:1). 여기에 인간의 존엄성이 있는 것이다.[1]

1) 인간은 하나님의 형상을 따라 창조됨

성경 여러 곳에서 사람이 하나님의 형상(Imago Dei)으로 지음을 받았다는 사실이 언급되고 있다.

"하나님이 이르시되 우리의 형상을 따라 우리의 모양대로 우리가 사람을 만들고 그들로 바다의 물고기와 하늘의 새와 가축과 온 땅과 땅에 기는 모든 것을 다스리게 하자 하시고 하나님이 자기 형상 곧 하나님의 형상대로 사람을 창조하시되 남자와 여자를 창조하시고"(창 1:26-27; 약 3:9, 고전 11:7, 롬 8:29).

그러면 하나님의 형상이란 무엇을 의미하는가? 역사적으로 이에 관하여 여러 가지 견해가 있다.

(1) 하나님의 형상에 대한 견해들

① 구조론적 견해(The Structural view)

이는 오랫동안 대부분의 학자들에 의해 주장되어 온 견해로서, 인간의 구조 속에 하나님의 속성을 닮은 것이 있다고 보는 견해이다. 예를 들어서, 이신론자들은 인간의 속성 가운데 있는 이성이, 그리고 칸트는 양심이 하나님의 속성을 닮은 것으로 인정하며, 그것이 하나님의 형상이라고 말한다. 또한 인간만이 가지고 있는 자기초월성이 하나님의 형상이라고 말하는 니버 같은 학자도 있다.

또 어떤 학자는 창세기 1장 26-27절에 나타난 두 용어에 기초하여 형상과 모양을 하나님의 두 국면 혹은 두 차원으로 이해하여, 인간이 하나님의 형상대로 지어졌다는 것은 인간의 이성과 자유의지가 하나님의 자연적인 면을 닮았다는 것이요, 하나님의 모양대로 만들어졌다는 것은 인간이 하나님의 도덕적 특성을 닮았다는 것이라고 말하기도 하였다.

그러나 루터나 칼빈, 웨슬리는 창세기 1장 26-27절에 나타나는 두 용어는 같은 의미라고 주장한다. 물론 이러한 주장에 있어서도 여러 가지 견해가 있다. 그러나 한 가지 일치하는 의견이 있는데 그것은 바로 인간 구조 속에 하나님의 형상이 자리하고 있다는 것이다. 이를 구조적 또는 실체론적 견해(substantive view)라고 부른다.

② 관계적 견해(The Relational View).
이는 현대 신학자들 특히 부루너(Brunner)와 바르트(Barth)와 같은 실존주의 신학자들에 의하여 주장되어 온 견해로서, 이들은 하나님의 형상은 인간의 본성에 내재하는 어떤 것도 아니라고 말한다. 하나님의 형상이란 바로 관계를 체험하는 것이라고 하면서 그러기에 하나님의 형상은 정적이며 실체적인 것이 아니라 역동적이며 관계적인 것으로 이해하여야 한다고 주장한다.

부루너에 의하면 하나님의 현상이란 구조적인 것이 아니라 관계적인 것이다.[2]

그리고 이는 형식적 현상과 실질적 현상으로 구분되는데, 형식적 현상이란 사람을 인간 되게 하며 인간으로서 동물과 구별되게 하는 것이다. 곧 이는 이성을 가졌다거나를 말하는 것이 아니라 사람이 하나님 앞에 책임있는 존재로 관계를 지니고 있다는 것이다.[3]

책임(responsibility)은 관계이지 실체(substance)가 아니다. 이는 죄를 지은 후에도 그 관계는 남아 있는 것이다. 그리고 실질적 형상이라는 것은 바로 인간이 하나님의 부르심에 응답하는 행위 곧 하나님과의 관계이다. 곧 하나님의 말씀 가운데 있는 존재라는 것이다.[4] 이는 인간이 범죄함으로 상실되었고, 믿음으로 그리스도 안에 거하게 될 때 회복되는 것이다.

바르트는 창세기 1장에서 하나님이 자신의 형상대로 창조한 인간이 바로 남자와 여자이므로 남자와 여자의 관계존재가 하나님의 형상이라고 보았다.[5] 곧 그는 하나님의 삼위일체 안에서의 내적 관계와 예수 그리스도 안에서 하나님과 인간의 사랑의 관계가 서로 닮았다는 것이다. 더 나아가서 이 관계는 남자와 여자의 관계와도 유사하다고 한다.

그의 견해를 요약하면, 인간 속의 내적인 만남은 인류가 남자와 여자로 창조되었다는 사실에 의거하여, 하나님의 형상이란 인간이 하나님 속에 있는 내적인 교통함과 만남을 반영하는 데 있다. 그러므로 인간과 하나님의 관계에 있어서 나와 당신(I-Thou)의 만남이 있듯이 인간 속에도 나와 당신의 만남이 있다. 따라서 다른 사람들과 관계를 맺는 것이 바로 하나님의 형상을 이루는 것이다.[6]

결국 이들이 주장하는 바는, 하나님의 형상을 인간 속에 있는 어떤 구조적인 속성들로 이해하지 않는 것이다. 그는 또한 하나님의 형상의 내용에 대하여서 거의 관심이 없다. 그러면서 하나님의 형상이란 인간이 소유하고 있는 어떤 것이 아니라 하나님과 우리와의 관계에서 인간이 경험하는 어떤 것이라고 주장한다.

관계적 견해가 모든 피조물 가운데 오직 인간만이 하나님을 알며 하나님과 의식적으로 관계를 맺는다는 것을 강조한 것은 장점이라 하겠다. 그러나 관계성을 맺는다는 것은 그 이전에 어떤 것이 있어야 한다는 점이 전제되는 것이 아닌가. 그러나 이 견해는 관계성을 가질 수 있는 존재로서의 형식적인 구성에 대한 근거를 제시하지 못하고 있다.

③ 기능적 견해 (The functional view).

이 견해에 따르면, 하나님의 형상이란 인간의 기질 속에 존재하는 어떤 것도 아니며 하나님이나 인간과의 관계를 체험하는 것도 아니고 사람이 행하는 행위 속에 존재하는데 그것은 바로 사람이 창조세계를 다스리는 행위(exercise of dominion over the creation)라고 한다.

이들은 관계적 견해가 하나님의 형상의 내용에 대해서 거의 관심을 갖지 않은 것을 문제로 지적하며 창세기 1장 26절, 28절에서 하나님의 형상의 내용을 찾으려 한다.

"하나님이 이르시되 우리의 형상을 따라 우리의 모양대로 우리가 사람을 만들고 그들로 바다의 물고기와 하늘의 새와 가축과 온 땅과 땅에 기는 모든 것을 다스리게 하자 하시고 … 하나님이 그들에게 복을 주시며 하나님이 그들에게 이르시되 생육하고 번성하여 땅에 충만하라, 땅을 정복하라, 바다의 물고기와 하늘의 새와 땅에 움직이는 모든 생물을 다스리라 하시니라"(창 1:26, 28).

하나님이 사람을 자기의 형상대로 지으시고 곧 이어서 만물을 다스리라고 명령하셨는데 이 명령, 곧 통치행위를 하나님의 형상의 내용으로 간주하는 것이다.

그러나 창세기 1장에서 나타나고 있는 하나님의 형상에 대하여 통치행위와 같다고 간주하는 것은 무리라고 생각된다. 본문을 정확히 보면, 인간은 그가 통치권을 행사하도록 명령을 받기 이전에 하나님의 형상을 따라 지음 받은 존재이다. 본문은 '우리의 형상을 따라 우리의 모양대로 우리가 사람을 만들자'와 '그로 다스리게 하다'는 두 개념을 구별하고 있는 것이다. 더 나아가 통치행위는 하나님의 형상의 결과이지, 그 자체가 형상과 같은 것은 아니다. 행위는 이전에 무엇인가를 전제하고 있는 것이다. 그러므로 이 기능적 견해도 문제를 지니고 있다.

(2) 하나님의 형상의 본질에 대한 결론: 웨슬리의 견해

앞에서 우리는 하나님의 형상을 관계 또는 기능으로 보는 입장을 살펴보았다. 그러나 관계(relation)나 기능(function)은 형상이 있은 후에 오는 결과라고 보아야 한다. 그러기에 그에 앞서 무엇인가 있다는 것을 전제하지 않을 수 없다. 이러한 면에서 하나님의 형상은 구조적으로 생각하여야 한다. 그리고 하나님의 형상은 보편적인 것이다. 그것은 인간성과 불가분 관련된 어떤 것이다.

아담의 타락으로 말미암아 하나님의 형상이 전적으로 상실되었으나, 하나님의 선행적 은총으로 부분적이나마 회복되어 타락 후의 인간에게도 하나님의 형상은 그 기능은 타락한 상태이지만 남아 있다고 보아야 할 것이다(약 3:9-10 참조). 앞에서 살펴보았듯, 관계를 맺는 것 또는 통치권을 행사하는 것은 하나님의 형상과 밀접하게 연결되어 있지만 그것들이 하나님의 형상 자체인 것은 결코 아니다. 이에 우리는 구조적 견해에 의거하여, 전통적인 견해, 특히 웨슬리의 견해를 주목하게 된다.

웨슬리는 하나님의 형상을 자연적 형상, 도덕적 형상, 그리고 정치적 형상으로 구분하여 설명한다.

　이를 통해 어떤 의미에서는 기능적 견해와 관계적 견해가 주장하는 측면을 구조적 견해 안에서 모두 포괄하고 있다는 장점이 있다.

　① 하나님의 자연적 형상(The Natural Image of God)

　하나님의 자연적 형상을 지녔다는 것은 하나님이 인격자이듯이 사람도 인격자라는 뜻이다. 하나님이 영이시듯이 사람에게도 영(spirit)이 있다(창 2:7). 영이 있기에 사람은 하나님과 관계(conscious relationship)를 가질 수가 있다. 영으로서의 형상에는 이성(reason, understanding), 의지, 그리고 자유가 부여 되어 있다.

　웨슬리에 의하면 그 가운데서도 중요한 것은 자유이다. 의지와 자유는 늘 함께 작용한다. 하나님의 심판이 공의롭다면 거기에는 어느 정도의 자유가 인정되어야 한다. 자유가 있음으로 사람은 책임적 존재이다. "자유가 없는 자는 대행자(agent)가 될 수 없다."[8] 자유가 자기의 감정과 행동을 주장하여 선과 악을 결정하는 능력(capacity)을 지니고 있는 것이다.[9] 이 자연 형상이 하나님과의 관계에 따라서 선으로 또는 악으로 기울 수가 있는 것이다.[10]

　사람에게 이성이 있음으로 사람은 다른 동물과 구분된다. 웨슬리는 이성을 기능적으로 이해하였다. 이성이 있기에 마음에 있는 것들을 바로 느끼는 지각력이 있다. 그리고 물건들을 비교하면서 바른 판단을 하며, 그리고 논리를 전개해 나갈 수 있다. 이와 같은 이성적인 능력은 영적인 존재에게는 아주 중요한 것이다.[11]

　요약해서 말하자면, 하나님의 자연적 형상의 특징은 이성과 의지, 그리고 자유이다. 이런 능력들(capacities)은 하나님이 주신 선물이다. 이로 인해 사람은 거울과도 같이 하나님을 반영하여 주어진 사명을 수행하도록 되어 있다. 그러나 이런 선물이 이기적인 데에 사용될 때는 쉽게 허물어질 것이다.

② 하나님의 정치적 형상 (The Political Image of God)
통치자이신 하나님이 그러하시듯이, 사람에게도 일들을 관리하고 인도하는 기능이 주어졌다. 사람은 땅 위의 모든 것을 관리하는 대리인으로 지명된 것이다.[12] 이것이 정치적 형상의 의미이다. 정치적 형상을 지닌 인간은 하나님과 피조물 사이에서 사역하는 자로서 하나님의 대행자로서의 책임을 지니고 있는 것이다. 따라서 인간은 청지기로서 계속하여 창조의 질서를 지키는데 사명이 있다. 이러한 점에서 인간은 다른 동물과는 구분된다.

③ 하나님의 도덕적 형상 (The Moral Image of God)
웨슬리에 의하면 하나님은 사랑이시다. 따라서 창조된 인간은 사랑으로 차 있었다. 사랑이 인간의 성격, 생각, 말 그리고 행동의 원리이다. 하나님은 또한 정의, 자비, 진리시다. 따라서 그런 창조주에 의해서 창조된 인간도 그러하다. 이 모든 것은 거룩에서 나오는 것이다.[13] 그러므로 도덕적 형상은 바로 거룩함(原義, original right-eousness)이다. 웨슬리는 도덕적 형상이 하나님과의 관계에서 가장 중요한 것이라고 생각했다.

결론적으로 말하자면, 앞에서 보았듯이 인간은 하나님의 자연적 형상, 정치적 형상, 그리고 도덕적 형상을 지닌 자로서, 하나님을 반영하며 동시에 하나님의 축복을 중개하는 중요한 책임을 부여 받고 있는 것이다.

여기서 우리는 왜 하나님께서 사람을 하나님의 형상을 따라 지으셨는지, 사람이 하나님의 형상을 지니고 있다는 것이 의미하는 바가 무엇인지를 물어 봐야 한다.

여기에서 예수 그리스도의 삶을 주목할 필요가 있다. 예수님이야 말로 보이지 않는 하나님의 형상이시다(골 1:15). 예수님이야 말로 하나님과 같으신 분이다(고후 4:4, 빌 2:6). 예수님은 하나님의 형상을 지닌 사람이 걸어가야 할 길을 모범적으로 보여 주고 있는 것이다.

예수님은 절대적으로 하나님께 순종하시며, 하나님과 동행하시며, 인류의 선을 위하여 이웃을 사랑하시며, 이웃과 함께 사셨다. 이와 같이 하나님의 형상을 지닌 사람은 그 형상을 하나님과 그리고 다른 사람들과의 관계에서 나타내야 한다(마 22:37-39).

하나님의 형상은 하나님을 떠나서는 능력이나 기능을 발휘할 수 없다. 이는 하나님으로부터 늘 받으며 중재하는 관계에서만 가능하다. 따라서 하나님의 형상이 작용하기 위해서는 늘 하나님께 순종하고 하나님으로부터 영감을 받아야 한다. 하나님의 형상으로 지음을 받은 우리는 늘 하나님의 영으로부터 오는 생명의 숨(breath)을 들이마시며 동시에 계속하여 같은 생명의 숨을 내쉬되 하나님을 섬기는 일에 그리고 이웃 사람들과 피조물을 섬기는 일에 그리해야 할 것이다.

2) 인간은 영혼과 몸으로 구성된 한 개체임
  - 인간의 구조적 본질-

인간은 어떻게 구성되어 있는가? 하나인가, 아니면 다른 구성요소와 합쳐져 있는 것인가. 이에 대하여 몇 가지 학설이 있다. 삼분설, 이분설, 일원설 등이 그것이다.

(1) 삼분설(Trichotomism)

삼분설 주창자들은 "평강의 하나님이 친히 너희를 온전히 거룩하게 하시고 또 너희의 온 영과 혼과 몸이 우리 주 예수 그리스도께서 강림하실 때에 흠 없게 보전되기를 원하노라"라고 하는 데살로니가전서 5장 23절의 말씀과 히브리서 4장 12절을 인용하면서, 사람이 몸과 혼과 영의 세 가지로 구성되어 있다고 주장한다. 몸은 동물과 공통적인 것이요, 혼(soul)은 심리적인 요소로서, 이성, 감정, 그리고 사회적인 연관성의 기초라고 본다. 혼을 가졌기에 인간은 식물 세계와는 구별된다. 그리고 사람이 동물세계와 구분되는 것은 바로 영(spirit)이 있기 때문이라고 한다. 영은 종교적인 요소로서, 이를 통해 사람은 영적인 것을 이해하며 영적인 것에 호응할 수 있다고 주장한다.

이 주장은 동방교회에서 많이 주장되었다. 그러나 19세기 영국과 독일의 신학에서는 환영을 못 받았다.

데살로니가전서 5장 23절을 인용하여 삼분설을 주장하고 있지만, 누가복음 10장 27절을 보면 주님은 "네 마음을 다하며 목숨을 다하며 힘을 다하며 뜻을 다하여 주 너의 하나님을 사랑하고 또한 네 이웃을 네 자신 같이 사랑하라" 하셨는데 그러면 또 4분설이 되어야 하는 것 아닌가?

한글로 영혼(靈魂)이라고 표현하듯이, 사람의 영적 요소에는, 혼과 영의 작용이 있으되 그것을 하나의 실재(entity)로 보는 것이 타당하다고 생각된다. 또한 성경은 영과 혼을 같은 것으로 번갈아 표현하고 있다. 예를 들면, 누가복음 1장 46절에서는 "마리아가 이르되 내 영혼(soul)이 주를 찬양하며"라고 표현되어 있고, 1장 47절에서는 같은 의미로 "내 마음(spirit)이 하나님 내 구주를 기뻐하였음은"이라고 표현되어 있다. 또한 죽음을 표현하는데 있어서도 창세기 35장 18절, 열왕기상 17장 21절, 사도행전 15장 26절에서는 혼(soul)이 떠나는 것으로 묘사하고, 시편 31편 5절, 누가복음 23장 46절에서는 영(spirit)이 떠나는 것을 표현하고 있다. 이런 예증들은 삼분설이 적절하지 않은 견해라고 여겨지도록 한다.

(2) 일원설 (Monism).

일원설이란, 사람이 여러 실체로 구성되었다고 보는 것은 불합리하며 사람은 하나의 개체(radical unity)라는 견해이다. 그러므로 몸을 떠난 사람은 생각할 수 없다는 것이다. 영혼과 몸은 서로 대조되는 것이 아니며, 서로 같은 것을 의미하는 동의어라고 주장한다. 그러므로 이 학설에 의하면 죽음 뒤에도 영혼이 홀로 존재한다는(중간 상태) 것은 생각할 수가 없다.

이 학설은 영혼불멸(immortality of soul)을 주장하며 몸의 중요성을 경시하는 자유주의 신학에 대한 반발로, 주로 신정통주의 신학자들이 주장하는 견해이다. 일원설이 인간의 단일성을 강조하는 점은 높이 평가될 수도 있겠으나 지나친 주장이라 생각되는 면이 있다. 왜냐하면 주님과 성경은 분명히 사람이 죽은 뒤에, 몸의 부활 때까지 영혼이 홀로 있는 중간 상태가 있다고 말하고 있기 때문이다(눅

23:43, 고후 5:9 참조). 사도 바울도 "우리가 담대하여 원하는 바는 차라리 몸을 떠나 주와 함께 있는 그것이라"(고후 5:8)고 말하면서 몸을 떠나 있는 상태를 암시하고 있다.

사람이 존재하는 한, 각 사람은 하나의 개체(unity)로 취급되어야 한다. 그리고 죄로 인한 부패성도 각 사람 전체에 미치는 것은 사실이다. 그러나 성경의 상기 증빙들에 의한다면 일원설을 주장하는 것은 무리라 사료된다.[14]

(3) 이분설(Dichotomism)

이 학설은 인간은 물질적인 요소와 비물질적인 요소, 곧 영적인 것(spiritual element)으로 구성되어 있다고 주장한다. 이 학설은 서방 교회에서 널리 주장되고 있는 학설이다. 이는 성경에서 그 근거를 찾을 수 있다. 성경을 보면 인간 창조에 있어 하나님이 흙으로 몸을 창조하시고 생기를 불어 넣으시므로 사람이 되었다고 했고(창 2:7), 또한 사람이 죽으면 영혼이 몸을 떠난다고 했다. 사람은 두 개의 실재(entity)로 구성되어 있다고 볼 수 있는 것이다.

다음의 성경 말씀들도 이 입장을 뒷받침하고 있다.

"몸은 죽여도 영혼은 능히 죽이지 못하는 자들을 두려워하지 말고 오직 몸과 영혼을 능히 지옥에 멸하실 수 있는 이를 두려워하라"(마 10:28)

"우리가 담대하여 원하는 바는 차라리 몸을 떠나 주와 함께 있는 그것이라"(고후 5:8)

이런 면에서 이분설이 일원설이나 삼분설보다 성경에 근거하였다고 사료된다. 그러나 기억할 것은, 그 영혼과 몸은 분리되지 않고 하나로 역사한다는 것이다. 죽음으로 인해 일시적으로, 곧 몸의 부활 때까지 둘이 분리되어 있으나, 사람의 본성은 몸과 영혼으로 이루는 한 사람(one self)인 것이다. 각 사람은 하나의 개체(unity)로 취급되어야 한다.

3) 인간 창조의 목적

가이슬러(Geisler)는 말하기를 하나님의 인간창조에는 두 가지 목적이 있다고 했다. 하나님께 영광을 돌리고, 피조물을 즐기는 것이다.[15] 성경은 "너희 몸으로 하나님께 영광을 돌리라"(고전 6:20), "그런즉 너희가 먹든지 마시든지 무엇을 하든지 다 하나님의 영광을 위하여 하라"(고전 10:31, 골 3:23)고 권하고 있다. 웨슬리는 하나님이 사람을 창조하신 목적은 "사람이 자기의 위대한 창조주 하나님을 알고, 사랑하고, 기뻐하고, 영원히 봉사하게 함에 있다"고 말한다.[16]

구스리(Guthrie)가 말했듯이, 성경의 하나님은 홀로 있는 외로운 '나'가 아니라 삼위일체의 하나님, 곧 서로 다르지만 서로 사랑하는 사랑 안에서 하나로 계시는 하나님이시다.[17] 그러므로 하나님은 사람들과 사귐(fellowship)을 가지기 위하여 인간을 창조하셨다. 하나님은 사람과 함께 하시기를 원하시며, 친구가 되시며 도와주는 동반자가 되시기를 원하신다.

분명히 인간은 독특한 피조물이다. 인류에는 존엄성이 있고, 통일성이 있고, 공동체를 이루고 있으면서 하나님을 사랑하고 기뻐하고 봉사하며, 하나님의 창조물들을 즐기는 존재로 지음을 받은 것이다.

2. 인간의 타락과 죄

1) 아담의 범죄

창세기 3장에서 읽듯이 아담은 하나님 앞에 죄를 범했다. 이로 인하여 죄가 인류에 들어오게 되었다. 아담이 자유의지로 범죄한 것이다. 그러나 그에 앞서 아담은 하나님의 말씀을 불신한 것이다. "믿지 않는 것이 죄니라." 아담의 불순종과 반항은 자유를 남용한 것이며 따라서 그 책임은 하나님께 있는 것이 아니라 인간에게 있다.

여기에서 우리는 죄가 어떻게 생기며 죄의 본질이 무엇인가를 깨닫게 된다. 하나님이 창조하신 것은 모두가 선하다. 자유는 하나님이 주신 귀한 선물이다. 그 자체는 선하다. 그러나 그 자유는 죄를 범할 수 있는 가능성(the potential for evil)을 지니고 있다. 이 자유에는 선택의 기회가 있다. 이에 아담이 하나님을 순종하고 선을 선택하는 대신 자유를 오용하여 하나님을 불순종하므로 죄를 범하게 되었다. 이와 같이 죄는 자유의지의 선택에서 생기게 된 것이다.

그러므로 죄는 본래 존재하는 어떤 물체나 실체(substance)가 아니라, 어떤 선한 것에서의 결여(privation) 또는 왜곡(distortion)이다. 이는 마치 사람의 몸에 생기는 이(lice)와도 같은 것이다.

결국 아담의 범죄 사건에서 볼 때 죄의 본질은 관계를 파괴하는 것이다. 하나님과 사람사이를 갈라놓는다. 여기에는 네 가지가 작용한다. 곧 불신, 자만, 관능적 욕구 그리고 불순종이다.

2) 아담의 범죄의 결과

(1) 아담과 하와에게 미친 결과

그러면 아담의 범죄로 인한 결과는 어떤 것인가? 아담이 반역한 결과로 그는 하나님께로부터 받은 생명을 상실했고, 아울러 자유의 기능은 부패되었으며, 하나님께 대한 인간의 사랑과 순종은 자기 사랑과 자기의지로 대치되었다. 선한 하나님의 형상은 파괴되었다(distorted). 죽음이 임한 것이다. 죽음은 관계의 단절을 의미한다. 죽음에는 영적 죽음, 육체적 죽음, 영원한 죽음이 있다.

아담은 범죄하는 순간 자신이 하나님에게서 고립된 존재임을 체험하였다. 이것이 영적 죽음이다. 그리하여 그는 수치를 느끼고 하나님으로부터 숨었다(창 3:7-8).

동시에 아담과 하와에게는 육체적 죽음이 왔다. 아담과 하와가 범죄하자 하나님은 그들이 생명나무 열매도 따먹고 영생할까봐 에덴동산에서 그들을 내보내어 영생하지 못하도록 하셨다(창 3:22-24). 그리하여 그들은 에덴동산에서 추방되어, 땅에서 수고하며 살게 되었다(창 3:16, 17). 그리고 하나님이 마련하신 구원을 받아들이지 않는다면 영원히 죽을 운명, 곧 영원한 죽음을 맞게 될 운명에 처하게 된 것이다(창 3:15-24).

(2) 아담 후손에게 미친 결과

아담은 전 인류를 대표하는 시조(primogenitor, federal head)이다. 그래서 아담이 범죄했을 때 그 영향은 온 인류에게까지 미쳤다. 이런 면에서 아담이 처음 지은 죄는 그의 모든 자손들을 대표하는 공적인 사람(public man)으로서의 죄이다.

그러므로 아담에게 미친 결과는 그의 모든 후손에게도 미치게 되었다. 사도 바울은 증언한다. "그러므로 한 사람으로 말미암아 죄가 세상에 들어오고 죄로 말미암아 사망이 들어왔나니 이와 같이 모든 사람이 죄를 지었으므로 사망이 모든 사람에게 이르렀느니라"(롬 5:12).

그리하여 인류에게는 죽음이 들어왔고, 아담의 모든 후예들은 그들이 어떤 행동을 함으로 죄를 짓기 전에 이미 원죄의 부패성과 죄책을 지니게 되었으며 진노의 자식이 되었다(엡 2:1, 5).

웨슬리는 다음과 같이 말했다.

"우리는 날 때부터 진노의 자식이었으며 타락한 피조물이었다. 우리는 우리의 타락의 결과로 진노를 면할 수 없는 죄인으로서 이 세상에 태어났다."[18]

여기에서 말하는 "진노의 자식"(children of wrath)이란 아담의 후손이며, 어느 정도는 하나님의 진노와 형벌 아래 있다는 것을 의미한다. 이 말은 원죄의 죄책을 함축하고 있다는 것이다. 곧 "아담의 죄로 인하여 죄책이 모든 사람에게 전가되었다는 것을 부정할 수 없다." 웨슬리는 말하기를, 지금까지 어느 시대 어느 사람이든지 심지어 영아들까지도 죽음을 맛보았다는 사실은 이를 입증하는 것이라고 했다. 왜냐하면 "죄의 값은 사망이요, 죄로 인하지 않고서는 죽어야 할 이유가 없기 때문이다."[19] 만일 영아가 죄인이 아니라면 어떻게 그리스도가 온 인류(all man)의 구주가 될 수 있겠는가? "만약 우리가 영아의 원죄를 부정한다면, 이것은 하나님께서 순전하고 죄책도 없는 피조물, 곧 영아를 형벌한다는 말이 되지 않는가? 그러므로 영아도 원죄를 물려받은 죄인이며, 따라서 버림받은 자이며, 결국 그리스도가 없다면 멸망 받을 수밖에 없다고 말해야 할 것이다."[20]

웨슬리는 목회학적인 관점에서 원죄를 전가된 죄책(imputed guilt)과 유전된 부패(inherited depravity)로 구분하였다. 신학적으로 우리는 원죄를 전가된 원죄(original sin imputed)와 유전된 원죄(original sin inherent)로 분명하게 구분하여 부르고 있다. 전자는 우리에게 어느 정도나마 죄책이 있게끔 하는 아담의 죄를 말하며, 후자는 원의(original righteousness)를 상실하여 본성이 부패된 것을 말한다.

웨슬리에 의하면 이 진리는 "은혜를 받은 영안"(grace healed eyes)에만 알려진 진리요, 이방인과 눈이 먼 자연인(natural man)은 식별치 못하는 진리다. "이방인들은 전혀 자기의 부패를 깨닫지 못한다. 그러나 하나님께서 그들의 이해의 눈을 뜨게 하시면 그들은 곧 전에 있었던 자기의 상태를 보게 된다." 그러므로 웨슬리는 "이것이 이방철학과 기독교를 구분하는 첫 근거"(the first ground)라고 한다.

3) 원죄와 하나님의 은총: 원죄에 대한 견해들

칼빈주의자들은 아담과 우리와의 관계를 언약적 머리됨(federal headship)으로 이해하기에[21] 아담의 죄의 결과가 그의 후손들에게 전가되었다고 주장한다. 아담의 죄, 곧 원죄의 죄책과 부패성이 그의 후손에게 전가된 것이다. 그리하여 모두가 진노의 자식이 되었다. 이러한 칼빈주의자들의 주장은 사도 바울이 로마서 5장 12절에서 "그러므로 한 사람으로 말미암아 죄가 세상에 들어오고 죄로 말미암아 사망이 들어왔나니 이와 같이 모든 사람이 죄를 지었으므로 사망이 모든 사람에게 이르렀느니라"고 한 말씀을 철저하게 문자적으로 이해한데서 비롯되었다.[22] 그러기에 칼빈주의는 구원은 오로지 하나님의 은총으로 가능하다고 강조하였다.

그러나 여기에는 유아들의 상태에 대한 문제가 제기된다. 즉 그렇다면 유아들과 어린아이들이 원죄의 죄책(guilt) 때문에 죄인이며, 그들이 죽는다면 영원한 사망에 이른다는 것인가? 칼빈주의의 입장에서는 그러한 논리적 결론에 도달한다.

그러나 유아와 어린이들을 대하는 예수님의 태도는 그렇지 않은 듯하다. 마태복음을 보면, "예수께서 이르시되 어린 아이들을 용납하고 내게 오는 것을 금하지 말라 천국이 이런 사람의 것이니라 하시고"(마 19:14), 또한 "이르시되 진실로 너희에게 이르노니 너희가 돌이켜 어린 아이들과 같이 되지 아니하면 결단코 천국에 들어가지 못하리라"(마 18:3)고 하셨다. 또한 다윗은 죽은 어린 아들을 다시 볼 수 있게 될 것이라고 확신하고 있었다(삼하 12:23). 이런 점들을 고려할 때 유아나 어린아이들을 원죄의 죄책으로 인하여 버림받은 자로 보아야 한다고 주장하기는 어려운 것이 아닌가 여겨진다.[23] 여기에 칼빈주의의 입장의 어려움이 있는 것이다.

이런 어려움을 해결하기 위하여 에릭슨은 원죄의 죄책에 대하여 "우리가 스스로 죄를 범하여 아담의 죄를 받아들이기까지는 원죄의 전가는 없다."고 하면서, 어린이가 도덕적 결단을 내릴 수 없는 시기에 죽었다면 그는 무죄한 자라고 주장한다.[24] 그러나 이 또한 어색한 변론이라 생각된다.

펠라기우스주의(Pelagianism)는 아담의 범죄는 하나의 나쁜 본(a bad example)을 남긴 것일 뿐, 하나님으로부터 창조된 인간의 영혼은 아담으로 인한 그 어떤 죄책과 부패성도 이어받지 않았다고 주장한다. 곧 아담의 범죄가 그의 후손에게 직접 영향을 준 바가 없다는 것이다. 그리하여 모든 인류에게는 자유의지가 있다고 주장한다.[25]

펠라기우스주의가 인간의 자유의지를 인정하는 면은 평가할 만하나 그들의 주장은 성경 전체에 흐르고 있는 진리와 일치하지 않는다. 성경은 아담의 범죄로 그의 후손 모두가 죄인이 되어 진노의 자식이 되었으며 하나님의 은혜로 인하여만 구원이 가능하다고 주장하고 있기 때문이다(엡 2:1-5). 그러나 펠라기우스주의의 주장에 의하면 유아와 어린이는 하나님의 은혜와 상관없이 구원받는 것이 되지 않는가!

여기에서 우리는 웨슬리의 주장을 주목하게 된다. 칼빈주의와 같이 웨슬리는 아담은 전인류를 대표하는 시조(primogenitor, federal head)이므로 아담이 범죄하였을 때 그 영향은 온 인류에게 미쳤다고 주장한다. 그러므로 모든 인간은 전적으로 부패했고, 진노의 자식이 되었다. 곧 "아담의 죄로 인하여 죄책이 모든 사람에게 전가되었다는 것을 부정할 수가 없다."[26] 그러므로 구원은 오로지 하나님의 은총에 의하여만 가능하다는 것이다. 이 점에 있어 웨슬리는 칼빈과 입장을 같이한다. 그리고 아담의 후손들은 원죄의 부패성, 곧 타락한 본성만 받았다고 주장하는 알미니안(Arminian)과도 구분된다.

우리는 칼빈주의가 하나님의 은총을 강조함에 있어서 큰 공헌을 했다는 것을 잊어서는 안 된다. 사실 칼빈이 신학을 수립할 때는 르네상스의 영향 하에 중세기의 신 중심적 신앙 문화에 대항하기 위한 인본주의 운동이 확산될 때였다. 고전적 칼빈주의는 이런 흐름에 강하게 반대하여 인간의 죄인됨과 하나님의 은총을 강조한 것이다. 그러나 칼빈주의가 이중예정론으로 하나님의 은총의 역사를 설명하는 데 있어, 구원이란 하나님의 일방적인 결정에 따르는 것일 뿐이기에 마치 인간에게는 아무 책임이 없는 것처럼 말하는 것은 칼빈주의가 지니는 또 하나의 문제이다.

웨슬리는 이를 수용할 수가 없었다. 웨슬리는 '하나님의 온전한 가르침(the whole council of God)'을 설교하기 위해서는 하나님의 절대 주권과 인간의 책임과의 관련이 분명히 있어야 한다는 것을 깨달았다. 그래서 웨슬리는 하나님께서 은총을 어떻게 역사하시느냐에 있어 칼빈주의와 머리칼 하나의 차이(a hair's breadth difference)를 갖게 되었던 것이다.[27]

웨슬리는 인간을 구원론적 구조(soteriological setting)에서 보았다. 인간은 이미 하나님의 선행적 은총의 역사 아래 있기에 타락한 인간도 이미 은혜의 계약(a covenant of grace) 아래 살고 있다고 여겼다. 웨슬리에 의하면 선행적 은총에 의하여, 곧 그리스도의 의로 말미암아 원죄의 죄책은 인간이 태어나자마자 제거되었으며, 모든 사람에게는 초자연적으로 약간의 자유의지가 회복되었다.

이 선행적 은총에 의하여 어린이와 아이들은 원죄의 죄책에서 면죄되었다. 그들이 죽는다면 그는 하나님의 은혜로 영벌을 면하게 되는 것이다.

우리는 웨슬리가 말하는 선행적 은총이 칼빈주의가 말하는 일반적 은총과 아주 흡사한 것을 발견하게 된다. 그러나 칼빈주의의 일반 은총은 특별 은총(special grace 또는 saving grace)과 단절되어 있는

데 반해, 웨슬리는 은총의 역사의 계속성을 주장하면서 선행적 은총을 하나님의 구원코자 하시는 은총의 역사의 시작으로 본다. 그리하여 웨슬리에 의하면, 선행적 은총은 깨우치는 은총, 의롭게 하는 은혜, 거룩케 하는 은혜, 그리고 영화롭게 하는 은총으로 이어지면서 역사하시는 것이다.[29]

더 나아가 웨슬리는 하나님의 은총을 하나님이 값없이 주시는 사랑(은혜)으로 볼 뿐만 아니라 동시에 사람에게 하나님께 호응할 수 있는 능력(gracious ability)을 부여하는 것으로 본다.[30] 하나님의 은혜를 인간의 호응을 요청하는 은혜(responsible grace)라고 보는 것이다. 그러므로 하나님이 은총으로 역사하시기에 사람이 할 수 있고 따라서 사람에게는 하여야만 할 책임이 있다고 웨슬리는 주장한다.[31] 이러한 점에서 웨슬리는 칼빈과 함께 '오직 은총으로'를 주장하지만 엄연히 칼빈주의와는 구분된다. 칼빈주의의 또 하나의 고민을 극복한 것이다.

여기에서 우리는 웨슬리가 설교의 현장에서 개진한 신학의 강점을 엿볼 수 있다. 즉 신학은 형식 논리에 따라 추리할 때에 결론이 양자택일(either-or)에 필연적으로 귀착된다. 그러나 웨슬리는 설교의 현장, 곧 인격적인 대화의 관계에서 신학을 개진함으로써 양자의 주장을 모두(both-and) 포괄하는 결론에 이를 수가 있었다. 다시 말하면, 로저스(Charles A. Rogers)가 지적한 대로 "자연과 은총은 별개이지만 웨슬리는 이들을 생명력있고 기능적인 관계를 갖고 있는 것으로 이해하고 있는 것이다."[32] 이 같은 접근방식은 웨슬리 신학의 방법론이 가지는 특색으로 나타난다. 이것이 웨슬리의 신학방법의 역동성이다. 그리고 만일 이것이 무시된다면 웨슬리의 입장에 대한 해석은 필연적으로 모호해지거나 타협하게 되어 웨슬리를 정당하게 다루지 못하는 결과를 가져올 것이다. 웨슬리는 이런 독특한 방법으로 하나님 앞에 선 인간(Homo Coram Deo)을 이해하였던 것이다. 그는 타락한 인간을 아담 때문에 죄인으로 보며 동시에 그리스도 때문에 은혜의 수혜자로 본 것이다.

3. 자범죄(Personal sins)

타락한 인간은 자범죄를 짓는다. 원죄의 영향 하에 있는 인간은 결국 또 죄를 범하게 된다. 이를 신학에서는 개인적인 죄 또는 자범죄(personal sins, actual sins)라고 한다. 범죄에는 여전히 죄책과 부패성이 따른다. 어떤 것이 죄인가? 우선 신약성경에서 죄를 가리키는 말들을 살펴보겠다. 신약성경에는 죄를 일컫는 몇 개의 낱말이 있다.

1) 신약성경에 나타난 죄의 종류

(1) 불법(아노미아, $\dot{\alpha}\nu o\mu\acute{\iota}\alpha$)
여기에서 '노모스'($\nu\acute{o}\mu o\varsigma$)는 '법'을 가리키는 말이요, 그 앞에 있는 'a'는 '없다'는 것을 의미하는 접두사이다. 그러므로 이 말의 뜻은 '불법'을 의미한다. 이 말은 요한일서 3장 4절에 나오는 죄에 대한 정의 가운데 들어 있는 말이다. '죄는 율법을 위반하는 것'이다.
하나님께서는 이 자연계가 질서 있게 운영되기 위해서 그 곳에 자연 법칙을 두셨다. 뿐만 아니라 하나님께서는 우리 인간이 인간 생활을 바로 하기 위하여 십계명을 위시하여 여러 도덕적 법을 주셨다. 이러한 하나님의 법을 범하는 것이 죄라는 것이다. 이는 하나님의 법을 알면서도 자기 자신이 선택한 길을 걷는 사람의 죄를 말하며, 바른 것을 알면서도 악을 행하는 사람의 죄를 말한다. '아노미아'는 신약성서에 11회나 나온다.

(2) 범법(파라바시스, παράβασις)

이는 갈라디아서 3장 19절에 있는 말로, 파라바노우(παραβαίνω)라는 동사에서 나온 말이다. 이는 '넘어서 간다'(overstep, passover)는 뜻으로, 영어로는 'transgression'이라고 번역을 하였다. 곧 선과 악 사이에는 하나의 줄이 있는데 그 줄을 넘어가는 것이 죄가 된다는 뜻이다. 신약성서에 6회 나온다.[34]

이와 비슷한 말로 '파랍토마(παράπτωμα)'라는 말이 있다. 이 말은 '파라핍토(παραπίπτω)'라는 동사에 나온 말로서, '잘못하여 떨어진다' 또는 '빠진다'라는 뜻이다. 영어로는 위의 말과 같이 'transgression' 이라고 번역을 하는데, 이 말의 뜻은 '미끄러져 넘어진다'는 의미이다.

결국 이런 말로 표현되는 죄는 알든지 모르든지 간에 하나님의 법을 범하는 죄를 의미한다. 우리가 범하는 개인적인 죄(personal sins)는 두 가지 종류로 구분할 수 있다. 하나는 의식적으로 범하는 죄(voluntary transgression of the known law of God)요, 다른 하나는 무의식중에, 다른 말로 표현하면, 모르고 하나님의 법을 범하는 죄(involuntary transgression of the perfect law of God, known or unknown, 또는 sinning without knowing), 곧 허물이다.

(3) 죄(하마르티아 ἀμαρτία)

이 말은 누가복음 11장 4절에서 나오는 것을 위시하여 신약성서에 무려 170회 이상 나온다. '하마르티아'는 동사 '아마르타노(ἀμαρτάνω)'에서 나온 말이다. 이 말은 원래 사격술의 용어로, 쏜 화살이나 던진 창이 표적에서 빗나갔을 때 사용한 말이다(missing the mark). 그러니까 죄란, 우리가 마땅히 되어야 했으며 되어야 하고 또 될 수 있는 모든 최선의 경지에 미달된 상태를 말하는 것이다. 이런 의미에서 이 말 '하마르티아(ἀμαρτία)'는 때로는 하나의 상태로서의 죄, 하나의 개인적인 행동으로서의 죄, 또는 인간을 지배하고자 하는 힘으로서의 죄를 일컬어 사용되기도 하였다(롬 7:7, 6:12 참조).

요한일서 1장 7절에서처럼 이 낱말을 정관사 없이 단수로 사용할 때에는 상태 또는 성질로서의 죄를 가리킨다. 이 말을 복수로 그리고 정관사를 붙여 사용함으로 개인이 지은 죄, 죄의 결과(guilt, sin)를 가리킨다(요일 1:9 참조).

또한 신약성경에는 '하마르타노(ἀμαρτάνω)'에서 나온 말로서 '하마르티아(ἀμαρτια)'와 비슷한 낱말이 있다. 곧 '하마르테마(ἀμάρτημα)'이다. 이 말은 신약에 5회 밖에 나오지 않는다. 이 말은 죄의 행동(sinful deed)을 가리킨다.

(4) 빚으로서의 죄(오페일레마, ὀφείλημα)

이 말은 마태복음 6장 12절에 있는 주기도문에 나오는 말이다. "

우리 죄를 사하여 주시옵고." 이 말의 뜻은 빚(debt)이다. 곧 우리가 하나님께 하여야 할 책임을 다 하지 못한 것이 죄라는 뜻이다. 우리가 하나님께 지고 있는 빚이란, 단지 율법을 주신 자에 대하여 지고 있는 빚이 아니라, 무엇보다도 하나님의 크신 사랑에 대하여 우리가 지고 있는 의무를 다 못한 것을 의미한다. 여기에 언급되는 죄는, 하나님의 법을 범하는 것 이상이다. 하나님에 대한 의무를 다 하지 못하는 것도 죄이다.

그 외에도, ἀσέβεια, ἀδικία, παρακοή라는 말들이 있으나, 이에 대한 설명은 생략하기로 한다.

2) 인간은 모두 죄인이다

이런 죄의 개념에 비추어 볼 때 죄인 아닌 사람이 있겠는가? 이 땅에서 십계명을 위시하여 여러 가지 하나님의 계명을 어기지 않은 사람이 있겠는가? 원래 인간이 지음 받은 뜻대로 최선의 사람이 되었다고 주장할 수 있는 사람도 거의 없을 것이다. 또 자기가 하여야 할 일을 완전하게 최선을 다하여 행하였다고 주장할 수 있는 사람도 없을 것이다. 다른 사람과의 관계에 있어서도 완전하다고 주장할 수도 없을 것이다. 또한 하나님의 그 크신 사랑에 대하여 우리가 의무를 다 했다고 장담할 사람이 어디 있겠는가? 이렇게 생각하면, 이러한 죄의 개념 아래서 죄 없다고 주장할 사람은 하나도 없다. 우리 모두는 죄인이다.

"그의 아들에 관하여 말하면
육신으로는 다윗의 혈통에서 나셨고
성결의 영으로는 죽은 자들 가운데서 부활하사
능력으로 하나님의 아들로 선포되셨으니
곧 우리 주 예수 그리스도시니라"
(롬 1:3-4)

제 6장
기독론

우리는 사도신경을 통하여 고백한다.

"나는 하나님의 외아들 우리 주 예수 그리스도를 믿습니다."

예수 그리스도에 대한 믿음이 사도신경에 나타난 믿음의 중심이다. 예수 그리스도를 떠나서는 삼위일체나, 구원, 영생에 대하여 알 수가 없기 때문이다. 이런 모든 진리를 나타내 보여 주신 분이 바로 예수 그리스도이시다. 그러면 예수그리스도가 어떤 분이시며 그분이 어떤 사역을 하시는가를 살펴보는 신학의 분야를 기독론(Christology)이라 한다.

I. 예수님의 인격 (Person of Jesus)

예수님은 참 하나님이시요, 또한 참 사람이시며, 한 인격자(one person)이다.

1) 예수님의 인성

(1) 하나님이 인간으로 오신 분
요한복음은 1장 14절에서 다음과 같이 말하고 있다.
"말씀이 육신이 되어 우리 가운데 거하시매 우리가 그의 영광을 보니 아버지의 독생자의 영광이요 은혜와 진리가 충만하더라"
이는 그리스도가 참 사람, 즉 역사적인 사람이었다는 것을 의미하는 것이다. 예수님은 참 사람으로서 나사렛 출신이다. 마리아의 아들로 유대인 목수였다. 랍비로 3년간 활동하였다. 그리고 주후 30년 경 로마 관원에 의하여 십자가에 못 박혀 돌아가셨다. 신약성경의 4개의 복음서는 그의 행적을 비교적 상세히 기록하고 있다.
사도신경은 "이는 동정녀 마리아에게서 나시고 본디오 빌라도에게 고난을 받으사 십자가에 못 박혀 죽으시고 장사 지낸 바 되었다"고 요약하여 고백하고 있다. 마리아에게서 나셨다는 것은 그가 완전한 인간성을 지녔다는 것을 말해 준다. 그리고 당시 잘 알려진 인물인 빌라도의 이름을 거명하며 예수의 생을 그와 연관시킨 것은 보다 구체적으로 역사 안에 사셨다는 것을 강조한 것이다. 참으로 예수님은 완전한 인간성을 가진 역사적인 인물이었다. 사도 바울은 갈라디아서 4장 4절에서 다음과 같이 증언하고 있다. "때가 차매 하나님이 그 아들을 보내사 여자에게서 나게 하시고 율법 아래에 나게 하신 것은 율법 아래에 있는 자들을 속량하시고 우리로 아들의 명분을 얻게 하려 하심이라"

또한 그의 이름을 예수라고 했다. 예수라는 이름은 히브리어로 '여호수아'에 해당되는 뜻으로, 구약과 신약 시대에 걸쳐서 널리 사용되는 잘 알려진 이름이었다. 구약에서 모세를 이어서 가나안을 정복하여 출애굽을 완성한 눈의 아들 여호수아를 비롯하여 많은 사람이 그 이름을 가지고 있었다. 그러기에 사람들은 '예수'라는 이름을 가진 그 분을 역사적인 인간으로 쉽게 받아들일 수 있었던 것이다. 그는 완전한 인간성을 지닌 '예수님'이었다. 그리고 그 칭호는 하나님께서 주신 이름이다(눅 1:30-31, 34-35).

사도신경은 이에 대하여 "이는 성령으로 잉태하사 동정녀 마리아에게서 나셨다"는 말로 표현하고 있다. 성령으로 잉태하사 동정녀, 즉 처녀에게서 나셨다는 것이다. 그러므로 아담으로부터 유전되어 오는 죄성, 곧 원죄가 없다는 것을 의미한다.

예수님의 탄생은 710년 전에 이사야 선지자가 이사야 7장 14절에서 말씀한 것을 이루신 것이다.

"그러므로 주께서 친히 징조를 너희에게 주실 것이라 보라 처녀가 잉태하여 아들을 낳을 것이요 그의 이름을 임마누엘이라 하리라"

여기에서 '처녀'라는 히브리말은 '아르마(almah)'인데, 처녀 또는 젊은 여자라는 뜻이다. 여기에서 동정녀 탄생을 믿느냐 안 믿느냐 하는 문제가 나온다. 그래서 어떤 학자들은 동정녀가 아니라 젊은 여자, 곧 기혼자에게서 나신 것으로 해석될 수 있다고 하면서 동정녀 탄생을 부정한다. 그러나 우리는 그 말이 그 당시 고대에 어떻게 이해되었느냐를 살펴봐서 그 말이 그 당시 의미한 바가 어떤 것인가를 알아내야 한다. 이런 점을 고려하지 않으면, 해석에 큰 차질을 가져온다.

그러면 고대에 이 아르마(almah)를 어떻게 사용하였는가? 70인역(LXX)에서 이 단어를 헬라어로 번역할 때에 '파르테노스'(παρθένος)라고 하였다. 이는 처녀, 동정녀라는 뜻을 가진 단어이다. 그러므로 그 당시에도 분명히 동정녀를 지칭한 것이라고 보는 것은 명백히 타당하다. 학자들의 연구 결과, 역사적 문헌으로 고찰하여 볼 때 예수의 탄생은 동정녀 탄생이 분명한 것이다. 그럼에도 불구하고 못 믿는 것은 자신의 불신앙 때문이다.

혹시, 동정녀 탄생 같은 일이 어떻게 가능하느냐고 반문할지 모른다. 그러나 우리가 기억할 것은 하나님은 창조의 하나님이시라는 점이다. 그러기에 창조의 하나님의 영으로 이루어질 수 있다고 믿는 것이다. 또한 오늘의 과학자들은 그런 일이 얼마든지 가능하다고 말한다. 또한 복음서에서 증언하고 사도신경에서 고백하는 대로, 예수님이 고난을 당하시고 십자가에서 죽으시고 장사 지낸 바 되었다고 한 것은 예수님의 역사성을 더욱 강하게 뒷받침한다. 이는 예수님이 인간이시되, 인생들이 겪는 삶의 일부만 체험하신 것이 아니라, 죽음, 장사 지냄, 곧 완전한 죽음까지 맛보셨다는 것을 고백하고 있는 것이다. 이는 예수님을 완전한 인성을 지니신 분으로 강조하는 것이다.

결론적으로 예수님은 참 사람이시되, 죄는 없으신 분이다. 곧 주님의 인성은 우리들의 인성과 같이 죄성이 있는 인성(sinful humanity)이 아니라, 아담이 타락하기 전에 지녔던 인성을 지니셨던 것으로 생각된다.[1]

(2) 예수님의 인성의 신학적 의의
① 예수님의 인성에서 우리는 하나님이 창조하신 완전한 인성이 어떤 것인가를 볼 수 있었다. 그리고 예수님은 우리의 본이 되실 수 있었다.
② 예수님이 참 인성을 지니셨기에 그는 우리를 참으로 이해하고 위로하고, 중보자가 되실 수 있었다.
③ 예수님이 참 인간이었기에 우리들을 위하여 참된 희생제사를 드릴 수 있었다.

(3) 예수님의 인성을 부인하는 학설들
기독교는 예수님의 참된 인성을 지닌 분이라고 고백함으로 초대에 유행하고 있던 영지주의(Gnosticism)에서 나온 도케티즘(Docetism)의 주장을 반박한다. 그들은 예수님의 인간성은 진짜가 아니고 가현적일 뿐이라는, 다시 말해서 예수가 인간처럼 보인 것뿐이라는 주장이었다. 예수님의 인성을 부인하는 학설에는 아폴리나리우스 주의(Apollinarianism)의 주장도 있었다. 이는 아폴리나라우스(Apollinarius)가 주장한 것으로, 예수의 순수한 인간성(genuine humanity)은 인정하나 그렇다고 예수가 인간성 전체를 지닌 것은 아니라는 것이다. 이들은 요한복음 1장 14절의 말씀을 협소하게 해석하여, 예수님은 인간의 육체(flesh)만 가졌고 나머지는 하나님(divine)이었다고 주장하였다. 그가 참 사람이라면 육체뿐만 아니라 인간의 영혼(human nous, 곧 soul, mind, reason)도 가졌어야 하는데 예수는 인간의 영혼(human nous)은 없이 육체만 가지고 있었고 그의 영혼은 신의 영혼이었다는 것이다. 그리하여 예수님은 인간의 의지를 갖

고 있지 않았다고 주장했다.²

아폴리나리우스주의는 381년에 있었던 콘스탄티노플 회의(the council of constantinople)에서 이단으로 정죄되었다.

최근에 이르러 불트만(Rudolf Bultmann)은 예수님의 지상생활의 역사적 사건, 곧 객관적 역사는 믿음에 있어 별 의의가 없으며 실존적 의의만 중요하다고 주장하는데 이 역시 그릇된 주장이다. 사도신경에서 예수님이 고난을 당하시고, 십자가에서 죽으시고, 장사 지낸 바 되었다고 한 것은 예수님의 역사성을 중요시하고 있는 것이다.

바람직한 기독론이라면 예수님에 대한 존재론적이고 실존적 문제들을 다루고 이것들을 통합하여야 한다. 우리가 기억할 것은 기독교에서 말하는 구원은 예수 그리스도의 역사적인 생과 분리할 수가 없다는 점이다.

2) 예수님의 신성

(1) 예수는 하나님의 독생자이다

예수가 성령으로 잉태되었다는 사실은 그가 참 하나님으로 오셨다는 것을 의미한다. 동정녀 마리아에서 났다는 사실은 성령이 남자의 역할을 했다는 것이 아니다. 하나님이 마리아의 몸을 이용하여 오셨다는 것이다. 그러하기에 이는 동시에 예수가 참 하나님임을 말하는 것이다.

그가 하나님이신 것은 그의 생애와 사역에서 뚜렷이 증명되고 있다. 마태복음 14장 25-33절을 보면, 제자들이 예수님이 풍랑이 심한 갈릴리 바다를 걸어오시는 것을 보고는 놀라 절하며 말하였다.

"당신은 참으로 하나님의 아들이십니다."

이와 같이 하나님의 아들이라는 표현은 그가 하나님이라는 뜻이다. 사도신경은 예수는 성령으로 잉태하여 동정녀 마리아에게서 나실 뿐 아니라, 죽은 자 가운데서 다시 살아나시며 하늘에 오르셨다고 표현하고 있다. 특히 예수님의 부활 사건은 능력으로 그가 하나님의 아들이심을 인정하였다.

로마서 1장 3-4절에도 이와 같이 말씀하고 있다.

"그의 아들에 관하여 말하면 육신으로는 다윗의 혈통에서 나셨고 성결의 영으로는 죽은 자들 가운데서 부활하사 능력으로 하나님의 아들로 선포되셨으니 곧 우리 주 예수 그리스도시니라"

그리하여 사도신경은 예수를 '하나님의 유일하신 아들 곧, 하나님의 독생자'라고 고백하고 있다. 예수님은 하나님의 독생자이다.

예수님이 아버지의 외아들이시라는 것을 우리는 기억해야 한다. 많은 아들 가운데 하나가 아니라 외아들(only son, the son)로, 아버지와 유일한 관계를 가진 삼위일체 하나님의 일위인 것을 고백하고 있는 것이다. 요한복음 1장 1-3, 14절에서 사도 요한은 이런 사실을 힘차게 증거하고 있다.

"태초에 말씀이 계시니라 이 말씀이 하나님과 함께 계셨으니 이 말씀은 곧 하나님이시니라 그가 태초에 하나님과 함께 계셨고 만물이 그로 말미암아 지은 바 되었으니 지은 것이 하나도 그가 없이는 된 것이 없느니라"

"말씀이 육신이 되어 우리 가운데 거하시매 우리가 그의 영광을 보니 아버지의 독생자의 영광이요 은혜와 진리가 충만하더라"

예수님 자신도 마태복음 11장 27절에서 '나와 아버지는 하나이다' 또는 '아버지 이외는 아들을 아는 자가 없고 아들 이외에는 아버지를 아는 자가 없다'고 말씀하고 있다.

이와 같이 예수님은 삼위일체 하나님의 한 분이시다. 요한복음 5장 23절에 있는 주님의 말씀은 이를 힘 있게 뒷받침하고 있다. "이는 모든 사람으로 아버지를 공경하는 것 같이 아들을 공경하게 하려 하심이라 아들을 공경하지 아니하는 자는 그를 보내신 아버지도 공경하지 아니하느니라"

예수님은 하나님의 외아들로서 세상에서 하나님을 대표(the representative)하며, 하나님의 계시를 지닌 자였다. 특히, 그 분은 자신의 지상 선교에서 하나님을 계시하셨다. 히브리서 1장 1-3절은 이런 사실을 다음과 같이 증거하고 있다.

"옛적에 선지자들을 통하여 여러 부분과 여러 모양으로 우리 조상들에게 말씀하신 하나님이 이 모든 날 마지막에는 아들을 통하여 우리에게 말씀하셨으니 이 아들을 만유의 상속자로 세우시고 또 그로 말미암아 모든 세계를 지으셨느니라 이는 하나님의 영광의 광채시요 그 본체의 형상이시라 그의 능력의 말씀으로 만물을 붙드시며 죄를 정결하게 하는 일을 하시고 높은 곳에 계신 지극히 크신 이의 우편에 앉으셨느니라"

(2) 예수의 신성의 신학적 의의

① 예수께서 "나를 본 자는 아버지를 보았거늘"(요 14:9)이라고 말씀하셨듯이 우리는 예수님으로부터 하나님에 대한 실제적인 지식을 가질 수 있게 되었다. 예수님께로부터 우리는 하나님의 거룩하심, 사랑 그리고 능력이 어떠한지 알 수 있게 되었다.

② 예수님은 우리의 경배를 받으시기에 합당한 분이시다.

③ 예수님의 죽음을 통하여 우리는 구원을 받을 수 있게 되었다.

왜냐하면 예수님은 단순히 유한한 인간이 아니라 무한하신 하나님이기 때문이다.

(3) 예수의 신성을 부인하는 학설들

기독교는 예수가 하나님이심을 부정하는 단일신론(Unitarianism)이나 에비온주의(Ebionism)나 아리안주의(Arianism)와 같은 이단 사상을 배격한다.

단일신론은, 삼위일체 신을 부인하기에 하나님 한분만이 신이고 예수는 신이 아니며 그는 단순히 하나님의 영감을 받은 훌륭한 인간에 그칠 뿐이라고 하는 주장이다.

에비온주의(Ebionism)는 예수를 초자연적인 의와 지혜의 은사를 받은 사람으로 본다. 예수가 세례를 받을 때 그 안에 하나님의 능력과 권세가 임한 것으로 보며, 예수님의 죽음이 임박했을 때 그리스도는 그에게서 떠났다고 주장한다. 그래서 예수는 잠시 동안이나마 하나님의 능력이 그 안에 있어 놀라운 능력이 나타나기는 했지만 이제는 본래의 사람이 되었다는 것이다.[3] 결국 이 학설도 예수님의 신성을 부정하는 것이다.

또한 4세기에 일어났던 아리안주의(Arianism)는, 예수가 보통 인간을 훨씬 능가하는 분이기에 예의상 '신'이라고 일컬어지는 어떤 최상 최고의 피조물이라고 주장한다. 그런 의미에서 예수가 하나님과 유사하지만 근본적으로는 동일하지는 않다고 말한다. 하나님의 절대 유일성을 강조하여 삼위일체를 부인하는 것이다. 이 학설은 알렉산드리아의 장로였던 아리우스(Arius)에 의하여 주장되었던 이단인데, 325년에 있은 니케아 종교회의에서 정죄되었다.

3) 예수님은 한 인격자이시다

(1) 예수님은 한 인격 안에 두 본질을 가지신 분이다.

위에서 말한 대로, 예수님은 신성을 지니신 분(곧 하나님)이요 동시에 인성을 지니신 분(곧 사람)이다. 그러나 예수 그리스도는 한 인격자(one person)라고 성경은 증언하고 있다. 그의 두 개의 본성이 합일을 이루는 사건은 성육신사건(incarnation)에서 이루어졌다. 그리하여 예수님은 한 인격 안에 하나님과 인간의 모든 존재 조건들을 결합시킨 것이다. 그는 실로 하나님이요 동시에 사람이지만 한 인격자인 것이다. 이 한 인격자이신 이가 바로 선재하였던 로고스요 인간의 본성을 입으신 하나님의 말씀인 것이다(골 2:9 참조).[4]

교회는 이 교리에 대한 고전적인 입장을 451년에 있었던 칼세톤 회의(The council of Chalceton)에서 결정하였다. 이 얼마나 영광스럽고 장엄한 진술인가!

"우리 주님은 참 하나님이자 참 사람으로서, 온당한 영혼과 육체를 가지고 계시며, 신성에 있어서는 성부와 동질이시고, 인성에 있어서는 우리와 동질이시다. 그는 모든 일에 우리와 한결같으시되 죄는 없으시다. 신성을 따라서는 만세 전에 하나님 아버지에게서 나셨으며, 인성을 따라서는 이 모든 날 마지막에 우리와 우리의 구원을 위해 하나님의 사자(God-bearer)이신 동정녀 마리아에게서 나셨다. 그는 한 분이신 그리스도요, 아들이시오, 주님이시요, 독생자이시다.

그는 혼합되지도 않고, 변하지도 않고, 나누어지지도 않는 두 본성을 가지신 분이시다. 연합으로 인해 두 본성이 구분이 사라지는 것은 결코 아니며 오히려 한 인격, 한 존재 안에서 각각의 본성이 보존된 채로 동시에 존재하고 있다. 두 본성은 분할되거나 두 인격으로 나누어지는 것이 아니라 오직 한 분이며 동일하신 아들, 독생자, 하나님, 말씀, 주 예수 그리스도가 계실 뿐이다."[5]

예수님은 성육신을 통해 종의 형체를 가짐으로 자신을 비우신 것이다(빌 2:6-7). 그는 본질에 있어서는 여전히 하나님과 같았지만(골 2:9) 성육신 기간 동안에는 기능적인 면에서 하나님께 종속되었다는 것이다. 그리고 두 본질의 연합은 그것들이 서로 독립적으로 역할을 분담한 것이 아니라, 언제나 신성과 인성을 동반한 행위였다는 것이다.

다음의 예가 설명에 도움이 되는 듯하다. 세상에서 가장 빠른 달리기 선수가 어린이와 이인 삼각 경주를 하는 경우를 생각해보라. 그는 자신의 한 발을 어린아이의 한 발과 묶고 달려야 한다. 이 때 그 선수 본인의 달리기 능력이 줄어든 것은 아니지만 그 능력을 발휘하는 조건은 많은 제약을 받게 된다. 이것이 성육신하신 그리스도께서 처하신 상황이라 할 수 있다. 이 달리기 선수가 경기하는 동안은 기꺼이 다리를 묶은 채로 달리는 것처럼, 예수님은 성육신 기간 동안에는 스스로 그렇게 하시는 것이다.[6]

성경은 예수가 한 인격이신 것을 여러 면에서 뒷받침하고 있다. 이는 다음과 같은 사실에서 확인된다.

예수님은 항상 자신을 단수형으로 말씀하셨다(요 17:21-22). 예수님의 신성과 인성을 암시하는 구절들이 있지만 분명히 한 실체만 이야기하는 것을 볼 수 있다. 요한복음 1장 14절을 예로 들어 보자, "말씀이 육신이 되어 우리 가운데 거하시매 우리가 그의 영광을 보니 아버지의 독생자의 영광이요 은혜와 진리가 충만하더라" 이 구절은 예수님의 신성과 인성을 표현하면서도 한 주체(single subject)로 말하고 있는 것이다(갈 4:4, 딤전 3:16 참조).

요한일서 2장 1-2절을 보면 중보자 예수의 사역이 하나의 연합된 실체의 역할임이 드러나고 있다. "나의 자녀들아 내가 이것을 너희에게 씀은 너희로 죄를 범하지 않게 하려 함이라 만일 누가 죄를 범하여도 아버지 앞에서 우리에게 대언자가 있으니 곧 의로우신 예수 그리스도시라 그는 우리 죄를 위한 화목 제물이니 우리만 위할 뿐 아니요 온 세상의 죄를 위하심이라"(엡 2:16-18 참조).

한 걸음 더 나아가, 예수에 대한 칭호, 하나님의 아들 또는 인자라는 말이 예수의 인간적 활동에도 사용되고 있다(요 3:13 참조).

그러므로 우리는 예수님은 두 본성을 가지셨으나 한 인격이심을 고백한다. 이런 고백은 더닝(Dunning)이 말한 대로 역설적이요 신비스러운 것이다. 하나님은 유한한 인간의 말과 생각으로는 충분히 이해할 수가 없다. 하나님의 존재 실체에 자가당착되는 것이 있는 것은 아니지만, 그를 우리들의 말로 객관화 하려면 어렵다. 그러나 그리스도의 제자들은 그 때나 지금이나 복음을 통하여 예수를 참 인간으로 체험하고 동시에 그 안에서 하나님을 만나는 것이다. 우리는 이를 충분히 설명할 수는 없지만 이 신비를 체험하는 것이다.[7]

(2) 예수는 임마누엘로 오신 것이다(성육신의 극치).

예수님은 하나님이 사람과 함께 하시는 분 곧 '임마누엘'로 오셨다. 그는 참 인간이요 참 하나님으로 오신 것이다. "보라 처녀가 잉태하여 아들을 낳을 것이요 그의 이름은 임마누엘이라 하리라 하셨으니 이를 번역한

즉 하나님이 우리와 함께 계시다 함이라"(마 1:23).

이 말은 우리의 하나님이 인간에게 다가오시는 하나님, 곧 우리를 위하시는 하나님(God for Us)이심을 극적으로, 역사적으로 증언하는 것이다. 이 점에서 우리 하나님은 다른 종교가 믿는 신들과 전혀 다르다. 다른 종교에서의 신은 먼데 있는 신, 무섭기만 한 신, 우리가 찾아가야 하는 신들이다. 그러나 성경을 보면 우리 하나님께서는 우리를 그의 백성으로 만들고, 그가 우리의 아버지가 되시며, 우리를 그의 자녀로 만들기 위해 여러모로 역사하셨다. 선지자를 통하여, 율법을 통하여 하셨다. 그러나 미련한 인간은 점점 하나님과 멀어만 갔다. 인간은 오히려 율법의 정죄 하에 놓여 고통스러워하고 있었다. 이에 마지막으로 하나님이 친히 인간의 모습을 입으시고, 역사 속에 돌입하신 것이다. 이것이 바로, 바울이 빌립보서 2장 6-8절에서 "그는 근본 하나님의 본체시나 하나님과 동등됨을 취할 것으로 여기지 아니하시고 오히려 자기를 비워 종의 형체를 가지사 사람들과 같이 되셨고 사람의 모양으로 나타나사 자기를 낮추시고 죽기까지 복종하셨으니 곧 십자가에 죽으심이라"고 말한 뜻이다.

히브리서 기자는 1장 1-2절에서 "옛적에 선지자들을 통하여 여러 부분과 여러 모양으로 우리 조상들에게 말씀하신 하나님이 이 모든 날 마지막에는 아들을 통하여 우리에게 말씀하셨다"라고 증언한다. 몸은, 구체성(identity)을 가리키는 것이다. 하나님의 성육신 사건을 통하여 자신을 구체적으로 계시하신 것이다. 그래서 요한은 "본래 하나님을 본 사람이 없으되 아버지 품 속에 있는 독생하신 하나님이 나타내셨느니라"(요 1:18)고 증언한다.

또한 이 성육신의 사건은, 하나님이 역사 속에서 거하시며 사람과 함께 역사하신다는 것을 의미한다. 여기에 예수의 역사는 계시역사, 거룩한 역사가 된 것이다. 완전한 예언자, 왕이 되신 것이다. "말씀이 육신이 되어 우리 가운데 거하시매 … 은혜와 진리가 충만하더라" (요 1:14).

곧 하나님은 위에서 말한 것처럼, 인간의 몸으로 오셔서 우리 가운데 걸어가면서 인간, 곧 첫째 아담이 거닐면서 실패한 것 대신 승리를 보여 주셨다. 하나님과 함께 하는 사람(예수 그리스도)으로서 승리자(Victor)가 되신 것이다. 이를 신학적으로 표현하여 반복설 또는 회복설(Recapitulation theory)이라고 한다. 아담은 에덴동산에서 실패했으나 예수님은 광야에서 시험을 이기셨다. 죽음 앞에서 인간은 실패하나 주님은 죄의 쏘는 가시인 죽음도 이기셨고 사탄의 세력도 십자가와 부활로 격파하셨다. 이로서 예수님은 참 왕, 왕 중 왕이 되신 것이다. 그러므로 주님이 그랬듯이, 이 세상에서 주님과 함께 걸어가는 우리는 실패 대신 승리할 수가 있다.

예수님은 임마누엘이시기에 제사장직과 예언자의 직분도 완전히 행하실 수 있었다. 이에 대하여는 다음에 자세히 다루고자 한다.

(3) 예수의 두 본성과 한 인격을 부인하는 초기 이단들

따라서 기독교는 초대에 있었던 네스토리우스주의(Nestorianism), 곧 예수에 있어 두 본성이 연합(union)되었다고 하기보다는 연결(conjunction)이라는 말을 선호하여 예수님에게 두 인격이 있는 듯 주장하는 학설을 431년에 있은 에베소 공회에서 이단으로 정죄하였다. 또한 예수님이 출생하신 후에는 하나님의 본질이 육신을 만들어 제3의 본질(a third substance)만 가지게 되었다고 주장하는 유

티커스주의(Eutychianism)도 정죄하였다.

2. 예수 그리스도의 직임 (The Offices of Jesus Christ)

그러면 예수님이 하신 직무는 어떤 것인가? 우리는 예수를 그리스도라고 고백하는데, 그리스도란 말은 예수님의 직함이라고도 할 수 있다.

그리스도라는 헬라어 '크리스토스'(Χριστός)는 '기름부음을 받았다'는 의미로, 구약 히브리어의 메시아를 희랍어로 번역한 것이다. 구약에 의하면, 메시아란 이스라엘에서는 기름부음을 받은 제사장, 예언자를 나타낼 뿐 아니라, 무엇보다도 왕과 같은 지위에 있는 왕을 지칭하는 것이었다.

따라서 예수님은 그리스도 곧 제사장, 선지자, 왕으로서 우리 인간이 하나님과 바르고 좋은 관계를 회복하는데 요구되는 것을 다 가능케 하는 분이라는 것을 의미한다.

1) 선지자의 직책: 계시 역할

우리는 하나님에 대하여 무지하기 때문에 배울 필요가 있다. 잘 알지 못하면 바른 길을 걸을 수가 없다. 이에 예수님이 선지자로 참 길을 가르쳐 주셨다. 우리가 앞에서 인간으로서의 예수님에 대하여 생각하여 보았듯이, 예수님은 그의 가르침과 생애를 통하여 우리가 걸어가야 할 길을 보여 주셨다. 또한 승리하는 길을 보여 주셨다. 그리고 우리를 진리로 인도하셨다.

마태복음 13장 57절을 보면 예수님 자신이 자신을 선지자로 이해하였다. "예수께서 그들에게 말씀하시되 선지자가 자기 고향과 자기 집 외에서는 존경을 받지 않음이 없느니라." 또한 당시의 사람들이 예수를 선지자로 인지하였다. "무리를 무서워하니 이는 그들이 예수를 선지자로 앎이었더라"(마 21:46, 눅 24:19, 눅 6:14, 9:17, 7:52, 요 3:2 참조).

예수님은 위대한 선지자로서 하나님에 관하여, 하나님의 나라 그리고 인간 영혼의 가치에 대해 가르치실 뿐 아니라, 구원의 길, 성도의 걸어가야 할 길 그리고 하나님의 나라가 임박했음을 가르치셨다. 그의 가르침에는 권위가 있었다. "예수께서 이 말씀을 마치시매 무리들이 그의 가르치심에 놀라니 이는 그 가르치시는 것이 권위 있는 자와 같고 그들의 서기관들과 같지 아니함일러라"(마 7:28-29).

또 우리 주님은 자신의 삶과 본을 통해 우리를 가르치셨다. 그리하여 우리들에게 본을 끼쳐 따라오게 하려 하셨다(벧전 2:21-22).

예수님이야 말로 참 선지자이시다. 예수님의 가르침의 위대함을 체험한 신자는 예수를 향하여 나의 선생, 선지자, 곧 그리스도라고 고백하는 것이다. 그가 승천하신 후에는 진리의 영이신 성령을 통하여 선지자의 사역을 계속하신다. 주님께서 일찍이 말씀하셨다. "그러나 진리의 성령이 오시면 그가 너희를 모든 진리 가운데로 인도하시리니… 내 것을 가지고 너희에게 알리시겠음이라"(요 16:13-14).

2) 왕의 직책: 그리스도의 통치

로이드 존스(Lloyd Jones)에 의하면 삼위일체의 두 번째 위격으로서의 우리 주님은 창조의 시작으로부터 언제나 만물에 대한 하나님의 통치권을 공유하셨다. 그러나 신인(神人)으로서의 주님은 일반적으로 중보적 왕권(mediatorial kingship)이라고 부르는 특별한 왕권을 가지고 계시다. 이것은 중보자로서 가지는 왕권이다. 곧 하나님의 영광과 구원의 목적을 시행하기 위해 행하시는 권세이다. 그리고 주님이 중보적 왕이심이 분명하고 공개적으로 선포된 것은 승천하실 때였다.[8] 베드로는 사도행전 2장 36절에서, "그런즉 이스라엘 온 집은 확실히 알지니 너희가 십자가에 못 박은 이 예수를 하나님이 주와 그리스도가 되게 하셨느니라 하나라"고 증언하였다.

그리하여 주님께서는 승천하시기 전에 친히 "말씀하여 이르시되 하늘과 땅의 모든 권세를 내게 주셨으니 그러므로 너희는 가서 모든 민족을 제자로 삼아 아버지와 아들과 성령의 이름으로 세례를 베풀고 내가 너희에게 분부한 모든 것을 가르쳐 지키게 하라 볼지어다 내가 세상 끝날까지 너희와 항상 함께 있으리라 하시니라"(마 28:18-20). 그리고 또한 "아버지께서 아들에게 주신 모든 사람에게 영생을 주게 하시려고 만민을 다스리는 권세를 아들에게 주셨음이로소이다"(요 17:2)라고 말씀하셨다. 이와 같이 선언하신 후 주님은 하늘 보좌에 오르시어 그의 중보적 권세를 행사하시고 계신다. 그는 신인(God-man)으로서 구원받은 자들의 유익(benefit)과 하나님의 나라의 영광을 위하여 그의 권세를 영원히 행사하실 것이다.[9]

그의 왕권적인 권세는 그의 재림과 심판에서 극적으로 드러날 것이다. 심판주가 바로 예수 그리스도이기 때문이다. 예수님께서 친히 말씀하시기를, "아버지께서 아무도 심판하지 아니하시고 심판을 다 아들에게 맡기셨으니… 또 인자됨으로 말미암아 심판하는 권한을 주셨느니라"(요 5:22, 27; 딤후 4:1, 고후 5:10 참조)고 하셨다. 그리하여 마침내는 사도 바울이 말한 대로 모두가 예수의 이름에 무릎을 꿇게 될 것이다. "이러므로 하나님이 그를 지극히 높여 모든 이름 위에 뛰어난 이름을 주사 하늘에 있는 자들과 땅에 있는 자들과 땅 아래에 있는 자들로 모든 무릎을 예수의 이름에 꿇게 하시고 모든 입으로 예수 그리스도를 주라 시인하여 하나님 아버지께 영광을 돌리게 하셨느니라"(빌 2:9-11).

그러나 예수의 통치를 전적으로 미래적인 일로만 생각해서는 안 된다. 그는 지상 사역에서도 그의 권세를 드러내셨다. 그는 많은 기사 이적을 행하심으로 영적 세계와 자연세계를 통치하시는 그의 초자연적인 권세를 드러내셨다. 그리고 결정적으로는 그의 십자가와 부활 사건을 통하여 그의 왕권을 드러내셨다. 그의 죽음에서 사탄과 죄를 정복하시고 그리고 부활에서 죽음을 정복하셨다.[10]

또한 그리스도께서는 지금도 통치하고 계시다는 것을 간과해서는 안 된다. 곧 그리스도께서 통치하시는 하나님의 나라(Kingdom of God)는 교회에 나타난다(골 1:8). 그는 교회의 머리이시며 왕이시다. 그리고 그리스도께서 땅에 계실 때, 그의 나라가 제자들의 마음속에 있었듯이 주님은 오늘도 믿는 자들의 마음에서 다스리시고 계시는 것이다. 또한 지금도 성령을 통하여 신유와 같은 기사 이적을 행하시며 그의 권세를 드러내고 계신다.

우리는 하나님을 위한 삶을 영위하는데 있어서 너무나 연약하고 어리석다. 우리는 주변에 있는 악의 세력을 두려워한다. 구약시대에는 백성들이 그러한 환경에서 헤매고 두려워할 때에 권위 있는 왕이 나타나 그들을 인도하였다. 그처럼 우리 예수님께서는 사망 권세를 이기시고 부활하시어 승천하시고 하늘과 땅의 모든 권세를 가지시고 믿는 자와 항상 함께 하시며 신자를 인도하시는 왕이시다. 또한 재림하시어 죽은 자와 산 자를 심판하실 주님이시다.

신자는 이런 신앙 고백이 있기에 의를 위하여 현재 당하는 고난을 이기며 평화를 누릴 수 있는 것이다(롬 8:18). 그리고 죽기를 무서워하여 일생에 매여 종노릇 하는 일에서 놓여나는 것이다(히 2:15). 할렐루야!

3) 제사장의 직책: 중보와 속죄

성경은 예수가 하나님이 정하신 대제사장이심을 증언하고 있다. 히브리서 3장 1절, 4장 14절, 5장 5절, 6장 20절, 7장 26절, 8장 1절 등 여러 구절에서 예수 그리스도를 대제사장으로 묘사하고 있다. 주님 자신도 "인자가 온 것은 섬김을 받으려 함이 아니라 도리어 섬기려 하고 자기 목숨을 많은 사람의 대속물로 주려 함이니라"고 말씀하셨다(막 10:45). 사도 바울도 로마서 3장 24-25절에서 같은 말을 하고 있다. "그리스도 예수 안에 있는 속량으로 말미암아 하나님의 은혜로 값 없이 의롭다 하심을 얻은 자 되었느니라 이 예수를 하나님이 그의 피로써 믿음으로 말미암는 화목제물로 세우셨으니 이는 하나님께서 길이 참으시는 중에 전에 지은 죄를 간과하심으로 자기의 의로우심을 나타내려 하심이니"(롬 5:6-8, 고전 5:7, 15:3 참조). 요한은 요한일서 2장 2절에서 "그는 우리 죄를 위한 화목 제물이니 우리만 위할 뿐 아니요 온 세상의 죄를 위하심이라"라고 증언하며 베드로도 같은 증언을 하고 있다(벧전 1:19, 2:24, 3:18).

제사장이신 예수님은 제사장으로서 제사를 드릴 뿐아니라 자기 백성들을 위하여 간구하신다. 그리하여 예수 그리스도의 화해사역은 속죄(贖罪, Atonement)와 중보(intersession)로 구분하여 설명할 수 있다.

(1) 그리스도의 속죄

우리 인간들은 죄를 범함으로 하나님과 불화의 관계에 있게 되었다. 아담과 하와가 죄를 범하고 무화과나무로 그 수치를 가렸는데, 그것이 가려질 리가 없었다. 이것을 보신 하나님께서는 죄 없는 짐승을 잡으시어 피를 내시고 가죽옷으로 수치를 가려주셨다(창 3:21). 그 이후 인간은 구약에서 보듯이 제사장을 통하여 하나님 앞에 설 때에 피의 제사를 드려야 했었다. 이는 불완전했고 반복되어야 했었다. 이에 하나님께서 독생자 예수를 택하시어 영원한 대제사장으로 친히 십자가위에서 피 흘려 단번에 속량의 제사를 드리게 하신 것이다(히 7:27). 곧 하나님이 예수를 그의 피로써 믿음으로 말미암는 화목제물로 내 주셔서 새로운 언약을 세우신 것이다(눅 22:20, 고전 11:24-25).[11]

성경은 로마서 3장 23-26절에서 말씀한다.

"모든 사람이 죄를 범하였으매 하나님의 영광에 이르지 못하더니 그리스도 예수 안에 있는 속량으로 말미암아 하나님의 은혜로 값 없이 의롭다 하심을 얻은 자 되었느니라 이 예수를 하나님이 그의 피로써 믿음으로 말미암는 화목제물로 세우셨으니 이는 하나님께서 길이 참으시는 중에 전에 지은 죄를 간과하심으로 자기의 의로우심을 나타내려 하심이니 곧 이 때에 자기의 의로우심을 나타내사 자기도 의로우시며 또한 예수 믿는 자를 의롭다 하려 하심이라"

그러므로 우리가 어떤 죄를 지었던지 간에 그 죄를 회개하고 예수를 믿는 자는 하나님과 화해되어 하나님의 자녀가 되는 것이다. "만일 우리가 우리 죄를 자백하면 저는 미쁘시고 의로우사 우리 죄를 사하시며 모든 불의에서 우리를 깨끗하게 하실 것이요"(요일 1:9).

(2) 그리스도의 중보사역

성경을 보면 주님께서 이 땅에서 사역하는 동안에 제자들을 위해 중보기도하신 것을 볼 수 있다. 제자들을 위하여 보혜사 성령을 보내 주실 것을 아버지께 간구하신(요 14:16) 예수님은 돌아가시기 전 제자들을 위하여 기도하셨다. 그들에게 기쁨이 충만하도록, 악에 빠지지 않도록, 하나 되도록 그리고 성결하게 되기를 위하여 기도하셨다(요 17:13, 15, 17, 21). 또한 제자들의 사역을 위하여, 곧 제자들의 전하는 말을 인하여 예수를 믿게 될 사람들을 위하여도 기도하셨다(요 17:20, 23).

예수 그리스도는 중보의 사역을 그가 승천하시어 하나님 아버지의 곁에 계시는 동안에도 계속하고 계시다. 이 중보사역은 주님께서 이 땅에서 단번에 이룩하신 속죄(atonement) 사역의 계속이라고 볼 수 있다.[12]

히브리서 7장 25절을 보면 그리스도께서는 그를 힘입어 하나님께 가까이 나아가는 자들을 위해 항상 간구하신다고 말하고 있다. 그리고 히브리서 9장 24절을 보면 "그리스도께서는 참 것의 그림자인 손으로 만든 성소에 들어가지 아니하시고 바로 그 하늘에 들어가사 이제 우리를 위하여 하나님 앞에 나타나시고"계시다고 증언하고 있다(히 9:24).

예수는 우리를 위한 대언자이시다(요일 2:1). 세상에서 살아가는 신자가 죄에 빠진다면, 이 때 우리에게 하나님 앞에 대언자가 있으니 그가 곧 의로운 예수님, 우리 죄를 위하여 화목제물 되신 구주이시다. 우리에게는 화목제물인 대언자가 계시매 믿는 자의 죄가 사함 받았음을 우리는 안다. "만일 우리가 우리 죄를 자백하면 그는 미쁘시고 의로우사 우리 죄를 사하시며 우리를 모든 불의에서 깨끗하게 하실 것이요"(요일 1:9).

더 나아가 성결한 자가 받은 모든 은혜의 지속이 그리스도의 중보의 기도에 의존되고 있음을 우리는 인식하여야 한다. 이를 강조하는 것이 웨슬리이다. 그는 다음과 같이 말한다.

"성결한 사람들만큼 그리스도의 필요성을 느끼는 자가 없으며 이들처럼 철저히 그리스도께 의지하는 자가 없습니다. …
우리가 받는 모든 현세적 축복이나 영원한 축복은 그리스도의 중보 기도에 의존하고 있는 것입니다. 그리고 중보 기도는 제사장의 사역의 한 부분입니다. 그러므로 우리에게는 그리스도가 언제나 똑같이 필요한 것입니다. 인간은 최선자라 할지라도 그리스도의 대속을 필요로 합니다. 곧 그들의 태만(omission)과 부족함 그리고 판단 및 행실의 잘못과 여러 가지 결함을 인하여 그리스도의 대속해 주심을 필요로 합니다. 이런 것들도 완전한 율법에서 빗나간 것이므로 결국은 그리스도의 대속이 필요한 것입니다. . . . 죄라고 불러 마땅한 죄(즉 율법을 알고도 짐짓 범하는 것)뿐만 아니라, 다른 의미에서의 죄 곧 무의적 죄(無意的 罪)라고 불리는 죄(즉 무의식중에 하나님의 율법을 알고 모르고간에 범하는 허물)도 그리스도의 속죄의 피를 필요로 합니다.[13]

그러기에 그리스도께서는 오직 영원히 살아 계셔서 저들을 위한 중보의 간구를 드리고 계시는 것이다(히 7:25). 그리하여, 그는 한 번 예물을 드리심으로 거룩해진 자들을 계속하여 완전케 하시는 것이다.[14]

사도 바울은 로마서 8장 33-34절에서 반문한다. "누가 능히 하나님께서 택하신 자들을 고발하리요 의롭다 하신 이는 하나님이시니 누가 정죄하리요 죽으실 뿐 아니라 다시 살아나신 이는 그리스도 예수시니 그는 하나님 우편에 계신 자요 우리를 위하여 간구하시는 자시니라"(롬 8:33-34).

그러므로 우리를 위하여 죽으시고 중보기도하시는 주님을 순간순간 믿고 의지하는 성결한 자는 무의식중에 지은 허물에서 계속 씻음을 받을 수가 있는 것이다. "그가 빛 가운데 계신 것 같이 우리도 빛 가운데 행하면 우리가 서로 사귐이 있고 그 아들 예수의 피가 우리를 모든 죄에서 깨끗하게 하실 것이요"(요일 1:7). 이 얼마나 놀라운 은혜인가!

3. 속죄 교리 (The Doctrine of Atonement)

속죄의 교리는 오순절 후에는 더욱 중요시되어, 예수님의 십자가가 사도들의 복음전도의 중심이 되었다. 또한 속죄의 의미 그리고 속죄가 미치는 영향은 지대하였다. 이러한 이유로 속죄에 대한 신학적 이론도 다양하게 대두되었다. 이에 대한 다양한 학설들을 간단히 살펴보기로 한다.

1) 속죄에 대한 여러가지 학설들

(1) 속전설(Ransom theory)

이 학설은 교회 초기에 등장한 이론으로서, 이 이론을 발전시킨 중요한 인물은 오리겐(Origen, 185-254)이다. 이들이 비중을 둔 성구는 마태복음 20장 28절이다. "인자가 온 것은 섬김을 받으려 함이 아니라 도리어 섬기려 하고 자기 목숨을 많은 사람의 대속물로 주려 함이니라"(막

10:45). 그러면 이 속전이 누구에게 지불되었는가? 이들은 우리 주님께서 십자가에서 죽으실 때 마귀에게 공물을 바치고 있었다고 가르친다. 포로로 잡힌 사람들을 해방시키기 위해 마귀에게 속전을 지불하고 계셨다고 말하는 것이다.

그러나 우리는 이 이론을 뒷받침할 말씀을 성경에서 찾을 수 없다. 성경은 하나님의 승리를 확증하는 것은 사탄에게 속전을 주었기 때문이 아니라, 그리스도께서 우리를 율법의 저주에서 자유하게 하시기 위하여 우리를 대신하셨기 때문이라고 가르친다(롬 6:6-8, 갈 3:13).

(2) 배상설(The Satisfaction theory)

이는 11세기 중반에 안셀름(Anselm, 1033-1109)에 의하여 주장된 학설이다. 안셀름은 속전이 마귀에게 지불되었다는 주장을 거부하였다. 그의 견해 속에는 하나님의 공의에 대한 배상 또는 만족이라는 관념이 주도하고 있다. 안셀름에 의하면, 인간이 죄를 범하므로 하나님의 명예를 손상시켰다. 따라서 하나님은 사람을 심판하시든지 아니면 용서하시든지 둘 중 한 가지 방법으로 반응하실 수 있었다. 안셀름에 따르면 하나님의 명예가 만족되기까지는 하나님은 사람을 용서하실 수가 없었다고 한다.

도대체 어떻게 속량이 이루어질 수 있는가? 우리 인간이 그 일을 감당하기란 불가능하다. 사람 이상의 사람, 곧 하나님만이 할 수 있다. 따라서 그 일은 하나님이요 사람인 예수만이 할 수 있었고, 바로 예수가 오셔서 하나님의 명예를 보상하셨다는 것이다.

이 이론의 약점은 만족의 개념이 협소하다는 것이다. 곧 그리스도가 하나님의 명예를 만족시켰다고 만 말하고 있다. 그 이유 때문에 이 이론은 '상업주의적 이론(commercial theory)'이라고도 불렸다. 이 주장은 하나님을 단지 화해된 분으로만 생각하는 듯하다. 그런데 "이것은 안셀름 이론의 큰 위험성이다."[15] 실은 하나님은 본질적으로 화해하시는 분이다. 하나님이 화해의 주체이시다. 십자가가 하나님의 사랑으로 인한 것이지 않는가!(롬 5:8-9). 하나님은 화해하시고 또 화해된 분이시다.

(3) 도덕 감화설(The Moral influence theory)

이 이론은 아벨라드(Abelard, 1079-1142)가 주장한 학설이다. 이 주장은 처음에는 별로 지지를 얻지 못하였으나 후에 미국의 부쉬넬(H. Bushnell, 1802-1876)에 의해 많이 대중화되었던 학설이다.

이들은 하나님의 속성은 본질적으로 사랑임을 강조한다. 따라서 하나님의 공의와 심판을 두려워 할 필요가 없다고 말한다. 십자가는 하나님의 사랑을 놀라운 방법으로 제시한 사건이며, 예수의 죽음의 목적은 하나님의 놀라운 사랑을 보여줌으로 죄인들의 죄책에 대한 두려움을 제거하며 죄인들의 반감을 없이 하는 데 있었다고 말한다.

이 학설의 문제는 하나님의 공의를 전혀 언급하지 않는 데 있다. 하나님께선 아무런 장애도 없었고 문제는 오로지 사람 편에 있다고 본 것이다. 그러므로 그리스도는 중보자가 아닌 것이 된다.

(4) 형벌 만족설(The Penal Satisfaction Theory)

이는 종교개혁 시대에 들어서면서 발전된 학설 가운데 하나이다. 흔히 이 학설은 칼빈주의의 이론으로 알려져 있다. 이들의 주장하는 요점은 다음과 같다.

① 죄 그 자체는 하나님의 진노와 저주를 받아 마땅하다.
② 하나님의 의로운 심판을 만족시키려고 예수님이 인간의 본성을 취하였으며, 율법 아래 놓였고, 모든 의를 성취하였고, 우리의 죄의 형벌을 담당하셨다.
③ 그의 의에 의해서 믿는 자들은 의롭게 되었으며, 그의 공로가 그들에게 전가되어 하나님 보기에 의롭다고 간주된다.

이 이론은 그리스도의 대속을 너무나 협소하게 그리고 기계적으로 주장하고 있다. 이런 면에서 이 주장은 심각한 반대에 부딪친다. 예를 들면, 만약에 그리스도가 죄인의 형벌을 대신 담당하였다면, 모든 죄인은 무조건적으로 그것으로부터 자유롭다는 말이 된다. 그러므로 이 이론을 논리적으로 밀고 나가면 한편 만인구원설(Universalism)이 되거나 또는 무조건 예정이라는 주장에 이를 것이다. 만인구원설을 부정한다면 결국 예정된 자들만을 위한 대속이었다고 말하게 될 것이다. 또한 예수님의 공로가 모두 신자들에게 전가되었다고 주장한다면, 이 주장은 논리적으로 도덕무용론으로 빠질 위험이 있다.

(5) 통치설(The Governmental theory)

이 학설은 알미니우스(Arminius, 1560-1609)와 그의 추종자 그로티우스(Grotius, 1583-1645)에 의하여 전개된 이론이다.

그로티우스는 하나님을 도덕적 통치자로 보았다. 이 도덕적 통치자는 법을 어긴 것을 눈감아 주거나 무시해 버릴 수가 없다. 그러므로 속죄가 있어 죄에서 용서 받을 수 있는 길을 제공하고, 동시에 도덕적 통치구조를 유지할 수 있게 하여야 한다. 그런데 바로 그리스도의 죽음이 이 두 가지 목적을 온전히 이루게 하셨다고 주장한다.

그래서 우주에 대한 하나님의 도덕적 통치를 보존하기 위해 그리고 하나님이 죄에 대해 심각하게 생각하시기 때문에 하나님은 자기 아들을 십자가로 보내셨으며, 예수는 인류로 하여금 죄는 심각한 것이며 금지된 것이라는 사실을 깨닫도록 하기 위해 십자가에서 죽었다고 설명한다.

도덕적 책임도 중요하지만, 죄의 깊이를 간과해서는 안 된다. 이 주장의 결점은 하나님의 공의에 대한 배상을 주장하는 면이 없다는 것이다.

2) 속죄 교리에 대한 성경적 증거

위에서 언급한 각 이론들은 그리스도의 죽음에 대한 진리의 일부분을 지적하고 있다는 점에서 얼마간의 뜻은 있다. 하나님의 사랑이 얼마나 큰지를 부각하거나, 죄의 심각성과 그로 인한 하나님의 진노 그리고 그를 다루는 하나님의 공의의 엄격함을 보여주거나, 혹은 그리스도의 속죄가 의미하는 일면들을 드러내고 있다.

속죄에 관한 성경의 증거를 보면 그리스도의의 죽음, 곧 속죄는 이미 구약성경에서 예시되었던 사건이다. 흠 없는 짐승의 피로 제사를 드리는 제도, 그리고 예언자의 예언(사 53:4-5)을 통하여 예시되었다. 그리하여 신약에서는 '성경대로 그리스도께서 우리 죄를 위하여 죽으셨다'(고전 15:3)라고 증언하고 있다.

구약의 제사제도를 하나님이 지정하였듯이, 예수의 속죄도 하나님이 행하신 것이다. 속죄의 동기는 거룩한 하나님의 사랑이다. 성경은 증거한다. "모세가 광야에서 뱀을 든 것 같이 인자도 들려야 하리니 이는 그를 믿는 자마다 영생을 얻게 하려 하심이니라 하나님이 세상을 이처럼 사랑하사 독생자를 주셨으니 이는 그를 믿는 자마다 멸망하지 않고 영생을 얻게 하려 하심이라"(요 3:14-16).

그러므로 속죄는 그 동기에서나 목적에서나 또한 그의 범위에 있어서나, 하나님의 의와 거룩한 사랑에서 마련되고 표현된 것으로 이해하여야 한다.

그리고 우리는 인간의 범죄는 하나님의 진노를 가져왔고, 거룩한 사랑, 곧 은총은 항상 심판을 통과한 은총이지 결코 싸구려 은총이 아니기 때문에, 십자가에서의 그리스도의 배상만족의 포상은 포기될 수 없다는 것을 기억해야 한다. 그러므로 그리스도께서 우리 죄인을 대신하여 죽으신 것은 속죄(expiatory)인 것이요 동시에 우리들의 불순종에 대한 심판인 것이다. 그리하여 하나님도 의롭게 하시고 믿는 자도 의롭게 하신 것이다.

성경은 로마서 3장 25-26절에서 말씀한다.

"이 예수를 하나님이 그의 피로써 믿음으로 말미암는 화목제물로 세우셨으니 이는 하나님께서 길이 참으시는 중에 전에 지은 죄를 간과하심으로 자기의 의로우심을 나타내려 하심이니 곧 이 때에 자기의 의로우심을 나타내사 자기도 의로우시며 또한 예수 믿는 자를 의롭다 하려 하심이라"

복음서에서 예수님은 자신을 대속물(ransom)로 보셨다(마 20:28, 막 10:45, 딤전 2:6). 예수님은 실로 자신이 제사장이며 동시에 대속물이었다. 주님은 말씀하시기를 자기의 죽음이 '새 언약'이라고 하셨다. "내 피로 세우는 새 언약이니 곧 너희(우리)를 위하여 붓는 것이라"(눅 22:20). 이 말은 그리스도의 속죄에는 하나님과 인류와의 관계에서 희생, 대속, 화목 등의 뜻이 포함되어 있고, 하나님은 그리스도의 속죄를 통하여 우리를 위하여 새 언약을 세우셨다는 것이다. 하나님은 구약에서 친히 아브라함과 모세와 언약을 세웠듯이, 예수의 죽음에서 우리를 위하여 새 언약을 세우신 것이다. 하나님은 자기 아들을 대속물로 보냄으로 새 언약을 스스로 세우셨다. 히브리기자가 증언하는 대로 예수는 영원한 제사장이시며, 새 언약의 중보자(히 9:15, 12:24)가 되어, 더 좋은 언약의 보증이 되셨다(히 7:22, 8:6).

사도 바울은 이 일에 대하여 다음과 같이 말하고 있다. "이제는 율법 외에 (곧 율법과는 상관없이) 하나님의 한 의가 나타났으니 …곧 예수 그리스도를 믿음으로 말미암아 모든 믿는 자에게 미치는 하나님의 의니 (거기에는 아무) 차별이 없느니라"(롬 3:21-22).

신자가 믿음으로 대속물에 참여함에 있어서는 주관적인 것과 객관적인 면이 있다. 곧 속죄(expiatory)와 화해(propitiatory)가 강조된다. 그리고 하나님의 용서를 받는 조건은 회개와 상한 심령이다(레 5:5, 사 1:10-17, 미 6:6-8, 말 1:6-14).

3) 그리스도의 대속 범위와 혜택 (누구를 위하여 죽으셨나?)
-The Extent and Benefits of the Atonement-

(1) 그리스도 대속의 범위

성경은 예수님의 대속은 모든 사람을 위한 것이라고 증언한다. 예수님 자신이 그리 말씀하셨다.

"인자가 온 것은 섬김을 받으려 함이 아니라 도리어 섬기려 하고 자기 목숨을 많은 사람의 대속물로 주려 함이니라"(마 20:28). 바울도 "그가 모든 사람을 위하여 자기를 대속물로 주셨으니 기약이 이르러 주신 증거니라"(딤전 2:6)고 말하고 있다.

그 외에도 다음과 같은 성경구절들은, 주님의 대속이 만민을 위한 것이었다는 것을 간접적으로 뒷받침하고 있다.

① 그리스도의 대속이 만민을 위한 것임을 언급하는 성구들: 요 3:16-17; 롬 5:8, 18; 고후 5:14-15; 딤전 2:4; 4:10; 히 2:9; 10:29; 벧후 2:1; 요일 2:2; 4:14.

② 복음을 모든 사람들에게 전하라는 분부와 그에 수반되는 것을 언급한 성구들: 마 24:14; 28:19; 막 16:15; 눅 24:47.

③ 그리스도께서 멸망할 자들을 위하여서도 죽으셨다는 성구들: 롬 14:15; 고전 8:11; 히 10:29.

이런 근거에 의하여 웨슬리안은 그리스도의 대속이 모든 사람을 위한 것 곧 모든 사람의 구원을 위하여 예비된(as a provision) 것임을 강조한다(요 3:16).[18]

그런가 하면 이중예정론을 주장하는 칼빈주의는 그리스도가 예정된 사람만을 위하여 죽으셨다고 제한된 대속론(limited atonement)을 주장한다. 그러나 위의 증거들에 따라 우리는 이에 찬성하지 않는다.

(2) 그리스도 대속의 혜택

예수 그리스도의 죽으심의 목적은 죄의 결과에서 우리를 구원하고자 함에 있다. 곧 우리의 죄책과 저주에서 구원하고자 함에 있다. 그리하여 우리에게 주님의 대속이 적용된다는 것은 우리가 죄에서 구원받고 하나님과 화목하게 되는 것을 말한다. 심프슨(A. B. Simpson)은 몸의 치유도 하나님의 놀라운 구속의 일부라고 주장한다(사 53:4, 마 8:17).[19] 이와 같이 주님의 대속은 죄의 영적인 결과뿐 아니라 육적인 결과로부터도 구원하시는 것이다.

그러나 우리는 일반적으로 말해 주님의 대속이 죄로 인한 모든 결과에서 구원하고자 함에 있다고 하지만, 피조물의 회복은 종말에 가서야 이루어진다고 성경은 증언하고 있다(롬 8:19-25). 그리고 몸의 치유 역시 그러하다. 몸의 치유에 대하여 우리가 구할 때마다 매번 이루어진다고 기대하지 않을 것을 성경에 나오는 바울의 체험을 통하여 아는 바이다(고후 12:1-10 참조). 몸의 완전한 치유는 종말에서 이루어질 것이고, 현재에서의 치유는 그를 미리 맛보는 것뿐이기 때문이다.

"보혜사 곧 아버지께서 내 이름으로 보내실 성령
그가 너희에게 모든 것을 가르치고
내가 너희에게 말한 모든 것을 생각나게 하리라"
(요 14:26)

제 7장
성령론

우리는 사도신경을 통하여 '성령을 믿습니다'라고 고백한다. 전능하신 아버지이신 하나님의 천지 창조의 역사와 그 외아들 예수 그리스도의 구속의 역사에서 이제 성령의 재창조의 역사로 옮겨지고 있는 것이다. 성령의 사역을 통해 실제적으로 새로운 피조물 된 인간이 영적인 성장을 하는 것이다.

I. 성령은 인격자이다

1) 성경은 성령을 남성 대명사로 표현하고 있다.

영(spirit)은 히브리어로 루아흐(רוּחַ), 헬라어로 프뉴마(πνεύμα)로서, '바람, 숨, 공기' 등을 의미한다.

여기에서 성령(Holy Spirit)이라는 표현은 하나님의 영이라는 뜻이다. 성령을 영이라고 하니까 어떤 이들은 이를 어떤 추상적인 힘 또는 세력을 의미하는 것으로 생각한다. 그러나 성경은 성령을 예수님과 동등한 신격을 지닌 하나의 인격으로 묘사하고 있다. 성령님은 인격자이시다.

그래서 성경은 성령을 묘사할 때, 프뉴마(πνεύμα)가 중성명사인데도 헬라어의 문법을 초월하여 남성 대명사(ἐκεῖνος)를 사용하고 있다. 영어로 번역할 때도 'He'라고 표현하고 있다(요 16:14, 8). 이처럼 성경은 성령을 하나의 인격(person)으로 대우하고 있는 것이다.

2) 성령님의 사역은 그가 인격체(person)임을 드러내고 있다.

요한복음 14장과 16장에서 예수님께서 언급하시는 성령의 사역은 그가 단순한 능력이나 영향력과 같은 물격체가 아니라 인격체임을 명확하게 드러내고 있다.

여기서 성경 몇 구절을 살펴보자. 요한복음 14장 26절에서 말씀하신다.

"보혜사 곧 아버지께서 내 이름으로 보내실 성령 그가 너희에게 모든 것을 가르치고 내가 너희에게 말한 모든 것을 생각나게 하리라"

또 요한복음 16장 7-8절에서도 말씀하신다.

"그러나 내가 너희에게 실상을 말하노니 내가 떠나가는 것이 너희에게 유익이라 내가 떠나가지 아니하면 보혜사가 너희에게로 오시지 아니할 것이요 가면 내가 그를 너희에게로 보내리니 그가 와서 죄에 대하여, 의에 대하여, 심판에 대하여 세상을 책망하시리라"
요한복음 16장 13-15절의 말씀은 보다 구체적이다.
"그러나 진리의 성령이 오시면 그가 너희를 모든 진리 가운데로 인도하시리니 그가 스스로 말하지 않고 오직 들은 것을 말하며 장래 일을 너희에게 알리시리라 그가 내 영광을 나타내니 내 것을 가지고 너희에게 알리시겠음이라 무릇 아버지께 있는 것은 다 내 것이라 그러므로 내가 말하기를 그가 내 것을 가지고 너희에게 알리시리라 하였노라"

우리가 성령님의 행하신 사역을 보면 한 인격자의 활동들임이 틀림없다. 예를 들어서, 성령님은 요한복음 14장 26절에서 하나님께로부터 보내심을 받은 것으로 묘사되고 있다. 여기서 우리가 알 것은 성령님의 행동은 다양하며 모두가 인격자의 행동이라는 것이다. 위에서 본대로 성령님은 '가르친다, 온다, 책망한다, 듣는다, 말한다, 나타난다, 취한다, 받는다, 감동한다(벧후 1:21), 증거한다(요 15:26)' 등으로 표현되고 있다. 결국, 성령님은 한 인격자가 하는 행동을 하고 계시다.

또한 성령님은 타인으로부터도 인격자로 취급되고 있음을 본다. 성령이 사람에게 속아주기도 하는 것이 그 한 예이다. 사도행전 5장 3절의 말씀을 보라.

"베드로가 이르되 아나니아야 어찌하여 사탄이 네 마음에 가득하여 네가 성령을 속이고 땅 값 얼마를 감추었느냐"

마태복음 12장 31절의 말씀을 보면, 성령님은 사람에게 훼방을 하도록 내버려 두기도 한다.

"그러므로 내가 너희에게 이르노니 사람에 대한 모든 죄와 모독은 사하심을 얻되 성령을 모독하는 것은 사하심을 얻지 못하겠고"

3) 성령님은 또 하나의 보혜사이다.

더 나아가 예수 그리스도께서는 성령님을 보혜사, 곧 자기와 같은 또 하나의 보혜사(another comforter, ἄλλον παράκλητος) 라고 부르고 있다.

이것은 요한복음 14장 16절에서 볼 수 있다.

"내가 아버지께 구하겠으니 그가 또 다른 보혜사를 너희에게 주사 영원토록 너희와 함께 있게 하리니"

이 말은 예수님 자신이 '보혜사(παράκλητος)'인데(요일 2:1), 예수님이 떠나가신 후로는 성령께서 오셔서 상주하시면서 주님께서 그랬듯이 성령 그 분이 보혜사로서 우리를 가르치시고, 인도하시고, 우리와 인격적인 관계를 가지신다는 것을 의미하는 것이다. 다른 말로 표현하여, 예수님이 승천하신 후에는 성령님께서 그리스도의 영으로 오셔서, 시간과 공간의 제한 없이 우주적으로 계속 사역하시게 된다는 말씀인 것이다.

2. 성령님은 하나님이시며 삼위일체의 한 위이시다.

성령님은 삼위일체의 한 위격(person)을 지니시고 삼위일체 하나님의 한 분 하나님으로 활동하고 계시다.

1) 성령님은 그의 속성에 비추어 볼 때 하나님이시다.

성령님은 하나님 아버지가 지니신 속성을 지니고 있다. 성령님은 영원하시고, 성령님은 전지하시며, 성령님은 전재(全在)하신다.
 우선 성령님은 영원하신 분(eternal being)이라는 점에 관하여는 히브리서 9장 14절에 말씀하고 있다. "하물며 영원하신 성령으로 말미암아 흠 없는 자기를 하나님께 드린 그리스도의 피가 어찌 너희 양심을 죽은 행실에서 깨끗하게 하고 살아 계신 하나님을 섬기게 하지 못하겠느냐"
 그는 전지하신 분(Omniscience)이시다. 고린도전서 2장 10절을 보면 확실히 알 수 있다.
 "오직 하나님이 성령으로 이것을 우리에게 보이셨으니 성령은 모든 것 곧 하나님의 깊은 것까지도 통달하시느니라"
 성령님은 전재하신 분(Omnipresence)이시다. 시편 139편 7절을 보면, "내가 주의 영을 떠나 어디로 가며 주의 앞에서 어디로 피하리이까"라고 말씀하셨다.
 이와 같이 우리는 하나님 아버지, 아들 예수, 그리고 성령을 하나님으로 고백함으로, 삼위일체 하나님을 믿는다고 고백하는 것이다.

2) 삼위일체 하나님은 언제나 함께 역사하신다.

우리는 삼위일체 하나님께서 언제나 함께 역사하는 것을 성경에서 본다. 특히, 세 가지 사역 분야에서 함께 하시는 하나님을 발견할 수 있다. 그것은 창조 사역, 계시 사건, 특히 인류 구원 사역에서이다.

이를 이해하기 위하여 우리는 다음에서 삼위일체 하나님의 사역에서 있어 성령의 직능에 대하여 상고하여 보고자 한다.

3. 성령의 사역 (The work of the Holy Spirit)

성령님은 어떤 일을 하시는가?

삼위일체 하나님의 직임에 있어서 성령님은 우리 안에서 역사하시는 하나님이시다. 예를 들어서, 계시에 있어 아버지가 계시자(Revealer)이면, 아들은 시간과 공간에서 계시하신 분, 곧 계시 자체(Revelation)요, 성령님은 그것을 우리 안에 계시되도록(Become revealed) 하시는 분이시다.

구원에 있어, 아버지가 계획하시고, 아들이 조건을 마련하시고, 성령님은 그 구원이 우리 안에서 이루어지도록 역사하시는 분이시다. 곧 성령님은 하나님을 현재화하시는 분이시다. 그러기에 하나님의 놀라운 구원의 은혜, 선물은 성령님의 역사 없이는 우리 안에서 이루어질 수가 없는 것이다. 성령의 하시는 주요한 임무는 다음과 같이 정리할 수 있다.

1) 예수님이 구주임을 확신하게 하며 또한 증거한다.

(1) 예수님이 우리들의 구주임을 확신하게 한다.

우선 성령님은 예수 그리스도가 진실로 존재하시는 분이시며, 우리의 구주이심을 확신시키는 일을 한다. 고린도전서 12장 3절에 말씀하시기를 "성령으로 아니하고는 누구든지 예수를 주시라 할 수 없느니라"고 하였다.

성령님은 예수님의 것을 가지고 우리에게 알린다(요 16:14). 또한 우리에게 전하여 주어 알게 된 그리스도를 증거하게 한다.

(2) 주님의 영광을 드러내는 일을 하게 한다.

성령님은 삼위일체의 한 분으로서 결국은 하나님의 영광, 주님의 영광을 드러내기 위하여서 역사하신다(요 16:14-15). 지금은 성령이 교회에 충만히 임한 시대로서 성령이 주님의 영광을 드러내시기 위하여 역사하고 계시다. 주님께서는 요한복음 14장 12-13절에서 말씀하였다.

> "내가 진실로 진실로 너희에게 이르노니 나를 믿는 자는 내가 하는 일을 그도 할 것이요 또한 그보다 큰 일도 하리니 이는 내가 아버지께로 감이라 너희가 내 이름으로 무엇을 구하든지 내가 행하리니 이는 아버지로 하여금 아들로 말미암아 영광을 받으시게 하려 함이라"

성령께서 충만히 역사하시는 시대에 있음으로 우리는 더 큰 것을 기대할 수 있다는 것이다. 사도시대에 있어 제자들을 통해 일어났던 놀라운 역사들은 성령이 충만히 역사하였기 때문이다(행 1:8).

이는 또한 우리들도 성령 충만의 은혜를 입을 때 주의 영광을 위하여 놀라운 사역을 할 수 있음을 모형적으로 보여주는 것이다. 주님이 제자들에게 "성령을 받으라"고 분부하신 것(요 20:22)과 같이 사도 바울은 에베소서 5장 18절에서 "오직 성령으로 충만함을 받으라"고 분부하고 있다. 그러므로 우리가 성령 충만을 받아 주님의 영광을 드러내는 놀라운 사역을 하게 되기를 기원한다.

2) 성령님은 모든 그리스도인에게 은사를 준다.

이런 사역을 우리에게 담당케 하기 위하여 성령님은 모든 그리스도인에게 한 가지 혹은 그 이상의 은사를 주신다. 그리하여 그리스도의 몸인 교회에서 '각 지체의 직무'를 수행케 하신다고 성경은 말씀하고 있다.

"은사는 여러 가지나 성령은 같고 직분은 여러 가지나 주는 같으며 또 사역은 여러 가지나 모든 것을 모든 사람 가운데서 이루시는 하나님은 같으니 각 사람에게 성령을 나타내심은 유익하게 하려 하심이라"(고전 12:4-7). 또 에베소서 4장 11-16절에서 구체적으로 말씀하고 있다.

"그가 어떤 사람은 사도로, 어떤 사람은 선지자로, 어떤 사람은 복음 전하는 자로, 어떤 사람은 목사와 교사로 삼으셨으니 이는 성도를 온전하게 하여 봉사의 일을 하게 하며 그리스도의 몸을 세우려 하심이라 우리가 다 하나님의 아들을 믿는 것과 아는 일에 하나가 되어 온전한 사람을 이루어 그리스도의 장성한 분량이 충만한 데까지 이르리니 이는 우리가 이제부터 어린 아이가 되지 아니하여 사람의 속임수와 간사한 유혹에 빠져 온갖 교훈의 풍조에 밀려 요동하지 않게 하려 함이라 오직 사랑 안에서 참된 것을 하여 범사에 그에게까지 자랄지라 그는 머리니 곧 그리스도라 그에게서 온 몸이 각 마디를 통하여 도움을 받음으로 연결되고 결합되어 각 지체의 분량대로 역사하여 그 몸을 자라게 하며 사랑 안에서 스스로 세우느니라"

3) 죄와 의와 심판에 대하여 증거하며, 신자를 진리 안으로 인도한다.

무엇보다도 성령님은 우리를 구원하기 위하여 우리의 죄를 책망하시는 분이다. 그뿐 아니라, 의와 심판에 대하여 증거하시며 신자를 진리 안으로 인도하신다(요 16:7-13).

(1) 죄에 대하여 깨우치신다.

성령을 '진리의 영'(πνεύμα τοῦ ἀληθεία)이라고 말한다. 이는 곧 있는 그대로 드러내는 영이라는 뜻이다. 이 역할은 마치 거울과도 같다. 거울에는 내 얼굴에 묻어 있는 더러운 것들이 있는 그대로 보인다.

사람은 자기의 죄를 별로 느끼지 못하며 살고 있다. 그러나 진리의 영이신 성령께서 우리 마음에 오시어 죄를 깨우쳐 준다. 아침에 자동차를 몰고 한강의 다리를 건너갈 때마다, 동쪽에서 햇빛이 차안을 비추면 이제껏 깨끗하다고 여겼던 자동차의 계기판에 먼지가 있는 것을 발견했던 경험이 있다. 그와 같이, 성령이 오셔서 우리 안에 있는 죄를 지적하신다는 것이다.

(2) 의에 대하여, 심판에 대하여 깨우친다.

앞에서 성령님은 진리의 영으로서 그 기능이 거울과 같다고 말하였다. 우리는 거울을 들여다보다가 때로는 놀라기도 한다. 거울을 들여다보면 나의 뒤에 멀리 있는 딴 사물도 보이기 때문이다. 그처럼, 성령의 인도를 따라 죄를 자백하면 그 순간 성령께서는 '의'에 대하여, '심판'에 대하여 우리를 깨우쳐 주신다. 그 순간 우리는 사람이 의롭게 되는 것이 자신으로 인해서가 아니라 예수님께서 하신 사역, 곧 십자가의 공로에 의해서 의롭게 되는 것임을 깨닫게 된다. 진실로 예수의 십자가는 요한일서 2장 2절에서 말씀한 것처럼 우리 죄를 위한 화목제물이고, 믿는 자를 의롭게 하는 하나님의 '새 언약'인 것이다(눅 22:20, 히 12:24). 이를 깨닫게 하는 분이 바로 성령이시다.

극적으로 거듭나는 체험을 한 사람은 이 사실을 안다. 필자 자신도 1946년 1월에 부흥회에 참석하여 이를 체험하였다. 성령의 감화로 죄를 회개하는 순간, 하나님께서 주님의 십자가의 공로로 나를 받아 주신다는 것을 확신하게 되었다.

동시에, 성령님은 심판에 대하여 깨우쳐 주신다. 곧 성경이 요한복음 16장 11절에서 "이 세상 임금이 심판을 받았음이니라"라고 하신 것처럼 최후의 승리가 결국 주님께 있음을 깨우쳐 주신다. 십자가와 부활에서 주님은 그가 절대 주권자임을 선언하신 것이다.

(3) 우리를 진리 안으로 인도하신다.

주님은 자신이 떠나신 후라고 해서 우리를 고아처럼 내버려 두지 아니한다고 요한복음 14장 18-20절에서 약속하셨다. 그리스도의 영이신 성령님은 진리 안에서 우리를 인도하신다.

성령이 진리 안에서 우리를 인도하시는 방법 중 하나는 우리에게 구원에 대한 확신을 주시는 것이다.

"그의 계명을 지키는 자는 주 안에 거하고 주는 그의 안에 거하시나니 우리에게 주신 성령으로 말미암아 그가 우리 안에 거하시는 줄을 우리가 아느니라"(요일 3:24)

소망에 대한 확신이 있음으로 우리는 환난 중에서도 승리하며 걸어가는 것이다. 사도 바울은 로마서 8장 16-18절에서 다음과 같이 증거한다.

"성령이 친히 우리의 영과 더불어 우리가 하나님의 자녀인 것을 증언하시나 자녀이면 또한 상속자 곧 하나님의 상속자요 그리스도와 함께 한 상속자니 우리가 그와 함께 영광을 받기 위하여 고난도 함께 받아야 할 것이니라 생각하건대 현재의 고난은 장차 우리에게 나타날 영광과 비교할 수 없도다"

성령께서는 우리에게 이와 같은 확신을 줌으로 삶에 활력소를 불어 넣어 주시는 것이다.

또한 우리가 성경을 기도하는 마음으로 읽을 때 성경을 영감으로 기록하게하신 바로 그 성령께서 그 성경말씀을 바르게 이해하고 해석하게 함으로 성도를 진리 안으로 인도하신다.

4) 우리는 성령님께 순종하여야 한다.

우리는 성령님을 거스르지 말고 성령님의 지시와 말씀을 순종하여야 한다. 두려운 마음으로 마태복음 12장 31-32절에서 하신 주님의 말씀에 귀를 기울여야 한다.

"그러므로 내가 너희에게 이르노니 사람에 대한 모든 죄와 모독은 사하심을 얻되 성령을 모독하는 것은 사하심을 얻지 못하겠고 또 누구든지 말로 인자를 거역하면 사하심을 얻되 누구든지 말로 성령을 거역하면 이 세상과 오는 세상에서도 사하심을 얻지 못하리라"

이 말씀이 무슨 뜻인가? 성령을 모독한다는 것은 곧 32절에서 설명하듯이 곧 성령의 말씀을 거스르는 것을 의미한다. 성령의 말씀을 순종하지 않는다는 뜻이다. 우리가 알고 있듯이 우리가 죄를 범하였으면 그것이 예수를 모독하는 죄였던지 아니었던지간에 성령께서는 그 죄를 책망하며 회개하라고 권고할 것이다. 그 말씀에 순종하여 회개하면 용서를 받겠지만, 성령의 책망과 권고에 순종하지 않으면 결코 용서를 받을 수 없다는 말씀이다. 이치가 그렇지 않은가!

그러기에, 성령께서 책망하고 권고할 때에 순종하기를 바란다. 성령을 순종치 않는 것은 큰 불행이다.

성경 에베소서 4장 30절과 데살로니가전서 5장 19절에서 말씀하신다.

"성령을 근심하게 하지 말라"

"성령을 소멸하지 말라"

우리 모두가 성령님의 음성에 순종하게 되기를 바란다!

영국에 사냥을 즐기는 한 신사가 있었다. 그에게는 사냥을 도와주는 훌륭한 개가 있었다. 이 개는 주인을 보호하는 아주 영리한 개였다. 한 번은 신사가 개를 데리고 며칠 동안 멀리 가서 사냥을 하고 돌아와, 아주 피곤한 채로 밤에 침실에 들었다. 자고 있는데 개가 자꾸 짖는 것이다. 영리한 개가 짖는 데에는 무슨 이유가 있을 것이라고 생각하고 밖에 나와 보았다. 그러나 아무 이상도 없어 보였다. 그래서 다시 잠자리에 들었다. 그런데 또 얼마 있다가 개가 몹시 짖는 것이다. 다시 나와 보았으나 아무 일도 없었다. 이것이 몇 번 반복되자 신사는 화가 났다. 피곤하여서 잠자며 쉬려고 하는데 개가 방해를 하는 것을 견딜 수 없던 주인은 홧김에 총으로 개를 쏴 죽이고 말았다. 그리고 이 주인은 깊은 잠에 빠졌다. 다음 날 아침에 이 신사는 시신으로 발견되었다는 것이다. 그 밤에 강도가 이 집에 침입하려고 대문 밑을 깊이 파는 것을 안 영리한 개가 주인을 자꾸 깨운 것이었으나, 주인은 자기가 쉬는 것을 괴롭힌다고 하여 그 개를 죽이고 말았던 것이다.

 그렇다. 성령님께서 우리들이 범한 죄, 때로는 기억할 수도 없는 죄를 책망하고 깨우치실 때, 귀찮다고 성령을 거역하지 말고 순종하여 하나님의 은혜를 받는 모두가 되기를 기원한다.

부록

[신유에 대한 신학적 이해]

들어가는 말

신유(神癒, divine healing)는 예수님의 사역에 있어 중요한 부분을 차지하고 있다. 전체 복음서의 거의 5분의 1정도가 신유와 관련되어 있는 내용을 다루고 있다. 진실로 예수님의 사역은 '모든 도시와 마을에 두루 다니사 그들의 회당에서 가르치시며 천국 복음을 전파하시며 모든 병과 모든 약한 것을 고치시는'것이었다(마 9:35). 그리고 예수님의 제자들의 사역에도 신유와 같은 기사이적은 늘 따랐다(눅 9:6, 10:17, 행 14:3). 마가는 그의 복음서 마지막에서 다음과 같이 증언하고 있다. "제자들이 나가 두루 전파할새 주께서 함께 역사하사 그 따르는 표적으로 말씀을 확실히 증언하시니라"(막 16:20) 이방인을 위한 선교사였던 사도 바울이 온 세계로 다니면서 사역한 것도 바로 '말과 행위로 표적과 기사의 능력으로 성령의 능력으로 이루어졌으며 그리하여… 그리스도의 복음을 편만하게 전하는'(롬 15:18-19) 일이었다. 이와 같이 신유는 복음 사역에 중요한 부분을 차지하고 있었다. 그리고 오늘날의 선교사역에서도 신유 역사가 일고 있는 것을 우리는 본다.

그러면 우리는 신유를 신학적으로 어떻게 이해할 것이며, 신유는 복음전도에 어떠한 관계가 있는가.

I. 신유의 정의

신유(神癒)란 의약을 부인하는 것은 아니지만 하나님의 권능으로 인간이 병에서 치유를 받을 수 있으며 마귀를 내어 쫓을 수 있다는 것을 믿기에, 신자는 질병이 낫기 위하여 기도하거나 안수하거나 하는 것을 당연한 특권이라고 믿는 것이다. 그러면 그렇게 믿음으로 신유사역을 행하는 근거는 어디에 있는가?

II. 신유의 근거 (Reasonableness of Divine Healing)

1) 하나님의 구원은 인간의 육체도 포함하고 있다.

성경에 의하면 영생하도록 지음을 받은 인간은 범죄의 결과로 사망과 질병 아래 놓이게 되었고 마귀는 득실거리게 되었으며 우주도 저주 아래 있게 되었지만, 하나님은 모두를 구원하시기를 원하신다. 이 점에서 기독교는 영혼의 구원만을 주장하는 희랍철학이나 그노시스 학파와 구별된다.

하나님은 죄를 없이 하시고 마귀의 일을 멸하려고 예수님을 이 땅에 보내셨고(요일 3:5, 8), 예수님은 십자가에서 화목제물이 되시고 (요일 2:2) 부활하시어 우리 인간들의 부활의 첫 열매가 되심으로 하나님이 계획하신 인간 구원의 전모를 계시하셨다(고전 6:14). 이와 같이 하나님이 계획하신 인간 구원은 영혼의 구원만이 아니라 육체의 구원을 포함한 전인적인 것이다. 이 구현의 계획은 하나님의 경륜에 따라 이루어질 것이다.

사도 바울은 우리들의 몸의 구원에 대하여 다음과 같이 그 소망을 말하고 있다. "피조물이 고대하는 바는 하나님의 아들들이 나타나는 것이니…그 바라는 것은 피조물도 썩어짐의 종노릇 한 데서 해방되어 하나님의 자녀들의 영광의 자유에 이르는 것이니라. 피조물이 다 이제까지 함께 탄식하며 함께 고통을 겪고 있는 것을 우리가 아느니라. 그뿐 아니라 또한 우리 곧 성령의 처음 익은 열매를 받은 우리까지도 속으로 탄식하여 양자 될 것 곧 우리 몸의 속량을 기다리느니라"(롬 8:19-23).

2) 하나님은 인간의 육체에 대해 깊은 관심을 가지고 계신다.

하나님은 자기의 형상을 따라 사람을 창조하셨다. 그리고 창조된 사람은 영혼과 육체로 구성되어있다(창 1:26, 27). 그러므로 하나님은 인간의 영혼뿐만 아니라 인간의 육체에도 관심을 가지고 계시다고 보아야 할 것이다.

그리하여 하나님은 우리들의 몸으로 하나님을 영화롭게 하기를 기대하신다. 사도 바울은 "값으로 산 것이 되었으니 그런즉 너희 몸으로 하나님께 영광을 돌리라"(고전 6:20)고 권고한다. 또한 우리 몸에 대하여 "너희 몸은 너희가 하나님께로부터 받은 바 너희 가운데 계신 성령의 전"(고전 6:19)인 줄 알라고 권고하고 있다.

3) 하나님은 인간의 질병을 고치시기를 원하신다.

구약이나 신약에 계시된 하나님의 치유 역사는 하나님이 인간을 그의 질병에서 자유하게 하기를 원하신다는 것을 나타내고 있다. 구약에서 우리는 아브라함이 하나님께 기도하매 하나님이 아비멜렉과 그의 아내와 여종을 치료하사 출산하게 하신(창 20:18) 일을 비롯하

여 하나님의 치유사건을 여러 곳에서 발견한다.[1]

그리고 신약에서는 앞에서 말했듯이 신유가 예수님의 사역 가운데 중요한 위치를 차지하고 있었다. 예수께서 모든 성과 촌에 두루 다니사 저희 회당에서 가르치시며 천국복음을 전파하시며 모든 병과 모든 약한 것을 고치셨다. 이런 여러 사례들은 하나님이 인간의 죄악을 사하시며 또한 인간의 모든 병을 고치시기를 원하신다는 것을 증명하고도 남는다.

여호와는 다음과 같이 말씀하셨다. "내 이름을 경외하는 너희에게는 공의로운 해가 떠올라서 치료하는 광선을 비추리니 너희가 나가서 외양간에서 나온 송아지 같이 뛰리라"(말 4:2). 하나님은 병을 고치시는 치료자이시다. "나는 너희를 치료하는 여호와임이라"(출 15:26). 이 말씀은 하나님의 구원계획은 인간의 육체의 구원도 포함하고 있다는 것을 의미한다.

4) 예수님의 대속(atonement)은 질병에서의 치유의 근거도 마련하였다.

로마서 5장 12절에 '죄를 통하여 죽음이 들어왔다.'라고 기록하고 있는데 그러면 죽음의 시초(incipient)인 질병에서의 구원도 그리스도의 대속에서 찾는 것이 마땅한 일이다. 이 사실은 다음의 성경말씀이 뒷받침하고 있다.

"예수께서 베드로의 집에 들어가사 그의 장모가 열병으로 앓아누운 것을 보시고 그의 손을 만지시니 열병이 떠나가고 여인이 일어나서 예수께 수종들더라 저물매 사람들이 귀신 들린 자를 많이 데리고 예수께 오거늘 예수께서 말씀으로 귀신들을 쫓아내시고 병든 자를 다 고치시니 이는 선지자 이사야로 하신 말씀에 우리 연약한 것을 친히 담당하시고 병을 짊어지셨도다 함을 이루려 하심이더라"(마 8:14-17).

사도 베드로도 이를 확인하고 있다. 그는 말하기를 예수 그리스도가 "친히 나무에 달려 그 몸으로 우리 죄를 담당하셨으니 이는 우리로 죄에 대하여 죽고 의에 대하여 살게 하려 하심이라 그가 채찍에 맞음으로 너희는 나음을 얻었나니"(벧전 2:24, 사 53:5)라고 했다. 이는 여러 세기 동안에 여러 학자들이 동의하며 주장하고 있는 바이다.[3]

III. 신유는 현세에서도 있을 수 있다.

1) 반론들과 그에 대한 변론

(1) 이성주의자들(Rationalist)은 기독교신학에서 초자연적인 요소를 제거하고자 한다. 이들은 하나님께서는 우주의 자연법칙의 한도 안에서만 역사하신다고 주장한다. 따라서 그에 근거한 자유주의 신학에서는 신유 같은 기사이적을 인정하지 않으려 한다.

그러나 진정한 기독교는 예수님의 부활이라는 초자연적인 사건에 근거하고 있는바 초자연적인 것을 믿는데서 시작하는 것이다.[4]

(2) 신유 같은 기사이적은 사도시대에서 끝났고 지금은 없다고 주장하는 사람들이 있다. 이런 주장을 은사 정지설(Cessation theory)이라고 부른다. 이들은 기적적인 은사들(gifts)의 목적은 하나님의 계시와 그리스도의 성육신을 증언하고 확인시키는데 있었는데 그 목적이 다 성취되었음으로 지금은 그런 기사이적이 필요치 않게 되었다고 주장한다. 따라서 기적의 시대는 지나갔다고 주장하는 것이다.[5]

그보다 앞서 칼빈은 그의 『기독교강요』에서, "주님은 한 때(for a time) 있게끔 하셨던 신유의 은사를 없애 버렸다(vanished away). 또한 다른 기사와 이적도 없애 버렸다. 그리하여…그런 능력의 사역이 우리들에게는 허락되어 있지 않다."라고 주장하였다.[6]

웨슬리 시대에 유명한 정통주의 신학자요 브리스톨의 감독인 버틀러(Bishop Butler)는 성령의 기적적인(비정상적인) 은사나 역사는 사도 시대와 초대교회에만 속한 것이고 따라서 말세(오늘날)에서 그런 일이 일어나는 것처럼 행하는 것은 헛된 일이며 그것은 열광주의자들의 교리라고 주장하였다. 그러면서 성령의 기적적인, 특수한 은사들이 있는 것처럼 행하는 것은 무서운 일이고 참으로 끔찍한 일이라고 하며[7] 웨슬리를 비판한 바 있다.

그러나 웨슬리의 설교사역에는 많은 신유의 기적이 동반되었다.[8] 웨슬리는 야고보서 5장 14-15절을 주해하면서 신유의 기적은 항상 있는 것으로 보았다. 그러므로 신유의 기도는 특별한 은사를 받은 사람뿐 아니라, 장로들도 병 낫기를 위하여 기도하면 된다고 이해했다.[9] 웨슬리의 이런 신앙과 가르침은 그의 사역에서 여러 번 나타나고 있다.

웨슬리는 당시의 은사 정지론자들에게 답하면서, 지금도 복음이 권능으로 전파되며, 사람들이 하나님께 가까이 살고 있다면 성령은 비상적인 극적인 은사, 곧 신유 같은 카리스마타(χάρισματα)를 나타낸다고 믿었다.[10] 그런 역사가 현재 나타나지 않는 것은 교회가 콘스탄틴 시대에 들어서면서 많은 세속적인 로마인들이 교인이 되어 신앙에 변화를 가져왔기 때문이라고 보았다. 웨슬리에 의하면, 이는 성령이 후퇴하신 것이 아니라 사랑이 식어져 있는, 즉 그저 죽은 형태만 가지고 있는 사람들에게서는 성령께서는 역사하시지 않는다는 것이다.[11] 더 나아가서 이런 기적들이 정지되고 있는 것은 교회가 평온과 안전 속에 있기 때문이라는 것이다. 그리스도인들은 안위와 명예롭게 믿고자하기 때문이다.[12] 골든(Gorden)이 지적하듯이 교회에서의 신유 역사는 초대 교회를 비롯하여 여러 세기에 걸쳐서 계속 일어났고 많은 신학자들이 현세에서의 신유를 입증하였다.[13] 특히 앞에서 언급했듯이 18세기 웨슬리의 선교사역에서 그리고 19세기 미국에서 있은 성결-오순절 운동에서 폭발적으로 기사와 이적이 일어났으며, 오늘날도 각처에서 성령의 기적이 일어나고 있다.[14]

그도 그럴 것이, 성경에는 기사 이적이 중지되는 시대가 있다고 기술한 곳이 없다. 기사이적을 행하시는 하나님은 어제나 오늘이나 영원히 동일하신 분이시다(히 13:8, 약 1:17). 그리고 그리스도의 대속의 혜택은 어느 시대에만 국한된 것이 아니라 모든 시대에 적용되는 것이다. 이 문제에 관하여 최근에 세계의 복음주의를 대표하는 로잔 운동은 마닐라 선언문을 통하여 다음과 같이 긍정하고 있다.

"지난 날 예수가 행한 기적들은 그가 메시아라는 것을 보여 주며 온 세상이 그에게 굴복하게 되는 그의 완전한 왕국의 도래를 예상케 하는 표적으로서 특별한 것이지만, 그것이 과거였다 해도 오늘도 살아 역사하시는 창조주의 권능을 제한할 수는 없는 것이다.

우리는 기사와 이적을 부정하는 회의주의나, 또 그런 것들을 무분별하게 요구하는 무엄함도 모두 배격한다. 그리고 성령의 충만함을 꺼리는 소극성과 또한 우리가 약할 때 그리스도의 능력이 온전케 되는 것을 반대하는 승리주의도 배격한다."[15]

그러기에 우리는 신유와 같은 기적이 오늘날에도 있을 수 있음을 확실히 믿는다. 그러면 그렇게 믿는 근거는 어디에 있는가?

2) 오늘날에도 신유사역을 하는 근거와 이유

(1) 위에서 간단히 언급한 바 있는 대로, 우리를 위한 예수 그리스도의 대속은 오늘에도 유효하기에(atonement is still available for today) 우리가 죄에서 용서받을 수 있듯이 질병에서도 치유를 받을 수 있다고 믿는다.[16]

(2) 예수 그리스도께서는 "또 이르시되 너희는 온 천하에 다니며 만민에게 복음을 전파하라 믿고 세례를 받는 사람은 구원을 얻을 것이요 믿지 않는 사람은 정죄를 받으리라 믿는 자들에게는 이런 표적이 따르리니 곧 그들이 내 이름으로 귀신을 쫓아내며…. 병든 사람에게 손을 얹은즉 나으리라 하시더라"(막 16:15-18)라고 약속하셨는데, 이는 사도들뿐만이 아니라 오늘날 복음을 전하는 모든 성도에게 주신 분부요 약속인 것이다. 그러하기에 오늘날도 복음 선교에 신유 사건이 있을 수 있다고 믿는 것이다.

무엇보다도, 하늘과 땅위의 권세를 가지신 주님은 전도하는 그 곳에 항상 우리와 함께 계시겠다고 약속하셨기에(마 28:20) 우리는 주님이 함께 하시는 곳에서는 기적이 동반할 수 있음을 믿는다. "제자들이 나가 두루 전파할새 주께서 함께 역사하사 그 따르는 표적으로 말씀을 확실히 증언하시니라"(막 16:20).

(3)주님께서는 제자들에게 약한 자, 병든 자를 이길 권세를 주실

뿐 아니라 복음을 전파하고 병든 자를 고치라고 명령하시면서 그러한 사역을 행할 것을 기대하셨다.[17]

마태는 주님께서 제자들을 내어 보내시면서 더러운 귀신을 쫓아내며 모든 병과 모든 약한 것을 고치는 권능을 주셨다고 증언하고 있다(마 10:1, 막 3:13-15).

주님께서 제자들의 사역에는 두 가지, 곧 하나님의 나라를 전파하는 일과 병자를 고치는 사역이 있어야 함을 분명히 말씀하고 있다. 예수께서 열두 제자를 불러 모으사 모든 귀신을 제어하며 병을 고치는 능력과 권위를 주시고 하나님의 나라를 전파하며 앓는 자를 고치게 하려고 내보내시었다(눅 9:1-2). 주님은 70인 제자를 내어 보내실 때에도 말씀하시기를,

"어느 동네에 들어가든지 너희를 영접하거든 너희 앞에 차려놓는 것을 먹고 거기 있는 병자들을 고치고 또 말하기를 하나님의 나라가 너희에게 가까이 왔다 하라"라고 분부하셨다 (눅 10:8-9, 마 10:7-8 참조).

또한 야고보 사도는 병든 자가 있으면 기도하며 치유하라고 구체적으로 명하고 있다.

"너희 중에 병든 자가 있느냐 그는 교회의 장로들을 청할 것이요 그들은 주의 이름으로 기름을 바르며 그를 위하여 기도할지니라 믿음의 기도는 병든 자를 구원하리니 주께서 그를 일으키시리라 혹시 죄를 범하였을지라도 사하심을 받으리라 그러므로 너희 죄를 서로 고백하며 병이 낫기를 위하여 서로 기도하라 의인의 간구는 역사하는 힘이 크니라"(약 5:14-16).

그러므로 신유 사역은 주님을 믿는 자들이 할 수 있는 특권인 동시에 피할 수 없는 사역의 한 부분이라고 생각한다. 사실, 목회자가 신자가 병 낫기를 위해 기도하여 달라고 할 때 기도하여 주지 않을

수 있는가? 기도를 한다면, 치유가 절대 불가능하다는 생각으로 기도하는가, 아니면 하나님이 치유하실 수 있다고 믿으며 기도하는가. 우리는 하나님은 오늘날도 그의 약속의 표적과 인증으로 치유를 베푸신다고 믿는다.[18]

(4) 하나님은 과거에 그랬듯이 오늘날도 복음 선포에서 기적(신유)을 일으키심으로 하나님의 권세의 절대성(superiority)과 하나님 나라의 증표(sign)를 드러내시며, 선교사역을 촉진시키신다. 신유가 그 대표적인 증표일 것이다.[19] 그리스도의 복음은 모든 구속(the most basic of all bondage), 곧 죄와 그 결과들에서의 해방을 약속한다. 그러기에 오늘의 복음 전도에서 하나님 나라의 임재의 표로서 표적과 기사를 기대하는 것이다. 그러므로 우리는 복음 전도에서 신유 같은 기적이 일어난다는 것을 부인하는 회의주의(skepticism)를 배격하고 하나님의 역사를 기대하며 복음사역에 임하여야 할 것이다. 하나님은 그가 필요하다고 생각하실 때에 신유 사역을 행하시어 그것을 통해 신자의 믿음을 돈독하게 하신다. 그리고 선교 사역을 촉진시키시는 것이다.

그런 사례를 여러 곳에서 발견할 수 있다. 바로 필자 자신도 신유를 통하여 믿음이 돈독해지는 것을 체험했다. 이런 사건은 개인 신앙에 큰 영향을 줄 뿐 아니라 교회 사역에서도 큰 역할을 한다. 신유 사역을 통하여 어려운 선교 상황에서 승리를 주시는 사건들을 전해 듣지만, 나는 특히 나의 형님의 목회에서 있었던 한 사건을 무엇보다도 생생히 기억한다.[20]

정말로 신유의 역사는 전도의 문을 여는 역할을 한다. 뿐만 아니라 신유의 역사는 하나님께 영광을 돌리는 놀라운 계기가 된다. 우리는 이러한 예를 허다하게 보고 듣고 증거하고 있지 않는가! 그러기에 우리는 신자에게 주어진 특권, 곧 병자를 위하여 기도하는 특권을 자랑스럽게 여기며 활용하여야 한다.

IV. 신유사역에 동반되는 질문과 오해들

우리는 신유사역에 있어 몇 가지의 질문 내지 반문에 부닥치게 된다. 이에 대한 바른 해답을 모르면 신유사역을 주저하게 되기 쉽다.

1) 신유의 역사로 인해 병이 나았던 이가 얼마 있다가 그 병이 재발하였다고 한다면, 그것이 진정한 의미에서의 신유인가? 또한 병에서 치유 받은 사람도 결국 죽음을 맞이하게 되는 건 어떻게 이해해야 하는가?

그러한 의문과 회의는 신유의 성격을 바로 이해 못하는 데서 오는 것이다. 곧 질병에서의 완전한 치유는 종말론적이다. "질병에서의 완전한 자유는 예수 그리스도의 재림과 함께 임하는 마지막 때에만 온전히 임하게 되는 것이다. 온전한 자유함은 우리의 부활로만 임할 것이다."[21]

그러므로 오늘날에 있어서 치유는 실제적이지만 부분적인 것을 체험하는 것이다.

이는 우리 개인 구원체험에서도 하나님의 나라의 임재가 '이미'(already)와 '아직 아닌'(not yet) 측면을 품고 있는 것과 같다. 달리 말하면, "우리는 구원을 받았고(딤후 1:9), 구원 받은 과정 중에 있으며(빌 2:12-13), 앞으로 완전한 구원을 받을 것이다(벧전 1:9).[22]

이는 예수님이 행하신 치유 사역에서도 암시되고 있다. 한번은 예수님께서 귀신을 내쫓은 뒤에 말씀하시기를, "더러운 귀신이 사람에게서 나갔을 때에… 이에 이르되 내가 나온 내 집으로 돌아가리라 하고 와 보니 그 집이 비고 청소되고 수리되었거늘 이에 가서 저보다 더 악한 귀신 일곱을 데리고 들어가서 거하니 그 사람의 나중 형편이 전보다 더욱 심하게 되느니라"라고 하셨다. 즉 예수께서는 한 사람에게서 악을 몰아낸다 하더라도 그 악이 방어되지 않는다면 7배 더 강한 악을 데리고 돌아올 것이라고 말씀하신 것이다(마 12:43-45).

또한 예수님께서 나사로를 죽은 가운데서 살리셨지만, 나사로도 결국은 시간이 지나면서 죽었을 것이 분명하다. "이것은 우리의 치유기도가 그 순간에는 성공했다 하더라도 인생의 결국에는 죽음으로 끝날 것임을 상기시켜 주고 있는 것이다."[23]

이는 하나님께서 그의 지혜로운 경륜 가운데 사람은 한 번 죽는 것으로 정하신 까닭이다(히 9:27). 그리고 질병은 죽음의 초기증상(incipient)이 아닌가. 따라서 우리는 계속 '아직 아니다(not yet)'의 그림자 밑에서 살기에, 한번 치유 받는다 하더라도 다시 병들 수 있고, 결국 죽을 것이다.

그러한 의미에서, 위에서 말했듯이 최후 몸의 부활 이전에는 완전한 치유란 없는 것이며, 모든 고통을 제거시킬 세계의 영역은 지금 우리가 살고 있는 영역이 아니라 장차 올 새 하늘과 새 땅에서인 것이다. 그러므로 그리스도인 사역과 경험에 나타나는 치유 사역은 부분적이요 잠정적이요 점진적인 경우가 많다.

오늘날 그리스도인의 치유는 우리가 하나님의 은총으로 몸이 부활할 때에 최종적으로 치유될 것에 대한 하나님의 약속의 표적과 인침(as sign and seal of this promise)으로 하나님이 베푸시는 것이다.[24] 동시에 우리는 그 때에 약속대로 이루어질 능력들을 미리 맛보는 것(foretaste)이다.[25] 또한 하나님은 이런 치유사건을 통하여 우리를 위한 하나님의 사랑을 확인하신다.[26]

2) 어떤 이들은 믿고 기도하면 반드시 신유사역이 일어나야 한다고 생각한다. 따라서 신유사역이 일어나지 않을 때 좌절감에 빠지곤 한다.

치유와 믿음의 관계는 대단히 중요하다. 하나님의 역사가 우리의 믿음을 통하여 역사하는 것은 사실이다. 그러기에 흔히 생각하기를 신유의 역사가 일어나지 않는 것은 전적으로 나의 불신앙 때문이라고 생각하게 될 때가 있다. 필자도 한때는 이 문제로 고민을 많이 하였다. 그 때 신유의 은혜를 체험한 직후 그 감격이 얼마나 컸던지, 믿음으로 기도하면 반드시 신유역사가 일어나야 한다고 생각하면서, 신유역사가 동반하지 않는 믿음은 진정한 믿음이 아니라고 생각하며 고민했었다. 그 후에, 치유가 사역자의 믿음에 전적으로 의존한다고 고집하는 것은 잘못이라는 것을 깨달았다. 이는 마치 중생한 신자가 그 순간의 감격이 너무 컸기에 자기의 모든 죄가 영원히 없어진 것처럼 생각하다가, 얼마 후에 아직도 자기 안에 내재적인 죄가 있음을 깨닫고 놀라는 것과도 같다.

신유는 '믿으니 치유되는 것(faith cure)'이 아니라, '하나님께서 치유하시는 것(Christ-Healing)'이라고 심프슨은 주장한다.[27] 또한 신유사역에 권위자인 켄 블루는 자기의 경험을 다음과 같이 말한 바가 있다.

"우리는 치유와 믿음 간에는 생동적인 연관성이 있음을 안다.… 이 난제는 병든 자를 위해 기도하면서 개인체험으로 경험할 때 심화된다. 우리 중 상당수의 사람들이 우리의 기도대상이 치유 받지 못한 때에 혼선을 빚고 상처를 받았다. 나의 가장 친한 친구는 3년 전에 뇌출혈로 죽었고, 나의 비서는 1달 전에 암으로 죽었다. 나는 이 두 사람을 위해 '믿음'으로 기도했다. 나의 중보기도에도 불구하고 나의 수양딸은 귀머거리로 살고 있다. … 우리의 믿음은 때때로 치유에 기여하는 것처럼 보이고, 다른 때는 믿음이 치유에 효과가 없는 것처럼 보이기도 한다."[28]

그러면 치유 사역과 믿음의 관계는 어떤 것인가? 우선 우리는 예수님의 말씀에 비추어 볼 때, '하나님 나라의 표적들은 하나님과의 관계에서 믿음으로 응답하는 사람들 가운데서 나타난다.'라는 것을 알 수 있다.[29] 복음서를 보면 어느 날 예수께서 고향을 방문했을 때 "거기서는 아무 권능도 행하실 수 없어… 그들이 믿지 않음을 이상히 여기셨더라. 이에 모든 촌에 두루 다니시며 가르치시더라."라는 기사가 있다.[30] 이는 하나님께서 그의 은혜를 값없이 베푸시지만 사람들에게 그 은혜를 받으라고 강요하시지 않으며, 믿음으로 받아들이는 자에게만 그 은혜가 임한다는 것을 의미한다. 그러나 치유사역에 있어 자기중심에서 마음을 다져먹는 믿음, 즉 나의 생각 곧 심리학적인 믿음을 통하여 하나님의 사역을 좌우하는 것처럼 생각하면 안 된다.[31] 치유 받는 믿음은 그 중심이 하나님께로 옮겨져 하나님의 사랑과 역사에 열려 있는 믿음이라야 한다. 심프슨의 말대로, "기도가, 하나님 자신의 기도가 아닌 한, 그 기도에는 힘이 없다. 당신이 치유자이신 그리스도와 연결되어 있지 않는 한 치유는 일어나지 않는다. 치유는 그리스도 자신이 행하시는 것이다."[32] 우리 하나님은 그가 필요하다고 생각하실 때는 어떤 인과법칙의 적용으로 설명될 수 없는 기사이적을 언제나 그리고 어디서나 행하시는 분이다. 그러기에 우리가 치유기도를 한다는 것은 하나의 모험이다. 이와 관련하여 블루는 다음과 같이 말했다.

"병든 자를 위해 기도하는 자들은 전적으로 이해할 수 없고 또한 보이지 않는 영적 세력의 세계에 돌입하는 것이다. 이 일은 바로 하나님의 사역 곧 악의 불법적인 파괴에 대항하여 싸우는 일에 동참하는 것이다. 이 일에 모험적으로 뛰어 든 사람들, 그리고 기도를 받은 사람들은, 체면의 손상과 왜 그렇게 된 것인지도 모르는 채, 실패의 가능성에 노출되게 된다. 모든 치유 사역에 있어서는 이런 개인적인 모험(personal investment)이 있게 마련이다."[33]

그 모험을 감행하는 것이 또한 믿음의 치유 사역이다. 따라서 우리들은 치유가 이루어지도록 기도하지만 치유하는 분은 하나님이시지 사람이 아니라는 것을 꼭 기억하여야 한다.[34]

V. 치유사역은 축복 받은 특권: 순종으로 치유사역을 한다.

위에서 거듭 언급한대로, 우주의 주권자이신 그리스도께서는 제자들에게 하나님의 나라의 복음을 전파하며 약한 자를 고치고 귀신을 내어 쫓으라고 명령하셨다. 또한 전도자에게 그의 권세(exousia) 사용을 허락하셨다. 이를 뒷받침하듯 주님은 믿는 자에게는 기적이 따르리라고 약속하셨다(막 16:17). 그러기에 카우만이 말한 대로 치유사역은 하나님의 자녀의 축복 받은 특권이다.[35] 그리스도께서 기다리는 것은 그 백성의 순종이다.[36] 그러므로 우리는 어린 아이들처럼 확신을 가지고 그리스도께 순종해야 한다.[37] 우리는 그리스도께 순종하여 그가 허락하신 권세를 사용하는 용기를 가지고 치유사역에 임해야 할 것이다. 물론 하나님께서 병 고치는 은사를 주셔서 각별히 사역하도록 하는 사람도 있겠지만, 이는 동시에 모든 성도가 할 수 있는 사역이라고 심프슨과 골든은 주장한다. 곧 신유의 은사는 사람을 가리거나 차별하지 않고, 그것을 믿고 순종하는 모든 사람들에게 하나님이 주시는 것이다.[38]

필자는 길목에 서서 교통 정리하는 경찰의 용기를 보고 교훈을 받곤 한다. 그는 여러 사람들이 차를 몰고 지나가는 그들에게 용감하게 손을 들고 정지명령을 한다. 그런 용기가 어디에서 나오는 것일까? 그리고 또한 어떻게 그의 지시에 따라 지나가던 차가 멈추는가. 이는 그가 국가에 속한 권세(authority)를 이용하고 있기 때문이다. 그렇다면, 주님께 순종하는 전도자에게는 주님의 권세를 사용할 수 있는 특권이 있는 것 아닌가? 이 믿음으로 우리 전도자들도 용기를 내서 기도함으로 치유사역을 해야 할 것이다.

주님의 권세로 기도하거나 또는 명령을 하여도 치유사역이 일어나지 않는다고 하며 주저하는 사람이 있을지도 모른다. 교통경찰의 예를 다시 들어보자. 어떤 때는 그 경찰이 손을 번쩍 들어도 그를 무시하고 지나가는 차가 있다. 그렇다면 바로 그 때는 그 경찰에게 권세가 없었다는 말인가? 아니다. 그 차가 불순종하고 지나간 것뿐이다. 주님도 전도자가 사역할 때 모든 사람이 받아들일 것이라고 하지 않으셨다. 전한 복음을 받아들이면 축복하고, 받아들이지 않으면 그 집에서 먼지를 털고 나오라고 분부하셨다. 이런 경우에 대한 주님의 권고는 그가 마태복음 13장에서 제자들에게 말씀하신 씨 뿌리는 비유에서 더욱 분명해진다. 주님은 전도할 때, 뿌린 씨가 어떤 것은 길바닥에, 어떤 것은 흙이 얕은 돌밭에, 또는 가시떨기 위에 떨어져 결실을 얻지 못할 경우가 있지만, 옥토 또한 있음을 상기시키고 있다. 씨가 옥토에 떨어지면 그 씨는 30배, 60배 혹은 백배의 결실을 얻을 것이다. 그러기에 전도자는 복음 사역에서도 '옥토'가 있을 것을 기대하면서 주저하지 말고 주님께 순종하여야 하는 것이다.

그러나 여기에서 꼭 기억하여야 할 것은 교통경찰의 경우에서도 그렇듯이, 전도자는 주권자이신 그리스도께 절대 순종하고 그 권세 아래 있을 때만이 그 권세를 사용할 수 있다는 것이다. 왜냐하면 그 권세는 어떤 피조물의 소유물이 아니라, 엄격히 말해서 사람에 의해 시행되기만 하는 것이기 때문이다. 모든 권세는 하나님 안에 머무르고 하나님께로부터 흘러나오는 것이다.[39] 그러므로 당신이 치유자이신 그리스도와 연결되어 있지 아니하는 한, 신유는 있을 수 없다.[40]

동시에 명심해야 할 것은, 각자의 상황에 따라 적절한 치유모델을 취할 것이나 그리스도인들이 치유사역에 참여함에 있어 첫째로 전제해야 할 사항은 하나님께서 병든 자를 고치시기를 원하신다는 바로 그것이다. 그리스도인은 그 확신에서 고통 받는 자를 불쌍히 여기는 연민으로 기도하며, 개인적으로 위험을 무릅쓰는 믿음의 자세로 행해야 한다.

그리고 실패를 두려워하거나 또는 그 염려 때문에 주저하거나 하지 말고 하나님의 사역에 동참하여야 할 것이다. 존 화이트(John White)가 말했듯이, 우리는 "현재의 상황을 방관하면서 그 상황이 계속되는 것을 허용하는 것보다는, 패배하더라도 싸우는 것이 훨씬 낫다. 그러나 우리는 패배할 아무런 이유가 없다. 우리는 하나님의 전신갑주를 부여받았으며 오늘도 그 전투에서 승리하도록 초청받고 있는 것이다."[41]

맺는 말

위에서 살펴 본대로, 신유사역은 예수님의 사역에서 비롯하여 사도들 그리고 초대교회와 오늘날에 있어, 특히 웨슬리와 19세기 미국에서의 성령운동 시절에 많이 있었다. 그리고 신유사역은 개인의 믿음을 돈독하게 할 뿐 아니라 복음 선교의 문을 열며, 하나님께 영광을 돌리는 기회가 되었다.

그러므로 우리는 신유와 같은 기사이적을 부정하는 회의주의를 배격하며, 초대교회가 보여주었듯이, 복음이 능력으로 전파되며 진실한 믿음이 있는 곳에는 언제나, 지금도 신유와 같은 성령의 기적적인 은사들이 나타난다고 믿어야 한다.

이와 같은 각성은 세계복음화를 위한 로잔운동에서 메아리치고 있음을 본다. 로잔운동은 함께 모여 세계선교의 대과제를 인식하며, 성서의 빛 아래서 신학적 입장을 정립하며, 오늘의 시대에 적응성 있는 선교방법을 모색하고, 온 교회가 협력하여 세계복음화에 헌신하자고 다짐하는데서 시작된 운동이다. 이 대회는 여러 교회가 함께 협력하는 기초로서 유명한 로잔언약을 발표했다. 그리고 1989년에 마닐라에서 제2차 대회를 열었다. 이 대회에는 170국에서 약 3,000명의 지도자가 참석했다. 그리고 로잔언약을 보완하는 마닐라선언문을 발표했다.[42] 이 선언문은 그리스도의 온전한 복음(The Whole Gospel)의 선포에는 신유와 같은 기사이적이 동반함을 인지했다. 그리스도의 복음 선포는 하나님의 나라의 도래를 의미하며, 이는 사탄에게서의 해방, 곧 하나님 능력의 나타냄을 부분적으로나마 동반하는 것이기 때문이다.[43] 이는 성령을 인격적으로 체험한 진실한 신자는 모두가 긍정하는 바일 것이다.

오늘날에도 이성주의와 유물론적 사고에 빠진 신학자들은, 자기 이성으로 이해가 안 되는 것은 모두 신비주의적이요, 열광주의라고 보려는 경향이 있다. 그러나 초월적인 하나님의 성령과의 관계에서 일어나는 것들에는 이성의 테두리를 벗어나는 '신비적인 요소'가 있음이 당연하지 않겠는가. 그러므로 '기적적인 것'은 무조건 신비주의나 열광주의자들의 소행이요, 마술을 쓰는 것이라고 하는 평가는 경솔한 일이다.

앞에서 살펴 보았듯이 존 웨슬리의 전도사역에는 너무나 놀라운 신유사역이 동반되었다. 웨슬리의 사역이 18세기 영국에서 놀라운 성결운동의 원동력이 되었다면 그것은 바로 그의 설교가 가장 성서적인 것이었던 동시에 신유사역이 동반되었기 때문이었다고 사료된다.[44] 이것이 또한 초대 사도들의 사역에 생동력을 가져다 준 요소가 아니었던가.

누가는 그의 복음서에서 전도에 동반하는 신유사역이 얼마나 복음 선교에 도움이 되는가에 대하여 다음과 같이 증언하고 있다.

"사도가… 담대히 말하니 주께서 그들의 손으로 표적과 기사를 행하게 하여 주사 자기 은혜의 말씀을 증언하시니라"(행 14:3)

"만일 우리가 우리 죄를 자백하면
그는 미쁘시고 의로우사 우리 죄를 사하시며
우리를 모든 불의에서 깨끗하게 하실 것이요"
(요일 1:9)

제8장
구원론(1) —칭의, 중생, 성자

　구원론(救援論, soteriology)은 예수 그리스도의 사역(대속)이 성령의 역사를 통해 각 개인에게, 넓은 의미에서는 피조물 전체에 적용되는 면을 논의하는 분야이다. 따라서 구원론은 사람의 실생활에 일어나는 하나님의 역사를 다루는 교리이다. 그런데 최근에 이르러 구원에 대하여 몇 가지 엇갈린 주장이 있어 우리의 생각을 혼란스럽게 하기도 한다. 그러므로 우리는 구원의 개념을 분명히 하기 위하여 몇 가지 전제 사항을 언급해야 한다.

1. 구원의 시간적 범주

구원이라는 것이 신자 생활에서 한번 일어나는 사건(single occurrence)인가, 아니면 미래(future)에 일어나는 것인가. 또는 하나의 과정(a process)인가, 그렇지 않으면 몇 가지 요소가 결합되어 이해되어야 할 것인가? 요한복음 5장 24절을 보면, 구원에 대하여, "영생을 얻었고 심판에 이르지 아니하리니 사망에서 생명으로 옮겼느니라"라고 표현하고 있다. 곧 구원은 시작이 있어 미래로까지 연결되는 하나의 사건이되, 어떠한 일련의 과정이 있는 것임을 암시해 주고 있다.

2. 구원의 필요와 본질

구원받아야 할 곤고함 또는 문제가 무엇이며 어디에 그 초점을 두느냐는 것에 대한 전체적인 이해는 구원의 개념 내지 강조 방향을 정하는데 큰 영향을 준다.

① 어떤 이들은 인간의 주요한 문제를 수평적으로 보려고 한다. 인간의 주요한 문제는 인간이 사회 안에서 또는 사회 전체에 대하여 적응을 못하거나 조화를 이루지 못하고 있는데 있다고 본다. 그러므로 이들은 구원이란 인간이나 인종 간의 결렬(ruptures)을 제거하고 인간적, 사회적 관계를 치유하는데 있다고 강조한다.

그리하여 이들은 악한 환경을 변화시키는 일, 곧 사회 운동을 구원의 방법으로 생각하여 사회 복음을 주장한다. 특히 최근에는 이런 결렬이 계급끼리의 알력에 있다고 봐서 계급을 없애는 혁명을 주장하는 해방의 신학으로 나가는 경향이 나타나고 있다.

② 어떤 이들은 인간의 주요한 문제는 인간의 내적인 문제- 곧 죄책감, 열등감, 불안감이 라고 본다. 그리하여 구원을 자아발견 또는 자아적응에서 찾으려는 경향을 취하게 된다. 실존주의 신학이 취하는 태도이다. 이들에게는 주변과 사회에 대하여는 무관심한 경향이 있다.

③ 이 점에 있어서 전통적(traditional)인 견해는 인간의 근본적인 문제를 수직적인 면에서 이해하며, 인간의 주요한 문제는 죄로 인하여 하나님에서 분리된 데서 기인한다고 본다. 따라서 구원은 죄 문제를 해결하여 하나님과의 관계를 회복하는 데서 시작하여야 한다고 주장한다. 이 회복의 관계를 "죄에서의 용서" 또는 회심(conversion)으로 설명한다. 이것이 일반적으로 복음주의 신학이 취하는 견해이다.

그러면, 이들에 있어 구원의 범위는 무엇인가? 구원을 오로지 인간의 윤리적 관념에서 보려는 사람들은 오로지 인간의 개인 구원만 주장하는 인상이 있으나, 실은 성서에는 구원의 우주적인 면도 궁극적으로 포함되어 있음을 간과해서는 안 된다(롬 8:18-25 참조).

3. 최근 신학에서의 구원의 개념

1) 자유주의 신학

자유주의 신학(19세기와 20세기 초에 있었던 사회복음 운동 social gospel movement)에서는 인간의 기본문제(basic problem)가 개인에 있다고 보지 않고 악한 사회 환경에 있다고 본다. 따라서 개인을 변화시킨다는 것은 별 효과가 없다고 여긴다. 왜냐하면 개인을 변화시켰다고 해도 곧 그들은 악한 사회에 빠지며 그 사회의 악에 침범당할 것이기 때문이다. 따라서 구원은 개인을 변화시키는 것이 아니라 악으로 이끄는 사회를 변화시키는 것이라야 한다고 주장한다. 이들이 사회악의 심각성을 깨우쳐 주는 면은 의미있게 평가되어야 할 것이다. 그러나 개인이나 사회의 악이 근본적으로 인간의 죄에서 기인되고 있다는 점을 간과한 것은 큰 약점이다. 이러한 측면은 부정적인 비평을 면할 수가 없다.

2) 실존주의 신학

실존주의 신학이란 바르트(Barth)와 부루너(Brunner)에서 시작하여 불트만(Bultmann)에게 와서 실존주의적 특색을 띤 신학을 말한다. 이 신학은 객관성과 보편성을 강조하는 그 당시의 사조에 대한 반동(reaction)으로 일어난 운동이라 할 수 있다.

이들에 의하면 구원이란 자신에게 현재 여기(here and now)에서 의미를 주는 것이라고 이해하려고 했다. 남이 하니까 그저 따라서 행하는 자아가 믿음으로 그런 것에서 자기를 끊고 하나님 앞에서 결단함으로 마땅히 있어야 될 자신을 발견하게 되는데, 이는 바로 내면의 불안에 싸인 개인, 가면에 싸인 인간, 세상 것을 의지하고 살고 있는 인간이 참인간(authentic existence)을 발견해 낸다. 이것이 구원이다. 다시 말해, 내적인 고민에서의 해결, 곧 참 자유인이 되는 것이 구원이라는 것이다.

실존주의 신학의 대표적인 학자 불트만의 말을 빌리면, 현대인은 늘 이기적이며 자기 자신에서 살고 있다고 한다. 남을 사랑한다고 하고, 또는 진리를 말하고 존중한다고 하지만, 실제는 모두 자기 자신의 확대에 예속되어 있을 뿐이다. 현대인이란 타인에 대한 관심이나 존경이 없을 뿐 아니라 자신을 향한 하나님의 계명에 불순종한다. 결국 현대인은 하나님의 존재나 하나님이 요구하시는 순종과 복종을 이행치 않는 사람들이다. 더 나아가 현대인은 인간 자신의 노력으로 참 안정(security)을 얻을 수 있다고 믿는다. 자기 자신은 자율적인 존재라고 믿고 있다. 부귀와 기술을 취득함으로 자기의 장래가 보장되었다고 생각한다. 그러나 실상의 인간은 그렇지 못하다. 왜냐하면 인간에게는 자신이 해결할 수 없는 장애물이 있기 때문이다. 예를 들면, 인간에게는 사망이 닥쳐온다. 인간이 예측할 수도 없으며 예방할 수도 없는 자연적 큰 재난도 있다. 그러므로 이 세상은 불안한 시대이다. 그 속에서 인간은 자기 안전을 찾으려 하나 실패하고야 만다. 그럼에도 불구하고 그 길을 달리는 것이 현대인의 모습이다. 그 가운데 하나님의 부르심을 외면하고 하나님이 선물로 제시하시는 하나님의 미래(future of God)를 거절하며 자기의 것들을 추구하는 것을 죄라고 한다. 따라서 구원은 별다른 것이 아니라 믿음으로 하나님의 은혜를 향해 마음을 열고 지금까지 의존하고 있는 과거의 모든 것들을 버리고 하나님께 순종하는 것, 곧 존재의 근본적인 변화를 의미한다.

그러나 이렇게 실존적으로만 해석함으로써 성서에 있는 역사적인 십자가, 부활 등은 모두 신화로 몰아붙이고 만다. 물론 사회 복음, 또는 자기 자신에 대한 의미를 망각하는 경향, 그리고 모든 것을 일반화하고 객관화하는 풍조에 대하여 실존적 의미를 돌아보게 하는 점은 실존주의 신학에 있어 높이 평가하여야 할 부분이다. 그러나 너무 주관화하여 구속의 객관성 또는 역사성을 부정하게 되는 점, 그리고 현재 여기(now and here)에 대한 전적인 관심으로 인해 상대적으로 사회적 문제에 관해 무관심한 점 등에 대하여는 부정적인 평가를 면할 수가 없다.

3) 해방의 신학

해방의 신학은 1970년대에 남미에서 일어나 제3세계에 큰 자극을 주며 일어난 신학사상으로, 흔히 흑인신학, 여성신학, 제3세계 신학 등으로 분류되며 개진되었다. 해방의 신학의 주요한 관심은 사회문제이다. 예를 들어 이들은 권력층에 의해 힘없는 사람들이 착취 당하는 문제에 대하여 말하면서 구원은 곧 이 억압에서의 해방이라고 주장한다. 그리고 해방의 방법은 당면한 특수한 상황에서 적절하게 택하여야 한다고 한다.

그런데 이들은 인간의 고통(predicament)을 분석하면서 말하기를 이는 자본주의 또는 개발이라는 과정에서 생긴 경제 및 정치적 제도에서 기인했다고 한다. 자본주의에 의한 발전은 결국 불우한 자들은 희생시키는데서 온 것이며, 부자와 빈자의 차이는 점점 커질 뿐이다. 이는 국가의 관계에서도 마찬가지라는 것이다. 그러면서 해방의 신학자들은 성경을 편파적으로 해석하여, 하나님을 억눌린 자와 동일시하며 하나님의 구속적 역사란 결국 압박 받는 사람의 역사라고 하면서 출애굽을 실례(proto-type)로 내세운다. 결국 이들이 말하는 구원은 정치적이다. 구원을 개인적인 면이나 장래에 오는 하나님의 나라라기보다는 현재에서의 하나님의 나라, 곧 사회정의와 정치적 정의로 이루어지는 사회라는 관점에서 이해하려 한다.

해방의 신학의 특징적 장점은 바로 이처럼 사회면에 관심을 두는 점이다. 그러나 사회 문제의 원인이 정치적인 것이기 전에 인간 개인의 죄에서 기인된다는 점을 간과하고 있다는 것은 해방 신학의 약점이라고 말하지 않을 수 없다. 구원은 가난한 자들만을 위한 것이 아니기 때문이다.

4) 복음주의 신학

복음주의 신학은 하나님께서 사람이 당하는 모든 필요에 관심을 갖지만, 인간이 갖는 영원한 영적 상태(eternal spiritual welfare)가 더 중요하다고 전제한다. 인간의 주요한 문제는 죄로 인하여 하나님에서 분리된 데서 기인한다고 본다. 따라서 구원은 죄 문제를 해결하여 하나님과의 관계를 회복하는 데서 시작하여야 한다고 주장한다. 따라서 구원은, 의인(justification), 성화(sanctification), 영화(glorification)로 설명된다.

예수님께서 마가복음 8장 36-37절에서 말씀하고 계시다. "사람이 만일 온 천하를 얻고도 자기 목숨을 잃으면 무엇이 유익하리요 사람이 무엇을 주고 자기 목숨과 바꾸겠느냐" 그리고 또 마태복음 5장 29-30절에서는 "만일 네 오른 눈이 너로 실족하게 하거든 빼어 내버리라 네 백체 중 하나가 없어지고 온 몸이 지옥에 던져지지 않는 것이 유익하며 또한 만일 네 오른손이 너로 실족하게 하거든 찍어 내버리라 네 백체 중 하나가 없어지고 온 몸이 지옥에 던져지지 않는 것이 유익하니라"라고 말씀하셨다.

4. 구원의 정의와 단계

1) 구원의 정의

복음주의 신학에 의하면, 구원은 결국 아담의 타락으로 인하여 파괴된 하나님의 형상을 회복하는 것이다. 다른 면에서 보면, 예수 그리스도께서 우리들의 구원을 위하여 이룩하여 놓으신 것을 실현하는 것이다. 요한일서 3장 5절과 8절에서 성경은 다음과 같이 증언하고 있다.

"그가 우리 죄를 없애려고 나타나신 것을 너희가 아나니 그에게는 죄가 없느니라… 하나님의 아들이 나타나신 것은 마귀의 일을 멸하려 하심이라"

웨슬리는 구원이란 말을 넓은 의미에서, 그리고 좁은 의미에서 사용하고 있다. 넓은 의미에서 구원은 하나님의 선행은총으로 시작하여 계속되며 마침내 영화롭게 종결되는 전 과정을 의미한다.[1] 좁은 의미에서의 구원, 곧 우리가 흔히 말하는 현재 구원(present salvation)은 현세에서 믿음을 통하여 이루어지는 구원을 말한다.

그리고 이 구원은 순간적으로, 또한 점진적으로 이루어진다. 구원은 의롭다함을 받고 중생하는 순간부터 점진적으로 마치 겨자씨가 자라듯이 성장하여 가는 과정에서 또한 순간 모든 죄에서 씻음 받고 하나님의 사랑으로 채워진다. 그리고 그 사랑은 그리스도의 충만한 분량에 이르기까지 계속 성장한다. 곧 하나님의 은혜는 선행적 은총으로 시작하여, 깨우치는 은총에서 의롭게 하는 은총으로 그리고 성결케 하는 은총으로 계속하여 영화롭게 하는 은총에 이른다.[2]

2) 구원의 순서

구원이란, 또한 다른 각도에서 보면, 바로 이러한 죄의 결과로부터의 치유, 회복을 의미한다. 곧 죄로 인하여 잃어버린 관계와 결과에서의 회복이다.[3] 예수님은 바로 이 구원을 위하여 십자가에서 죽으심으로 온 세상의 죄를 위한 화목제물이 되셨으며(요일 2:1-2), 새로운 언약을 마련하셨다. 그리스도의 대속은 온 인류를 위한 것이다. 따라서 그리스도의 대속으로 인해 아담으로 말미암아 잃어버린 모든 것이 그리스도 안에서 회복될 수 있게 되는 것이다. 결국, 앞으로 보다 자세히 설명하겠지만, 인간의 죄에서의 치유는 모든 사람을 사랑하시는 하나님의 은혜에 의하여 가능한 것이다. 그리고 이 치유는 이중적으로 이루어진다.

3) 구원의 단계

죄에서의 치유는 단번에 이루어지는 것이 아니라 시작이 있고 계속되어 마침내 완성되는 것이다. 따라서 구원에는 단계가 있다고 말할 수 있다. 구원의 단계는 죄의 분류와 성격에서 볼 때 보다 잘 이해 할 수 있다. 위에서 언급한 대로 죄는 그 자체가 객관적인 결과와 주관적인 결과를 지니고 있다. 전자는 하나님과의 율법적인 관계에서 설명된 것으로, 죄책이라고 일컫는다. 후자는 범죄한 사람 자신에 관한 것으로, 죄의 부패성이다. 이 부패성은 사람으로 하여금 범죄하게 하는 세력이다.

여기에서 우리가 말하는 치유는 죄책에서의 용서와 부패성에서의 씻음을 말한다. 신약성서는 요한일서 1장 9절에서 구원을 이와 같은 이중적인 사역으로 설명하고 있다.

"만일 우리가 우리 죄를 자백하면 그는 미쁘시고 의로우사 우리 죄를 사하시며 우리를 모든 불의에서 깨끗하게 하실 것이요"

인간 구원의 단계를 위에서 설명한 죄의 결과와 연결시켜 이해할 때 다음과 같이 설명할 수 있다.[4]

아담의 원죄로 인하여 그의 후예에 전가된 원죄의 죄책은 위에서 말한 대로 하나님이 값없이 모든 사람에게 주신 선행적 은총, 곧 예수 그리스도의 대속의 무조건적인 혜택으로 사함을 받았다. 그러므로 하나님의 선행적 은총 아래 있는 실존적인 인간은 원죄의 부패성만을 지니고 있다. 이 부패성 때문에 사람은 자범죄를 짓게 된다. 자범죄를 범한 자에게는 그에 대한 죄책이 있게 되고, 부패성이 누적된다.

자범죄로 인한 죄책은 용서를 받아야 한다. 죄책에서 용서를 받음으로 하나님과의 관계가 회복된다. 이를 칭의(稱義), 또는 의인(義認)이라고 부른다. 그리고 의롭게 되는 동시에 그는 주관적으로 변화를 받는다. 곧 죄의 부패성에서 씻음을 받으며 그 죄의 세력에서 벗어난다. 이를 중생(重生)이라고 부른다. 동시에 하나님 아버지와 소원했던 죄인이 하나님의 아들로 영입된다. 이를 양자됨(Adoption), 또는 성자(成子)라고 칭한다. 그리고 보니, 이 세 가지, 곧 칭의, 중생, 양자됨은 동시에 일어나는 사건 곧 동시사건(concomitant)이다. 또한 이를 포괄적으로 보면 이는 예수 그리스도와의 연합(union)이다.

5. 칭의(稱義)

칭의(Justification)는 하나님과의 관계의 변화를 의미한다. 전에는 하나님의 정죄 아래 있던 죄인이 이제는 의롭다함을 받아 하나님에게 용납된 존재가 된다는 것이다. 이로써 신자는 죄로 인한 형벌을 면하게 된다. 따라서 하나님과 평화를 누리게 된다. 하나님 앞에서 두려움이 없게 된다(롬 5:1).

그러면 사람이 어떻게 하여 하나님께 용납되는가 하는 질문이 생긴다. 기독교 역사에서는 이와 관련하여 주요한 두 가지 견해가 있었다.

첫째는, 사람이 하나님께 용납되기 전에 먼저 의롭게 되어야 한다는, 곧 성결해야 한다는 주장이다. 이들에게는 구원의 순서에 있어 성화가 칭의 앞에 있다. 이것은 전통적인 로마 가톨릭 교회의 입장이다. 즉 우리가 선행을 하여야 하고 이에 의하여 하나님의 인정을 받게 된다는 것이다. 그러나 과연 사람이 자기 힘으로 거룩하여 질 수 있겠는가? 사람의 힘으로는 이는 불가능하다.[5]

두 번째는, 구원의 순서에서 칭의가 성화에 앞선다는 주장이다. 이는 종교개혁자들의 입장이다. 곧 하나님께서는 우리를 위하여 십자가에서 돌아가신 예수님의 죽음에 의해 우리를 용납하시기를 원하신다는 것이다. 그래서 우리 편에서는 그저 하나님의 말씀을 신뢰하고 받아들이면 된다. 곧 칭의는 하나님의 은혜로 인하여 믿음으로 말미암는 것이라는 주장이다. 칭의는 사람의 공로에 의한 것이 아니라 예수 그리스도의 공로에 의하여 믿는 자에게 하나님의 은혜로 주어진 특권이요 상태(state)이다. 성경은 로마서 3장 20-28절에서 다음과 같이 기록하고 있다.

"그러므로 율법의 행위로 그의 앞에 의롭다 하심을 얻을 육체가 없나니 율법으로는 죄를 깨달음이니라 이제는 율법 외에 하나님의 한 의가 나타났으니 율법과 선지자들에게 증거를 받은 것이라 곧 예수 그리스도를 믿음으로 말미암아 모든 믿는 자에게 미치는 하나님의 의니 차별이 없느니라 모든 사람이 죄를 범하였으매 하나님의 영광에 이르지 못하더니 그리스도 예수 안에 있는 속량으로 말미암아 하나님의 은혜로 값 없이 의롭다 하심을 얻은 자 되었느니라 이 예수를 하나님이 그의 피로써 믿음으로 말미암는 화목제물로 세우셨으니 이는 하나님께서 길이 참으시는 중에 전에 지은 죄를 간과하심으로 자기의 의로우심을 나타내려 하심이니 곧 이 때에 자기의 의로우심을 나타내사 자기도 의로우시며 또한 예수 믿는 자를 의롭다 하려 하심이라 그런즉 자랑할 데가 어디냐 있을 수가 없느니라 무슨 법으로냐 행위로냐 아니라 오직 믿음의 법으로니라 그러므로 사람이 의롭다 하심을 얻는 것은 율법의 행위에 있지 않고 믿음으로 되는 줄 우리가 인정하노라" 이 점에서 우리 모두는 동의한다. 그러나 세밀히 들어가 보면 그 테두리 안에서 칼빈주의 입장과 웨슬리안 입장이 다른 것을 발견하게 된다. 곧 전자가 의(righteousness)를 윤리적 의로 보는 데서 차이가 생긴다. 앞에서 언급했듯이 로마 가톨릭 교회는 우리가 하나님께 용납되기 위해서는 먼저 윤리적으로 의로워져야 한다고 주장한다. 이에 종교개혁신학은 그것은 복음을 약화시키는 것이며 좋은 충고는 될지 모르나 복음일 수는 없다고 비판한다. 그러면서 칼빈주의자는 말하기를, 하나님께서는 우리들의 있는 그 상태 그대로를 용납하시는데 용납된 우리는 그대로 이전의 상태로 머물러 있다고 한다. 다시 말하면, 우리는 의롭지 않지만 하나님은 우리를 의로운 것처럼 용납하신다는 것이다. 결국 하나님은 우리를 대신한 예수의 의(a substitute righteousness)를 용납하신다는 것이다.

이런 입장을 웨슬리는 반대한다. 하나님은 의롭지 않는 것을 의롭다고 보시지 않는다는 것이다. 웨슬리는 하나님이 믿는 자를 의롭다고 선언하시며 동시에 실제로 의롭게 만드신다고 믿는다.[6] 웨슬리는 의를 관계에서 이해한 것이다(relational righteousness).[7] 즉 사람은 하나님이 요구하신 것을 충족시킴으로 의롭게 된다는 것이다. 하나님과 사람의 관계에 있어, 하나님은 그의 하신 말씀에 성실하시고 (미쁘시고), 우리 편에서는 하나님의 말씀을 그대로 받아들이면, 즉 믿으면 된다는 것이다. 요한일서 1장 9절의 말씀이 이를 잘 뒷받침하고 있다. "만일 우리가 우리 죄를 자백하면 그는 미쁘시고 의로우사 우리 죄를 사하시며 우리를 모든 불의에서 깨끗하게 하실 것이요." 하나님과의 관계에 있어 하나님은 미쁘고 의로우시고, 우리는 하나님의 용서하시 겠다는 말씀을 단순히 믿음으로 받아들이면, 그에 의하여 우리는 의롭게 된다는 것이다.

요약해서 말하면, 우리가 무엇을 행함으로, 곧 어떤 윤리적인 성결을 갖춤으로 하나님의 총애를 얻는 것이 아니라, 단순히 하나님의 용서와 용납(acceptance)을 선물로 받는 것이다. 그러면 하나님은 우리를 있는 그대로 용납하시자마자 성화의 과정을 시작하여 우리를 의로운 자로 변화시킨다. 곧 의롭다 인정받을 때 그는 거듭나고 위로부터 태어나며, 성령으로 나는 것이다.[8] 이와 같은 변화의 사건에 대한 것이 다음에서 우리가 다루고자 하는 성화의 교리이다.

6. 양자됨 (성자)

하나님과의 객관적인 관계에서 일어나는 구원은 죄에서 용서받는 일이다. 동시에 우리는 하나님의 사랑을 받는 관계로 회복된다. 죄로 인하여 소원해졌던 부자지간의 관계가 회복되는 것이다. 이를 신학적으로 "양자됨"(Adoption) 또는 성자(成子)라고 표현한다. 주님은 요한복음 1장 12-13절에서 "영접하는 자 곧 그 이름을 믿는 자들에게는 하나님의 자녀가 되는 권세를 주셨으니 이는 혈통으로나 육정으로나 사람의 뜻으로 나지 아니하고 오직 하나님께로서 난 자들이니라"라고 말씀하셨다. 거듭 난 자에게 하나님은 '아들의 특권'(요 1:12)을 주신다. '구원받을 때에 양자의 영'(롬 8:15)을 주셨다. 에베소서 1장 5절에서는 '예수 그리스도로 말미암아 자기의 아들이 되게 하셨다'고 밝히셨다. 또 '하나님의 자녀라 일컬음을 받게 하셨다'(요일 3:1)고도 말씀하셨다.

이와 같이 하나님께서 죄인을 의롭다고 선언하심으로, 죄인은 의인으로, 하나님의 가족으로 회복되며, 아들로서의 특권이 회복되는 것이다. 이로써 하나님께로부터 죄로 소외되었던 그가 그 소외(alienation)에서 구출을 받는다. 우리는 누가복음 15장 11절 이하에 있는 탕자의 비유에서, 그의 아버지가 돌아온 둘째 아들을 환영하고 그에게 모든 특권을 주며 축복한 것을 본다. 이와 같이 하나님은 아들로서 받아주시고 아들의 특권을 갖게 하시는 것이다. 그러므로 하나님의 아들이 된 자(양자)는 죄로 인하여 소외되었던 상황(condition of alienation)에서 구출되어 하나님의 사랑을 받게 된다(요일 3:1). 그래서 의롭다함을 받은 자는 하나님의 아들의 특권을 회복한다. 갈라디아서 4장 7절에서 증언하듯이, 과거의 율법 아래 있던 자들이 아들의 명분을 얻어, 이후로는 종이 아니라 아들로서 하나님으로 말미암아 유업을 얻을 자가 된 것이다. 사도 바울은 이 특권을 로마서 8장 15-17절에서 다음과 같이 외치고 있다.

"너희는 다시 무서워하는 종의 영을 받지 아니하고 양자의 영을 받았으므로 우리가 아빠 아버지라고 부르짖느니라 성령이 친히 우리의 영과 더불어 우리가 하나님의 자녀인 것을 증언하시나니 자녀이면 또한 상속자 곧 하나님의 상속자요 그리스도와 함께 한 상속자니 우리가 그와 함께 영광을 받기 위하여 고난도 함께 받아야 할 것이니라"

하나님의 아들 된 자로서 우리는 산 소망이 있어 하늘의 기업을 얻을 것을 기뻐한다(벧전 1:4). 그리고 이제는 더 나은 본향, 하늘에 있는 것을 사모하며 살아간다(히 11:16). 그 외에도 하나님의 자녀가 기대하는 유업이 있으니, 곧 의의 면류관(딤후 4:8), 생명의 면류관

(약 1:12), 영원한 영광(고후 4:17) 등이다. 성령의 증거를 통해 하나님의 자녀 된 자는 구원의 확신을 갖고 살아가게 된다. 이 얼마나 놀라운 특권인 것인가.

7. 중생

칭의와 성자가 하나님과의 객관적인 관계에서의 변화를 의미한다면, 중생(重生, regeneration)은 주관적 변화를 의미한다. 중생이라는 말은 다시 난다(거듭 난다)는 의미로서, 신약성서 여러 군데에서 언급되고 있다.[9] '거듭 난다'(born again-요 3:3, 5, 7; 벧전 1:23), '하나님께로서 난다'(born of God-요 1:13; 요일 3:9; 4:7; 5:1, 18), '성령으로 난다'(born of the Spirit-요 3:5-6), '살렸다'(quickened-엡 2:1, 5; 골 2:13), '사망에서 생명으로 옮겼다'(요 5:24; 요일 3:14) 등의 표현들이 그 예이다.

성경에 "누구든지 그리스도 안에 있으면 새로운 피조물이라 이전 것은 지나갔으니 보라 새것이 되었도다"(고후 5:17)고 기록되어 있다. 이러한 모든 표현은 결국 예수 그리스도 안에서 성령으로 새로워진 사건을 가리키는 것이다. 존 웨슬리는 설교 〈신생〉에서 다음과 같이 말하고 있다.

"신생은 하나님께서 우리를 생명으로 이끄실 때 하나님께서 영혼 안에서 역사하시는 위대한 변화를 의미합니다. 그때 하나님은 죄로 인한 죽음에서 우리를 일으키사 의의 생명으로 이끄십니다. 신생은 '예수 그리스도 안에서 새로운 피조물'이 되었을 때 전능하신 하나님의 영으로 모든 영혼 안에 일어나는 놀라운 변화입니다.'"10

이명직 목사께서 말씀하신대로, 중생은 죄인이 새로워지는 것, 곧 새로운 창조, 새 마음, 새 사람으로 난다는 뜻이니, "다시 말하면 이미 만들었던 물건이 못쓰게 된 것을 다시 만들어서 새롭게 하는 것 같이 이미 창조하신 영혼이 파손된 것을 다시 만드는 것이 중생"이다.11 중생의 역사는 신비로운 것이다. 예수님께서도 이에 대하여 말씀하시기를 "바람이 임의로 불매 네가 그 소리는 들어도 어디서 와서 어디로 가는지 알지 못하나니 성령으로 난 사람도 다 그러하니라"(요 3:8)라고 하셨다. 중생은 인간 이성을 초월하는 진리이다. 그러나 그렇다고 인간 이성과 모순되는 것은 아니다. 잘 설명하기가 힘든 것뿐이다.

칭의가 그리스도께서 우리를 위하여(for us) 하신 일에 근거하여, 우리가 죄에서 용서를 받는 일이라면, 중생은 그리스도의 영이 우리 안에서(in us) 역사하심으로 우리가 타락한 성품(fallen nature)이 새롭게 되는 것이다. 우리는 이 타락한 성품에서 씻음을 받아야 한다. 왜냐하면 인간은 웨슬리가 설명한대로, 죄로 말미암아 하나님의 생명으로부터 소외되어 버린 인간의 영혼 속에는 하나님께 대한 지식과 사랑이 사라졌고, 동시에 거룩함을 잃어버리게 되었고, 이로써 아담이 창조되었을 때 가지고 있었던 의로움과 거룩함 대신 세상에 태어나는 모든 죄인은 교만과 아집에 사로잡힌 채 관능적 욕구와 정욕 속에서 짐승의 형상을 지니게 되었기 때문이다. 다시 말해서 인간의 본성이 전적으로 타락하였기 때문이다.12

그러면 중생에서 어떤 변화가 일어나는가? 웨슬리에 의하면, 우리는 중생함을 통해 "의와 성결 속에 하나님의 형상을 따라 새로워지고, 세상에 대한 사랑이 하나님께 대한 사랑으로, 교만이 겸비로, 거친 마음이 온유한 마음으로, 미움, 시기, 악의가 모든 인류에 대한 신실과 온유와 희생적인 사랑으로 변화된다. 한 마디로 말해서 세상적이고 정욕적인 마음이 '예수 그리스도 안에 있는 마음'으로 바꾸어진다."[13]

동시에 중생에는 인식론적 변화(epistemological event)도 따른다. 웨슬리는 이 때 일어나는 변화를 인간의 자연적인 출생에 비유하여 설명을 하였다. 어린아이가 태어나기 전 엄마의 뱃속에 있을 때에는 눈을 가지고 있으나 보지 못하고 귀가 있으나 온전히 듣지를 못한다. 그 외의 감각기관도 그 기능에 있어서는 불완전하다. 그러다가 탄생의 과정을 거쳐 세상에 나오면 모든 기관이 기능을 발휘하기 시작한다. 그와 같이 하나님의 형상으로 지음을 받은 인간에게는 신령한 감각(spiritual sensorium)이 있었으나 범죄함으로 인해 그 모든 기능을 상실하고 있었는데, 성령으로 다시 태어나 성령의 역사로 이 기능들이 깨우침(quickened-엡 2:1, 5; 골 2:13)을 받고 살아난다는 것이다. 이는 곧 죄로 인하여 파괴되었던 하나님의 형상이 새로워지는 것을 의미한다. 그리하여 이제는 신령한 귀로 주의 음성을 듣게 된다. 하나님의 사랑을 느끼게 된다. 하나님의 신령한 것을 이해할 수 있게 된다. 예수님께서 마태복음 13장 15-16절에서 "이 백성들의 마음이 완악하여져서 그 귀는 듣기에 둔하고 눈은 감았으니… 그러나 너희 눈은 봄으로, 너희 귀는 들음으로 복이 있도다"라고 하신 것은 바로 이런 변화와 축복을 말씀하신 것으로 생각된다. 사도 바울은 이러한 감격을 다음과 같이 말했다.

"그런즉 누구든지 그리스도 안에 있으면 새로운 피조물이라 이전 것은 지나갔으니 보라 새것이 되었도다"(고후 5:17)

또한 신생한 신자가 하나님의 홀로 행하신 은총으로 새로 난 후에는 성령께서 신자 안에 내주하심으로 인하여 새로운 능력을 갖게 된다(empowered by the presence of Holy Spirit). 그리하여 앞으로의 신앙생활에서 하나님의 역사에 호응하며 성장하게 된다.

성령으로 새로 태어난 자는 하나님을 인지하고 믿는다. 하나님을 신뢰한다. 따라서 세상을 이길 능력이 있다. 그의 마음에는 하나님이 주시는 평강이 있다(롬 5:1).

성령으로 새로 태어난 자에게는 소망이 있다. 하나님이 자기를 구원하셨다는 확신이 있다.

성령으로 새로 태어난 신자는 하나님을 사랑한다. 하나님을 사랑하기에 하나님이 원하시는 것을 한다. 곧 하나님의 계명을 사랑하며 그러므로 이웃을 사랑한다.[14]

결론적으로, 자기 중심으로 살았으나 이제 하나님 중심으로 살려고 하는 삶의 패러다임(paradigm)으로 일대 혁명적 변화가 일어나는 것이다.

8. 그리스도와 연합된 삶(Union with Christ)

성서는 또한 이런 하나님과의 관계의 회복을 그리스도와 연합된 삶이라고도 표현했다. 이는 그리스도 안에(in Christ) 있음의 결과이다.

첫째, 우리는 구원받음으로 그리스도와 함께 연합된 삶을 시작하는 것이다. 어떤 의미에서 그리스도와의 연합(Union with Christ)은 구원 전체(the whole of salvation)에 대한 포괄적인 말(an inclusive term)이기도 하다. 전통적으로 구원을 표현할 때, 구원의 주관적인 면을 '신생', 객관적인 면을 '칭의'(Justification)라고 하면서 이 말은 별로 사용치 않은 것 같으나 성경에는 "그리스도와의 연합(Union with Christ)"이라는 표현이 많이 나온다. 우리가 그리스도 안에 있다(고후 5:17, 엡 1:3-4), 그리스도가 우리 안에 있다(갈 2:20, 요 15:4-5), 또는 그리스도 예수와 더불어(with Christ) 누리다(롬 8:17, 갈 3:1, 골 2:20, 롬 6:4, 골 3:1) 등으로 묘사되고 있다.

그리스도와의 연합은 남편과 아내의 결합과도 같이 신비로운 영역에 속하는 것이다(엡 5:22, 골 1:26-27). 이는 하나님의 계시를 통하여서만 이해될 수 있는 큰 신비이다(골 1:26-27). 성서는 이 결합을 법적인 관계에서 설명하고 있다. 우리를 위해 화목제물이 되신 그리스도와 연합된 죄인을 의롭게 여기시는 것이다. 로마서 8장 1절에서는 이렇게 말씀하신다. "그러므로 이제 그리스도 예수 안에 있는 자에게는 결코 정죄함이 없나니…." 불의한 죄인이 의로우신 예수 그리스도와 함께 연합된 것이다. 여기에 죄인인 인간이 의롭다함은 받는 근거가 있다.

두 번째로 이 연합은 신비적인 연합이다. 곧 이 연합은 성령으로 이루어진다는 것이다. 고린도전서 12장 13절에서 말씀하시기를 "우리가 유대인이나 헬라인이나 종이나 자유인이나 다 한 성령으로 침례를 받아 한 몸이 되었고 또 다 한 성령을 마시게 하셨느니라"라고 하셨다. 그뿐 아니라 이 연합은 육체적인 것이 아니다. 신비적인 혼합도 아니다. 인간의 영과 그리스도의 영과의 영적 연합이며, 이로 인해 신자는 영적인 활기(spiritual vitality)를 받게 되는 것이다. 그리하여 그리스도와 연합된 자는 지금 그리스도의 능력 안에서 산다. 여기에 바울은 빌립보서 4장 13절에서 "내게 능력 주시는 자 안에서 내가 모든 것을 할 수 있느니라"라고 했다. 또 다른 한편 신자는 그리스도와 함께 고난을 받는다. 그런가 하면 그리스도와 함께 다스린다(reign). 사도바울은 로마서 8장 15-17절에서 이렇게 말했다. "자녀이면 또한 상속자 곧 하나님의 상속자요 그리스도와 함께 한 상속자니 우리가 그와 함께 영광을 받기 위하여 고난도 함께 받아야 할 것이니라." 그가 받은 영광이 우리의 영광이다. 곧 영광의 소망이 있는 것이다. 그리스도의 승리가 우리의 승리이기 때문이다. 따라서 현재의 고난은 장차 받을 영광에 비하면 족히 비교할 수가 없는 것이다.

9. 죄인이 어떻게 거듭날 수 있는가?

그러면 인간이 어떻게 다시 태어날 수 있는가? 이는 요한복음 3장에서 바리새인이요 유대의 관원인 니고데모가 제기한 질문이었다. 이 질문에 대하여 예수님께서는 인간의 힘으로는 불가능하다고 하였다. 이는 오로지 하나님께서 역사하심으로만 가능하다는 것이다.

1) 중생은 하나님의 은혜로 인하여 가능하다.

그러면 이 구원이 어떻게 이루어지느냐에 있어 예비적 지식으로 잠깐 상고하고자 한다. 이에 대해서는 앞에서 현대신학에서의 구원의 개념과 그 방법을 설명했다. 그에 따라 설명이 달라질 수 있겠지만 여기에서는 전통적인 구원의 개념에서 설명을 하고자 한다. 한마디로 요약해서 "구원은 하나님이 은혜로 주시는 것"이며, 이를 사람 측에서는 믿음(곧 회개와 믿음)으로 받아야 한다.

복음주의 신학은 구원은 하나님의 은혜로 인하여 가능하다고 주장한다. 곧 구원에 있어서의 근원(initiative)은 하나님께 있는 것이다. 하나님의 은총이 모든 축복의 근원이다. 에베소서 2장 8절에서 사도 바울은 "너희는 그 은혜에 의하여 믿음으로 말미암아 구원을 받았으니 이것은 너희에게서 난 것이 아니요 하나님의 선물이라"라고 했다.

이런 주장은 인간이 아담과 하와의 타락으로 모두 죄인이요 전적으로 타락했다는 원죄의 교리(original sin)와 직결되어 있다. 인간은 죄로 인해 죄인이 되었고 전적으로 타락하여 무능하게 되었기에, 자연히 인간은 자기 힘으로 구원을 향해 나아갈 수 가 없다. 타락한 인간들은 본질상 진노의 자녀이었더니 긍휼이 풍성하신 하나님이 우리를 사랑하신 그 큰 사랑을 인하여(엡 2:3-4) 허물로 죽은 우리를 구원하시는 것이다. 이것은 하나님께서 타락한 인간을 구원하시고자 하는 의지(will)에 달린 것이다.

여기에서 하나님이 구원코자 하는 뜻, 곧 예정이 모든 사람을 위한 것이냐 아니면 소수의 제한된 사람만을 위한 것이냐에 있어서 칼빈주의 이중예정론자와 웨슬리안(Wesleyan)의 해석이 다르다. 칼빈주의자들은, 전적으로 타락한 죄인은 전적으로 무능(total inability)하므로 여기에서 누구를 구원한다는 것은 오로지 하나님의 절대 주권(sovereignty of God)에 속한 것으로서 하나님의 정하심(election)에 달린 것이기에 구원을 받는 자와 받지 못하는 자가 있는 것으로 이해했다. 따라서 하나님의 구원은 예정된 자들을 위한 것이니 결국 예수의 대속은 그 예정된 사람들만을 위한 것이라고 한다. 이러한 구원이 이루어지는 것은 믿음을 포함한 것인데 결국 이 믿음도 하나님의 무조건적인 선물로 주어진다는 것이다. 따라서 예정된 자는 궁극적으로 구원받고 성도는 견인된다고 말한다.

이와는 달리 웨슬리안(Wesleyan)은 하나님은 모든 사람이 구원받기를 원하신다는 개념에서 출발한다. 따라서 예수님의 대속도 모든 세상 사람의 죄를 위한 것이며 예수님은 모두를 부르셨다고 믿는다. 성경은 "하나님은 모든 사람이 구원을 받으며 진리를 아는 데에 이르기를 원하시느니라"고 하며 중보자이신 그리스도 예수는 "모든 사람을 위하여 자기를 대속물로 주셨으니…"(딤전 2:4-6)라고 말한다.

성경의 말씀을 보면 하나님께서 부르시되 모든 사람을 부르시는 것을 알 수 있다. 이사야서 55장 1절에서 "너희 모든 목마른 자들아 물로 나아오라 돈 없는 자도 오라 너희는 와서 사 먹되 돈 없이, 값 없이 와서 포도주와 젖을 사라"고 했고 마태복음 11장 28절에서도 예수님께서 "수고하고 무거운 짐 진 자들아 다 내게로 오라 내가 너희를 쉬게 하리라"고 말씀하셨다. 그러므로 이렇게 모든 사람을 위한 구원은 사람의 회개와 믿음으로 이루어지도록 하나님이 미리 정하신 것이다. 웨슬리는 이 회개와 믿음이 가능한 것도 하나님의 은혜, 곧 선행적 은총에 의한 것으로 본다. 이 은혜는 모든 사람에게 값없이 주어졌기에 모든 사람은 "믿을 수 있는 가능성이 있고, 따라서 이는 인간의 책임"이라는 것이다.

성경은 "주 예수를 믿으라 그리하면 너와 네 집이 구원을 얻으리라"(행

16:31)고 기록하고 있다. 달리 설명하면, 구원을 못 받는 것은 사람이 불순종, 곧 믿지 않기 때문인 것이다. 이는 오늘의 많은 복음주의자들이 믿고 주장하는 바이다.

1974년 로잔대회에서 채택된 로잔 언약은 사람이 죄로 인하여 타락했으나 하나님은 모든 사람을 사랑하사 누구든지 회개하는 자를 구원하기를 원하신다고 선언함으로써 구원을 못 받았다면 그 책임은 사람에게 있는 것이라고 말하고 있다.[15]

이러한 전제 위에서 좀 더 구체적으로 하나님의 역사를 살펴보면, 중생은 삼위일체 하나님, 즉 하나님 아버지, 예수 그리스도, 그리고 그리스도의 영이신 성령의 역사라는 것을 알 수 있다.

(1) 하나님 아버지의 역사

성경은 중생에 대하여 '하나님으로부터 난 것'(요 1:13)이라고 표현하고 있다. 이는 중생은 하나님의 새로운 창조 역사로 가능하다는 것이다.

성경이 증거하는 하나님은 거룩한 사랑의 아버지이시다. 사랑의 하나님은 태초부터 사람과의 교분(fellowship)을 의도하셨다. 그러한 의도는 첫째로, 인류를 창조하는 것으로 나타났다. 그러나 인간이 죄를 범함으로 그 교분이 단절되었다. 죄는 단절(separation)을 의미한다. 하지만 하나님은 그 교분을 회복하시기를 원하신다. 하나님은 우리의 아버지가 되고 우리가 하나님의 자녀가 되기를 희망하시어(고후 6:18 ; 출 6:7-8) 새 창조를 계획하신 것이다. 그리하여 독생자 예수 그리스도로 하여금 우리들의 죄를 위한 화목제물이 되도록 하신 것이다.

(2) 예수 그리스도의 역사

성경은 중생을 '그리스도 안에서 지으심을 받음'(엡 2:10; 고후 5:17)이라고 표현한다. 골로새서 2장 13절에서도 죽었던 우리가 그리스도와 함께 지음을 받았다고 표현하고 있다. 더 구체적으로, 사도 베드로는 '예수 그리스도를 죽은 자 가운데서 부활하게 하심으로 말미암아 우리를 거듭나게 하사 산 소망이 있게 하셨다'고 말하고 있다(벧전 1:3). 하나님의 계시 자체이신 예수 그리스도는 십자가에서 우리들의 죄를 대신하여 죽으사 우리들의 죄, 아니 세상 죄를 위한 화목제물(요일 2:2)이 되심으로, 믿는 자가 구원 받을 수 있게 하신 것이다. 사도바울은 이에 대하여 로마서 3장 20-28절에서 자세히 설명하고 있다.

"그러므로 율법의 행위로 그의 앞에 의롭다 하심을 얻을 육체가 없나니 율법으로는 죄를 깨달음이니라 이제는 율법 외에 하나님의 한 의가 나타났으니 율법과 선지자들에게 증거를 받은 것이라 곧 예수 그리스도를 믿음으로 말미암아 모든 믿는 자에게 미치는 하나님의 의니 차별이 없느니라 모든 사람이 죄를 범하였으매 하나님의 영광에 이르지 못하더니 그리스도 예수 안에 있는 속량으로 말미암아 하나님의 은혜로 값 없이 의롭다 하심을 얻은 자 되었느니라 이 예수를 하나님이 그의 피로써 믿음으로 말미암는 화목제물로 세우셨으니 이는 하나님께서 길이 참으시는 중에 전에 지은 죄를 간과하심으로 자기의 의로우심을 나타내려 하심이니 곧 이 때에 자기의 의로우심을 나타내사 자기도 의로우시며 또한 예수 믿는 자를 의롭다 하려 하심이라 그런즉 자랑할 데가 어디냐 있을 수가 없느니라 무슨 법으로냐 행위로냐 아니라 오직 믿음의 법으로니라 그러므로 사람이 의롭다 하심을 얻는 것은 율법의 행위에 있지 않고 믿음으로 되는 줄 우리가 인정하노라"

더 나아가 주님은 지금도 하나님 우편에서 우리를 위하여 대제사장으로서 중보의 기도를 드리고 계신다(롬 8:34;히 7:24-25).

(3) 성령의 역사

성경은 또한 중생에 대하여 '성령으로 난다'(born of the Spirit-요 3:5-6)라고 표현하고 있다. 예수님은 니고데모에게 "사람이 물과 성령으로 나지 아니하면 하나님 나라에 들어갈 수 없느니라"고 하셨다.

성령은 하나님 아버지가 계획하시고 성자 예수 그리스도가 마련하신 구원을 우리 안에서 실행하시는 분이시다. 그러기 위하여 성령은 우리들의 죄를 책망하시며, 또한 의에 대하여 심판에 대하여 깨우쳐 주신다(요 16:8). 진리로 우리를 인도하신다(요 16:13). 이와 같이 성령은 직접적으로 우리의 심령 속에서 역사하신다. 성령님은 또한 교회의 복음 선포를 통하여, 또는 세례식을 통하여 간접적으로 하나님의 구원의 약속에 인간의 호응을 호소한다.

2) 중생은 우리가 회개와 믿음으로 받아야 한다.

그러나 하나님은 강제로 그리고 일방적으로 역사하시지는 않는다. 그러므로 거듭나기 위해서 우리는 죄를 자백(회개)하고 예수를 믿어야 한다(요일 1:9).

마가복음 1장 15절에서 볼 수 있듯, 예수님은 그의 처음 메시지에서 회개와 믿음을 호소하셨다. "때가 찼고 하나님의 나라가 가까웠으니 회개하고 복음을 믿으라." 사도 베드로가 오순절에 은혜 받고 외친

사도행전 3장 19절과 2장 38절의 첫 메시지에서도 회개가 강조되고 있다. "그러므로 너희가 회개하고 돌이켜 너희 죄 없이 함을 받으라. 이같이 하면 새롭게 되는 날이 주 앞으로부터 이를 것이요." 예수님께서 마지막으로 누가복음 24장 47절에서 제자들에게 부탁하신 메시지도 죄 사함을 얻게 하는 회개를 전파하라는 것이었다.

(1) 회개란 무엇인가?

회개(悔改, repentance)는 하나님 앞에서 자기를 아는 것이다. 하나님의 빛 아래서 자신이 죄인인 것을 철저히 깨닫는 것이다. 그리고 그렇게 철저히 깨달은 나머지 구주이신 예수 그리스도께로 향하는 것이다. 그리스도를 전적으로 의존하기 전에 자신에 대한 의뢰에서 벗어나 주님께로 향하는 것이다.

그러나 죄인이 어떻게 회개할 수 있다는 것인가? 이에 대하여 칼빈주의 신학에서는 인간은 전적으로 타락하였기에 인간은 스스로 회개할 수 없다고 한다. 그리고 구원으로 예정된 자에게는 하나님께서 불가항력적으로 믿음을 주어 거듭나게 하시며, 회개는 거듭난 자들이 하는 것이라고 한다.

이에 반하여 웨슬리는 인간이 전적으로 타락하였지만 하나님은 동시에 선행적 은총으로 타락한 인간에게 하나님의 부르심에 응할 수 있는 자유를 초자연적으로 회복시켜 주셨기에 인간이 회개할 수 있다고 한다. 다른 말로 말한다면, 인간은 하나님께서 은혜로 주시는 믿음을 회개의 두 손으로 받아들여야 한다는 것이다.

(2) 믿음이란 어떤 것인가?

믿음이란 그리스도의 복음을 지적으로 동의할 뿐만 아니라 전적으로 신뢰(trust)하는 것이다. 웨슬리는 믿음에 대하여 다음과 같이 설명한다.

"이 믿음은 이교도의 신앙과 다릅니다. 둘째로 마귀의 믿음과도 다릅니다. 마귀의 신앙은 이교도의 신앙보다는 훨씬 앞섰습니다. 왜냐하면, 마귀는 예수가 하나님의 아들로서 그리스도이신 것을 알고 있었기 때문입니다.
그러면 우리를 구원에 이르게 하는 믿음은 어떤 것입니까? 그리스도인의 믿음이란, 그리스도의 복음 전체에 대한 동의일 뿐 아니라 또한 그리스도의 보혈에 전적으로 의뢰하는 것, 즉 예수의 생애와 죽음과 부활의 공로를 신뢰하고 우리를 위하여 자기를 버리고 또한 우리 안에 살아 역사하시는 우리들의 대속자시요 생명이신 그리스도에게 전적으로 의존하는 것입니다.
이것은 그리스도의 공로를 통하여 우리의 죄가 용서받고 하나님의 사랑에 화해되었다는 확실한 신념입니다. 마침내 우리의 지혜와 의와 성결과 구속, 한 마디로 말해 우리의 구원이신 그에게 가까이 하여 결국 접붙여지는 것을 말합니다."[16]

사도 요한은 요한일서 1장 9절에서, 회개하고 믿는다는 것은 곧 죄를 자백하는 것이라고 하였다. "만일 우리가 우리 죄를 자백하면 저는 미쁘시고 의로우사 우리 죄를 사하시며 모든 불의에서 우리를 깨끗케 하실 것이요" 여기 나오는 '자백'이라는 말은 헬라어로 '호몰로겐(ὁμολογεν)', 곧 주님께서 보시고 말씀하시는 대로 같은 말을 한다는 것, 자신을 죄인으로 인정하고 고백한다는 뜻이다. 이는 내가 보는 내 모습이 아닌, 주님께서 보시는 모습 그대로를 자백하고 주님께 의존하는 것을 말한다.

결국 하나님께서 우리에게 주시고자 하는 중생의 은혜는 우리가 회개와 믿음으로 받아야 하는 것이다.

3) 중생의 조건에는 회개와 믿음 밖에는 없다는 것인가?

중생의 길에는 여러 방법이 있을 것이라고 주장하는 사람들이 있다. 어떤 학자들은 회개하고 믿는 것은 그저 '보다 좋은 길'(a better way)일 뿐이라고 말하기도 한다. 이것이 소위 신학적 다원주의(theological pluralism)의 주장이다. 모든 것을 상대적으로 생각하며 절대적인 것을 부정하는 현대인들에게 파급되고 있는 사상이다. 그래서 이들은 회개하고 믿는 방법은 수많은 여러 길 가운데 하나라고 생각한다.

그러나 우리는 구원에 이르는 길은 오직 '죄를 회개하고 예수를 믿는' 이 길 밖에 없다는 것을 알아야 한다. 하나님이 그런 조건을 제시하셨기 때문이다. 또한 이것은 참으로 이치에 맞는 이론이다. 생각해 보라. 누가복음 5장 32절에 기록되어 있는 대로, 예수님이 오신 목적은 죄인을 불러 구원케 함에 있다고 했는데, 정작 내가 죄인이 아니라고 한다면 만남이 이루어지겠는가? 두 물체가 만나는데 있어 교차점(point of contact)은 둘이 아니고 하나 밖에 없는 것이다. 예수님이 십자가에서 우리들의 죄를 위하여 대속의 죽음을 당하셨는데 정작 나는 죄가 없다고 한다면 어찌 예수와 내가 상관이 있겠는가?

또한 기억할 것은 우리 하나님은 거룩하신 분이시지만 동시에 회개하는 심령에 함께 하시는 하나님이라는 것이다. 이사야 57장 15절에 다음과 같은 말씀이 기록되어 있다. "지극히 존귀하며 영원히 거하시며 거룩하다 이름하는 이가 이와 같이 말씀하시되 내가 높고 거룩한 곳에 있으며 또한 통회하고 마음이 겸손한 자와 함께 있나니 이는 겸손한 자의 영을 소생시키며 통회하는 자의 미음을 소생시키려 함이라" 또한 시편 34편 18절에 "여호와는 마음이 상한 자를 가까이 하시고 충심으로 통회하는 자를 구원하시는도다"라는 말씀이 있다.

 이러한 진리, 곧 자신이 죄인인 것을 자백하고 예수를 믿음으로만 중생의 은혜를 받을 수 있다는 것은, 이 은혜를 체험한 사람들에게서 확인되고 있다. 누가복음 5장 8절에는 베드로의 고백이 있다. "시몬 베드로가 이를 보고 예수의 무릎 아래에 엎드려 이르되 주여 나를 떠나소서 나는 죄인이로소이다" 이 말은 베드로가 죄인인 것을 깨달았을 때 비로소 죄인을 구원하러 오신 예수님과의 진정한 만남이 이루어졌다는 증언이다.

 이는 필자의 경우도 마찬가지였다. 필자는 교역자의 아들로서 교회 울타리에서 성장했다. 따라서 자연스럽게 교회 출석도 하고 주일학교 선생도 하였다. 그러나 고생스러워 보이는 목회자는 결코 되고 싶지 않았다. 그러한 필자가 어떻게 직장을 정리하고 신학교에 가게 되었으며 목사가 된 것인가? 필자는 1946년 정월에 있었던 교회 부흥회에 참석을 하여 기도하는 가운데 자신이 죄인인 것을 깨닫게 되었다. 그때 성령께서는 회개와 믿음으로 인도하셨다. 이 사건이 필자로 하여금 예수님을 구주로 영접하게 한 것이다. 그 때의 감격이 얼마나 기쁘고 컸던지, 절대로 목사가 안 되겠다던 청년이 그리스도의 복음을 전하는 목사가 되겠다고 결심하게 되었던 것이다.

그렇다. 우리가 죄에서 용서 받고 구원받는 조건은 회개와 믿음밖에 없다. 이것이 복음주의 신학이 주장하고 외치는 진리이다.

"내가 그리스도와 함께 십자가에 못 박혔나니
그런즉 이제는 내가 사는 것이 아니요
오직 내 안에 그리스도께서 사시는 것이라
이제 내가 육체 가운데 사는 것은
나를 사랑하사 나를 위하여 자기 자신을 버리신
하나님의 아들을 믿는 믿음 안에서 사는 것이라"
(갈 2:20)

제 9장
구원론(2) –성화론

1. 성화의 정의: 신분상의 성화와 실제적 성화

우리는 위에서 죄의 결과는 죄책과 부패라고 했다. 구원에서는 이 누적된 죄의 부패성은 씻음을 받아야 한다. 이 씻음의 과정을 실질적 성화(ἁγιασμός sanctification)라고 하며, 성화의 과정은 중생에서 시작하여(부분적 씻음), 성결 곧 온전한 성화(온전히 씻음)에 이르며, 마침내 주님의 재림 시에 영화로 완결되는 것이다.

성경은 성결(聖潔, holiness)에 대하여 하나님께서 신자에게 행하신 역사 또는 상태에 따라 신분상의 성결과 실제적 성결이라는 두 가지 측면을 말하고 있다. 이는 구원에 대하여 객관적인 관계에서의 칭의와 주관적인 변화에서의 중생이라는 두 가지 측면으로 말하는 것과 유사하다.

신분상의 성결(positional holiness)이라는 것은 그리스도 안에서 하나님께로 분리된 것(고전 1:2 참조)에 관하여 말하며, 우리들이 하나님 안에 있는 상태(position)를 의미한다(고전 1:30, 6:11 참조). 우리는 구원받음으로 그런 관계에 들어가는 것이다. 성경은 구원받은 사람을 '성도(saint)' 또는 '거룩한 자(holy one)'라고 불렀다(고전 1:2, 빌 1:1, 골 1:2 참조).

웨슬리는 신분상의 성결도 언급하지만 경험상의 성결, 곧 실제적 성결을 더 중요시했다. 믿는 자를 의롭게 하신(칭의) 하나님이 우리를 새롭게 하시듯이(중생)(요일 1:9 참조) 하나님이 신분상으로 구별된 우리 안에서 거룩케 하시는 일을 계속하신다는 것을 강조하였다. 웨슬리는 하나님께서 '메소디스트(Methodists)라고 불리는 사람들'을 불러일으키신 것은 바로 이 실질적 성결의 도리를 선포하라는 뜻에서 비롯되었다고 믿었다.[1] 또한 이런 웨슬리의 성결의 외침이야말로 18세기 영국사회를 누란의 위기에서 구원하고 침체되었던 교회를 소생시킨 복음이었다.

이제 온전한 성화의 필요와 근거, 그리고 그 특징들을 살펴보고자 하는데, 우선 그에 앞서 성화의 과정과 단계를 살펴보기로 한다.

2. 성화의 과정과 단계

1) 성화는 중생함으로 시작하되 믿음으로 받는 은혜이다.

웨슬리는 성화(성결)의 과정에 대하여, 첫째로 그 당시의 로마 가톨릭의 입장을 비판하면서, 이는 사람의 행위나 공로에 의한 것이 아니라 하나님의 은혜로 인하여 믿음, 곧 사랑으로 역사하는 믿음(갈 5:6)으로 말미암아 이루어지는 것이라고 강조한다.

2) 이는 중생의 순간부터 점진적으로 성장하는 것이다.

다른 한편 당시의 모라비안파들은 사람이 구원받는 순간에 곧 입신함으로 아주 완전히 성화되어 더 이상 성장의 여지가 없는 것으로 주장하였다. 웨슬리는 이에 반론을 제기하면서, 그 당시의 칼빈주의자들이 주장하듯이, 성화는 마치 어린이가 점진적으로 성장하는 것처럼 거듭난 신자가 점진적으로 성장하는 것이라고 주장하였다. 이러한 면에서 웨슬리가 당시의 칼빈주의자들의 토양에서 성화론을 개진하고 있음을 알수 있다.

3) 점진적인 성장과정에 순간적인 요소가 결합되어 있으며, 무한히 성장하는 것이다.

그러나 중생에서 시작된 점진적 성화가 몸이 영화되는 그 순간에 완결된다는 점에서는 칼빈주의와 입장을 같이 하지만, 웨슬리는 거기에 머무르지 않고 점진적인 성화과정에 순간적인 요소가 결합되어 있다고 주장한다. 곧 중생이 순간적인 사건이듯이 점진적인 성화과정에서 순간적으로 온전히 성화되는 단계가 있다는 것이다. 그리고 온전한 성화는 사람이 죽기 전에 이 세상에서도 체험할 수 있는 은혜라고 주장한다. 사람이 점진적으로 죽음에 이르지만 그에게 죽는 한 순간이 있듯이 신자가 내재적인 죄에서 온전히 구원 받는 순간이 있다고 본 것이다. 그렇다고 그 순간에 성화는 완결되는 것이 아니라 계속하여 목적론적 성장(teleological growth)을 이루어 가는 것이라고 주장한다.

4) 성화의 단계

그리하여 웨슬리에 의하면, 성화는
① 불신자의 회개와 믿음으로 중생함과 함께 시작되어(이를 그는 초기의 성화, Initial sanctification라고 부른다) 점진적으로 성화하되, 그 과정에서
② 신자의 회개와 믿음으로 온전한 성화(Entire sanctification, 이를 흔히 성결이라고 부르기도 한다)[2]에 이르고, 그 후 계속 성장하여 마침내
③ 영화(glorification)의 순간에서 완결된다고 주장한다.

그러기에 웨슬리에게 있어서는 온전한 성화가 끝이 아니다. 하나의 단계이지만 동시에 새로운 출발점이다. 그래서 그는 성화의 과정은 목적론적으로 성장(teleological growth)하는 것이라고 주장한다. 그러면서 웨슬리는 중생한 자가 거기에 머무르지 말고, 온전한 성화를 추구하며 나가야 한다고 강조하였다. 거룩함이 없이는 주님을 볼 수 없다고 믿었기 때문이다(히 12:14).

성화의 과정에 온전한 성화의 단계가 있다고 하는 웨슬리의 주장에 대해 여러 가지 비판적 견해가 있다. 혹 웨슬리 개인의 체험담은

아닌지, 비성경적인 주장이 아닌지 등의 이의 제기도 그 중 일부였다. 그러나 우리는 웨슬리가 "나는 나의 영혼을 구원하려는 목적과 소원 이외에 다른 생각은 일체 없이 신구약 성경을 읽다가 바로 신구약 성경 안에서, 곧 하나님의 말씀에서 이 도리를 발견한 것입니다."[3]라고 말했듯이, 그가 말한 성화과정도 성서에 근거한 것임을 볼 수 있다.

이는 사도 바울의 견해와 일치한다. 예를 들어, 바울이 데살로니가 교회에 쓴 서신을 보자. 데살로니가전서 1장을 보면, 바울은 데살로니가에 있는 교인들을 칭찬하고 있다. 이들에게는 믿음과 사랑, 그리고 소망이 있었다(살전 1:3). 이는 복음을 능력과 성령과 확신으로 받아들인 결과이다. 곧 복음적으로 중생한 표적이다.[4]

그렇다면 이들은 정숙주의자(quietist)들이 말하는 대로 더 이상의 여지가 없는 완전한 신자들이었던가? 아니다. 바울은 데살로니가전서 3장 10-13절에서 이들을 위한 간절한 기도를 표현하고 있다. 그들이 믿음에 있어서, 사랑에 있어서 보다 더 성장하기를 기원하고 있다. 그리고 소망과 연결시켜 이들의 '거룩함에 흠이 없게 하시기를' 기원하고 있다.

성도는 거듭남으로 거룩하여져서, "거룩하여진 상태"(ἁγιωσύνη, the state of being sanctified)를 지니고 있다. 이는 실제적 성결(imparted holiness)이다. 그러나 성경 본문은 신자가 더 성결해져야 한다는 것을 말하고 있는 것이다. 중생함으로 성화가 시작되고 신자는 그로부터 성장하여야 한다는 웨슬리의 주장은 이처럼 성경이 뒷받침하고 있는 것이다.

그러면서 바울은 데살로니가전서 4장 3절에서 바로 이러한 성화의 과정(ἁγιασμός, the process of sanctification)이 하나님의 뜻이라고 상기시키면서, 순종할 것을 종용하고 있다(살전 4:8). 그리고 데살로니가전서 5장 23절에서 이들을 위한 마지막 기도를 언급하고 있다. 곧 '평강의 하나님이 친히 너희를 온전히 거룩하게 하시고 또 너희의 온 영과 혼과 몸이 우리 주 예수 그리스도께서 강림하실 때에 흠 없게 보전되기를 원하노라'

여기에서 '거룩하게 하시옵소서'(ἁγιάσαι)라는 동사는 헬라어의 애오리스트 시상(Aorist tense)으로, 순간적이며 완결한 동작을 나타내는 것이다. 그러기에 이 기도는 신자가 성화의 과정에서 철저하게 성결해지기를 기원하고 있는 것이다. 이러한 기도는 바울이 고린도후서 7장 1절에서 권면한 말에서 힘있게 뒷받침되고 있다. 곧 바울은 '우리 안에 있는 성결한 상태 (ἁγιωσύνη)를 완전케 해나가는 가운데, 육과 영의 온갖 더러운 것에서 자신을 단번에 순간적으로 그리고 온전히 깨끗하게 하자(καθαρίσωμεν)[5]라고 교인들에게 권하고 있다.

이렇게 권하고 기원한 것은 그들이 살고 있는 동안에 이루어지기를 바라는 것이었음이 틀림없다. 이는 모든 신자가 살아있는 동안에 온전한 성결의 은혜를 받으라고 강권하는 웨슬리의 주장을 힘차게 뒷받침하고 있는 것이다. 바울은 이어 이런 상태가 마지막 날까지 보존되기를 기원하고 있다(살전 5:23b). 또한 바울은 성화는 하나님께서 이루시는 것이라고 말하고 있다(살전 5:24)

성화의 과정에 성결(온전한 성화)의 순간적인 단계가 있다고 하는 웨슬리의 주장은 성화가 인간의 수양으로 되는 것이 아니라 하나님의 은혜의 역사로 이루어지기 때문에 가능한 것이며 또한 신자가 이 땅위에 살고 있는 현재 여기(here and now)에서도 가능한 것이라고 믿은 데서 비롯된 것이다.

3. 온전한 성화(성결)

1) 왜 거듭난 신자가 온전한 성화를 추구하여야 하는가?

혹자는 사람이 거듭났으면 되었지 온전한 성화를 받아야 할 필요가 있느냐고 말한다. 그러나 그 필요는 절실하다. 왜냐하면 사람이 의롭다함을 받은 후에도 그 안에 아직도 내재적 죄(being of inward sin)가 남아 있기 때문에 내적 갈등 속에 고민하며, 승리하는 생활을 할 수 없기 때문이다. 더 나아가 성화를 추구하지 않으면 신자의 위치도 유지할 수 없기 때문이다. 그리고 성경이 '거룩함(άγιασμός)을 따라라 이것이 없이는 아무도 주를 보지 못하리라'(히 12:14)고 말씀하고 있기 때문이다. 아래에서 좀 더 자세히 살펴보기로 하자.

(1) 신자 안에 아직도 내재적인 죄가 남아 있기 때문에
웨슬리는 "죄인이 되었던 우리들이 예수님의 보혈에 의한 구속을 알았을 때… 우리는 더 이상 죄인이 아니며 우리의 죄는 용서 받았을 뿐 아니라 멸절되었다고 생각하는 것은 당연한 일입니다. 우리의 마음속에서 악을 느끼지 않을 때 아무 악도 없는 것이라고 우리는 주저하지 않고 생각하게 됩니다."[6]라고 하였다. 그러나 한편 다음과 같이 말하였다.

"모든 죄가 없어졌다고 생각하던 사람이 얼마 안 가서 자기 마음속에 아직도 자만(pride)이 남아 있음을 느끼게 됩니다.[7] 나는 하나님에게서 난 사람이라도 그가 상당한 시일이 지난 뒤에 이 탐심을 조금이라도, 특히 단 한번이라도 느껴보지 않은 사람은 없다고 믿습니다. 그러므로 우리는 탐심이 자만, 이기심, 분노와 함께 의롭다함을 입은 사람들의 마음속에 아직 남아 있다는 것을 전적으로 인정합니다."[8]

그러므로 의롭다함을 입은 신자는 아직도 갈등 속에 있으면서, 승리하는 신앙생활을 하지 못한다는 것이다. 이는 로마서 7장 15-24절에 있는 사도 바울의 고백에서도 뚜렷이 드러난다. 그는 다음과 같이 고백한다.

"내가 행하는 것을 내가 알지 못하노니 곧 내가 원하는 것은 행하지 아니하고 도리어 미워하는 것을 행함이라 만일 내가 원하지 아니하는 그것을 행하면 내가 이로써 율법이 선한 것을 시인하노니 이제는 그것을 행하는 자가 내가 아니요 내 속에 거하는 죄니라 내 속 곧 내 육신에 선한 것이 거하지 아니하는 줄을 아노니 원함은 내게 있으나 선을 행하는 것은 없노라 내가 원하는 바 선은 행하지 아니하고 도리어 원하지 아니하는 바 악을 행하는도다 만일 내가 원하지 아니하는 그것을 하면 이를 행하는 자는 내가 아니요 내 속에 거하는 죄니라 그러므로 내가 한 법을 깨달았노니 곧 선을 행하기 원하는 나에게 악이 함께 있는 것이로다 내 속사람으로는 하나님의 법을 즐거워하되 내 지체 속에서 한 다른 법이 내 마음의 법과 싸워 내 지체 속에 있는 죄의 법으로 나를 사로잡는 것을 보는도다 오호라 나는 곤고한 사람이로다 이 사망의 몸에서 누가 나를 건져내랴"

이와 같은 사도 바울의 고백을 요약하면, 그는 내적 갈등 속에서 죽을 지경이라는 것이다(롬 7:24). 자기 속에 아직 남아 있는 죄, 곧 자만, 이기심, 분노, 복수심, 세상사랑 등 육신에 속한 마음이 있기 때문이며, 거기에서 벗어나려 하여도 자기의 힘으로 불가능하다는 말이다.

이 내용을 신학적으로 설명하면, 사람이 그리스도를 믿어 의롭다 함을 받음으로(칭의) 죄책(guilt of sin)에서 용서를 받고, 거듭남으로(중생) 죄로 인한 부패성(depravity)에서 부분적으로 씻음을 받아 죄의 지배(power of sin)에서는 벗어났으나, 아직도 그 속에 내재적 죄(being of inward sin)가 남아 있다는 것이다.[9]

그러면 신자 안에 남아 있는 죄란 어떤 것인가? 성서에서는 신자 안에 있는 죄를 '육(σαρξ) 또는 쓴 뿌리'[10]라고 표현하며 심령의 부패를 비유적으로 말하고 있다. 그러나 신자 안에 남아 있는 죄의 본질에 대하여 웨슬리는 이를 윤리적으로 설명하며, 이는 "어떤 물체, 곧 자연적인 실체(substance in nature)를 말하는 것이 아니라 영적인 실체(spiritual substance)를 말하는 것으로, 그리스도 예수 안에 있는 마음과 반대되는 성질 또는 태도(disposition or attitude)를 가리키는 것"[11]이라고 묘사한다. 이는 자아(the self)라는 그릇된 곳에 중심을 두고 있는 태도이며,[12] 자기중심주의에 빠진 성질(a false condition of egocentricity)이다. 그래서 이 내재적인 죄에서 나오는 것은 이기심, 분노, 복수심, 세상사랑 등 육신에 속한 마음, 타락의 경향성이 있는 마음, 하나님에게서 떠나려는 마음이며, 하나님의 성령을 근심케 하는 것들[13]이다.

성격상 이 내재적인 죄는 죄책(guilt)을 포함하지는 않으나, 그것이 발동하면[14] 사도 바울이 고백한 것처럼 "내가 원하는 바 선은 행하지 아니하고 도리어 원하지 아니하는 바 악을 행하는도다"라고 한탄하게 되는 것이다. "내 지체 속에 있는 죄의 법으로 나를 사로잡는 것을 보는도다 오호라 나는 곤고한 사람이로다 이 사망의 몸에서 누가 나를 건져내랴" 하며 절규하게 된다. 이것이 거듭난 신자의 고민과 절규라면 이 지경에서 바로 구원이 요구되지 않는가?

그러나 이런 주장에 대한 신학적 변론도 없지 않아 있다. 예를 들어서, 위에서 언급한 바 웨슬리 당시의 모라비안파, 오늘날로 말하면 신비주의자들은 처음 구원받은 순간 모든 죄에서 완전히 구원을 받아 신자 안에는 죄가 전혀 없다고 주장한다. 따라서 그들은 여기 있는 사도 바울의 갈등이 신자 이전의 것이지, 신자의 갈등이라고 보지 않을 것이다.

그러나 대부분의 신학자들은 웨슬리처럼 여기에 있는 사도 바울의 고백이 은혜 아래 있는 사람들, 즉 그리스도 안에 있는 구속으로 말미암아 값없이 의롭다함을 입은 사람들에 대한 말씀이라고 이해한다. 이 점에서 칼빈주의자들도 웨슬리의 입장에 동의한다. 그러나 칼빈주의자들은 인간이 육신을 가지고 이 세상에서 살고 있는 동안에는 이런 갈등에서 벗어날 수 없으며, 따라서 여전히 죄인으로 살아야 한다고 체념한다.

여기에 웨슬리는 신자가 온전한 성화의 은혜를 받음으로 이 갈등에서 구원받아 승리의 생활을 할 수 있다고 주장한다. 이것이 사도 바울의 믿음과 확신이었다. 로마서 7장 24절에서 절망적인 비명을 고백한 그가 25절에서는 "우리 주 예수 그리스도로 말미암아 하나님께 감사하리로다 그런즉 내 자신이 마음으로는 하나님의 법을 육신으로는 죄의 법을 섬기노라"라고 한다. 이 말은 사도 바울이 전에는 그러한 갈등으로 인해 절망적이었지만 지금은 그리스도로 말미암아 승리하며 살 수 있다는 것이다. 그러면서 8장 1-2절에서 그는 외친다.

"그러므로 이제 그리스도 예수 안에 있는 자에게는 결코 정죄함이 없나니 이는 그리스도 예수 안에 있는 생명의 성령의 법이 죄와 사망의 법에서 너를 해방하였음이라"[15]

그리고 사도 바울은 그의 서신 중 그 어떤 다른 곳에서도 로마서 7장 24절에서 말한 것과 같은 고민을 반복한 적이 없다. 오히려 그는 외쳤다.

"그러나 이 모든 일에 우리를 사랑하시는 이로 말미암아 우리가 넉넉히 이기느니라 내가 확신하노니 사망이나 생명이나 천사들이나 권세자들이나 현재 일이나 장래 일이나 능력이나 높음이나 깊음이나 다른 어떤 피조물이라도 우리를 우리 주 그리스도 예수 안에 있는 하나님의 사랑에서 끊을 수 없으리라"(롬 8:37-39)

또한 "내게 능력 주시는 자 안에서 내가 모든 것을 할 수 있느니라"(빌 4:13)고 개선가를 부르고 있다.

이에 우리는 사도 바울과 함께 신자의 이러한 내적 갈등에서의 구원 곧 온전한 성화(성결)가 약속되어 있음을 믿고 기대하여야 한다. 성경은 그 근거를 증언하고 있다.

(2) 성경에 모든 죄에서 구원 받을 것을 기대할 만한 근거가 있기 때문에.

① 성경은 예수님이 우리의 죄를 사하시기 위하여 십자가에서 대속의 죽음을 취하실 뿐만 아니라, '자기 백성을 거룩하게 하려고' 성

문 밖에서 고난을 받으셨다고 증언하고 있다(히 13:12). 성경은 이어서 증언하기를 "예수 그리스도의 몸을 단번에 드리심으로 말미암아 우리가 거룩함을 얻었노라"(히 10:10)라고 하였다.

② 성경은 하나님이 우리를 모든 죄에서 구원한다고 약속하실 뿐 아니라, 또한 권고하고 있다. 성경을 보면 하나님은 "내가 너희를 모든 부정함(모든 죄악)에서 구원하리라."(겔 36:25, 29, 시 130:8)고 약속하셨다. 또한 "그리스도께서 교회를 사랑하시고… 곧 물로 씻어 말씀으로 깨끗하게 하사 거룩하게 하시고 자기 앞에 영광스러운 교회로 세우사 티나 주름 잡힌 것이나 이런 것들이 없이 거룩하고 흠이 없게 하려 하심이라"(엡 5:25-27)고 하셨다. 이에 응하여 사도 바울은 "그런즉 사랑하는 자들아 이 약속을 가진 우리는 하나님을 두려워하는 가운데서 거룩함을 온전히 이루어 육과 영의 온갖 더러운 것에서 자신을 깨끗하게 하자"(고후 7:1)고 권하고 있다.

③ 성경은 또한 "너는 마음을 다하고 뜻을 다하고 힘을 다하여 네 하나님 여호와를 사랑하라"(신 6:5), "하늘에 계신 너희 아버지의 온전하심과 같이 너희도 온전하라"(마 5:48)고 명령하시며, 이를 위하여 주님께서 그리고 사도가 기도하고 있다.

주님은 마지막 제사장으로서의 기도에서 다음과 같이 간구한다. "내가 비옵는 것은 그들을 세상에서 데려가시기를 위함이 아니요 다만 악에 빠지지 않게 보전하시기를 위함이니이다… 그들을 진리로 거룩하게 하옵소서 아버지의 말씀은 진리니이다… 또 그들을 위하여 내가 나를 거룩하게 하오니 이는 그들도 진리로 거룩함을 얻게 하려 함이니이다 내가 비옵는 것은 이 사람들만 위함이 아니요 또 그들의 말로 말미암아 나를 믿는 사람들도 위함이니… 내가 그들 안에 있고 아버지께서 내 안에 계시어 그들로 온전함을 이루어 하나가 되게 하려 함은"(요 17:15-23)

데살로니가전서에서 "하나님의 뜻은 이것이니 너희의 거룩함이라"(살전 4:3)고 말한 사도 바울은 신자들을 위하여 다음과 같이 기도한다. "평강의 하나님이 친히 너희를 온전히 거룩하게 하시고 또 너희의 온 영과 혼과 몸이 우리 주 예수 그리스도께서 강림하실 때에 흠 없게 보전되기를 원하노라"(살전 5:23). 그리고 하나님께서 그리 역사하실 것을 믿음으로 "너희를 부르시는 이는 미쁘시니 그가 또한 이루시리라"(살전 5:24)고 하였다.

그렇다면, 이런 하나님의 약속과 명령, 그리고 기도는 과연 이루어질 수 없는 것일까? 이 땅에서는 불가능한 것일까? 아니다. 이러한 온전한 성화(성결)는 현세에서도 가능하기에 그리 말하고 있는 것이다. 이 은혜를 체험한 사람들의 증거는 이를 부정할 수 없게 만든다.

(3) 이 은혜를 받은 성도의 증거가 있기 때문에.

웨슬리는 성경에서 사도 요한이 "사랑이 우리에게 온전히 이루어진 것은 우리로 심판 날에 담대함을 가지게 하려 함이니 주께서 그러하심과 같이 우리도 이 세상에서 그러하니라"(요일 4:17)고 증언할 때, 거기 '우리'라고 한 모든 사람이 성결의 은혜를 받은 것이 아니냐고 하며, 많은 사람이 이 은혜를 체험한 것에 대해 말하고 있다.

특히 주님의 제자들이 오순절에 성령충만을 받음으로 변화된 모습은 바로 이를 극적으로 증거하고 있다.[16]

웨슬리는 이어서 말하기를, "만일 이때껏 한 사람도 완전해진 사람이 없다면, 하나님이 나를 기독자 완전을 전하라고 보내지 않으셨을 것입니다."라고 하였으며, 또한 "실제로 경험한 사람이 없다는 것이 나에게 확실해진다면, 그 후로는 나는 '죄는 죽을 때까지 남아있는 것'이라고 가르칠 수밖에 없을 것입니다."라고 했다.[17]

그래서 웨슬리는 온전한 성화의 은혜가 필요할 뿐 아니라 가능하다고 믿으며, 거듭난 신자는 온전한 성화, 곧 성령충만을 받으라고 강조한 것이다. 웨슬리는 온전한 성화(성결)가 곧 기독자의 완전이라고 하면서 이를 성령충만이라고 부른다.

(4) 최소한 중생한 신자의 생활을 계속 유지하기 위하여서.
위에서 언급한 대로 어떤 이들은 중생함으로 구원을 받았으면 되었지 무엇 때문에 성결을 추구하라고 하느냐고 반문한다. 이론적으로 말할 때, 중생함으로 구원을 받은 것은 사실이다. 그러나 실제 생활에서는 그가 최소한 성화를 추구하고 있지 않는 한, 그 상태를 유지할 수도 없다는 사실을 직시해야 한다. 한 가지 예로, 언덕길을 올라가는 자동차의 경우를 생각해 보자. 도중에 가만히 서 있으면 그 차가 그 자리에 머물러 있을 수가 있는가? 언덕의 인력(gravity) 때문에 그 차는 뒤로 내려오고야 만다. 최소한 가속페달을 밟아 진행하려고 할 때, 인력과 중화되어 그 자리에 머무를 수가 있는 것이다. 마찬가지로 중생한 신자가 그 위치에 머물러 있기 위하여서도 성결을 추구하여야 한다. 그리하여 성경은 "거룩함(ἁγιασμός)을 따르라. 이것이 없이는 아무도 주를 보지 못하리라"(히 12:14)고 말씀하고 있는 것이다. 웨슬리는 히브리서 12장 14절을 주석하면서, '성결을 따르지 않는다는 것은 곧 갖가지 죄로 빠지는 길'이라고 했다.[18]
그러므로 성결을 추구한다는 것은 선택의 여지가 없이 모두가 추구하여야 하는 절대 요구이다.

2) 온전한 성화(성결)의 특징

그러면 온전한 성화의 결과는 어떤 것인가? 성결, 곧 온전한 성화를 표현함에 있어 다양한 언어가 사용된 것을 우리는 안다. 이 체험을 시간상으로 표현하면서, 이를 '두 번째 축복(second blessing)', '은총의 두 번째 역사(second work of grace)'라고 표현하기도 하고, 또는 예식상의 용어(ceremonial language)로 '씻음 (cleansing)', '깨끗이 함'이라고 표현하기도 하고, 성령론적인 용어로, '성령세례', '성령충만'(fullness of the Spirit)으로 표현하기도 했다. 그런가 하면 윤리적인 용어(ethical language)로 '완전한 사랑', '그리스도 안에 있는 마음', '하나님의 형상의 새로워짐', '기독자의 완전'으로 표현하기도 했다.

웨슬리 이후의 플레처(John Fletcher), 벤슨(Joseph Benson), 클라크(Adam Clark) 같은 웨슬리 신학자들은 성결을 예식상의 용어로 설명하는 것을 선호하였다. 그리고 19세기 미국의 성결운동에서의 성결학자들이 그러했듯이, 또 다른 편에서는 성결을 성령론적으로 표현하며 성령세례, 성령충만, 그리스도의 불세례라는 용어를 많이 사용하였다.

우리 속에서 역사하시는 분은 성령이시다. 죄를 회개하고 믿는 사람을 거듭나게(성결의 시작)하는 이는 성령이시다. 그 때부터 성령은 신자 안에 내재한다. 신자가 성령의 충만[19]을 받으면 오순절 사건(행 2장)에서 보듯이 신자가 순간적으로 '마음의 깨끗함'을 받으며 동시에 하나님께 봉사하기에 충분한 능력을 받게 된다.[20] 이런 성령론적 표현에 대하여 웨슬리가 반대할 이유는 없다.[21]

그러나 웨슬리는 성결을 기독론적으로 설명하며 윤리적인 용어로 표현하기를 선호하였다. 그래서 그는 성결을 '완전한 사랑', '그리스도 안에 품은 마음', '기독자의 완전' 등으로 표현하였다. 이는 그 당시 열광주의자들의 과오를 경계하는 웨슬리의 입장에서 볼 때, 그리스도를 본받는 사랑의 생활에서 성결을 강조하는 데 장점이 있기 때문이다.[22] 그러면서도 웨슬리는 성결의 체험을 이야기함에 있어서, '할 수 있는 데까지 귀에 거슬리지 않도록 이야기 하라'고 권고하였다.[23]

그러면 이렇게 다양하게 표현되는 온전한 성화(성결)의 특징은 어떤 것인가? 아래에서 자세히 살펴보기로 하자.

(1) 온전한 성화(성결)는 내재적 죄에서의 씻음을 받는 것이다.

웨슬리에 의하면 온전한 성화(성결)는 신자가(내재적인 죄에 대한 신자의) 회개와(성결케 하는) 믿음으로 예수 그리스도의 대속에서 마련하신 성결의 은혜를 받는 것이다. 성결은 하나님이 친히(성령으로) 하시는 일이다.[24] 곧 이는 성령충만으로[25] 모든 내재적인 죄에서 씻음을 받으며[26] 하나님의 부르심에 종사하기에 합당한 능력을 받아 행하게 되는 것이다.[27]

칼빈주의 신학에 서 있는 일부 신학자들인 토레이, 무디 등 케직파에서도, 성결이라는 용어는 사용하지 않지만 신자가 두 번째로 받는 성령충만(또는 성령 세례)을 주장함으로 웨슬리가 말하는 성결과 비슷한 견해를 이야기한다. 그러나 그들은 성령충만으로 능력을 받는 적극적 면만 말하고, 죄에서 온전히 구원받는 것은 인정하지 않는다. 그들은 신자가 육을 가지고 있는 한은 죄에서 벗어날 수 없다고 전제한다. 따라서 인간이 이 땅위에 살고 있는 동안 사람은 무지, 실수의 가능성 등 인간의 연약성을 지니고 있기에 죄인일 수밖에 없다고 단정한다. 그러므로 죄에서의 씻음에 대하여는 부정적이다. 그들은 성령충만을 받으면, 그 성령이 신자 안에 있는 죄를 억누르기 때문에 능력 있는 신앙생활을 할 수 있을 뿐이라고 한다. 이를 억압설(suppression theory)이라고 한다.

그러나 웨슬리는 성령충만을 받으면, 신자는 내재적인 죄에서 온전히 씻음을 받으며, 동시에 신자가 하여야 할 능력을 받는다고 주장한다. 여호와께서 "너희는 스스로 깨끗하게 하여 거룩할지어다"(레 20:7)라고 하셨듯이, 거룩(holiness)에는 죄에서 깨끗하여지는 것이 전제되고 있는 것이다. 그러기에 사도 바울도 권고하기를 "그런즉 사랑하는 자들아 이 약속을 가진 우리는 하나님을 두려워하는 가운데서 거룩함을 온전히 이루어 육과 영의 온갖 더러운 것에서 자신을 깨끗하게 하자"(고후 7:1)고 하지 않았는가. 이에 웨슬리는 케직파들과는 달리, 성화에서 마음이 깨끗해져야 할 필요를 강조하며, 바로 그 소원이 성령충만에서 이루어진다고 주장한 것이다. 곧 '오직 주님께서 우리 마음에 다시 한 번, 곧 두 번째로(곧 온전한 성화에서) "깨끗하여지라."고 말씀하실 때에 비로소 가능케 되는 것이다.'[28]

웨슬리의 이런 주장 곧 온전한 성화(또는 성령충만의 결과)를 그렇게 죄에서 씻음을 받는다고 하는 소극적인 면과 또한 능력을 받는다고 하는 적극적인 면으로 함께 설명하는 것은 논리적인 것이기도 하다. 예를 들어서 '방이 밝아졌다'고 할 때, 이는 한편 어두움이 사라졌고 동시에 밝아졌다는 것이 아니겠는가. 이런 웨슬리의 입장은 사도행전 15장 8-9절에서 베드로가 초대 신자들이 성령충만을 받

을 때에 믿음으로 마음의 깨끗함을 받았다는 증언으로 뒷받침되고 있는 것이다.[29]

그러면 '마음을 깨끗이 하였다.' 또는 '죄에서 씻음을 받는다.'는 말은 무엇을 의미하는가?

이를 윤리적으로 설명하면, 웨슬리가 위에서 말했듯이, 죄에서 씻음을 받는다는 것이란 신자 안에 있는 죄, 곧 자기중심의 성질과 태도가 주님 중심의 태도로 바뀌는 것을 의미한다.[30] 웨슬리는 갈라디아서 2장 20절을 인용하여 다음과 같이 표현하고 있다.[31]

"내가 그리스도와 함께 십자가에 못 박혔나니 그런즉 이제는 내가 사는 것이 아니요 오직 내 안에 그리스도께서 사시는 것이라 이제 내가 육체 가운데 사는 것은 나를 사랑하사 나를 위하여 자기 자신을 버리신 하나님의 아들을 믿는 믿음 안에서 사는 것이라"

이와 같이 성결을 인격적인 관계에서 중심의 변화를 의미하는 것으로 이해하여야 한다.

어떤 이들은 그런 생활이 신자로서 가능하냐고 의심하는 사람도 있다. 나는 이 세상에서 남편을 극진히 사랑하고 존경하는 한 아내의 생활에서 볼 수 있듯이 신자는 주님과의 관계에서도 그렇게 살수 있구나 하는 것을 본다. 관찰하건대, 그 아내의 생각과 삶은 오로지 그 남편 중심으로 이루어지는 것을 본다. 그는 음식을 지을 때나, 무엇을 할 때도 남편이 원하는 것을 먼저 생각하고 행동한다. 그리고 남편을 늘 그리워하며, 그의 곁에서 행복을 느끼며 산다. 곧 그는 나와 너(I thou)가 늘 함께 있으되, 늘 너(Thou)가 중심이 되고 있다.

그와 같이 성결한 사람은 나 중심이 아니라 주님 중심의 태도에서 삶을 살아가는 것이다.

(2) 온전한 성화(성결)는 그리스도가 품으셨던 마음을 품고 사랑하는 삶이다.

사도 베드로가 "너희가 진리를 순종함으로 너희 영혼을 깨끗하게 하여 거짓이 없이 형제를 사랑하기에 이르렀으니"(벧전 1:22)라고 하였듯이, 죄에서 온전히 씻음 받은 결과는 사랑이다.³² 성결의 소극적 면이 내재적인 죄에서의 씻음이었다면, 적극적인 면, 능력은 곧 사랑을 의미하는 것이다. 곧 "그리스도가 품으셨던 마음 전체가 내 안에 있어, 나로 하여금 그리스도의 행하신 대로 행하게 하는 상태이다…그것은 마음이 전폭적으로 하나님의 형상을 따라 새로워지는 것이요 마음을 창조하신 자의 형상을 온전히 회복하는 것이다." 또 다른 견지에서 보면, "온전한 성화는 바로 순수한 사랑, 그 이상, 그 이하도 아니다. 이 사랑은 죄 곧 사랑과 배치되는 것은 모두 버리고, 이 사랑이 하나님의 자녀의 마음과 삶을 지배하는 것이다."³³ 그리하여 온 마음을 다하여 하나님을 사랑하고, 이웃을 내 몸같이 사랑하는 것이다.

사랑으로 표현되는 성결은 마음과 생활에서의 성결이지 감상적이거나 신비적인 것이 아니다. 웨슬리는 다음과 같이 말한다.

"그리스도의 복음은 단순한 종교를 말하는 것이 아니라 사회적 종교(social religion)를 의미합니다. 마찬가지로 단순한 성결(mere holiness)은 없고 사회적 성결(social holiness)이 있을 뿐입니다. 기독자 완전의 길이와 넓이 그리고 깊이와 높이는 바로 '사랑으로 역사하는 믿음'입니다… 그리하여 그는 기회가 있을 때에, 주님이 그랬듯이, 선한 일을 하려고 할 것입니다."[34]

따라서 행동으로 이어지는 사랑이 떠나면 성결은 그 내용이 없어지고 마는 것이다.[35] 하나님의 사랑이 폭넓은 사랑(comprehensive love)이듯이 우리의 사랑도 그러한 사랑이라야 한다. 그러므로 메소디스트는 첫째로 복음을 전파하여야 하며 또한 사랑의 봉사를 하여야 한다고 웨슬리는 주장하였다. 그리하여 메소디스트는 전도와 아울러 경제적으로 어려운 자들을 도와주며 공장사역과 교육을 통하여 어두운 사회를 밝게 변화시키는 일을 하였다. 웨슬리는 당시의 노예문제, 감옥의 상태 또는 산업에서 가진 자들의 착취행위에 대하여 항변하기를 주저하지 않았다.

웨슬리는 성결(온전한 성화)을 하나님과의 신앙의 관계, 또는 동기에서 이해한다. 그러한 측면에서 기독자 완전이란 하나님께 바치는 의도의 순수성(purity of intention)이라고 했다.[36] 이는 행동의 결과에서의 완전을 말하는 것이 아니다. 곧은 나무 막대기가 물에 비칠 때 굽어보이듯이, 사람의 동기가 아무리 순수하더라도 그가 인간의 연약성을 지니고 있는 한 그 행동의 결과가 완전할 수는 없는 것이다.

은혜나 죄를 물건처럼 생각하여(thing-thinking approach) 접근하면 안된다. 하나님과의 인격적인 관계에서 이해하여야 한다. 그럴 때에 우리는 웨슬리가 말하는, 성결의 소극적인 면과 적극적인 면, 그리고 완전하지만 동시에 더 성장하여야 되는 성결의 성격을 포괄적으로 이해하게 된다.

사랑은 '순수'한 것이다. 그러나 동시에 무한히 성장하는 것이다.

바울이 데살로니가에 있는 신자들의 '사랑의 풍요함'을 인하여 감사하면서 동시에 그 사랑이 더욱 많이 넘치기를 위해 기도한 것처럼,[37] 기독자 완전은 완전한 것이지만 동시에 부단히 더욱 완전으로 나아가야 하는 것이다.[38]

성결에 대하여 이처럼 이해할 때 이 교리에 대한 많은 오해가 제거된다. 웨슬리가 성결을 온전한 사랑이라고 할 때, 이 사랑은 정적(static)인 것이 아니고 동적인 인격적 관계에서 이해되는 것이다. 사랑은 소극적인 의미에서는 바로 죄적인 것을 모두 추방하며, 적극적인 의미에서는 사랑의 마음을 채워 사람의 모든 말과 행동을 지배한다. 그러므로 성서가 말하는 성결의 전부는 바로 완전한 사랑(perfect love), 곧 마음과 뜻과 정성을 다하여 하나님을 사랑하고 또한 이웃을 사랑하는 것이다.[39]

웨슬리에 의하면 사랑은 그리스도인의 성화의 총체이며, 사도 요한이 어린이의 믿음, 청년의 믿음, 아버지의 믿음으로 신자를 구분했듯이 신자에게서 이 사랑은 다양한 단계(various degree)로 발견되는 것이다.[40] 하나님께로 난 자는, 아직도 '그리스도 안에서 어린이'이지만 그 순간부터 그 마음에 하나님을 향한 사랑을 가지고 있는 것이다.[41] 그렇다면 온전한 성결을 체험한 사람과 체험하지 못한 신자 사이의 차이는 무엇인가? 사랑의 정도(degree)의 차이가 있을 뿐이다. 곧 온전한 성결을 체험하지 않은 사람에게는 하나님 사랑이 자기 사랑, 세상사랑 그리고 이성의 사랑과 섞여 있는 것이다. 그 사랑이 얕은 정도(in low degree)인 것이다. 성결한 사람에게는 하나님 사랑이 세상 사랑과 섞여 있지 않다. 그 사랑은 죄를 물리치는 사랑, 마음과 말과 행동을 지배하는 사랑이다. 그리하여 그는 마음과 뜻과

정성을 다하여 하나님을 사랑하고 또한 이웃을 사랑한다는 것이다. 웨슬리에 의하면 성경이 말하는 성결은 이 이상도 그 이하도 아니다. 하나님과 사람을 향한 순수한 사랑, 바로 그것이다.[42] 그러면 마음과 뜻과 정성을 다하여 하나님을 사랑한다는 것은 무엇을 의미하는가? 이에 던닝(H. Ray Dunning) 박사는 다음과 같이 설명하고 있다.[43]

이는 첫째로, 피조물과 그의 모든 것에 대한 사랑을 하나님의 사랑에 항상 종속시켜야 한다는 것이다. 곧 첫째가 하나님 사랑이요, 세상에 대한 사랑은 그 다음이라야 한다는 것이다. 우리는 물건을 사랑하고, 하나님은 이용하는 경향이 있지만, 과감하게 하나님을 사랑하고 물건들을 이용한다는 것이다. 다시 말해, 사랑에 있어 우선순위의 문제인 것이다. 웨슬리는 성결한 사람에 대하여 다음과 같이 묘사한 적이 있다.

"그 마음의 기쁨은 하나님이요. 그 영혼이 바라는 전부이다. 그리하여 늘 외친다. '당신 외에 내가 누구를 원하리오?' 이 땅에서 내가 원하는 분은 당신 외에 없습니다. 나의 하나님, 당신은 나의 전부입니다."[44]

또한 하나님을 사랑한다는 것은 하나님의 뜻에 순종(obedience)한다는 것을 의미한다. 주님께서 일찍이 말씀하시기를, "너희가 나를 사랑하면 나의 계명을 지키리라"(요 14:15)고 하셨고 사도 요한도 "하나님을 사랑하는 것은 이것이니 우리가 그의 계명들을 지키는 것이라"(요일 5:3)고 말하지 않았는가. 죄의 본질은 하나님의 뜻과 상관없이 자기의 뜻을 구하는 것이다. 여기서 중요한 것은 순종하는 태도이다. 실행의 결과와 순종의 태도를 혼돈해서는 안된다.

그러므로 던닝에 의하면, 성결한 사람은 세상의 어느 것보다도 하나님을 기뻐하고, 하나님을 봉사하는 일을 즐거워한다. 그리하여 사도 바울이 말한 것처럼, 항상 기뻐하고 쉬지 말고 기도하며 범사에 감사한다. 이런 것이 하나님을 사랑한다는 증거(evidence)인 것이다.[45]

그 다음, 이웃을 내 몸과 같이 사랑한다는 말은 무엇인가? 이웃 사랑이란 하나님에 대한 사랑의 열매이다. 이 말은 우리가 자신을 위한 안녕과 복지를 구하듯이 남을 위하여서도 같은 것을 구하라는 뜻, 곧 자기를 사랑하듯 남도 사랑한다는 뜻이다.

그러면 올바른 자기 사랑(self love)은 어떤 것인가? 웨슬리에 의하면 바른 자기 사랑(proper self love)은 죄가 아니고 불가피하게 있어야 할 의무이다.[46] 곧 우리는 하나님과 이웃을 사랑하여야 하는 의무가 있듯이 자기를 사랑할 의무가 있는 것이다. 절제 없는 자기 사랑(unregulated self love)은 죄의 표현이겠으나, 적절한 자기 사랑(proper or regulated self love)은 마땅히 있어야 한다는 것이다. 그러면서 웨슬리는 그의 설교, '돈의 사용에 관하여'에서 다음과 같이 실제적인 제안을 하고 있다.

"우리들이 세상의 재물을 사용하는 데 대해, 하나님께서 우리들에게 주신 교훈은 다음과 같은 조항으로 요약될 수 있습니다. 만일 여러분이 충실하고 현명한 청지기가 되기를 바란다면, 현재 여러분의 손에 맡기셨으나 하나님께서 원하신다면 도로 그 권리를 회수할 수 있는 하나님의 소유물의 일부 중에서 여러분에게 필요한 것을 공급하십시오. 즉 먹을 음식, 입을 의복, 신체를 건강하고 튼튼히 유지하기 위해서 적당히 요구되는 것을 공급하십시오. 두 번째로, 아내와 자녀, 하인 그리고 여러분 가족에 속한 다른 어떤 이들에게도 이것을 공급하십시오. 만일 이렇게 한 후에 여러분이 남으면 '믿음의 식구들을 위해 선용하십시오.' 만일 그래도 여러분이 남아 있으면 '기회가 있는 대로 모든 사람들에게 선용하십시오.' 이렇게 함으로 여러분은 될 수 있는 한 모든 것을 주는 것이 됩니다. 그 이유는 이런 방법으로 주는 것은 진정 하나님께 바치는 것이 되기 때문입니다. 여러분이 가난한 자들에게 주는 것뿐만 아니라, 여러분 자신이나 여러분의 가족에게 필요한 물건을 공급하기 위해 소비하는 것은 '하나님께 속한 물건을 하나님께 돌려드리는 것입니다.'[47]

위에서 웨슬리가 사랑에 차별을 두고 언급하고 있는 것은, 신약성서에서 말하고 있듯이(갈 6:10 참조) 상대방에 따라서 사랑의 정도에 차이(degrees of love)가 있다는 것을 인지하고 있기 때문인 듯하다. 사랑에도 정도의 차이가 있는 것이다(There is a difference in the degree of love).

(3) 온전한 성화(성결)가 기독자의 완전 곧 상대적 완전이다.
웨슬리는 온전한 성화(성결)(entire sanctification)가 바로 성경이 말하는 '기독자의 완전'이라고 하였다.[48] 이에 대하여 그 당시뿐만 아니라 오늘날에도 많은 사람들이 어떻게 사람이 완전해질 수 있겠느냐고 의문을 표시한다.
1740년 말경 웨슬리는 당시의 런던의 주교인 깁슨 감독을 만나(아마도 부름을 받아) 그의 질문에 답함으로 자신이 전하는 기독자완전이 어떤 것인가를 설명하게 되었다. 웨슬리의 설명을 들은 깁슨 감독은 그것이 웨슬리가 전하는 기독자 완전이라면 이것을 온 세상에 공포하라고 했다. 이에 웨슬리는 그 때 한 이야기를 따라 「그리스도의 완전」이라는 설교를 출판하여, 기독자 완전은 인간의 한계성 또는 연약성(infirmities)에서 벗어난, 실수, 무지, 타락의 가능성으로부터 완전한 자유를 의미하는 것은 결코 아니며,[49] 이는 상대적인 완전을 말하는 것이라고 설명하였다.

① 사실 웨슬리가 주장하는 기독자 완전은 '절대적인 의미에서의 완전'이 아니다. 절대적인 완전은 오로지 하나님께만 속하는 것이다. 그의 피조물은 모두, 그의 종류와 성격에 따라 상대적으로 완전할 뿐이다. 이 땅에 있는 사람은 그가 가지고 있는 연약성(infirmities) 때문에 절대적 완전에는 이를 수 없다.

② 이는 천사와 같이 되는 완전(angelic perfection)도 아니다. 거룩한 천사들은 죄로 인하여 타락하지 않았다. 따라서 창조된 그대로의 완전한 상태를 유지하고 있다. 그러나 사람은 죄로 인하여 타락하여 연약하고 실수할 수 있는 상태에 있기에 그런 완전은 불가능한 것이다.

③ 이는 또한 타락 이전의 아담과 같이 완전해 진다는 것(Adamic perfection)도 아니다. 애초의 사람은 천사보다 좀 못한 존재로 창조되어, 오늘의 타락한 인간이 알 수 없는 완전한 상태를 유지하고 있었을 것이다. 그러나 오늘의 타락한 인간은 그런 상태로 변화할 수는 없는 것이다.

④ 따라서, 이는 지식에 있어 완전하다는 것도 아니다. 타락한 인간은 범죄로 말미암아 정서도 왜곡되었고 지식도 흐려졌기 때문이다. 따라서 이런 연약성 때문에 현재의 인간은 사리판단에서 오류를

범하게 되는 것이다.

⑤ 또한 이는 유혹과 실수에서 자유롭다는 것도 아니다. 타락한 인간은 인간의 연약성(infirmities)과 한계성을 지니고 있기에 실수에서 자유로울 수가 없다. 이런 제약에서 벗어나는 완전은 그리스도 재림 시 몸이 영화로운 몸으로 영화될 때 이루어지는 것이다. 이런 주장에 있어서는 칼빈주의자들의 주장과 같다. 웨슬리가 말하는 완전은 그리스적 철학에서의 완전이 아니라, 성서가 요구하는 '그리스도인의 완전', 곧 '성서적 성결'이요 '상대적인 완전'인 것이다.[50]

이런 면에서, 여기에서 말하는 완전은 상대적인 것으로, 하나님의 은혜 안에서 예수 그리스도께서 오늘의 상황(present economy)에서 온전케 하시는 것으로서,[51] 율법적인 완전(legal perfection)이 아니라 복음적 완전(evangelical perfection)인 것이다. 이는 타락할 수 있는 상태의 완전인 것이다. 이는 우리 인간이 성취하는 것이 아니라, 하나님이 주시는 은혜요 그리스도의 중보에 의하여서만 유지되는 완전이다.

웨슬리가 '기독자의 완전'은 신자가 인간의 연약성(infirmities)을 가지고 있는 인간으로서의 완전이라고 말하고 있는 것과 관련하여, 그렇다면 죄에서 온전히 씻음을 받은 것이 아니지 않느냐고 반문하는 사람이 있을지도 모른다. 그러나 인간이 지니고 있는 식욕(食慾) 같은 관능(官能)이나 연약성(infirmities)을 죄로 보는 것은 불교나 희랍 철학의 이원론에서 기인한 견해이지 성서적 견해는 아니다. 웨슬리는 그런 것들이 죄를 범하게 하는 계기는 되지만 그 자체를 죄라고 볼 수 없다고 믿었다. 성경이 "하나님께서 지으신 모든 것이 선하매 감사함으로 받으면 버릴 것이 없나니 하나님의 말씀과 기도로 거룩하여짐이라"(딤전 4:4-5)고 증언하고 있지 않는가! 그러므로 웨슬리는 온전한 성화에 있어 그리스도의 피가 성도를 모든 죄에서 깨끗하게 할 수 있다는 것을 믿었다.[52]

그러기에 이 기독자 완전은 신자가 육신을 가지고 살고 있는 동안에도 체험할 수 있는 은혜라고 주장한다. 곧 신자는 온전한 성화를 받음으로 하나님 앞에 '거룩하고 흠이 없이(holy and blameless)' 설 수 있다는 것이다. 이 얼마나 놀라운 약속이요 은혜인가!

그러나 이런 은혜가 어떻게 지속될 수 있는 것인가에 대하여는 많은 이들이 고민하고 있는 것을 본다. 바로 이 문제로 필자 자신도 오랫동안 고민했었다. 필자는 서울신학교를 졸업하고 여러 기도회도 참석하면서 깊은 은혜를 사모하였다. 한 번은 하나님께서 나의 모든 내재적인 죄를 씻으시며 하나님 앞에 흠이 없이 서게 하시는 놀라운 은혜를 체험하고 얼마나 기뻤는지 모른다. 그 때 성결교회가 강조하는 성결의 복음에 깊이 감사했다.

그런데 며칠 후에 필자는 고민에 빠졌다. 왜냐하면, 드리는 기도의 첫마디가 '주여 불쌍히 여기소서!' 하는 간구였기 때문이다. 하나님께서 나의 모든 죄를 씻으셨다고 확신하였는데, 왜 나에게 또 죄의식이 있는 것인가 하는 의문에 여러 선배에게 문의하였으나 시원한 해답을 얻지 못하였다. 어떤 이는 성결한 사람에게는 죄의식이 있을 수 없다고 주장한다. 그렇다면 나의 그 체험은 진정한 것이 아니었단 말인가? 또 어떤 이는 신자가 무의식중에 범하는 허물이나 실수는 죄가 아니라고 한다. 그러면, 나의 죄의식은 진실한 느낌이 아니라는 것인가? 고민은 점점 깊어졌다. 그러나 그 후 웨슬리의 설명에 의하여 그 고민이 해결되었다. 그 때 얼마나 기뻤는지 모른다. 이것이 내가 웨슬리신학을 좋아하게 된 하나의 계기이기도 하다. 영국의 신학자 스토트(John Stott)가 말한 대로 신앙체험에 신학적 이해가 따르지 않으면 그 체험은 견고할 수가 없다.

웨슬리에 의하면, 그런 인간의 연약성(infirmities) 자체가 죄는 아니지만 죄를 짓는 계기를 마련하는 것은 사실이다. 그러기에 성결한 자라도 생활 속에서 무의식중에 하나님의 법을 어기는 허물을 짓게 되는 것을 면치 못할 것이다. 사람이 죽음을 면치 못하는 인간성을 지니고 있음으로 인하여 이는 불가피 하다는 것이다.[53] 웨슬리는 이를 자의적 죄와 구분하여 '무의적 죄 (無意的罪, The involuntary transgression of the perfect law of God known or unknown)'라고 불렀다. 이런 죄도 예수 그리스도의 보혈의 효험 없이는 하나님의 형벌을 면할 수 없다고 웨슬리는 말한다.[54]

그렇다면 성결한 사람이 성결을 어떻게 유지할 수 있다는 말인가? 이점에 있어, 웨슬리는, 그럼에도 불구하고 성결을 유지할 수 있다고 말한다. 그 비결은 신비스럽고 귀한 것이다. 여기에 우리는 웨슬리가 말하는 성결(곧 온전한 성화의 은혜)은 순간순간 주님을 의지하는 삶이며, 그렇게 함으로 유지되는 기독자 완전임을 이해하여야 한다.

(4) 온전한 성화(성결)는 순간순간 주를 의지하는 그리스도 중심의 삶이다.

웨슬리가 성결한 신자도 무지, 실수의 가능성 등 인간의 연약성(infirmities)을 지니고 있기 때문에 생활 속에서 자기도 모르게 실수 등 범죄를 행하게 된다고 했기에, 많은 학자들이 기독자의 완전, 곧 성결은 불가능한 가능(impossible possibility)이라고 비판한다. 그들은 웨슬리의 성결론은 하나의 이상(ideal)에 불과하다고 생각한다.

그런 주장을 하는 사람 가운데 하나가 칼빈이다. 칼빈은 그런 은혜(성결)는 신자가 바라는 목표이지 이 땅에 살고 있는 동안에는 불가능하다고 한다. 칼빈은 "그런 완전은 우리가 추구하여야만 하지만, 이생에서는 결코 얻을 수 없는 것이다. 왜냐하면 우리들은 죄 많은 이 세상에 살면서 늘 죄를 질 수밖에 없기 때문이다. 그리하여 그리스도는 우리 안에서 씻어야 할 것들(something)을 늘 발견하게 하신다."55고 주장한다. 그는 또 "매일 매일 더 성장하여야 한다면, 거기에는 완전은 있을 수 없는 것이다."56라고 했다.

그러나 웨슬리는 '완전한 자'라도 그에게는 가지고 있는 연약성(infirmities) 때문에 세상에 살면서 실수하며, 따라서 무의식중에 죄를 범함을 면할 수 없다고 인정하면서, 동시에 웨슬리는 성결한 신자는 무지, 실수의 가능성 등 인간의 연약성을 지닌 인간임에도 불구하고 하나님 앞에 정죄함 없이(blameless) 거룩한 자(성도)로 설 수 있다고 주장한다.57

웨슬리는 설교에서 사람들이 고의적으로 짓는 죄, 곧 유의적 죄(자범죄, The voluntary transgression of the known law of God)를 주로 지적하고 회개를 촉구했다. 이는 당연한 일이다. 그러나 웨슬리는 신자가 무의식중에 범하는 무의적 죄(無意的罪)도 죄라고 인정한다. 이 죄도 예수 그리스도의 보혈의 효험 없이는 하나님의 형벌을 면할 수 없다고 웨슬리는 말했다.58

그러므로 일부 신학자들이 웨슬리는 자범죄만 인정하고 후자는 죄로 인정하지 않았다고 말하는 것은 잘못된 해석이다.

앞에서 말했듯이 웨슬리에 의하면, 성결의 은혜를 받은 완전한 기독자(the perfect)도 그들의 연약성으로 인하여 무의적인 죄를 짓는다. 그러므로 아무리 완전한 자라도 "우리의 죄를 사하여 주옵소서"라는 기도를 드려야 한다고 웨슬리는 말한다.[59]

그렇다면 어찌 사람이 성결한 생활을 계속 할 수가 있단 말인가? 그러면 루터가 말한 대로, 신자는 의롭다함을 받아도 동시에 죄인(Simul justus et peccator)이라는 말인가? 웨슬리의 입장은 마치 루터의 주장과 아주 흡사한 것 같이 보인다. 그러나 사실은 다르다. 웨슬리는 신학을 논리적인 추리나 추상적인 접근(speculative approach)으로 설명하지 않았다. 그는 신학적 인간론에서 그랬듯이 구속론의 상황(context)에서 무의식중에 범하는 신자의 무의적 죄를 다루고 있는 것이다. 웨슬리에 의하면, 성결한 자가 대제사장이신 그리스도를 순간순간 의존하는 순간 그가 무의식중에 범하는 죄를 씻으시는 하나님의 은혜로 인하여 성결을 유지하게 된다는 것이다. 그러기에 웨슬리는 "무죄적 완전(sinless perfection)이라는 말은 자가당착 되어 보일까봐 내가 결코 쓰지 않는 어귀이다."[60]라고 말한 바 있다.

이러한 접근은 성서적이다. 성서는 무의식 가운데 범하는 죄도 벌을 받는다고 규정한다. 구약성경은 다음과 같이 증언한다. "만일 누구든지 여호와의 계명 중 하나를 부지중에 범하여도 허물이라 벌을 당할 것이니"(레 5:17), "제사장은 그가 부지중에 범죄한 허물을 위하여 속죄한즉 그가 사함을 받으리라"(레 5:18, 민 15:24,28, 레 4:31,35).

그래서 구약시대에는 일 년에 한 번, 제사장이 지성소에 들어가 백성의 회중을 위하여 속죄함으로, 그 제사에 참여한 모든 자에게, 사죄가 이루어졌던 것이다(레 16:33-34, 15-19, 히 9:6-7). 그리고 신약 성경에는 이제 영원한 대제사장이신 그리스도께서는 "참 것의 그림자인 손으로 만든 성소에 들어가지 아니하시고 바로 그 하늘에 들어가사 이제 우리를 위하여 하나님 앞에 나타나시고"(히 9:24) 하나님 우편에 앉으셔서 중보의 기도를 드리고 계신다는 말씀이 기록되어 있다. "죽으실 뿐 아니라 다시 살아나신 이는 그리스도 예수시니 그는 하나님 우편에 계신 자요 우리를 위하여 간구하시는 자시니라"(롬 8:34).

그러므로 구약에서 부지중에 지은 죄가 지성소에서 드리는 제사장의 제사에 의하여 속죄함을 받았듯이, 오늘날 순간순간 주님을 의지하는 자는 하나님 우편에서 드리는 주님의 중보의 기도로 인하여 사함을 받는 줄 믿는 것이다. 그리하여 성경은 우리가 빛 가운데 거하면(곧 그리스도를 의지하고 있으면) 예수 그리스도의 보혈이 우리를 죄에서 계속 씻으시기 때문에 거룩한 하나님과의 교분을 유지한다고 증언하는 것이다.[61]

이에 웨슬리는 성결한 사람이라도 그리스도를 순간순간 의지하며 주 예수를 필요로 한다고 다음과 같이 주장한다.

"최선의 사람이라도 그들이 대속자와 아버지 앞의 대언자로서 제사장 되신 그리스도를 필요로 합니다. 그들이 받은 모든 은혜의 지속이 주님의 죽으심과 중보에 의존하기 때문에 그렇기도 하지만, 그들이 사랑의 법에 온전히 미치지 못하기 때문에도 그렇습니다. 은총을 입고 있는 상태를 유지하기 위해서 그리스도를 필요로 하는 것 입니다. 여기서 그리스도는... 영원히 살아계셔서 저들을 위한 중보의 간구를 드리고 계시는 것 입니다. 그리하여 '그는 한번 예물을 드리심으로' 거룩해진 자들을 계속하여 완전케 하십니다." 그러므로 "오직 매 순간 보급을 받지 않으면, 그들에게 남는 것은 거룩하지 아니함 밖에 없습니다. 하나

님께서는 성결을 덩어리로 주시지는 않기 때문입니다."⁶²

웨슬리는 이러한 성서적 접근에서 그의 〈신자의 회개〉라는 설교에서 다음과 같이 말한다.

"당신을 사랑하여… 당신의 죄를 그의 몸으로 친히 감당하신 예수를 계속하여 믿으시오! 그는 항상 효험있는 그 보혈로 인하여 당신을 모든 정죄함에서 구원하십니다. 이리하여 우리는 의롭다함을 받은 상태에 계속 머무르게 됩니다. 그래서 우리는 이렇게 고백합니다.
'주여,
나에게는 순간순간 당신의 죽으심의 공로가 필요합니다.'
그러나 또한 우리는 믿음의 확신을 가지고 다음과 같이 외칩니다.
'주여,
나에게는 순간순간 당신의 죽으심의 공로가 효험됩니다.'
우리는 예수님의 생애와 죽음, 그리고 우리를 위한 그의 중보의 기도를 믿음으로 말미암아 순간순간 새로워져서 아주 깨끗해지기 때문입니다. 그리고 우리에게는 지금 정죄함이 없을 뿐 아니라 또한 주님께서 우리의 마음과 생활을 깨끗하게 씻기심으로 전에 있었던 형벌에 대한 두려움도 지금은 없기 때문입니다. 바로 이 같은 믿음으로 말미암아 우리는 순간순간 우리 위에 머물러 있는 그리스도의 능력을 느낍니다. 이 믿음에 의해 우리는 영적 생활을 계속할 수 있습니다."⁶³

웨슬리는 무의식중에 범죄하는 신자의 고백과 믿는 자에게 효험되는 그리스도의 보혈의 효험과의 긴장을 유지하면서, 하나님의 은혜가 더 풍성함을 강조하고 있는 것이다. 바울이 "죄가 더한 곳에 은혜가 넘쳤나니… 우리는 예수 그리스도로 말미암아 영생에 이르게 하려 함이라."[64]고 한 것처럼. 웨슬리는 하나님의 은혜의 역사를, 종교개혁자들 보다는 보다 더 깊이 그리고 역동적으로(dynamic) 보는 은총의 낙관주의자였다.

이러한 이해와 강조의 차이는 우리의 생명력 있는 눈(eyes)과 물질인 안경(eye glasses)에 적절히 비유된다. 안경은 아무리 철저히 물로 닦아서 써도 어느새 안경에 미세한 먼지가 쌓인다. 청결함을 유지할 수가 없다고 결론지어야 할 것이다. 물질을 다루듯이 일방적으로 교리를 접근하면, 신자는 순간적으로 씻음을 받아도 그 성결을 유지할 수 없는 죄인이라고 결론 내릴 것이다. 그러나 살아있는 사람의 눈은 먼지가 들어옴에도 불구하고 그 정결한 상태를 유지한다. 그것은 미세한 먼지가 눈에 안 들어와서가 아니라, 눈에 눈물이 항상 흐르고 있어 먼지가 들어오는 그 순간 씻어주기 때문이다. 성결한 신자가 자신의 연약성 때문에 무의식적인 죄를 범할지 몰라도 그가 그리스도를 계속 의지함으로 주의 보혈의 효험으로 계속 씻음을 받아 성결을 유지할 수 있다는 웨슬리의 이해는 바로 그렇게 설명할 수 있을 것이다.

신자가 자기 안에 아직도 남아 있는 내재적인 죄와 자기 무능을 회개하며 예수를 믿음으로 온전히 성결해져, 곧 내재적인 죄에서 씻음 받으며, 사랑으로 하나님을 사랑하며 이웃을 사랑하며, 항상 기뻐하고 쉬지 않고 기도하며 범사에 감사하는 삶을 갖게 되지만, 이는 바로 그 믿음으로 순간순간 (믿음으로) 주를 의지하고 걸어감으로 유지되는 성결이다. 그것이 바로 웨슬리가 말하는 성결한 삶이다. 그렇게 성결은 그리스도 중심의 삶이다. 그러기에 우리는 이 은혜에서 떨어지지 않도록 힘써야 한다.

(5) 온전한 성화(성결)는 실족할 수 있으나 회복될 수 있는 은혜이다.
웨슬리는 이 온전한 성화의 상태가 계속 성장할 것을 권고하는 동시에, 이 상태에서 떨어지지 않도록 주의하여야 할 것을 말하고 있다. 웨슬리는 "사람이 그 온전한 성화의 은혜에서 떨어질 수 있는가?"라는 질문에 답하기를, 그럴 수 있다고 확신한다고 하면서, 그런 실례가 허다하다고 하였다. 이 말은 곧 "성결의 정도가 아무리 높고 강하다고 할지라도, 그 때문에 실족할 수 없는 그러한 성결은 없다."[66]는 것이다.

이 점에서 웨슬리는 이중예정론을 주장하는 칼빈주의가 한번 구원받은 사람은 하나님이 예정한 자이기에 결코 그 자리에서 타락할 수 없다면서 성도의 견인설을 주장하는 것과는 구별된다. 위에서 설명하였듯이 웨슬리는 하나님의 은혜, 구원을 하나님과의 인격적 관계에서 이해하는 것이다.

그러기에 우리는 위에서 말했듯이, 순간순간 주를 의지하는 성결의 삶을 살아가야 한다. 동시에 우리는 이 상태에서 실족한 자가 다시 회복할 수 있음을 믿고 기대할 수 있다. 따라서 실족하였으면, 지체 없이, 우리가 이 은혜를 체험케 하였던 그 방법으로 그 은혜를 회복하도록 하여야 할 것이다. 이는 웨슬리가 강조하는 것이다.

그리하여 웨슬리는 죄에서 구원된 자들을 넘어뜨리는 모든 경우에서 그들을 보호하기 위하여 몇 가지 중요한 충고를 구체적인 예를 들면서 그의 책「기독자의 완전에 대한 해설」에서 말하고 있다.[66]

첫째로 그는 교만을 경계하라고 충고한다. 또한 열광주의, 도덕 무용론(정숙주의), 태만의 죄, 분열 등을 경계하라고 충고한다. 무엇보다도 하나님 밖에 아무 것도 추구하지 않도록 주의하며, 모든 일 곧 옷차림으로 시작하여, 금전의 사용, 대인관계에서 남의 모범이 되라고 충고한다.

이런 충고를 지킴으로 그 귀중한 은혜의 상태에서 실족하는 일이 없도록 하여야 할 것이다. 성화는 하나님의 은혜로 인한 것이지만, 저절로 이루어지는 것이 아니라 사람의 자유의지적 참여에 의해 신인협조적(神人協助的)으로 이루어지는 것이기 때문이다.[67]

따라서 우리는 주님이 정하신 은혜의 수단들(Means of Grace), 곧 기도와 말씀 그리고 성례전, 성도의 교제, 경건의 사역, 자비의 사역 등을 통하여 부단히 성장하여 나가야 할 것이다.

3) 온전한 성화(성결)의 은혜를 받기위하여 어떻게 하여야 하는가?

"너희는 거룩하라 이는 나 여호와 너희 하나님이 거룩함이니라"(레 19:2), "너희는 스스로 깨끗하게 하여 거룩할지어다"(레 20:7)라고 명령하신 하나님은 또한 "너희를 거룩케 하시는 여호와이시다"[68]라고 선언하신다. 곧 거룩케 하시는 분도 하나님이시다.[69]

그러나 하나님은 홀로 하시지 않으신다. 우리의 참여가 있어야 한다. 그러면 그 은혜가 우리에게 임하기 위해서는, 우리가 어떻게 하여야 하는가? 이에 대하여 웨슬리는 「기독자 완전에 대한 해설」(책)에서 다음과 같이 말하고 있다.

"등한한 무관심이나 게으른 정지(靜止)로써가 아니라, 열심히 모든 계명을 순종하여 준행하며, 경성과 애씀과 자기부인과, 날마다 십자가를 스스로 취함으로써 기다려야 합니다. 또한 열심히 기도하고 금식하며 하나님이 정해주신 모든 규례를 엄수함으로써 기다려야 할 것입니다. 만일 누가 이렇게 하지 않으면서 그러한 변화를 이루기를 (또는 이미 이룬 것을 지속하기를) 꿈꾼다면 그는 제 영혼을 속이는 것입니다. 우리가 그 은혜를 단순히 믿음만으로 받는 것은 사실입니다. 그러나 하나님이 정하신 방법을 따라 아주 부지런히 구하지 않는 한 하나님은 그런 믿음을 주시지 않습니다. 아니, 줄 생각도 하지 않으십니다. 이러고 보니 그 축복을 받는 사람이 왜 그리 적으냐고 묻는 이들에게는 답변을 한 셈 입니다. 몇 사람이나 그것을 이러한 방법으로 추구하고 있는지 조사해 보십시오. 그리하면 충분한 해답을 얻을 것입니다.

특히 기도가 부족합니다. 누가 끈기 있게 이 기도를 계속하고 있습니까? 누가 바로 이 일을 위하여 하나님과 씨름하고 있습니까? 그런즉 '너희가 얻지 못함은 구하지 아니함이요(약 4:2).' 또는 죽기 직전에 가서야 새로워지겠지 하는 것은 잘못된 구함 입니다(약 4:3). 그대가 죽기 직전에 완전해 지는 것으로 그대는 만족하십니까? 그럴 수 없습니다. 오직 지금 이루어지기를 구하라. 오늘이라 일컫는 동안에, 오늘 하나님께서 이를 죽는 그 시간으로 정한 것이라고 일컫지 마십시오. 내일이 하나님의 때임과 같이 분명코 오늘도 그의 때입니다. 급히 서두르십시오, 사람아, 어서 서두르십시오."[70]

위의 말에서 연역되는 것은 성화도 하나님의 은혜(sanctifying grace)이기에 결국에는 믿음으로 받는 것이지만, 믿음에 앞서, 아니 믿음과 함께, 간절히 성결을 추구함이 있어야 한다는 것이다. 따라서 은혜의 수단들을 통하여, 하나님의 계명들을 지켜 사랑과 선행으로 추구하여야 한다는 것이다.

(1) 하나님의 계명을 지키며 추구하여야 한다.

이에 웨슬리는 1745년 브리스톨에서 가진 대화(Conversation II)에서, 이 성결의 약속이 충족되기 위해서는 "하나님의 모든 계명들을 지키며, 자신을 부인하고, 매일 우리들의 십자가를 지면서 하나님께 순종하여야 한다. 이것들이 우리들이 성화의 은혜를 받기 위하여 제정하신 수단들이다. 특별히 기도, 말씀 탐구, 성도의 교제, 금식 이 필요하다."라고 말하였다.[71]

성화를 위해서는 위에서 말한 경건의 사역(all works of Piety, 기도, 성찬예식 참석, 성경말씀 탐독 등)뿐 아니라, 굶주린 자에게 먹을 것을 주며, 감옥이나 환자 방문, 나그네를 돌보는 일 같은 자비의 사역(all works of mercy)도 필요하다고 하였다.[72]

(2) 믿음에 앞서 회개하여야 한다.

그리고 이 은혜를 받기 위해서는 웨슬리가 그의 설교, 신자의 회개, 성서적 구원의 길에서 지적하는 대로, 신자는 성령의 깨우침에 따라, 아직까지 신자 안에 남아 있는 죄들, 자만, 이기심, 고집, 불신 등, 그릇된 자기중심에 매여 있는 죄를 깨달아 회개하여야 한다. 그리고 이 고통에서 스스로 벗어나려야 벗어날 수 없는 자기 무능을 깨닫고 회개하여야 한다. 이것이 웨슬리가 말하는 신자의 회개이다.[73] 그러한 회개는 우리가 하나님을 향하도록 인도한다. 그리고 우리는 하나님께서 선물로 주시는 믿음으로 죄에서 깨끗함을 받으며 능력을 받게 된다. 이는 하나님이 하시는 일이며, 은혜이다. 웨슬리는 성화를 받기 위하여, 더 나아가 그 믿음을 계속하며, 성장하기 위하여 회개와, 회개의 열매가 필요하다고 한다. 그러나 이는 간접적 의미에서 필요한(remotely necessary) 것이요, 직접적으로 필요한 것은 믿음이라고 주장한다.[74]

(3) 믿음으로 받는다. 유일한 조건은 믿음이다.

성화의 은혜를 받기 위해서는, 위에서 말한 대로, 하나님의 계명을 지키며 선행도 하고, 회개도 하여야 하지만, 결국에 가서는 믿어야 하는 것이다. 이와 관련하여 웨슬리는 말하기를, 회개와 선행 같은 회개의 열매는 필요하되 믿음과 같은 정도의 필요는 아니며, 그것들은 믿음을 위하여 간접적으로 필요한(conditionally necessary) 것이며, 믿음은 직접적으로 필요한 것이라고 구분지어 말하고 있다. 다시 말해서 기회와 시간이 있을 때는 참 믿음은 열매를 맺었을 것이기에 그 열매가 조건으로 고려되지만, 아닌 경우에는 회개의 열매나 선행과 상관없이 믿음만으로 성화되는 것이다. 믿음 없이는 성화될 수 없다. 따라서 사람이 많은 선행을 하고 회개의 열매를 맺었어도 믿음 없이는 성화될 수 없다. 그리하여 웨슬리는 1765년에 쓴 설교 「성서적 구원의 길」에서 주장하기를, 믿음으로 의롭다 함을 받듯이 또한 믿음으로 성화를 받는다고 했다. 믿음만이 조건, 성화의 유일한 조건(only condition of sanctification)이라고 주장하고 있다.[75]

그리고 1784년에 행한 설교에서도 "성화는 선행으로 되는 것이 아니니, 아무도 자랑할 수 없도다. 성화는 하나님의 선물이요, 이는 믿음, 단순한 믿음으로 받는 것이다."라고 단언하고 있다.[76] "완전한 성화와 정결하게 됨은 오직 하나님의 은혜요 은사이기 때문이다."[77]

(4) 우리가 성결함을 받은 믿음은 어떤 것인가?

그러면 우리가 믿음으로 성결함을 받고 믿음으로 죄에서 구원받아 사랑 안에서 온전하여진다 할 때 그 믿음이란 어떤 것인가? 웨슬리는「성서적 구원의 길」이라는 설교에서 다음과 같이 설명하고 있다.[78]

"첫째로, 이것은 하나님께서 이것을 성경에 약속하셨다는 것에 대한 신적인 증거요 확신입니다. 즉 약속하시기를 '네 마음과 네 자손의 마음에 할례를 베푸사 너로 마음을 다하며 뜻을 다하여 네 하나님 여호와를 사랑하게(신명기 30:6)' 하겠다고 하셨습니다.

둘째로, 이 믿음이란 하나님께서 약속하신 것은 무엇이나 이루실 수 있다고 하는 신적인 증거요 확신 입니다. 마음을 모든 죄에서 정결케 하고 거룩한 것으로 채운다는 것은 사람으로서는 불가능하지만 '하나님께는 모든 것이 가능'(마 19:26 참조)하므로 아무런 어려움이 생기지 않을 것입니다.

셋째로, 이 믿음이란 하나님께서 이것을 하실 수 있으며 또한 지금 이를 이루시고자 하신다는데 대한 신적인 증거요 확신입니다. 하나님께서는 한 순간이 천년과 같지 않습니까?(벧후 3:8, 시 90:4 참조) 하나님께서 하시고자 하는 일을 이룩하시는 데 시간이 더 필요치 않습니다. 그러므로 우리는 담대히, 어느 시점에든지 '보라 지금은 구원의 날이로다'(고후 6:2), '오늘날 너희가 그의 음성을 듣거든 너의 마음을 완고하게 하지 말라'(히 4:7), '보라 모든 것이 갖추어졌으니 혼인 잔치에 오라'(마 22:4)라고 말할 수 있을 것입니다.

넷째로, 이 확신, 곧 하나님께서는 우리를 성결케 하여 주실 수 있고 또 지금 우리를 성결케 하시려고 하신다는 확신 외에 또 하나 첨가되어야 할 것이 있는데, 그것은 곧 하나님께서 이것을 행하신다는 신적인 증거와 확신입니다. 이것은 그 시간에 이루어지는 것입니다.

하나님께서는 우리 영혼에게 '너희 믿음대로 되라'(마 9:29 참조)고 말씀하십니다. 그 때에 영혼은 모든 죄의 더러움에서 정결해집니다. 모든 불의에서 깨끗하여집니다. 그 때에 신자는 그가 빛 가운데 계신 것 같이 우리도 빛 가운데 행하면 우리가 서로 사귐이 있고 그 아들 예수의 피가 우리를 모든 죄에서 깨끗하게 하실 것이요'(요일 1:7)라는 엄숙한 말씀의 깊은 뜻을 체험하게 되는 것입니다. 그러므로 당신은 매 순간 이것을 찾으십시오! 위에서 설명한 방법에서 그 증거를 찾으십시오! 즉 그것을 위하여 여러분은 그리스도 예수 안에서 새로 지으심을 받았으니 모든 선행 안에서 증거를 찾으십시오. 설사 보다 나은 것이 없다 하여도 더 악화될 위험은 없습니다. 만약 여러분의 바라는 일에서 실망을 당한다 하여도 손해 보는 것은 없습니다. 또한 실망하지도 않을 것입니다. 지체하지 않고 올 것입니다. 그러니 매일 매시 매순간 그것을 구하십시오! 어찌하여 이 시간 이 순간에 찾지 않으십니까? 분명히 여러분이 신앙으로 그렇다고 믿을진대, 지금 이것을 찾을 수 있습니다."

웨슬리는 설교를 마치면서 다음과 같이 도전한다.

"그러면 당신의 원칙에 진실하십시오! 그리고 이 축복을 구하십시오! 구하시되 당신이 있는 바로 그 상태에서(just as you are), 곧 더 나은 상태나 더 악화된 상태에서가 아니라, 있는 그대로의 상태에서 구하십시오! 그리고 그리스도가 돌아가셨다는 것 외에는 아무 것도 지불할 것도 간구할 것도 없는, 다만 가엾은 죄인의 자리에서 구하십시오.
당신이 있는 그대로에서 이것을 구하신다면, 지금 그리될 것을 기대하십시오. 지연시킬 이유는 없습니다. 어찌하여 지연시키려고 하십니까? 그리스도는 준비하고 계십니다. 그리고 그리스도야말로 당신이 원하는 바의 전부이십니다. 그는 당신을 기다리고 계십니다. 그는 문 앞에서 계십니다(계 3:20 참조). 진실된 마음으로 부르짖으십시오.

그대, 하늘의 손님이시여!

들어오시오, 들어오시오.

그리고는 다시 떠나지 마시고

저와 더불어 먹으며

이 잔치가 영원한 사랑의 잔치가 되게 하옵소서."[79]

4) 성결의 은혜를 받은 것을 어떻게 알 수 있나?

신자가 자기가 구원 받은 것을, 그리고 성결의 은혜를 받은 것을 알 수 있는가? 이는 또 하나의 중요한 문제이다. 초대 사도들은 구원에 대한 확신이 있었다. 이 확신은 신앙생활에 활력소의 역할을 한다.

로마 카톨릭 교회는 확신의 교리를 성례전과 연관시켜서 가르침으로써 본질을 희미하게 만들었고, 일부에서는 예정의 교리에 예속시킴으로 추상화하여 확신의 교리의 활력을 유지하지 못했다. 그러나 웨슬리는 이를 현재 여기에서의 성령의 역동적인 역사 가운데에서의 하나님과의 인격적 관계로 설명함으로 활력 있는 확신의 교리를 전개하였다.

성령은 하나님이 하신 일을 알게(증거)하는 사역도 하시기 때문이다. 성경은 다음과 같이 증언한다.

"사람의 일을 사람의 속에 있는 영 외에 누가 알리요 이와 같이 하나님의 일도 하나님의 영 외에는 아무도 알지 못하느니라 우리가 세상의 영을 받지 아니하고 오직 하나님으로부터 온 영을 받았으니 이는 우리로 하

여금 하나님께서 우리에게 은혜로 주신 것들을 알게 하려 하심이라"(고전 2:11-12).[80]

그러므로 성령이 친히 우리의 영과 더불어 우리가 하나님의 자녀인 것을 증언하셨듯이(롬 8:16) 또한 성령의 증거로 성결 받음도 알 수 있다는 것이다. 성령의 증거는 나의 영혼에 주는 확신이다. 웨슬리는 이를 '나의 영혼에 끼치는 내적 인상(inward impression)'이라고 하였다. 성령의 증거는 마음에 가져다주는 내적 확신(inner persuasion)이며 신념(conviction)이다.

웨슬리는 그의 '기독자의 완전에 대한 해설'이라는 책에서 '사람이 언제 자기가 이 상태를 이루었다고 판단할 수 있습니까?'라는 질문에 답하면서 다음과 같이 말하였다.

"그가 칭의(稱義)에 앞서 경험했던 것보다 훨씬 더 깊고 분명한 깨달음에 의하여 자신이 타고난 죄를 다 깨달은 후, 또한 그 죄가 점점 소멸되어가는 것을 체험한 후, 죄에 대하여 완전히 죽고 하나님의 사랑과 그의 형상으로 철저히 새로워짐을 체험하여 항상 기뻐하고 쉬지 않고 기도하며 범사에 감사하게 될 때에 그는 그렇게 판단할 수 있을 것입니다. '사랑만을 느끼고 죄를 느끼지 않는 것' 만으로는 충분한 증거가 되지 않습니다. 영혼이 아주 새로워지기 전에도 한동안 이런 체험을 한 사람이 더러 있었습니다. 그러므로 그가 칭의의 은혜를 받을 때처럼 성령께서 온전한 성화에 대해 증거해 주시는 일이 있기 전에는 아무도 그 역사가 이루어졌다고 믿어서는 안 됩니다."[81]

이와 같이 성화는 신자 자신의 증거와 성령의 직접적인 증거에 의하여 알 수 있지만, 거기에는 성령의 열매가 따라야 한다. 그리하여 웨슬리는 또한 같은 책에서, "그대가 성화되었다는 것, 곧 타고난 내적인 부패에서까지 구원되었다는 것을 어떻게 알 수 있습니까?"라는 질문에 다음과 같이 답하였다.

"내가 그것을 알 길은 내가 의롭다 하심을 받은 것을 아는 방법과 다름없습니다. 우리는 그것을 성령의 증거와 열매로 알 수 있습니다. 첫째, 성령의 증거로 알 수 있습니다. 우리가 의롭다 하심을 받았을 때 성령이 우리 영으로 더불어 우리 죄들이 '용서 받은 것'을 증거하신 것과 같이 우리가 성화되었을 때에는 우리 죄들이 '제거되었음'을 증거 하셨습니다."[82]

결국, 우리는 성결을 구하는 자 자신의 증거와 하나님의 말씀과 성령의 열매 그리고 성령의 내적 증거의 공동 증거(joint witness)에 의하여 성결의 은혜를 받은 것을 확인할 수 있는 것이다.

그러나 여기에서 우리가 한두 가지 유의하여야 할 것이 있다. 곧 우리가 성결의 은혜를 받는 것은 믿음으로 받는 것이지 증거로 받는 것이 아니라는 것이다. 증거는 뒤에 따르는 것이지, 증거가 믿음에 앞서는 것이 아니다. 증거는 믿음 뒤에 즉각적으로 올 수도 있으나, 때로는 늦게 올 수도 있고, 때로는 희미하게 올 수도 있다. 웨슬리는 다음과 같이 말한다.

"실상 성화의 증거는(칭의의 증거도 그러하듯이) 처음에는 언제나 분명한 것은 아니다. 후에 가서도 언제나 한결같지는 않고 칭의의 증거처럼 때로는 더 강하고 때로는 약하다. 그 뿐이겠는가, 때로는 아주 없어지는 수도 있다. 그러나 일반적으로 성화에 대한 성령의 증거의 명백함과 확실성은 칭의에 대한 증

거의 경우와 같다."⁸³

또한 성령의 증거를 사람의 감정(느낌, emotion)과 동일시하면 안 된다. 느낌(emotion)은 증거의 부산물(by-product)이지 느낌이 증거 자체는 아니다. 느낌은 성령의 증거의 부산물로서 여러 모양으로 나타날 수 있을 것이다.

그리고 느낌은 환경에 따라 변하기도 한다. 어떤 이들은 그 느낌의 변화를 잘 이해하지 못함으로 인하여 공연히 고민하기도 한다. 예를 들어 "처음으로 그 은혜를 받을 때 느꼈던 그런 감격적인 느낌이 지금은 없다"고 하면서 고민하는 것이다. 이를 결혼식과 결혼생활에서의 느낌의 관계로 비유하여 생각해 보자. 결혼식은 결혼생활의 시작으로서 삶의 중요한 계기이다. 그 때를 가끔 회상하는 것도 유익할 것이다. 그러나 결혼식 당시 느꼈던 느낌과 분위기를 결혼생활에서 내내 그대로 느끼고 유지할 수 있기를 기대한다면 조만간에 실망할 것이다. 결혼생활은 결혼식 때 가졌던 약속과 의무를 유지하면서 살아가는 것이지, 그 당시와 동일한 느낌과 분위기에서 살아가는 것은 아니다. 마찬가지로 신자가 처음 성결의 은혜를 체험하였을 때의 느낌도 중요하지만, 계속되는 성화의 생활에서는 그때 가졌던 믿음과 헌신에서 살아가는 것이지 같은 느낌을 요구하는 것은 아니다. 느낌의 변화는 당연히 있게 마련이다.

더 나아가 어떤 때에는 영적 메마름(spiritual dryness)을 느낄 때도 있을 것이다. 물론 믿음이 약해지고 순종의 생활을 게을리 함으로 그런 영적 메마름이 올 수도 있으나, 때로는 변하는 환경 때문에, 예를 들면, 치통이 있다던가, 과로했다던가, 또는 어떤 시험을 당하고 있음으로 해서 그리 느낄 수 도 있을 것이다. 이때 기억할 것은 성결의 삶이란 감정에 의존하고 있지 않고 믿음과 헌신에 의존하고 있다는 사실이다. 그리하여 그럴 때일수록, 계속하여 성결하게 하시는 그리스도의 보혈의 공로와 지금도 우리를 위하여 간구하시는 그리스도의 중보의 기도를 계속 믿고 나가야 한다. 또한 그와 같이 믿을 때, 앞에서 설명했듯이, 신자가 무의식중에 지은 허물도 계속 씻으시는 하나님의 은혜를 믿으며 하나님께 순종하며 나가야 할 것이다. 그리하면 하나님의 때에, 성령의 증거로 확신은 회복될 것이다. 성경은 다음과 같이 약속하고 있다.

"나의 계명을 지키는 자라야 나를 사랑하는 자니 나를 사랑하는 자는 내 아버지께 사랑을 받을 것이요 나도 그를 사랑하여 그에게 나를 나타내리라"(요 14:21).

5) 영광스러운 구원을 위해 성결의 은혜를 받아야 한다: 성결과 마지막 구원(Final salvation)

성결파의 일부에서는 성결을 강조하면서, 신자가 온전한 성화(성결)가 되지 못하면 지옥에 간다고 한다. 과연 그런가? 성결과 최종 구원(final salvation)의 문제는 학자 간에 논란이 많고, 별로 다루어지지 않고 있는 부문이다.

하나님께서는 우리를 용납하시되, 처음에 중생함으로 용납하신 그 이상을 요구하실까? 일반적으로 중생함으로 우리는 구원을 받는다고 생각하고 있다. 그러나 중생한 자가 최소한 성화의 길로 나가고 있지 않는 한, 실제적인 면에서는 그 상태를 유지하는 것도 불가능하다고 앞에서 말하였다. 그러기에 우리는 성화를 추구하지 않고서는 주를 보지 못할 것이다. 그런데 여기에서의 질문은 성결을 추구하고 있지만, 계속 추구하고 있을 뿐 아직 그 온전한 성화에 이르지 못하고 죽으면 어떻게 되느냐의 문제이다.

교회사적으로 살펴보건대, 우리가 위에서 설명한 대로, 로마 가톨릭 교회에서는 사람이 온전히 거룩해져야 의롭다함을 받는다는 입장을 취하고 있다. 이는 온전한 성화가 하나님께 용납되고 궁극적으로 하늘나라에 들어가는 기초(basis)가 된다는 의미이다. 그리하여 죽기 전에 거기에 도달을 못했으면 죽어서 연옥에 가서라도 온전히 정결함을 받아야한다고 주장한다, 곧 성화의 과정을 완결하여야 한다고 주장한다.

이점에 있어 종교개혁자들은 주장하기를 하나님은 우리들을 지금과 최종적으로 용납하시되 우리들의 의에 근거해서가 아니라 예수의 의에 근거하여 받아 주신다고 말한다. 곧 최종 구원의 기초를 예수님의 의에 두고 있는 것이다. 의의 전가설(imputed righteousness)이다.

그러나 웨슬리안은 성경에 근거하여, 우리의 믿음에 기초하여 하나님은 우리를 용납하신다고 주장한다. 곧 우리가 윤리적인 면에서가 아니라, 믿음으로 하나님과 바른 관계를 이룸으로 의롭다고 인정을 받는다고 주장한다. 그렇다면 믿음이 최종 구원의 조건일 것이다. 만약에 윤리적인 의가 최종구원의 기초라면 누가 구원을 받을 수 있겠는가? 앞에서 언급했듯이 이 세상에서는 '죄 없는 완전(sinless perfection)'은 없다. 그리하여 웨슬리는 성결을 마음의 순결, 곧 의도의 순수성이라고 했지, 행동의 결과의 완전(perfect performance)이라 말하지 않았다. 우리가 확신할 수 있는 것은 하나님의 자비에 대한 우리의 믿음뿐이다. 웨슬리가 임종의 자리에서 "나는 죄인의 괴수니라, 그러나 주님께서 나를 위하여 돌아가셨느니라."고 고백했듯이 이것만이 우리들의 마지막 호소일 것이다.

그러면 성결(온전한 성화)은 최종 구원과 어떻게 관계되는 것인가? 여기에서 웨슬리는 칼빈주의의 주장과는 달리, 한번 믿으면 영원히 은혜 안에 있다는 주장을 배격하고, 순간순간 믿음으로 하나님과의 관계를 계속하여야 한다고 주장한다. 만약에 하나님께 불순종하면(불신앙하면) 그 관계가 상실된다. 그러므로 우리가 성결을 믿음으로 계속 추구하고 있는 한 최종 구원을 받는다고 결론지을 수 있다(히 12:14).[84]

다시 말해서 성결의 과정을 따르고 있는 자는, 하나님이 종국에는 온전히 거룩하게 하실 줄을 믿는다. 린스트롬(Lindstrom)은 다음과 같이 말하였다. "믿음을 통하여 이미 구원을 받고 최종 구원을 기다리고 있는 자에게는, 그를 위하여 완숙케 하는 성화의 힘이 자격을 갖추게 할 것이다."[85] 왜냐하면 하늘나라에는 거룩한 자만이 들어갈 수 있기 때문이다.

웨슬리 당시에도 일부 사람들이 온전한 성화를 받지 못한 사람은 구원을 못 받는다고 하였다. 이에 대하여 웨슬리는 그가 1758년 4월 5일에 쓴 편지에서 다음과 같이 말하고 있다.

"당신의 말은 우리들 가운데 어떤 전도자들이 다음과 같은 무서운 말을 해서, 당신이 '기독자의 완전에 대한 교리'에 대하여 대단히 당황하고 있다는 것이다. 즉 그들이 주장하기를 '신자가 완전의 은혜를 받기 전에는 하나님의 진노 아래 있으며, 천벌을 받은 상태에 있다'고 하며, 또는 '당신이 그것(곧 기독자의 완전)에 도달하기 전에 죽으면, 당신은 분명히 멸망할 것이다.' 라고 해서 당신을 당혹하게 한 것이다.

(이에 나의 주장을 말씀드리겠다). 내가 말하는 기독자의 완전은 바로 완전한 사랑, 곧 마음을 다하여 하나님을 사랑하는 것, 그래서 항상 기뻐하고, 쉬지 않고 기도하며, 범사에 감사하는 것이다. 나는 모든 사람이 이 은혜를 받을 수 있다고 확신한다. 그러나 나는 '사람이 완전을 받기 전에는, 그는 하나님의 진노 아래 있으며, 천벌을 받은 상태에 있다'고 말하지 않는다. 사람이 믿고 있는 한, 그 사람은 은혜 안에 있으며, 하나님의 사랑을 받고 있는(in favor of God) 것이다. 또한 '그것(곧 기독자의 완전) 없이 죽으면, 당신은 멸망할 것이라'고도 나는 말하지 않는다. 내가 말하고 싶은 것은, 당신의 거룩하지 않은 성질들에서 구원을 받기 전까지는, 당신은 영광을 위해 아직 완숙하지 않고 있다는 것이다. 그러므로 하나님이 당신을 자신에게로 데려가시기 전에, 더 큰 약속들(more promises)이 당신 영혼 안에서 채워질 것이다. 왜냐하면 불결한 것은 하늘 나라에 들어갈 수 없기 때문이다. 우리는 신자가 정죄(condemnation) 아래 있다고 가르치지 않는다."[86]

또한 회의록 (Minutes of several Late Conversations, 1744 to 1747)에서, 다음과 같이 말한 바 있다.

'… 신자가 온전히 성화 되지 못하고 죽으면, 그 신자는 어떻게 되는 것인가?'라는 질문에 답하기를, "그는 주님을 보지 못할 것이다, 그러나 이 은혜를 진지하게 추구하는 사람은 성결함 없이 죽지 않을 것이다. 그렇게 죽을 수 없을 것이다. 설령 그가 임종의 순간 전까지 온전한 성화의 상태에 도달 못했을 지라도 말이다."[87]

그러므로 웨슬리의 입장에서 완숙한 구원(ripe for glory)을 위해서는 온전한 성화를 받아야 한다. 그러나 성결을 추구하는 과정에서 온전히 이루지는 못하여도, 계속하여 성결을 추구하며 믿음의 걸음을 가지고 나가면 조만간에 하나님께서 온전한 성화의 자리로 이끌 것을 소망한다. 하나님은 미쁘시매, 우리는 그의 약속을 믿고 소망 가운데 계속 걸어가야 한다.

여기에서 야기되는 또 하나의 문제는 성결과 선행(works), 곧 하나님의 계명을 잘 순종했느냐가 최종 구원(곧 최종 심판)에 조건이 되지 않느냐는 문제이다. 웨슬리가 당시의 도덕무용론자들의 위험을 경계하는 견지에서, 성결한 자의 선행, 믿음의 열매를 강조한 것은 틀림없다. 그로 인한 논쟁도 많았다. 그리하여 어떤 학자는 웨슬리의 견해에 대하여, 웨슬리가 사람이 처음 하나님께 용납되는 것은 절대적으로 믿음에 기인한다고 보기는 했지만, 신자가 죽은 믿음이 아니고 산 믿음을 가지고 있었다면 선행(works)을 할 수 있는 기회가 얼마든지 있기 때문에 웨슬리도 어느 면에서는 선행(works)이 필요하다고(in some sense necessary) 본 것으로 생각한다. 더 나아가, 칭의는 믿음으로 가능하고 성화는 믿음과 선행으로 가능하며, 따라서 마지막 구원은 믿음과 선행으로 성취된다고 주장한 것으로 보기도 한다.[88]

여기에서 사람의 공로(merit, works)를 구원의 조건으로 보느냐, 아니면, 믿음의 증거로 보느냐의 논쟁이 생긴다. 이 점에 있어 웨슬리가 성결한 자의 경건과 자선을 강조함에 따라, 특히 그가 1740년대에 쓴 글들[89]을 읽고, 당시의 적지 않은 사람들이 웨슬리가 마치 사람의 공로(선행)를 최종 구원의 조건이라고 주장하는 것으로 오해를 하기도 하였다.

그러나 콜린스(Collins)가 지적했듯이,[90] 웨슬리는 사람의 선행, 곧 공로를 구원 받은 자들의 믿음의 열매요 증거로 본 것이지 결코 구원의 조건으로 보지는 아니하였다. 그에게 있어, 선행은 생동감 있는 은혜로운 믿음의 증거일 뿐이다. 따라서 선행이 믿음의 열매요 증거이기에,[91] 그 선행에 의하여 믿음이 평가 받을 것은 사실이다. 그런 의미에서 선행이 심판을 받게 된다고 표현할 수는 있을 것이나, 선행이 구원의 절대 조건이 될 수는 없다는 것이다.

웨슬리는 그런 오해를 불식시키기 위하여 1771년 브리스톨 회의에서 다음과 같이 설명한 바 있다.

"우리들이… 마치 행위로 인한 구원을 찬성하는 것처럼 여겨졌던 것 같은데, 그에 반하여, 지금 존 웨슬리와 이 회의에 모인 모두는 다음과 같이 선언한다. 즉 우리는 행위로 구원을 받는다는 교리를 가장 위험하고 혐오스러운 교리라고 여겨, 그런 교리를 거부한다… 우리는 하나님 앞에서 엄숙히 선언하노니, 칭의나 구원 곧 살아서나 죽어서나 또는 심판 날에 있어서나 우리가 신뢰하고 의지할 것은 아무것도 가지고 있지 않고 오로지 우리 주 예수 그리스도의 공로뿐이다. 그리고 시간과 기회가 있음에도 불구하고 선을 행하지 않는 사람은 진정한 그리스도인이 아니지만, 그럼에도 불구하고 우리의 행위들은 처음부터 끝까지 전반적으로 또는 부분적으로든지 그것들이 우리가 구원을 얻는 데는 아무 상관이 없다(yet our works have no part in meriting or purchasing our salvation)."[92]

6) 성결의 교리는 성경의 도리요 온전한 복음을 전하는 사람들의 교리이다.

이와 같은 웨슬리의 성결론(기독자 완전론)을 설명할 때, 혹자는 그것은 웨슬리의 개인적이고 독자적인 교리이지 과연 성서적인 것이냐고 비판한다. 그러한 사람들은 웨슬리 당시에도 있었고, 오늘날에도 있다. 필자는 웨슬리의 성결론은 성경에 근거하고 있다고 확신한다.[93]

웨슬리는 이에 대하여 다음과 같이 말하였다.

"이 교리는 웨슬리의 교리이기 전에 예수 그리스도의 교리입니다. '너희는 하늘에 계신 우리 아버지처럼 완전하라.' 하신 말씀은 바로 예수님의 말씀이 아닙니까! 그러므로 이는 바로 예수 그리스도의 교리입니다. 이는 사도 바울의 교리요, 사도 야고보의 교리요, 사도 베드로의 교리요, 사도 요한의 교리입니다. 그것은 순수하고 온전한 복음(the pure and the whole gospel)을 전하는 모든 사람의 교리입니다. 내가 이 교리를 언제 어디에서 발견했는지 한껏 간단명료하게 일러둡니다. 나는 나의 영혼을 구원하려는 목적과 소원 이외에 다른 생각은 일체 없이 신구약 성경을 읽다가 바로 신구약 성경 안에서 곧 하나님의 말씀에서 이 도리를 발견한 것입니다."[94]

웨슬리 신학에서의 최고의 권위는 성경이다. 초대 메소디스트는 한 마음이 되어 모든 일에 있어서 성서적 그리스도인(Bible Christian)이 되기로 결심한 사람들이었다. 또 그들이 어디에 있든지 단순하고 예부터 내려온 성서적 기독교를 온갖 힘을 다하여 설교하기로 다짐한 사람들이었다.[95] 이런 전제에서, 웨슬리는 그의 신학을 지

성과 논리에 호소하기보다는 성경과 경험에 호소하며 전개하였다.[96]

　웨슬리는 신앙 체험을 중요시했지만, 개인의 신앙체험과 아울러 교회의 전통을 존중하였다. 그러므로 헨리 카터(Henry Carter)가 말한 대로 웨슬리의 성결의 교리를 당파적인 것이거나, 원래의 복음을 왜곡한 것이거나, 또는 역사적 기독교로부터 이탈한 것이라고 생각해서는 안 된다. 웨슬리의 성결의 교리는 성경적 교리로서 경건한 기독교인들의 산 증거와 웨슬리 자신의 체험에 의해 확증된 교리요, 하나님께서 웨슬리와 메소디스트라고 불리는 사람들에게 주신 위대한 유산(Grand Depositum)이다.[97]

제 10장
교회론

　성경은 교회 설립에 대하여 마태복음 16장 13-19절에서 다음과 같이 말씀하고 있다.
　"예수께서 빌립보 가이사랴 지방에 이르러 제자들에게 물어 이르시되 사람들이 인자를 누구라 하느냐 이르되 더러는 세례 요한, 더러는 엘리야, 어떤 이는 예레미야나 선지자 중의 하나라 하나이다 이르시되 너희는 나를 누구라 하느냐 시몬 베드로가 대답하여 이르되 주는 그리스도시요 살아 계신 하나님의 아들이시니이다 예수께서 대답하여 이르시되 바요나 시몬아 네가 복이 있도다 이를 네게 알게 한 이는 혈육이 아니요 하늘에 계신 내 아버지시니라 또 내가 네게 이르노니 너는 베드로라 내가 이 반석 위에 내 교회를 세우리니 음부의 권세가 이기지 못하리라 내가 천국 열쇠를 네게 주리니 네가 땅에서 무엇이든지 매면 하늘에서도 매일 것이요 네가 땅에서 무엇이든지 풀면 하늘에서도 풀리리라 하시고"

칼 바르트는 다음과 같이 말하였다.

"예수 그리스도가 우리의 주님이시며, 하나님의 우편에 앉아 계시기 때문에 교회라고 하는 것이 존재하며, 예수 그리스도가 십자가에서 고난을 당하시고 죽으셨기 때문에 죄 용서가 있으며, 예수 그리스도가 죽은 자로부터 부활하셨기 때문에 육체의 부활이 있으며, 그가 산자와 죽은 자를 심판하러 다시 오시기 때문에 영생이 존재한다."[1]

여기서 우리가 고백하는 교회는 예수 그리스도의 사역과 직결되어 있음을 보게 된다. 그러면 교회에 대하여 상고하여 보도록 하자.

1. 교회는 하나님의 백성들의 모임에 존재한다.

예수 그리스도의 사역의 계속적인 현존을 위하여 오순절에 성령이 제자들에게 임함으로 교회(敎會, Church)가 세워지게 되었다.

1) 교회는 그리스도의 재성육신 곧 그리스도의 몸이다.

성령님은 하나님을 '사람으로' 현재화시키기 위하여 예수를 탄생케 하였다. 그리고 예수님이 지상 사역을 마치고 승천한 다음에는 하나님을 '사회공동체'로 역사 속에 현재화시키기 위하여 제자들에게 임하신 것이다.

그리고 보면, 교회는 성육신하신 예수 그리스도의 연장이라고 볼 수 있다. 그리하여 어떤 신학자는 그리스도의 재성육신(Re-incarnation of Jesus Christ)이라고 표현하기도 한다. 성경은 에베소서 4장과 5장에서 교회가 그리스도의 몸이라고 칭하고 있다(엡 4:12, 5:23, 5:30). "이는 성도를 온전하게 하여 봉사의 일을 하게 하며 그리스도의 몸을 세우려 하심이라"(엡 4:12).

여기서 알 수 있는 것은 교회가 예수님의 하시는 일을 사회공동체로서 역사 속에서 행하기 위하여 세워졌다는 것이다. 주님은 일찍이 요한복음 14장 12절에서 말씀하셨다.

"내가 진실로 진실로 너희에게 이르노니 나를 믿는 자는 내가 하는 일을 그도 할 것이요 또한 그보다 큰 일도 하리니 이는 내가 아버지께로 감이라."

2) 교회는 하나님의 백성들의 모임이다.

이것은 예수님께서 지상에 계실 때 이미 계획하신 것이다. 마태복음 16장 16절에서 사도 베드로가 예수님을 향하여 바른 신앙 고백을 하였다. "주는 그리스도시요 살아 계신 하나님의 아들이시니이다." 이에 마태복음 16장 18절에서 예수님은 베드로에게 "내가 이 반석 위에 내 교회를 세우리니 음부의 권세가 이기지 못하리라"고 말씀하셨다.

그러면 여기서 이 반석이 무엇을 의미하는가? 성경을 보면, 구약성경에서 여호와를 반석이라고 표현한 일이 있다(시 144:1, 신 32:4). 또한 신약성경에서도 그리스도를 반석이라고 표현하였다(고전 10:4). 그러나 마태복음 16장에서 반석이 무엇을 의미하는가는 본문의 맥락과 주석에서 살펴보아야 한다.

예수님께서 요나의 아들 시몬을 향하여 '베드로'라고 하시고 그 다음이 '반석'이라고 하셨는데 원문 헬라어를 보면 같은 말이다. 두 말에 차이가 있다면 베드로는 남성 명사로 페트로스(πέτρος) 이고, 반석은 여성명사로 페트라(πέτρα)인 것뿐이다. 이 차이 때문에 신학자들은 고민하였다. 예를 들어서, 일부 개신교 학자들은, 본문에 있는 반석은 베드로가 고백한 그 신앙을 의미하며, 교회는 그 신앙 위에 세워진 것이라고 주장한다. 그리하여 교회를 '보이는 교회'와 '보이지 않는 교회'로 구분하며, '보이는 교회', 곧 현실적인 교회를 중요시하지 않는 경향이 있다. 이러한 견해는 고대 플라톤주의와 중세의 영향을 받은 것이다. 이는 결국 교회의 이론과 정황(프락시스)에 부정적으로 작용을 했다. 그리하여 교회가 지상적인 문제에 대하여는 별로 관심을 두지 않게 되었다.

이에 대하여 로마 카톨릭교회에서는 그 '반석'은 곧 사람 베드로를 가리킨다고 주장한다. 왜냐하면, 헬라어에는 페트로스라는 말이 남성과 여성명사로 구분되어 있지만, 예수님께서 말씀하실 때는 헬라어를 사용하신 것이 아니라 아람어를 사용하셨고 아람어로 게바라는 단어를 사용하셨다는 것이다. 그 아람어에는 남성과 여성의 구분이 없다. 그러니 주님께서 말씀하신 것은 바로 사람 베드로를 지칭하신 것이라고 주장한다. 그래서 교회의 기초는 베드로이며, 베드로가 죽은 후에는 그 뒤를 이은 로마 교황이 교회의 기초라는 것이다. 따라서 교황의 대리, 곧 사제가 있는 곳에 교회가 성립된다고 주장하는 것이다. 그러나 이는 지나친 해석이다.

이 해석의 문제에 있어 신학자 쿨만(Oscar Cullmann)이 유명한 책, 「성 베드로(St. Peter)」를 써서 해답을 주고 있다. 그에 의하면, 베드로와 반석을 분리시킬 수는 없다. 반석은 곧 신앙을 고백하는 사람, 베드로를 지칭하는 것이기 때문이다. 그러나 동시에 본문의 대화는 제자들과의 대화이라는 것을 기억하여야 한다는 것이다. 그러므로 여기서 고백된 신앙과 고백하는 사람을 분리하여 생각하여서는 안 되며, 동시에 반석을 베드로 개인으로만 보아서도 안 된다. 따라서 결론적으로, 본문에서 말하는 반석은 베드로와 같이 신앙을 고백하는 사람들, 곧 하나님의 백성을 가리킨다는 것이다.

이는 베드로 자신의 말에서도 뒷받침 되고 있다. 베드로는 베드로전서 2장 9-10절에서 말하시기를 "너희들(복수형이며 믿는 자들을 뜻함)은 왕 같은 제사장들이요 거룩한 나라"라고 했다. 그리고 마태복음 18장 18절, 요한복음 20장 23절에서도 마태복음 16장에서 말씀하신 것과 같이 믿는 자들의 특권을 말씀하실 때에 '너희들($ὑμεῖς$)'이라고 복수를 사용하고 있다. 그러므로 우리들은 여기서 반석이라 함은, 베드로와 같이 신앙을 고백하며 주님의 일을 하고자 하는 사람들을 의미한다고 하는 결론을 내리게 된다.

우리는 분명히 알아야 한다. 교회의 본질은 제도가 아니다. 건물도 아니다. 교회는 좋은 사람들의 모임도 아니다. 교회는 베드로가 고백한 신앙을 가지고 예수 그리스도가 하시는 일을 하기 위하여 부름 받은 자들의 공동체이다. 주님께서 요한복음 14장 12절에서 "내가 진실로 진실로 너희에게 이르노니 나를 믿는 자는 나의 하는 일을 그도 할 것이요 또한 그보다 큰 일도 하리니"라고 말씀 하시지 않았는가! 신자들은 이 일을 위하여 부르심을 받은 하나님의 백성이다. 교회라는 말은 헬라어로 에클레시아($ἐκκλησια$), 곧 부르심을 받아

모인 사람들, 선발된 사람들을 칭하는 말이다.

이 에클레시아(εκκλήσια)라는 말의 헬라적인 배경을 살펴보면, 에클레시아는 하나의 정치기구였다. 그런데 이 기구에는 시민 전원이 모이는 일은 없었다. 예를 들면, 아테네에서는 에클레시아가 1년에 10회 정도 모이는데, 그런 모임이 있을 때마다 나팔수가 거리를 돌아다니면서 모임의 날짜, 장소, 그리고 시간을 알려주면서 거기에 출석해야 할 사람들에게 알린다. 그러면 그 초대나 소집을 받아들인 사람들에 의하여 그 기구가 구성되었다고 한다.

이와 마찬가지로 교회(εκκλήσια)는 예수 그리스도를 통하여 하나님의 초대와 명령을 받아들인 사람들의 모임인 것이다. 그러기에 우리는 교회를 곧 하나님의 백성들, 성도의 모임 공동체라고 하는 것이다.

2. 교회는 거룩한 공회이다.

사도신경은 교회를 '거룩한 공회'라고 고백한다.
'거룩한 공회'라고 고백할 때, 이는 신약의 사도행전과 초대 교회에 나타난 성도들의 모임, 곧 현실의 교회를 말하는 것이다.

1) 현실 교회는 부패했음에도 불구하고 거룩하다.

교회가 거룩하다는 고백에, "현실 교회들이 부패했는데 어떻게 거룩하다고 할 수 있느냐"고 반문하는 사람들이 있을 것이다. 이 반문에 대하여, 우리는 역사 속에 있는 현실 교회는 정도의 차이는 있겠으나 모두 부패했다는 것을 우선 인정하여야 한다. 존 웨슬리는 그의 '악의 신비'라는 설교에서 다음과 같이 말한 바가 있다.

"박해가 순수한 기독교에 결코 영속적인 해를 끼치지 못하였다. 해를 끼칠 수도 없다. 그러나 기독교의 본질인 … 겸손과 온유와 사랑의 뿌리를 흔들어 놓은 큰 타격을 교회가 받게 되었다. 그것은 4세기 때, 자칭 그리스도인이라고 하는 콘스탄틴 대왕에 의하여 그리스도인들, 특히 교직자들이 부귀와 영화와 세력을 누릴 때였다. 그와 마찬가지로, 박해의 공포가 사라지고 그리스도를 믿는 사람들이 부귀와 영화를 누릴 때에, 그리스도인들은 점진적으로 타락하고 갖가지 악으로 빠져 들어 갔다. 성경에서 말하고 있는 형태의 기독교 국가나 기독교 도시는 이 땅 위에서 볼 수 없게 되었다. 모든 도시나 마을은 그곳에 사는 소수의 성도를 제외하고는 모두가 갖가지 악에 물들고 말았다."[2]

그러면 현실 교회가 부패하였는데도 불구하고 '교회는 거룩하다'고 말하는 것은 어떤 의미인가?

이 말은 교회는 객관적으로 거룩하다는 뜻이다. 곧 교회에 주어진 성결(given holiness)을 말하는 것이다. 교회는 거룩하다. 왜냐 하면, 교회는 세상의 어떤 기관과도 구별된 기관이기 때문이다. 또 교회의 머리이신 그리스도가 거룩하며, 교회의 모든 제도가 성결을 촉진시키도록 계획되어 있기 때문이다. 그러므로 이 거룩한 공회, 곧 교회는 그 소속이 하나님께 있는 자들의 공동체이기에 거룩한 것이다. 사도행전 20장 28절에서 언급한대로 '하나님이 자신의 아들의 피로 사신 교회'라고 하였기에 거룩한 교회이다.

더 나아가, 소수일지라도 참다운 신자가 모여 있는 한, 하나님께서는 그 곳에 각별히 임재하시어서 역사하시기 때문에 교회는 거룩하다. 주님은 마태복음 18장 20절에서 약속하시기를, "두세 사람이 내 이름으로 모이는 곳에는 나도 그들 중에 있겠노라"고 하셨다. 이 말씀은 주님께서 영으로 어디나 계시지만 주님의 이름으로 모이는 곳, 곧 교회에는 각별히 임재하시겠다는 약속이다. 따라서 교회는 특별한 곳이다. 교회는 주님이 임재하시어서 역사하시는 곳이기에 거룩한 것이다.

구약 시대에도 성막과 성전을 거룩한 곳으로 여겼다. 구약성경에서 하나님은 다음과 같이 말씀하셨다. 열왕기상 9장 3절을 보자. "나는 네가 건축한 이 성전을 거룩하게 구별하여 내 이름을 영원히 그 곳에 두며 내 눈길과 내 마음이 항상 거기에 있으리니." 또한 출애굽기 20장 24절을 보자. "내게 토단을 쌓고 그 위에 네 양과 소로 네 번제와 화목제를 드리라 내가 내 이름을 기념하게 하는 모든 곳에서 네게 임하여 복을 주리라." 구약시대에 있어서도 하나님은 어디에나 계시는 편재의 하나님이셨다. 그러나 하나님은 그가 정하신 성막과 성전에 각별히 임재하시어서 믿는 자들을 만나시며 복을 주시겠다고 말씀을 통해서 약속하신 것이다. 여기서 우리는 옛날 성막이나 성전이 거룩하게 구별된 곳이며 귀중한 곳임을 보게 된다. 그러므로 옛날 성막이 귀한 곳이었듯이 오늘의 교회도 소중하다는 것이다. 또한 성경 스가랴 8장 1-2절을 보면, 하나님은 시온을 위하여 크게 분노한다고 하셨다. 이 말은 시온성이 부패했다는 것이다. 그러나 스가랴 8장 3절에서는 "여호와가 이같이 말하노라 내가 시온에 돌아와 예루살렘 가운데에 거하리니 예루살렘은 진리의 성읍이라 일컫겠고 만군의 여호와의 산은 성산이라 일컫게 되리라"고 하셨다. 왜 그런가? 여호와께서 돌아와 그곳에 거하시고자 하기 때문이다.

이와 같이 역사 속에 있는 교회는 부패하였으나 주님이 각별히 임재하시어서(마 18:20) 역사하시는 한 교회는 거룩한 것이다. 이것이 교회의 객관적 성결(given holiness)이다. 예를 들어, 오늘날 대학교들이 이모저모로 부패하였지만 그곳에서 대학교육을 계속하고 있는 한 여전히 대학교이듯이 말이다. 교회는 거룩한 하나님의 과업을 수행하는 선교 공동체이기에 거룩한 것이다.

그러므로 성도는 교회가 부분적으로 부패하였다고 교회를 떠나는 것이 아니라, 교회를 소중히 여기며 교회가 참으로 거룩한 교회가 되게 하기 위하여 각자가 거룩해져야 한다. 교회의 객관적 성결은 주관적 성결을 요청한다. 여기에 진정한 신자들이 '성결의 누룩'이 되어 모든 신자가 거룩해지도록 힘써야 할 것이다. 그리하여 교회가 복음을 바로 선포하고, 성례전을 바르게 집행하며, 봉사하는 교회가 되도록 하여야 할 것이다.

2) 교회는 공회이다.

사도신경은 이 교회를 '거룩한 공회'라고 부른다. 여기에서 공회라는 말은 영어로 'catholic church'라고 번역을 하였다. 그렇다고 하여 이것이 오늘의 로마 가톨릭교회를 가리키는 것은 아니다. 이 말은 헬라어로는 '가토리켄 에클레시아(καθολιχην εκκλήσια)'로 표현되었는데 이는 '일반적인, 보편적인, 또는 우주적 교회'라는 뜻이다.

교회를 이렇게 부르게 된 역사적 연유에 대하여 한경직 목사께서는 다음과 같이 설명하고 있다.

"처음에 예루살렘에 교회 하나가 설립되었습니다. 교회 이름이 예루살렘 교회였습니다. 그 다음엔 수리아 안디옥에 교회가 또 하나 설립되어 그 이름을 안디옥 교회라고 했습니다. 그 다음에는 빌립보에 교회가 설립되어 그 이름을 빌립보교회라고 불렀습니다. 이렇게 여러 지방에 교회가 세워졌는데 이 교회를 다 합쳐서 부를 수 있는 이름이 필요하게 되었습니다. 이 전체 교회를 가토릭 교회라고 부르게 된 것입니다. 그래서 그 뜻은 일반적 혹은 세계적 교회, 곧 교회 전체를 의미하는 것입니다."[3]

그러므로 "우리가 공교회를 믿습니다"라고 고백하는 것은, 전체 교회, 그 하나님 교회를 믿는다는 뜻이다.

에베소서 4장 4절을 보면, "몸이 하나요 성령도 한 분이시니 이와 같이 너희가 부르심의 한 소망 안에서 부르심을 받았느니라"고 하였다. 따라서 장로교회니, 성결교회니, 감리교회니, 침례교회니 하는 것은 공교회의 한 부분인 것으로 인식하여야 한다. 이렇게 교회에 대하여 고백하는 것은 우리의 교회들이 서로 협력하여야 한다는 것을 드러내는 것이다. 우리는 모든 이기적인 분리주의와 맞서야 하고, 교회의 참된 보편성과 전세계성을 추구하여야 하고, 그것을 드러내야 할 것이다.

동시에 기독교 교회가 보편적이요, 일반적이라고 하는 것은 또 하나의 특성을 의미하고 있다. 대체로 고대 사회에서 종교는 국가 간에 장벽을 세우는 것이었다. 예를 들어, 로마와 헬라의 공식적인 종교는 모두 국가종교였던 것을 보아도 알 수 있다. 그들의 신들이 하는 일은 그 나라의 국가적인 이익을 돌봐주는 것이어서, 다른 나라들과는 대립하는 것이었다. 그러하기에 교회를 보편적, 우주적 교회라고 하는 것은 우리 기독교가 장벽이 없는 교회로 모든 사람들을 초청하는 전 세계적 성격을 띠고 있다는 것을 의미하는 것이다.

성경은 갈라디아서 3장 28절에서 말씀하시기를 "너희는 유대인이나 헬라인이나 종이나 자유인이나 남자나 여자나 다 그리스도 예수 안에서 하나이니라"고 하였다. 골로새서 3장 11절에서도 말씀하기를, "거기에는 헬라인이나 유대인이나 할례파나 무할례파나 야만인이나 스구디아인이나 종이나 자유인이 차별이 있을 수 없나니 오직 그리스도는 만유시요 만유 안에 계시니라"고 하였다.

3. 교회의 사명과 기능

그러면 교회가 하여야 할 사명은 어떤 것인가?

위에서 언급한 대로 예수님을 믿는 사람들은 예수님이 하시는 일을 하는 것이다. 믿는 사람이 모였기에 더 큰 일을 할 수 있는 것이다. 예수님은 교회의 놀라운 특권과 책임을 다음과 같이 언급하였다.

> "내가 천국 열쇠를 네게 주리니 네가 땅에서 무엇이든지 매면 하늘에서도 매일 것이요 네가 땅에서 무엇이든지 풀면 하늘에서도 풀리리라"(마 16:19).

다시 말하면, 교회는 천국의 열쇠를 가진 자로서 하나님 나라의 비밀을 전파할 뿐 아니라 사람들을 하나님의 나라로 인도하는 특권과 책무가 있다고 하신 것이다. 교회는 하나님 나라에서 이루어진 것을 선포하는 특권이 있는 것이다. 그러기 위하여 교회는 예수님이 하신 일을 공동체로서 이행해야만 한다. 따라서 교회는 복음 전파, 가르치는 일 그리고 사회를 향한 구제사업, 또는 정의를 위한 사회 참여

등을 성실히 이행하며, 하나님 나라의 임재를 드러내는 사역을 하여야 할 것이다. 그러나 교회는 그에 앞서 함께 모여 기도하고 예배하는 일을 하여야 한다.

1) 예배

예수님께서 그의 사역에 있어 늘 기도하며 하나님 아버지와 사귐의 시간을 가지셨듯이 교회는 예배의 시간을 갖는다. 예배는 교회가 가지고 있는 기능 가운데 중요한 기능이다. 초대 신자들은 사도의 가르침을 따라 다 같이 한 곳에 모여 서로 교제하며 떡을 떼며 기도하기를 힘썼다(행 2:42). 히브리서의 저자는 "모이기를 폐하는 어떤 사람들의 습관과 같이 하지 말고 오직 권하여 그 날이 가까움을 볼수록 더욱 그리하자"(히 10:25)고 권면하고 있다. 그리하여 초대 교회는 핍박을 받고 어려울 때도 매주 첫날에 정기적으로 모이기를 힘썼다(고전 16:2 참조).

신자가 함께 모여 드리는 예배는 대단히 중요하다. 위에서 언급한 대로 소수일지라도 신자가 모여 예배드리는 곳에는 하나님께서 그 곳에 각별히 임재하시어서 역사하시기 때문이다. 주님은 마태복음 18장 20절에서 약속하시기를, "두세 사람이 내 이름으로 모인 곳에는 나도 그들 중에 있느니라"고 하셨다. 교회는 예배를 통해서 교회의 지체들이 초점을 하나님께 맞추고 가르침과 성도의 교제를 통하여 개인들을 구원에 이르게 하며, 교인이 하나가 되어 밖으로 선교하도록 하는 것이다.

와일리(Wiley)는 예배의 형태가 성경적이 되기 위해서는 첫째로,

삼위일체 하나님께 드리는 것이 되어야 하고, 둘째로, 예수 그리스도를 통하여 하나님께 용납되는 영적 제사(spiritual sacrifices)가 되어야 하고, 셋째로, 성령의 감동이 있는 신령한 예배(spiritual)가 되어야 한다고 지적한다.[4]

"하나님은 영이시니 예배하는 자가 영과 진리로 예배할지니라"(요 4:24).

2) 전도와 가르침

교회의 기능은 또한 전도에 있다. 주님은 제자들이 은혜를 받으면 온 세상에 복음을 전파하는 자가 될 것을 기대하시고 또한 모든 민족에게 전도하라고 명령하셨다.

"오직 성령이 너희에게 임하시면 너희가 권능을 받고 예루살렘과 온 유대와 사마리아와 땅 끝까지 이르러 내 증인이 되리라"(행 1:8).

"그러므로 너희는 가서 모든 민족을 제자로 삼아 아버지와 아들과 성령의 이름으로 세례를 베풀고 내가 너희에게 분부한 모든 것을 가르쳐 지키게 하라 볼지어다 내가 세상 끝날까지 너희와 항상 함께 있으리라 하시니라"(마 28:19-20).

이와 같이 전도에의 부르심은 주님의 명령이다. 그러므로 교회는 교인 개인 차원에서든 단체적으로든 언제나 복음 전파에 참여하여야 한다. 불은 불이 붙어 있는 한에서만 불인 것처럼 교회는 선교에 참여하고 있는 한 거룩한 교회인 것이다. 그러므로 전도는 교회가 해도 되고 안 해도 되는 취사선택 사항이 아니다. 반드시 해야 할 의무이다. 이에 사도 바울은 "너는 말씀을 전파하라 때를 얻든지 못 얻든지 항상 힘쓰라 범사에 오래 참음과 가르침으로 경책하며 경계하며 권하라"(딤후

4:2)고 권면하고 있다.

우리는 또한 이 전도 명령의 수행 범위와 목표를 주목해야 한다. 주님은 전도하되 '모든 민족'을 주의 제자로 삼으라고 명령하고 계시다. 교회의 전도사역은 국내뿐 아니라 온 세계를 향한 것이어야 한다.

그리고 주님이 교회에 명령하신 것은 단지 사람들에게 전도하여 예수를 구주로 믿게만 하는 것이 아니라 그들을 주의 제자로 만드는 것이다. 즉 교회의 기능에는 전도에 따르는 가르침의 사역이 있어야 하는 것이다. 신자들이 교회 안에서 성숙하게 자라나도록 교육을 하여야 할 것이다. 성경은 에베소서 4장 12-16절에서 다음과 같이 말하고 있다.

"이는 성도를 온전하게 하여 봉사의 일을 하게 하며 그리스도의 몸을 세우려 하심이라 우리가 다 하나님의 아들을 믿는 것과 아는 일에 하나가 되어 온전한 사람을 이루어 그리스도의 장성한 분량이 충만한 데까지 이르리니 이는 우리가 이제부터 어린 아이가 되지 아니하여 사람의 속임수와 간사한 유혹에 빠져 온갖 교훈의 풍조에 밀려 요동하지 않게 하려 함이라 오직 사랑 안에서 참된 것을 하여 범사에 그에게까지 자랄지라 그는 머리니 곧 그리스도라 그에게서 온 몸이 각 마디를 통하여 도움을 받음으로 연결되고 결합되어 각 지체의 분량대로 역사하여 그 몸을 자라게 하며 사랑 안에서 스스로 세우느니라"

그러므로 교회는 모든 민족이 그리스도의 제자 되게 하기 위하여 가르칠 뿐 아니라, 신자가 보다 성숙한 제자 되게 하기 위하여 가르치는 일에 힘써야 할 것이다. 정리하여 말하면 전도(傳道, evangelism), 선교(宣敎, mission), 교육(敎育, education)의 기능이 제대로 발휘되는 교회이어야 한다.

3) 사회참여

한 동안 보수복음주의 진영에서는 교회의 사명은 전도만이라고 고집하는가 하면 진보적 진영에서는 교회의 사명은 사회참여 뿐이라고 주장하였다. 양극화 현상이 일어나게 된 것이다. 그러한 중에 1974년의 로잔 대회는 원색적인 복음주의가 귀한 유산으로 간직해오다 한때 잃어버렸던 복음의 사회적 관심을 되찾도록 하는 공헌을 하게 된다. 우리가 선교의 과제와 패턴을 우리 주 예수 그리스도의 사역에서 찾을 때, 주님이 그랬듯이, 구제하고 사회의 정의를 부르짖는 사회참여도 교회의 사명의 하나로 볼 수밖에 없다고 결론 내린 것이다. 그리하여 로잔 언약은 전도와 사회, 정치참여는 우리 그리스도인의 의무의 두 부분임을 인정한다.[5] 왜냐하면 이 두 가지는 다 같이 하나님과 인간에 대한 우리의 도리, 우리 이웃을 위한 사랑, 그리고 예수 그리스도에 대한 우리의 순종의 필수적 표현들이기 때문이다.[6]

이런 입장은 예수님과 사도들의 사역의 패턴에 의해서 뒷받침되고 있다. 예수님과 사도들은 그들의 '종의 역할'에서 전도와 사회봉사의 좋은 본을 보여주었다. 예수님은 그의 사역에서 말씀과 행위(deed)를 사용하셨다. 따라서 세상에 보냄을 받은 제자들도 그리스도의 사명을 계승하여 같은 일을 하여야 한다.

그러므로 주 예수 그리스도를 예배하고 사랑하며 순종한다면 그리스도인은 주님의 사랑을 세상 사람들과 나눠야 할 것이다. 곧 그리스도인은 하나님께서 그리스도 안에서 어떻게 세상을 사랑하셨는가(구원의 메시지)를 전하지 않을 수 없을 뿐 아니라 또한 정의와 자비의 행위(deeds)로써 세상에 봉사하지 않을 수 없는 것이다. 그러므로 선교운동에 있어 하나님의 백성들은 구제사업, 민생을 위한 개발사업에도 관여하며 세상의 정의와 평화를 추구하는 일에도 참여해야 한다.

그러면 어떻게 그리스도인과 교회가 사회문제에 참여할 것이냐 하는 실제적 문제가 대두된다. 슬기로운 사회참여는 어떠한 것들일까.

(1) 구제 박애사업

사회참여(Social Responsibility)에는 봉사사업이라고 할 수 있는 구제, 박애사업 등이 있다. 여기에서 봉사활동(구제, 박애사업)은 별 문제가 야기되지 않는다. 하나님의 백성들은 그리스도의 사랑에서 개인적으로나 교회적으로나 "기회 있는 대로 모든 이에게 착한 일을 하여야"(갈 6:10)할 것이다.

(2) 사회 정치적 참여

교회의 사회참여가 이런 사회봉사 이상을 요청할 때가 있다. 곧 사회의 구조적 악, 사람과 사회에게 고통을 주는 보다 근본적 악을 제거하는 활동(social action)이 요청될 때가 있다. 이를 흔히 사회 정치적 참여(social-political action)라고 일컫는다. 교회가 이에 참여하게 될 때에는 주의가 필요하다. 이에 다음 몇 가지를 제의하고자 한다.

① 그리스도인의 천직(vocation)을 통한 사회참여

교회가 그리스도인들의 소명(vocation, 전문직업)을 통하여 사회참여에 임하도록 하는 방안이다. 이 방법은 몇 가지 관점에서 유리한 장점과 또 신학적 근거를 가지고 있다. 하나님께서는 그 백성들을 세상에 보내시어 '봉사'하게 하신다. 그러나 봉사하는 데 있어서 교회의 구성원은 각기 다른 소명을 받고 있음을 묵과할 수 없다. 곧 어떤 이는 교사로, 어떤 이는 사회사업가로, 또는 의사로, 정치가로 부르심을 받고 있는 것이다. 다른 말로 바꿔 말하면 복음은 그들이 각기 다른 소명인 직업(life work)을 통하여 인간생활 전면에 침투하도록 한다. 교인들은 소명(그리스도인으로서의 직업을 통한 사명)을 가지고 세상을 향한 하나님의 관심과 역사에 참여하도록 보냄을 받는다. 이것이 신약성경에 나타난 교회들이 적용한 본보기(pattern)이기도 하다. 성경은 성도들에게 권고하고 있다. "무슨 일을 하든지 마음을 다하여 주께 하듯 하고 사람에게 하듯 하지 말라. 이는 유업의 상을 주께 받을 줄 앎이니 너희는 주 그리스도를 섬기느니라"(골 3:23,24).

그러므로 교회는 그리스도인들이 그 천직에 있어서 귀한 사회참여의 책임이 있음을 가르쳐야할 것이다. 사회주변에서 일어나는 일에 대해 신앙 양심이 늘 각성해 있도록 가르쳐서 그들이 그 나름대로 천직을 통하여 기여하게 하여야 할 것이다.

모든 그리스도인들은 그들이 하는 일(vocation)을 통하여 세상의 소금과 빛(마 5:13-16)이 되어야 한다. 우리가 알아야 할 것은 그리스도인들인 우리는 단순히 인류의 한 부분일 뿐 아니라 하나님께서 보내신 교회의 일원으로서 사회에 책임이 있다는 것이다.

② 교회로서의 집단적 사회참여

우리는 그리스도인의 몸인 교회가 하나님께서 그 지체인 교인들에게 부여하신 은사를 통하여 그 사명을 수행해 나간다는 것을 언급했다. 그러나 교회가 공동체로서 사회에 대한 관심을 표명하고 참여하는 것이 가능하다면 이는 바람직한 일이다.

교회는 집단적으로 함께 예배를 드린다. 때로는 전문그룹 즉 전도자들의 인도에 따라 온 교인이 전도집회에 참여한다. 이것이 가져오는 효율성을 우리는 인정한다. 그렇다면 같은 원리와 패턴이 사회관심에도 적용될 수 있지 않겠는가? 곧 사회관심에 대한 전문그룹의 인도를 따라 교회가 사회에 대한 관심을 공동적으로 표명하는 것이 바람직하지 않겠는가 말이다. 이런 행동은 기도로, 항의로, 또는 그 밖의 적절한 형태로 시행될 수 있을 것이다.

그렇다면 스토트(Stott)가 제의하듯이, 교회는 여러 가지 사회문제에 대한 연구위원회를 구성하여 문제를 신중히 연구, 검토케 하여야 할 것이다. 이 위원회로 하여금 문제의 복잡성과 그에 관련된 일들을 신중하고도 예리하게 파악하고 그에 대처할 교회의 책임적인 행동을 제의토록 하여야 할 것이다.[7] 교회는 그들의 제안을 듣고 기도하는 가운데 성경적인 빛 아래서 조심스럽게 연구·검토하고 공동적인 행동으로 옮겨야 할 것이다. 이는 상황에 따라 지역적으로 또는 전국적인 차원에서 행해질 수 있을 것이다.

그러나 이런 공동적인 행동을 어떤 문제 그리고 어떤 차원에서 할 수 있느냐는 점에서 심각한 어려움과 의견의 엇갈림이 생길 수 있다. 월든 스코트(Waldon Scott)는 우리의 사회참여를 두세 가지 단계, 즉 구호사업(Relief), 개발사업(Development), 해방(Liberation)으

로 분류했다.⁸

구호사업이란 일반적으로 그 원인을 다루는 것보다는 '나타난 현상'을 다룬다. 개발사업이란 오랫동안 있어온 문제에 대해 장기적인 해결을 시도하려는 것을 의미하며 이것은 해방의 카테고리에 들어갈 수도 있다. 일반적으로 개발사업은 사회, 정의, 자립, 그리고 경제성장을 도모하는 것이다. 교회가 구호사업에 참여할 때에는 별로 문제가 없으나 사회정치참여에 관여할 때에는 종종 아주 심각한 긴장과 문제를 초래하게 된다.

호세 미구에즈 보니노(Jose Miguez Bonino)는 교회가 관여하는 사회활동에 네 가지 차원이 있다고 말했다. 즉 목회적 차원, 예언자적 차원, 그리고 의식화 작업과 직업 활동이다.⁹

남미의 해방신학에서는 교회가 의식화 작업에 관여해야 하고 더나아가 인권운동, 인종투쟁을 위해 직접 행동에 가담해야 한다고 주장한다. 여러 교회가 이에 호응하여 사회활동에 나섰다. 그러나 우리는 교회의 이런 직접활동이 많은 어려움을 초래했다는 것과, 심지어는 교회의 전반적인 선교 활동에도 지장을 가져온다는 것을 인정해야 한다. 우선 교회가 어떤 사회활동에 직접 참여하게 될 때 사회 속에서의 교회의 정체성(identity)이 위협을 받게 된다. 왜냐하면 대부분의 경우에 교회가 어떤 정당이나 정치적 노선과 동일한 것으로 오해받게 될 염려가 있기 때문이다.

이런 경우에는 교회선교가 지장을 받는다. 그러므로 이런 차원에서의 교회활동은 효율적인 전략이라고 보기 힘들다. 교회는 그의 사회참여의 방법에서 "뱀처럼 지혜로워야"(마 10:16, 마 10:23)한다. 로잔언약이 말했듯이 "교회는 어떤 특정한 문화나 사회적 또는 정치적 체계나 이데올로기(ideology)와 제휴하여서는 안 된다."[10] 왜냐하면 교회는 세상을 위하여 세상 속으로 보냄을 받았긴 해도, "주가(예수님이) 세상에 속하지 않은 것처럼 이 사람들도 세상에 속한 사람들이 아니기" 때문이다(요 17:16, 18 참조).

그러므로 교회의 공동적인 사회참여가 목회적인 차원을 넘어설 때에는 매우 조심해야 한다. 교회가 목회적 차원에서 사회참여를 하게 될 때, 교회는 교인들로 하여금 사회적 책임이 있음을 인식시키며 사회의 문제에 민감하여 필요한 사회참여에 기여할 수 있도록 목회적으로 교도(敎導)하여야 한다. 이런 일을 하기 위하여 교회는 어떤 사회문제에 관하여 전문가들로 특별연구위원회 같은 것을 구성하게 하여 그들의 도움을 받도록 할 수 있을 것이다. 이렇게 함으로 교회는 교인들을 통하여 다양하게 사회에 기여하면서도 '하나'를 유지하며 교회의 '동일성(identity)'을 지키며 세상의 빛과 소금의 역할을 할 수 있을 것이다.

이런 목회적인 차원에서의 사회참여와 아울러 교회는 필요한 때에 이 사회의 양심의 소리로서 예언자적 소리(prophetic voice)가 되어야 할 것이다. 교회가 어떤 당면한 사회적 문제를 해결하기 위하여 교인들이나 대중의 주의를 끌어야 한다고 절실히 느낄 때에는 그에 대한 교회의 입장을 밝히는 성명(official statement)이 나옴이 바람직할 것이다.

그러나 이때에도 교회는 기도하는 가운데 조심스럽게 행하여서 교회의 통일(unity)과 동일성(identity)을 해치지 않아야 한다. 또한 교인들 사이에 분열을 일으키는 일이 없는 범위로 제한하여야 한다. 왜냐하면 교회가 분열될 때에는 교회선교의 원동력이 상실되기 때문이다. 이 점에 있어서 우리는 교회가 '메시아적 공동체(messianic community)'라는 것을 상기하여야 한다.

존 드라이버(John Driver)에 의하면 교회는 메시아적 공동체로서 이 세상 안에서 역사의 참 의미를 간직한 공동체로 인간과 세상을 향한 하나님의 의도(intention)를 보여주는 본보기(paradigm)이다. 메시아적 공동체인 교회가 사용하는 사회참여의 전략은 메시아이신 예수님께서 전략으로 취하신 그 형태(form)에 의해 결정 지워져야 한다.[11]

따라서 교회는 이 세상이 효율적이라고 생각하여 종종 사용하고 있는 방법들, 예를 들면 폭력, 거짓, 사기, 인격멸시 등의 도구를 사용하려 해서는 안 된다. 이런 도구나 방법은 메시아적 공동체에서는 마음대로 사용할 수 없다. 왜냐하면 이런 것들은 메시아 왕국의 본질에 속하지 않기 때문이다. 교회가 사회참여에 있어 적극적으로 취해야 할 형태는 '종의 자세'이다. "우리의 선교를 그리스도의 선교와 동일시하는 가운데 우리는 '종'이 되는 것이다." 우리가 어떤 상황에 있든지 우리가 취하여야 할 최고의 의무와 위대한 특권은 그리스도께서 취하였던 바로 그 역할(role)로부터 찾아야 한다는 것을 인식해야 한다.

여기에서 우리는 다시 한 번 제자훈련의 중요성을 깨닫는다. 메시아적 공동체의 회원, 곧 교인들의 영적인 갱신과 헌신이 효율적인 사회참여에 직결되어 있기 때문이다.

4) 복음 전도의 우위성(Primacy of Evangelism)

이제까지 교회의 기능에 예배와 복음전도, 동시에 사회 참여의 사역이 있음을 살펴보았다. 로잔운동이 주장했듯이 복음 증거에는 기사와 이적이 동반한다. 그러나 이 모든 일에 있어 전도가 우위성을 지녀야 한다. 왜냐하면, 모든 사회악의 근본 원인은 죄에 있다고 믿으며, 죄에서 용서받고 참사랑을 알기 전에는 진정한 사랑이란 있을 수 없기 때문이다. 주님은 자기를 예배하는 제자들에게 분부하셨다.
"예수께서 나아와 말씀하여 이르시되 하늘과 땅의 모든 권세를 내게 주셨으니 그러므로 너희는 가서 모든 민족을 제자로 삼아 아버지와 아들과 성령의 이름으로 세례를 베풀고 내가 너희에게 분부한 모든 것을 가르쳐 지키게 하라 볼지어다 내가 세상 끝날까지 너희와 항상 함께 있으리라 하시니라"(마 28:18-20)

교회는 그리스도의 복음을 증거하되 말과 행동으로 그리고 능력으로 온전한 복음(the whole Gospel)을 증거하여야 한다. 따라서 교회는 전도와 사회참여 뿐 아니라 악마의 왕국을 정복하며 하나님 나라의 임재를 드러내는 사역을 하여야 할 것이다.

존 웨슬리는 교회의 목적을 다음과 같이 말하고 있다.

"그리스도의 교회의 원래 목적은 이렇습니다. 교회란 믿는 자들이 모인 공동체로서, 첫째, 각자 자신의 영혼을 구원하며, 그리고서는 다른 사람이 구원 받도록 하는 일을 도와주며, 그 후에는 그들이 살고 있는 한 모든 사람을 현세와 장래의 비극에서 구원 받도록 하여, 사탄의 왕국을 정복하고 그리스도의 왕국을 건설하는 데 있습니다. 그런 까닭에 모든 신자들은 그렇게 노력을 계속 하여야 마땅합니다. 그렇게 하지 않는다면 그는 교회 신자라고 불릴 가치가 없으며, 그리스도의 산 지체가 아닙니다."[12]

4. 교회의 정치형태

교회는 사역을 함에 있어, 사회성과 역사성을 지니지 않을 수 없다. 따라서 조직과 제도가 필요하다. 이점에 있어 로마 가톨릭은 이 지상에 그리스도께서 오직 하나의 교회를 세우셨고, 하나의 감독, 곧 교황이 있을 뿐이라고 주장한다. 교황(Pope)은 사도 베드로의 후계자로서 그리스도의 대리자(true vicar of Christ)요 모든 교회의 머리요 모든 신자의 스승(teacher)라고 주장한다. 따라서 교황이 내리는 믿음과 신앙생활에 관한 교리적 해석은 절대 과오가 없다고 교황의 권위(infallibility of pope)를 주장한다.

그러나 개신교에서는 그런 주장을 반대한다. 개신교에서는 교인의 신앙과 신앙생활에 관한 가르침은 성경에 있다고 주장한다. 사도들의 글들(written authority)이 사도들(living authority)을 계승한 것이라고 믿는다.[13] 그리고 교회의 조직과 제도는 상황의 필요에 따라 세워지는 것이라고 기능적으로 이해한다(행 6:1-6 참조).

교회가 일을 해 나가는데 있어, 교회 안에서 권위의 소재는 어디에 있으며 누가 그 권위를 행사하느냐에 따라 정치 형태는 주로 세 가지 형태, 곧 감독정치, 장로회정치, 회중정치의 형태로 나타난다.

1) 감독정치(Episcopal)

　감독정치란 교회 내의 최고 권위가 감독에게 있는 정치 형태를 말한다. 이런 정치형태를 가지고 있는 교회는 대체로 로마 가톨릭교회를 위시하여, 영국성공회, 감리교회를 들 수 있다. 이 제도에는 본질적으로 성직의 수준 혹은 서품의 등급들이 있다. 예를 들면 준회원 목사, 정회원 목사 등이다. 그리고 감독은 목회자로서 단순히 하나의 지역 교회보다는 일단의 교단을 다스리고 돌보며 목사나 사제에 대한 성직수여권(ordination)을 행사한다. 그러나 감독정치에도 그 정도에 따라 다양한 형태가 있다.

2) 장로회정치(Presbyterian)

　이 조직에 있어 핵심이 되는 직분은 장로이다. 이들로 조직된 당회가 하나의 대의기관(representative body)으로 교회를 치리한다. 그리고 지역 내에는 노회(Presbytery), 그리고 그 위에 총회(General Assembly)가 있다. 특징은 모든 치리회는 목사와 평신도들로 구성되는데 있다. 이 제도에 있어 또 하나의 특징은 성직자의 등급이 오직 하나밖에 없다는 것이다. 이 제도를 채택하고 있는 교단은 장로교회이다. 그러나 한국에서는 성결교회 기타 많은 교단들이 이 제도를 채택하고 있는 듯하다.

3) 회중정치(Congregational)

이 제도는 신자 개개인의 역할을 강조하며 지교회에 권위를 두는 정치 형태이다. 이들에 의하면 지교회는 독립적이며 자치적이다. 개교회의 치리에 관하여 지시하거나 명령하는 외부의 기관은 없는 것이다. 이들은 목사의 안수도 개교회가 행한다. 이 정치형태를 취하고 있는 교회는 주로 침례교회, 회중교회 그리고 대부분의 루터 교회 등이다.

4) 무교회주의(Nongovernment)

이들은 가시적인 어떤 형태의 정치제도를 부인한다. 이들은 성령의 내적인 역사를 강조하며, 성령은 어떤 조직이나 제도를 통하여서가 아니라 직접적인 방식으로 신자 개개인에게 역사하며 그들을 인도한다고 믿는다. 따라서 이들은 실제로 정치제도를 배제한다. 퀘이커파(the Quakers, Friends)와 플리머스 형제단(the Plymouth Brethren) 같은 단체들이 이런 주장을 한다.

5. 성례전

성례전이란 우리에게 주어진 내적이고 영적인 은혜의 보이는 표징(sign)이요 인치심(sealing)으로, 은혜를 받는 통로, 곧 은혜의 수단으로 주님께서 제정하신 것이다.

로마 가톨릭교회는 일곱 가지의 성례전을 주장한다. 곧 세례(Baptism), 성만찬(Eucharist), 견진(Confirmation), 사제서품(Ordination), 임종(Extreme Unction), 참회(Penance), 결혼(Marriage)의 일곱 가지이다. 그러나 개신교에서는 주님께서 제정하신 성례전은 세례와 성만찬의 두 가지뿐이라고 주장한다. 일부 개신교에서는 이 두 가지에 하나를 첨가하여 세족식(Foot washing)을 주장하기도 한다. 세례와 성만찬에 관하여 상고하여 보고자 한다.

1) 세례

주님은 교회의 선교사명을 말씀하시면서 세례를 주라고 분부하셨다. "그러므로 너희는 가서 모든 민족을 제자로 삼아 아버지와 아들과 성령의 이름으로 세례를 베풀고 내가 너희에게 분부한 모든 것을 가르쳐 지키게 하라"(Therefore go and make disciples of all nations, baptizing them in the name of the Father and of the Son and of the Holy Spirit, and teaching them to obey everything I have commanded you.) (마 28:19-20). 영문 번역이 원문의 뜻을 잘 드러내고 있다. 주님의 분부는 세례를 베풀면서 제자를 삼으라는 명령이다. 그러기에 사실 모든 교회들이 세례의식을 행하고 있다.

세례의식은 교회 생활에서 중요한 것이다. 그렇다면 세례가 의미하는 것이 무엇인가? 그리고 세례를 누구에게 베풀 것인가? 또한 합당한 세례방식은 어떤 것인가?

(1) 세례에 대한 여러 견해들

세례가 무엇을 주로 표징하느냐에 따라 세례에 대한 신학적 견해가 달라진다. 세례를 주로 하나님의 은혜의 표시(sign)로 보는 견해가 있다. 그런가 하면 세례를 주로 수세자의 믿음의 표시로 보는 견해가 있다. 혹은 세례를 은혜의 수단의 하나로 보는 견해도 있다.

① 은혜의 수단으로 보는 견해(as means of saving grace)

이는 주로 로마 가톨릭교회의 입장인데, 이들은 세례란 하나님이 구원의 은혜를 베푸시는 하나님의 수단으로서, 세례는 자동적으로 죄를 사하는 결과를 가져온다고 주장한다. 다시 말해서 세례는 수세자의 믿음과는 상관없이 사제가 세례를 시행함으로 일방적으로 하나님의 은혜가 수세자에게 임하여, 수세자가 단번에 그리스도와 연합되며(롬 6:3-5) 교회에 첫발을 내딛게 된다는 것이다. 이런 입장은 일반적으로 세례를 통한 중생설(Baptismal Regeneration theory)이라고 부른다. 이 견해에 의하면, 세례를 받는데 미음이 반드시 필요한 것이 아니기 때문에, 수세자에게 요구되는 것이 있다면 누군가가 수세자를 사제에게 소개하는 것과 사제가 적절하게 성례를 시행하는 것뿐이다. 그러나 개신교에서는 이러한 주장을 거부한다.

② 구원의 징표로서 보는 견해(as a token of salvation)

이 견해는 전자와는 정반대로, 세례를 수세자가 자기 안에 이루어진 내적인 변화, 곧 구원을 받은 것에 대한 외적인 표시(indication)로 본다. 따라서 세례를 일종의 입문의식(an initiatory rite)으로 이해한다. 이 견해에 의하면 세례는 수세자에게 어떤 영적인 변화도 일으키지 않는다. 단지 수세자가 이미 믿음으로 받은 구원에 대한 일종의 선포 형태로서의 역할을 할 뿐이다.

세례를 받을 후보자들은 이미 중생한 체험을 한 사람들이어야 한다. 이를 일반적으로 신자의 세례(believer's baptism)라고 부른다. 따라서 이 입장에서 유아세례는 있을 수 없다. 이런 주장을 하는 교파는 주로 침례교회이다.

③ 언약의 표시와 인침으로 보는 견해(as a sign and seal of the covenant)

이 견해는 전통적인 개혁주의 장로교 신학자들이 주장하는 입장이다. 이 견해에 의하면 세례는 우리를 하나님의 은혜의 언약 안으로 옮겨서 그 유익들을 경험하게 하는 신앙의 행위이다. 곧 구약에서의 할례와 마찬가지로, 세례는 하나님의 구원의 약속을 표시이며 인침(sealing)이라고 생각한다. 다시 말해서 구약성경에서 할례가 언약의 표시였던 것처럼 신약시대에는 세례가 그 표시라는 것이다. 할례가 세례로 대체되었다고 보는 것이다. 따라서 세례를 받는 것은 그 언약에 들어서는 수단이자 구원의 표시이다.

신약성경에서 회심한 자들이 그 언약에의 참여자였듯이(행 2:39, 롬 4:13-18, 갈 3:13-18, 히 6:13-18) 세례를 받을 수 있는 성인은 이미 신앙을 가진 사람이라야 한다. 어린이의 경우에는 부모가 신앙을 가지고 있으면 세례를 받을 수 있다고 주장한다. 구약에서 할례가 하나님께서 아브라함과 그의 자손과 영적인 언약을 맺으신 것(창 17:7)에 근거하여 어린이에게도 허용되었듯이, 세례도 어린이에게 언약의 약속으로 시행할 수 있다고 생각하는 것이다. 그러나 세

례의 효능(efficacy)은 어린이가 장성하면서 신앙을 가질 때 이루어
질 것이다.

(2) 요약과 결론
그러면 위에서 살펴 본 세례에 대한 여러 가지 견해와 쟁점들을 참
고하면서, 세례의 신학적 의미, 세례와 믿음의 관계, 수세자의 자격,
세례의 형식 등에 관하여 필자의 입장을 설명하고자 한다.

① 세례의 의미
세례의 의미를 살펴보고자 할 때 먼저 묻게 되는 질문은, 세례가
무엇을 표징(sign)하느냐의 문제이다. 위에서 우리는 두 가지 대립
되는 견해를 보았다. 한 편은 주로 하나님의 약속, 역사의 표시라고
보았는가 하면 다른 한 편은 수세자의 믿음의 표시라고 주장했다. 그
러나 성례전이 그 효과를 가져오기 위하여는 하나님의 역사와 수세
자의 믿음이 있어야 한다. 그러기에 세례는 하나님의 은혜, 약속과
수세자의 믿음, 모두를 표시하는 성례전이다. 이 점에 있어, 앞에서
이미 언급했듯이 로마 가톨릭교회의 입장을 거부한다. 또한 세례를
구원의 징표로 보아 수세자의 믿음만을 표시한다고 여기는 침례교의
입장도 부적절하다고 생각한다.

그렇다면 세례가 선행적으로 주요하게 표징하는 것은 하나님의 은
혜, 약속이다. 하나님의 은혜는 어떤 것인가? 언약의 표시로만 보아
야 하는가? 이 문제에 있어 필자는 웨슬리가 주장하듯이 언약의 약
속 이상으로 본다. 세례란 모든 신자들에게 임하는 하나의 "은혜의
수단"이라 생각한다.[14]

웨슬리는 값없이 주시는 그리스도의 대속의 그 공로와 은사가 세례 가운데 성령의 역사로 말미암아 사람들에게 적용된다고 믿었다.[15]

따라서 세례란 교회가 어떤 사람을 구별하여 세례 받도록 함으로써 객관적으로 이미 주어진바 된 구속의 복음(이미 주어진 선행은총 그리고 믿는 자에게 약속되어 있는 칭의의 은혜와 성결의 은혜)에 대하여 하나님을 대신하여 증거하는 행동인 것이다. 이런 뜻에서, 세례는 "행위의 케리그마"(kerygma in action)[16] 또는 "복음의 성례전"[17]이라고 불리어질 수 있게 될 것이다. 그리고 또한 세례에 있어서 믿음의 역할은 세례(하나님의 행위)에 대한 인간의 응답이라고 의미있게 이해될 수 있다. 세례 받은 사람들은 믿음으로 응답함으로써만 세례에서 선포되고 약속된 은혜를 자기의 것으로 받으며, 그 은혜 안에서 성장하는 것이다.[18]

그러므로 세례(하나님의 은혜)에 수세자가 믿음으로 응답할 때, 그에게는 구원의 역사가 이루어지고, 인침이 되는 것이다. 수세자의 믿음에 따라, 어떤 사람들은 "온전한 의미에서 거듭나는 내적 변화와 하나님의 사랑의 충만함을 받고", 어떤 사람들은 "낮은 의미에서 (in the lower sense) 거듭나 겨우 죄에서 용서함을 받았다."라고 말할 수 있을 것이다.[19]

동시에 믿음으로 세례를 받는 자가 하나님의 언약 안에 접붙임을 받게 된다. 세례를 통하여 말씀이신 그리스도 곧 하나님의 새로운 언약 안에 접붙임을 받는다. 곧 그리스도의 몸 안에 받아들여진다.[20]

세례를 통하여 교회에 편입(incorporate)된다는 것은 대단히 중요하며 의미 있는 일이다. 왜냐하면 세례가 베풀어지는 바로 그 교회가 성령의 역사가 약속되어진 곳이요, 또한 그곳에서 하나님의 값없이 주시는 은혜의 선물(은총)을 받으며 세례를 받은 신자가 성장하여 마침내는 영혼의 궁극적 구원을 받도록 약속되어 있기 때문이다.

마지막으로 제기되는 질문이 있다. 세례를 받지 못하면 구원을 받을 수 없다는 것인가, 곧 세례가 구원의 필수 요소인가 하는 것이다. 일반적으로 성례전을 이해할 때 이는 은혜를 받기 위한 통상적인 통로로 제정한 것이지 하나님은 그에 얽매이는 분이 아니시라고 믿기에 절대 필수요소라고는 단정하지 않는다. 어떤 이들은 "사람이 물과 성령으로 나지 아니하면 하나님의 나라에 들어갈 수 없느니라"(요 3:5)고 한 성경 말씀을 근거로 하여 물은 곧 물세례를 의미한다고 해석하면서 세례가 구원의 필수요소라고 주장하나, 이는 무리한 해석이다. 왜냐하면 여기에 물로 난다(born of water)것을 물세례로 이해하기보다는, 모리스(Leon Morris)가 주장하듯이 세례가 아닌 정결(cleansing)의 개념으로 이해하여, 물로 난다는 것을 성령으로 난다는 것과 같은 의미로 보는 것이 타당하기 때문이다.[21]

② 세례의 대상(수세자의 자격)

세례를 구원의 징표, 곧 믿음의 선포로만 본다고 하면, 구원 받은 사람만이 세례를 받을 자격이 있다고 할 것이다. 그러나 세례를 주로 하나님의 약속, 은혜의 수단으로 이해할 때에는 논리적으로는 모든 사람이 세례를 받을 수 있다고 할 것이다. 그러나 세례의 은혜가 임하게 하기 위해서는 수세자의 믿음이 필요하기에, 믿음이 없이 세례를 받는다는 것은 무의미하다. 그런 의미에서 실제적으로는 성인의 경우에는 세례를 받기에 합당한 자를 선정하여 세례를 받게 하여야 할 것이다. 그러나 우리가 기억할 것은 사람의 믿음이 세례를 요구하는 것이 아니라 세례가 수세자의 믿음을 요구한다는 것이다.
그런데 이와 같이 이해하게 될 때 문제가 되는 것이 유아세례이다. 유아는 믿음으로 호응할 수 없기에 세례를 받을 수 없는 것인가? 믿음과 세례의 관계를 자세히 이해하게 되면 유아 세례의 가능성을 찾게 된다. 다음에서 살펴보기로 하자.

③ 유아세례: 믿음과 세례의 관계

믿음과 세례는 불가분의 관계를 가지고 연결되어 있다. 믿음이라는 것은 내적 은혜를 받음에 있어서 필수조건이다. 그리고 다른 한편, 이 은혜는 세례와 제휴되어 있는 것이다. 그러므로 믿음이라는 것은 그가 세례를 받기 전이나 후에나 요청되는 요소인 것이다.[22]

그러므로 수세자에게는 그가 믿을 수 있고 응답할 수 있을 때라면 항상 믿음의 필요성을 강조하여야 한다. 왜냐하면 이 믿음이 없이는 인간이 "세례의 은총" 안에 계속 머물러 있을 수가 없기 때문이다.

그러나 유아들은 세례를 받은 후에야 믿음이 가능하기에, 믿음을 강조하는 것은 세례 이후의 믿음에만 적용되는 것이라고 보아야 한다. 세례에 있어서 믿음이라는 것은 주로 세례에 대한 응답으로 해석되어야 한다.

그러면 세례 받은 유아에게 요구되는 것은 무엇인가? 부모의 믿음과 교회 공동체의 책임이다. 비록 부모의 믿음을 유아를 대신한 대리적 믿음으로 이해할 수는 없지만, 부모의 믿음은 특수한 방법으로 믿는 공동체의 공동신앙을 상징하고 있는 것이다. 여기에서 강조되는 것은 믿는 공동체의 공동신앙이다. 곧 그 유아가 성장함에 따라 세례에서 약속된 은혜를 믿음으로 받아들이게 하겠다는 부모의 믿음과 교회 공동체의 책임이다. 교회가 하나님을 대신하여 시행한 세례의 타당성(validity)을 인정하고, 세례의 효험(efficacy)이 유아에게 임하도록 부모와 교회가 그를 인도하는 것이다.

이런 신학적 이해 하에 유아에게 세례를 허용하는 것은, 앞에서 언급했듯이, 세례가 구약의 할례 대신 주어진 것으로 믿기 때문에 확신을 가지고 시행하는 것이다.[23] 또한 세례는 주로 하나님의 인간을 향한 활동이라고 믿기 때문이다. 예수께서 사람들이 데려온 어린이들이 자기에게 오도록 허락하셨다는 사실을 보아서 우리는 웨슬리가 말했듯이 "주님의 제자들이나 목사들은 아직도 어린이들이 오는 것을 용납해야 한다. 곧 세례에 의해 그리스도께 데려오는 것을 용납해야 한다"[24]고 생각한다.

2) 성만찬

세례가 교회 입문의 성례전이라면 성만찬(聖晩餐, Lord's Supper/Eucharist/Holy Communion)은 교회에서 행하는 계속적인 성례전이다. 주님께서 세례를 전도와 연관시켜 제정하셨다면(마 28:19 참조), 성만찬은 자신의 죽음을 기념하기 위하여 제정하신 성례전이라(눅 22:19)고 할 수 있다. 그러기에 모든 그리스도 교회는 성만찬을 시행한다. 이처럼 성만찬은 기독교를 하나로 결속시키는 요인이 되기도 한다. 그러나 성만찬에 대한 신학적 이해는 세례에서와 마찬가지로 너무나 각이하다. 그러면 각이한 견해를 살펴보면서 성만찬이 교회 생활에 미치는 중요한 영향을 살펴보도록 하자.

(1) 성만찬에 대한 주요 견해들

종교개혁 당시에 주로 네 가지의 각이한 해석이 있었다. 곧 로마 가톨릭교회가 주장하는 화체설(Transubstantiation), 루터가 주장한 공재설(Consubstantiation), 칼빈이 주장한 영적임재설 (Spiritual presence), 그리고 츠윙글리(Zwingli)가 주장한 기념설(Memorialist view)이 그것이다.[25]

결국 이들의 견해 차이는 "이것은 내 몸이니"(This is my body-마 26:26), "이것은… 내 피니"(This is my blood-마 26:28)라고 하신 주님의 말씀을 어떻게 이해하느냐 에서 기인된 듯하다. 다른 말로 표현해서, 그들이 성찬에서의 '주님의 임재'(presence of the Lord)를 어떻게 이해하였느냐의 문제이다. 또한 성찬이 무엇을 주로 상징하느냐, 곧 수찬자를 향하신 하나님의 역사를 주로 강조하느냐, 아니면 수찬자의 믿음과 생각을 주로 상징하느냐의 문제이다. 이런 관점에서 그들의 성찬에 대한 이해를 간략하게 살펴보고자 한다.

① 로마 가톨릭 교회의 화체설 (transubstantiation)

로마 카톨릭 교회는 주님께서 '이것은 나의 몸이니… 피니' 하신 말씀에서 '이다, εστιν(is)'를 엄격히 문자적으로 해석하여 주님의 임재를 강하게 주장하는 화체설을 말하기에 이르렀다. 화체(transubstantiation)라는 말이 의미하는 것은 하나의 본질적 물체가 또 하나의 다른 물체(another substance)로 변한다는 뜻이다. 곧 하나의 물체가 파괴되거나 없어지지 않은 채 다른 물체로 변화된다는 것이다. 얼핏 그들의 설명을 이해하기가 어렵다. 그러나 이런 주장은 고대 철학자 아리스토텔레스의 철학에 그 근거를 두고 있다.[26]

아리스토텔레스는 물체의 본질(substance)과 속성(accidents or attributes)을 구분하였다. 여기서 속성이라는 것은 외면적으로 관찰할 수 있는 것들이다. 예를 들어서 의자를 볼 때, 의자의 색깔 또는 의자의 다리 등이다. 물체의 본질(substance)이라는 것은 그 물체가 가지고 있는 본질을 말하는 것으로, 위에서 말한 의자의 경우, 의자 그 자체를 말하는 것이다. 그래서 로마 가톨릭 교회의 화체설에 의하면, 성찬에서, 성찬의 구성요소(element, accident)인 떡은 '성별하는 순간' 떡이라는 속성(accident)은 그대로 있으나 본질은 떡의 본질이 아니라, 그리스도의 몸의 본질로 변한다는 것이다. 그러므로 성찬에서 떡과 잔을 받아먹고 마실 때, 수찬자(communicant)는 그리스도의 살과 피를 받아먹고 마시는 것이 된다는 것이다. 그리하여 성찬에서 받는 떡과 잔은, 인격적인 만남 없이, 기계적으로 수찬자에게 전달되는 것(ex opere operato efficacy)이라고 이해한다. 그리고 미사 때마다 그리스도의 대속의 제사(atoning sacrifice)가 새롭게 반복된다는 것이다. 이런 변화는 미사 때에 일어나는 하나의 기적이라고 로마 가톨릭교회의 신학자 아퀴나스(Aquinas)는 말한다.[27]

개신교는 이에 대하여 반대하였다. 웨슬리는 말하기를, "예수님이 '떡이 몸으로 변한다고' 말씀하시지 않았다고 하면서, 이것은 내 몸이다라고 하신 주님의 말씀을 문자적으로 해석할 것이 아니라 하나의 상징, 표상, 모양으로 이해해야 한다"고 했다.[28]

그는 사도 바울도 고린도전서 11장 26-28절, 10장 17절에서 떡은 성별하기 전이나 성별한 후에도 그저 떡이라고 불렀지, 그리스도의 몸이라고 부르지는 않았다는 것을 지적하였다. 그러면서 화체설은 경우에 맞지 않는 견해(senseless opinion)라고 하였다.[29]

특히 웨슬리는 성찬을 통하여, 주님과의 인격적인 만남 없이 은혜가 기계적으로 전달된다는 것을 반대한 것이다. 왜냐하면, 웨슬리는 하나님의 은총의 역사를 늘 인격적인 관계, 실존적 관계에서 이해하고 있기 때문이다.

그러나 우리가 여기에서 한 가지 언급하고 넘어가야 할 것은 로마 가톨릭교회가 성찬에 그리스도의 임재를 강하게 주장하고자 한 것은 높이 평가할 만한 점이라는 것이다. 그런데 하나님의 신비한 임재와 역사를 무리하게 철학적으로 풀려고 하여 화체설에 이른 것은 큰 약점이 아닐 수 없다.

② 루터의 공재설 (Consubstantiation)

루터는 로마 교회의 입장에 반대하여 공재설을 전개하였다. 그는 성별함으로 실제로 떡과 잔이 기적적으로 예수님의 몸과 피로 변하는 것이 아니고, 그대로 떡과 잔으로 남아 있는 것이라고 하였다. 주님의 임재는 떡과 잔 안에, 더불어, 그리고 아래(in, with, and under the elements)에 임하는 것이라고 했다. 그러므로 떡과 잔을 성별하면, 떡과 잔과 함께 그리스도가 임재하여 계시는 것이라고 생각하였다. 따라서 수찬자들은 떡과 잔을, 그리고 떡과 잔과 함께 임하는 그리스도를 받는 것이라고 한다.

여기서 루터는 그리스도의 임재를 단지 영적으로(spiritual sense)로 본 것이 아니라, 떡과 잔 안에 육체적으로(bodily) 존재한다고 보는 것임을 주목하여야 한다. 그런 일이 어떻게 가능한가? 그는 부활하신 그리스도가 부활하신 육체를 가지고 제자들을 만난 사실을 상기하며, 지금도 그리스도는 그 몸을 가진 분으로 그대로 하늘에 계시며, 또한 그가 그대로 성찬에 임할 수 있다고 생각한 것이다. 곧 루터는 그리스도의 편재설(遍在說, Ubiquity of Christ)을 주장하고 있는 것이다.

성찬에 그리스도께서 임재하신다는 사실을 주장하려 한 것은 의미 있는 일이다. 그러나 주님의 육체적인 임재까지 말하는 것은 무리한 주장이라 하겠다. 웨슬리는 화체설을 반대하였듯이 루터의 공재설도 반대하였다. 앞에서 언급하였듯이 웨슬리는 주님께서 '이것은 내 몸이니' 하신 말씀을 문자적으로 해석하는 것이 무리라고 보는 것이다. 웨슬리는 '이 떡은…이다(The bread is)'라고 주님께서 말씀하신 것은(마 26:26) 떡이 곧 예수님의 몸이라는 말이 아니라, 떡이 예수님을 상징한다 또는 드러낸다(it signifies or represents my body)고 이해해야 한다고 말한다.[30]

③ 츠윙글리의 기념설 (Memorialist View).

위의 두 학설에 반하여, 츠윙글리는 성찬을 수찬자의 입장에서 보려 하였다. 그리하여 그는 성찬에서 수찬자는 예수님의 대속의 죽음과 그의 은혜를 회상(commemorate)하며 공개적으로 자신들의 신앙을 표현하는 것이라 이해하였다.[31]

그러므로 전자들에서와 같이 성찬이 구원의 은총을 전달하는 것이 아니라, 수찬자들이 이미 받은 구원의 은총을 기념한다고 본다. 성찬에는 어떤 초자연적인 것이 없고, 단지 이미 내적으로 이루어진 것(은혜)에 대한 외적 상징인 것이다.

그러므로 츠윙글리에 있어서의 성찬은 떡과 잔은 예수님의 육체와 피를 상징하는 것으로, 수찬자들에게 주님의 구속 사건을 회상

(remind)시키는 것이다. 따라서 떡과 잔을 받아먹고 마시는 것은 수찬자들이 믿음으로 대속의 주님을 받아들여 구원받은 것을 상징하는 것이다. 츠윙글리는 예수님의 편재설, 곧 예수님이 동시에 어디에나 계신다는 것을 믿지 않았다. 그러므로 지금 하나님의 우편에 계시는 그리스도가 성찬에 임재하신다는 것을 믿을 수 없었던 것이다.

츠윙글리가 수찬자의 믿음을 강조한 것은 주목할 만한 점이라 하겠다. 그러나 성례전은 하나님의 은총의 역사를 상징하는 것이 주된 역할이요, 그 은총이 수찬자의 믿음을 요청한다는 원리에 비추어 볼 때 부족한 점이 많다고 하겠다.

칼빈과 웨슬리는 성례전에 있어 하나님의 은총과 수찬자의 믿음을 모두 주장하되 하나님의 초자연적인 은총의 임재를 강조한다는 점에서 츠윙글리의 견해에 반대한다고 보아야 할 것이다.

④ 칼빈의 그리스도의 영적 임재설 (Spiritual Presence)

존 칼빈은 로마 가톨릭 교회의 입장을 반대하며, 또 다른 한편 츠윙글리의 입장도 반대하면서, 그 중간의 입장을 취하였다. 칼빈은 성찬이 기계적인(ex opere opererato) 방식으로 효험을 가져오지는 않지만, 효험이 있다고(efficacious)고 주장한다. 곧 성령께서 효험을 가져오게 한다고 주장한다.[32] 그는 성찬의 기능은 그리스도의 대속을 세상에 증거하는 것도 있지만, 주요한 목적은 수찬자들의 믿음을 강하게 하는데 있다고 보았다.

칼빈은 부활하신 몸을 가지신 예수님은 그대로 하늘에 계신다고 믿어, 루터의 그리스도의 편재(ubiquity)의 교리를 반대한다.[33] 따라서 루터의 공재설(consubstantiation theory)의 견지에서 주님의 피와 몸을 받는 것을 반대한다. 칼빈은 영적으로(in a spiritual manner) 그리스도를 받는 것이라고 주장한다. 칼빈에 의하면, 성찬에서의 떡과 잔은 그리스도의 임재하신 사실을 드러내는 표시(sign)인 것이다. 그리고 성령께서는 수찬자들이 성찬에서 그리스도를 받을 수 있도록 능력을 주시는 것이다. 이런 일이 어떠한 모양으로 일어나느냐에 대하여, 칼빈은 이 일은 너무나 신비스러워서 말로 표현할 수 없다고 말하면서, 이 일은 이해한다기 보다는 그저 체험하는 것이라고 말할 수밖에 없다고 하였다.[34]

그는 다음과 같이 체험적으로 고백하였다.

"그리스도는 자신의 살과 피의 실체(the substance)에 의하여 우리들의 영혼을 깨우치시기 위하여, 성령과 외적 상징(outward symbol)에 의하여 우리에게 내려오신다."[35]

(2) 요약과 결론:
① 웨슬리의 하나님의 역동적 임재설 (Dynamic Living presence)

우리가 위에서 종교개혁자들의 논의에서 보았듯이, 성찬에 대한 신학적 논쟁의 중심은 성찬에 있어서의 '그리스도의 임재'의 문제이다. 곧 성찬에 그리스도께서 실제로 임재하시느냐, 아니면 수찬자가 믿음으로 그리스도를 생각하는 것으로서의 임재냐의 문제였다. 이에 로마교회와 루터, 칼빈은 전자의 입장을 취하였고, 츠윙글리는 후자의 입장을 취하였다.

그 다음의 논제(issue)는 그리스도의 임재를 인정하되, 그리스도께서 어떻게 임재하시느냐의 논의이다. 이에 있어서 로마교회는 화체설을, 루터는 공재설을 그리고 칼빈은 영적 임재를 말하였다.

이런 논의에 있어 필자는 웨슬리가 보다 건설적인 견해를 제시했다고 본다. 그러므로 웨슬리의 성만찬론을 살펴봄으로 결론을 대신하고자 한다.

웨슬리는 "성찬은 주님께서 지정하신 은총의 수단의 하나로서 이는 하나님의 은혜를 사람에게 전달하는 통상적 수단(the ordinary means)"이라고 믿었다.[36] 웨슬리는 칼빈과 같이 성찬에서의 그리스도의 임재를 주장한다. 그는 또한 칼빈과 같이 루터의 예수님의 편재설(the doctrine of Ubiquity)을 부정하고 육신을 가지신 주님은 하늘에 계신다고 믿는다.[37] 따라서 성찬에서의 그리스도의 임재는 영적인 임재(spiritual presence)로 이해한다.

그러면 웨슬리는 그리스도의 임재를 말함에 있어, 칼빈과 동일한가? 이에 대해 보겐(Borgen)은 많은 점에서 같지만, 중요하게 다른 점이 있음을 지적하고 있다.[38] 즉, 칼빈은 (수찬자의 신앙을 견고하게 하기 위해) 성령을 통하여 임하는 그리스도의 능력(power and strength)'의 중요성을 강조하였지만, 웨슬리는 성찬에 삼위일체 하나님이 관여하심을 강조하였다.[39] 이와 같이 웨슬리는 하나님의 신성(divinity)의 임재, 곧 우리들에게 그리스도의 구속사건 전부(성육신, 십자가의 대속, 그리고 부활의 혜택 모두)를 주시는 삼위일체 하나님의 임재를 주장하는 것이다.[40] 여기에서 웨슬리는 칼빈의 주장과 차이가 있다. 웨슬리는 그리스도의 임재를 말함에 있어, 성찬에서의 떡과 잔(elements)과 임재와의 관계를 자세히 설명하지는 않지만, 하나님께서 성찬의 행위 전체에 임재하시어 믿는 자에게 은혜를 주시는 것으로 주장한다. 그러므로 웨슬리가 이해하는 '그리스도의 임재'는 정적(static)인 것이 아니라 동적(organic)인 것으로서 '산 임재'(living presence)를 의미하는 것이다.[41] 하나님께서 역사하는 곳에 하나님이 임재하시는 것이지, 하나님의 임재를 어떤 개체의 정적인 존재처럼 생각할 수는 없는 것이다. 하나님의 임재는 은총의 수단을 통하여 역사하시는 산 인격자의 임재로 이해하여야 하기 때문이다.

따라서 활동하시는 하나님의 산 임재는 수찬자들의 산 믿음의 호응을 요청한다. 따라서 그리스도의 임재가 성공적으로 이루어지기 위해서 수찬자들의 믿음의 호응이 필수적이다. 그리스도의 참된 임재는 믿음으로 떡과 잔을 받는 수찬자에서 체험되는 것으로 이해한다.[42] 여기에서 우리는 웨슬리가 그의 은총관, 곧 복음적 협동설의 입장에서 접근하고 있는 것을 볼 수 있다.

② 표적과 인증으로서의 성찬 (As Seal and Pledge)

웨슬리의 입장에서 성찬이 교회 생활에서 의미하는 것에는 두 가지가 있다. 곧 하나님께서 사람을 향하여 하시는 일, 그리고 은혜를 상징하는 표적(Sign)이 그것이다. 물론 후자는 전자에 의존하는 것이다.[43]

웨슬리는 성찬은 또한 표적(sign)에 의하여 하나님의 하신 일, 또한 그가 하실 일을 기억나게 한다고 말한다.[44] 이 점에 있어 웨슬리는 네 가지를 기억나게 한다고 하였다. 곧 ⓐ 과거에 있었던, 그리스도의 대속의 희생을 기억나게 하는 일(Memorial), ⓑ 현재에 있는 은혜로서, 주님의 희생의 열매를 주시는 일(Means of Grace), ⓒ 앞

으로 다가올 영광을 확신시켜 주시는 일(Pledge), 그리고 ⓓ 성도의 하나 됨이다.[45]

a) 그리스도의 대속적 죽음의 표적과 인증

웨슬리는, 한편, 성례전을 하나님의 은혜의 역사의 표적(sign)과 인침(seal)으로 보았다. 성찬은 내적인 은혜의 외적인 표적인 동시에 은혜로 용서받은 인침으로서 성도에게 확신을 주고 그를 견고케 한다.[46]

이 성찬은 주님께서 십자가를 지시던 그 전날 밤, 최후의 만찬 자리에서 예수님께서 자신의 몸이 찢겨지고 피를 흘려야 하는 대속의 죽음을 상징적으로 나타내시며 주신 교훈에서 유래된 것이다. 그러므로 주님께서 당하신 대속의 죽음을 성찬을 통해 우리들의 눈앞에 보이시는 것이다(setting before our eyes). 그의 희생으로 우리들이 죄에서 용서 받은 것이 보이는 것이다. 그리하여 성찬은 '주의 죽으심을 선포하는 것'(고전 11:26)이로되, 이를 가시적으로 제시하는 것이다. 곧 가시적 설교(visible preaching)이며, 행위의 케리그마이다. 그리고 또한 우리가 용서 받은 것을 인치며(seal), 우리를 용서하신 것을 보증(pledge)하는 것이다. 따라서 수찬자는 하나님께 영광과 감사를 표한다. 그리하여 교회에서는 성찬을 감사의 제사(Eucharist) 라고 부르기도 한다.

b) 현재 은혜의 표적과 인증

더 나아가 웨슬리는 성찬은 주님의 대속의 죽음을 나타내는 표적이면서 또 우리는 주님의 성육신과 고난이 의미하는 모든 은혜를 이 성찬에서 기대할 수 있다고 믿었다.[47] 웨슬리의 중요 관심은 현재구원에 대한 은혜의 역사(役事)에 있다.[48] 그러므로 성찬에 나타난 그리스도의 죽음과 희생의 표적은 단순히 과거에 대한 것만이 아니라, 오늘 '여기에서 지금' 재현되는 것이다. 사도바울이 인용한 말씀 "이것을 행하여 나를 기억하여라"(고전 11:25)는 말씀은 바로 성찬에서 그리스도의 대속을 제시한다(re-call 또는 represent, brought back)는 의미라고 웨슬리는 설명한다.[49] 그러기에 그리스도의 구속의 공로는 지금도 효험되는 것이다. 이 점에 있어 웨슬리는 성찬은 그리스도의 속죄제물(sacrifice)을 함축한다(imply)고 말한다.[50] 성찬이 상징하는 그리스도께서는 자기 자신을 '속죄제물'로 만들었기 때문이다. 웨슬리에 의하면, 이런 그리스도의 속죄제물, 곧 온 세상 죄를 위한 속죄제물(화목제물)이 교회, 곧 성직자에 의하여 다시 제시된다는 것이다.[51] 그러기에 성찬에서의 그리스도의 대속의 축복은 수찬자들에게 지금도 효험된다. 하나님으로부터 속제제물(Propitiation)로 정함을 받은 그리스도의 희생 제물은 영원히 지속되는 것이며, 또한 예수님의 대제사장의 사역은 이 지상에서 뿐 아니라, 하늘에서 지금도 동일하게 행하여지는 것이기 때문이다.[52] 이에 성만찬은 하나님의 구원사역의 수단이 된다. 웨슬리에 의하면 성찬을 통하여 우리에게 주시고자 하는 은혜는 하나님이 그리스도를 통하여 이룩하신 구속사건 전부이다. 그러므로 성찬은, 성찬을 받는 자들의 여러 가지 필요에 따라 의롭게 하는 은혜, 또는 거룩케 하는 은혜를 전하는 (convey) 하나의 수단이다.[53]

이에 수찬자는 감격하여 주님을 향한 헌신을 약속(pledge)한다. 이와 같이 성찬은 우리에게 은혜를 주며 이를 확증케 하는 인침

제 10장 교회론 **319**

(seal)일 뿐 아니라, 신자들의 그리스도를 향한 충절(believer's allegiance to Christ)의 시위인 것이다.[54]

c) 천국의 보증과 인증

웨슬리는 더 나아가 성찬을 천국의 보증(a pledge of heaven)이라고 표현하였다.[55] 웨슬리는 성찬에서 그리스도의 고난과 죽음의 의미를 강조하면서, 동시에 천국에서 주님과 함께 하는 잔치를 미리 맛보는 것으로 믿었다.[56] 누가복음 24장에 기록된 엠마오로 가던 두 제자가 부활의 주님을 만나 식사하는 기쁨을 체험했듯이[57] 우리들은 부활하신 주님과의 잔치를 기다리는 것이다. 성찬은 "마라나다", 곧 주님의 임재를 경험함으로 하나님 나라의 임재를 간접적으로 경험하는 것이다. 그러므로 성찬은 즐거운 의식이다.

d) 성도의 교제 (The Communion of Saints)

성찬에서 은혜를 받은 성도들은 그 감격과 감사함으로 그리스도 안에서 하나 되는 교제(fellowship)를 경험하게 된다. 또한 그리스도의 지체의식을 가지고 사랑의 교제를 경험하게 된다. 초대교회에 존재했던 애찬에 이것이 잘 나타나 있다. 원래 초대교회에서는 성찬과 애찬이 성찬에서 분리되었으며, 점점 더 소홀히 되어 4세기 말경에는 교회에서 자취를 감춰버렸다고 한다. 그러나 웨슬리는 이 애찬을 회복시켜서 사랑의 교제를 나누었다.[58]

앞에서 논의한 바를 요약해 보면, 웨슬리에 의하면 성찬은 그리스도의 대속적 죽음의 표적이다. 더 나아가 성찬은 그리스도의 구속적 죽음에 근거한 모든 은혜(선행적 은혜, 의롭게 하는 은혜, 거룩케 하는 은혜)를 현재 여기에서 전달하는 은혜의 수단이다. 따라서 합당한 수찬자가 믿음으로 받을 때 그는 자기에게 필요한 은혜를 받을 수 있는 것이다.

합당한 수찬자들은 성찬에 임재하신 그리스도를 만나(communion) 사죄의 확증과 힘을 얻고 감사하면서 하나님을 향한 충절을 시위하며 약속(pledge)한다. 동시에, 성도들은 성찬을 통하여 세상 죄를 위한 속죄제물 되신 그리스도를 그가 오실 때까지 가시적으로 선포한다. 또한 구원받은 자들은 성찬을 받으면서 하늘나라를 대망하며, 부활하신 그리스도의 임재를 통해 하나님의 나라를 경험하게 된다. 이것은 성도들의 주님과의 친교이며, 참여한 모든 성도가 서로 한 주님 안에서 사귀는 것이다. 즐거운 잔치이다.[59]

③ 성찬은 모든 사람을 위한 것이다. (The Open Table for All)
성찬이 개방적(open table)인가, 아니면 믿는 자들만을 위한 것인가 하는 점은 자연히 함께 논의되는 문제이다. 이 점에 있어, 그리스도의 복음이 모든 사람을 위한 것이라고 확신하는 웨슬리는, 원칙적으로 구원을 위하여 주님께 초청되는 조건을 성찬에 초청되는 조건에 적용하였다.[60] 위에서 언급했듯이 웨슬리에 의하면, 성찬은 믿음을 굳게 하는 성례전인 동시에 거듭나게 하는 성례전이며, 성찬에서 수찬자가 받는 은혜, 다시 말해 성찬의 효험은 수찬자의 필요와 믿음의 정도에 따라 이루어지는 것이다.[61]

그가 그의 옥스퍼드대학교 시절과 미국 죠지아 선교시절에는 엄격히 영국교회의 규칙을 따랐으나, 올더스게이트에서의 성령체험 후, 모라비안 교도들과의 논쟁을 거치면서, 후년(1791년경)에 이르러는 진실한 신자와 진정으로 회개하는 모든 사람이 성찬에 참여하는 것을 허용하였다. 심지어 어린이들(9살 내지 10살 난 어린들)에게도 적당한 기도와 교훈으로 준비를 시킨 후 성찬에 참여를 허용하였다.[62]

웨슬리는 모든 신자는 될 수 있는 대로 자주 성찬에 참여야 한다고 강조한다.

"주님의 명령에 순종하여 성찬에 참여하는 것의 혜택이 그렇게 큰데 어찌 자주 성찬에 참여하지 않겠는가? 우리는 성찬에서 과거의 죄들에서 용서를 받으며, 우리들의 영혼이 지금(현재) 새로워지며, 힘을 얻는 데 말이다.[63]…또한 우리들의 죄가 용서받은 것을 확증 받게 되는 데 말이다."[64]

제 11장
종말론

    종말론(終末論, Eschatology)은 마지막 날에 이루어질 일들, 곧 개인의 종말, 역사의 종말과 이 세상에서의 하나님의 사역의 완성에 관한 일들을 다루는 것이다.

    종말론은 기독교신학의 주요 주제이다. 따라서 우리는 신중하게 연구하고 다루어야 하며 제기되는 문제들을 단순히 호기심의 대상으로 삼지 않도록 주의 하여야 한다. 더욱이 지나치게 사변적인 자세로 다루어서는 안 된다. 성경의 자료들에도 차이가 있기 때문에 우리의 결론들도 확실성에 있어 차이가 있을 것이라는 것은 인정해야 할 것이다.

    그리스도의 재림이나 육체적 죽음 이후의 삶과 같은 기본적인 문제들에 대해 의견의 일치를 보는 것은 중요하다. 그러나 천년왕국설이나 환난기설(tribulation theory) 같이 상대적으로 핵심적인 문제가 아닐 경우, 의견이 일치하지 않는 것들을 강조할 것이 아니라, 의견이 일치하는 것들에 초점을 두고 그러한 것들을 강조해야 한다.

그리고 우리가 종말론을 연구할 때, 우리는 그것들의 영적인 의미와 실제적인 적용을 강조하여야 할 것이다. 그것들은 논쟁들을 위한 주제들이 아니라 사역을 위한 자료로 취급되어야 한다.

종말론을 논할 때, 우리는 편의상 개인적 종말론과 우주적 종말론으로 구분하여 설명할 것이다. 개인적 종말론은 인간 각 개인이 미래에 경험하게 될 것들, 곧 사람이 죽었을 때, 각 개인에게 일어날 일을 다루며, 우주적 종말론은 전 인류와 세계가 미래에 당할 것들 곧 그리스도의 재림과 관련해서 모든 사람과 우주에게 일어날 일들을 다룬다.

1. 죽음

1) 죽음의 실재와 본질

모든 사람이 죽는다는 것은 부인할 수 없는 사실이다. 성경은 히브리서 9장 27절에서 이 사실을 분명히 말하고 있다. "한번 죽는 것은 사람에게 정해진 것이요 그 후에는 심판이 있으리니." 그리고 바울은 자신의 죽음을 예상하고 있었다(고후 5:1-10, 빌 1:19-26 참조).

그렇다면 죽음이란 무엇인가? 왜 죽음이 생겼는가? 전도서 12장

7절에서는 죽음을 육체와 영혼의 분리로 언급하고 있다. "흙은 여전히 땅으로 돌아가고 영은 그것을 주신 하나님께로 돌아가기 전에 기억하라." 신약의 야고보서 2장 26절도 죽음을 육체와 영혼의 분리로 말하고 있다. 그 외에 많은 성경구절들이 육체의 죽음, 즉 우리의 육체 안에서 생명이 끊어지는 것에 관해 말하고 있다. 예를 들면, 마태복음 10장 28절에서 예수님은 "몸은 죽여도 영혼은 능히 죽이지 못하는 자들을 두려워하지 말고 오직 몸과 영혼을 능히 지옥에 멸하시는 자를 두려워하라."고 말씀하시면서 우리 육체 안에서 생명이 끊어지는 것에 관하여 말씀하고 있다.

그러나 이런 육체적 죽음이 존재의 끝은 아니다. 성경에 따르면 육체적 죽음은 단지 또 다른 존재 양태로의 전환(transition)일 뿐이지, 소멸되는 것은 아니다. 성경은 육체적 죽음과 더불어 영적인 죽음, 둘째 사망에 관하여서도 언급하고 있다. 영적인 죽음이란 인간이 하나님으로부터 영적으로 분리된 것을 의미하며, 둘째 사망이란 육체적 죽음 다음에 오는 것으로 영원한 죽음, 곧 영원토록 하나님과 분리되어 벌을 받는 것을 의미하는 것으로 이는 영적으로 죽었던 자의 상실된 상태의 결말이다.

2) 죽음이 어디에서 왔나?

그러면 이런 육체적 죽음이 어디에서 왔는가? 성경은 인간이 죄를 범하므로 죽음이 있게 된 것이라고 증언한다. 곧 육체적 죽음이 인간 본래의 상태는 아니었다는 것이다. 아담 하와가 범죄하지 않았더라면 에덴동산에서 생명나무를 먹으며 영생할 수 있었을 것이라는 것이다. 그러나 아담 하와가 하나님의 경고(창 3:3)를 무시하고 죄를 범함으로 영적 죽음(곧 하나님과의 영적 단절)을 맞게 되었고, 그 후 하나님은 그들이 생명나무를 먹음으로 영원히 사는 것을 방지하기 위하여 그들을 에덴동산에서 쫓아냈던 것이다(창 3:22-23). 그러므로 아담과 하와는 영적인 죽음과 아울러 육체적 죽음을 맞이하게 된 것이다. 그리하여 사도 바울은 고린도전서 15장 21절에서 "사망이 한 사람으로 말미암았으니"라고 하였다.

그러므로 우리는 육체적 죽음이 결국은 인간의 죄로 말미암아 있게 되었고, 그것이 하나님의 인류에 대한 원래 의도는 아니었다고 결론지을 수 있다.

3) 육체적 죽음의 성례전적 의미

앞에서 말했듯이, 죽음은 인간이 하나님 앞에 범죄한 결과로 있게 된 것이다. 그러나 사랑의 하나님은 친히 관여하시어, 곧 예수 그리스도의 대속을 통하여 인류를 이 죽음(단절)에서 구원하시기로 계획하셨다(요 3:16). 그러므로 우리는 자기의 죄를 회개하고 예수를 구주로 믿음으로써 생명(永生)을 얻게 되어 있다. 이것이 하나님께서 예수 그리스도 안에서 은혜로 마련하신 구원이다(요 5:24).

그런데 성경을 보면 하나님은 이 약속하신 구원을 구현하심에 있어서, 하나님의 경륜(Divine economy) 가운데, 죽음으로부터의 해방은 종말에 남겨 놓으셨다. 그리고 사람이 마지막 심판에 이르기 전에 (육체적으로) 한 번 죽는 것으로 정하셨다(히 9:27). 왜 그리하셨는가? 왜 신자가 아직도 죽음을 경험하여야 하는가? 그런 질문을 함에 있어 우리는 하나님은 이것을 통해 중요한 교훈을 주시고자 한다는 것을 깨닫게 된다. 하나님께서 하시는 일은 모두 우리를 위한 것이다. 어떠한 점에서 그럴까?

(1) 하나님은 죽음을 통하여 사람은 하나님이 아니라는 것을 깨우쳐 주시고자 하는 것이다. 사람은 자기는 죽지 않을 것이라는 망각과 환상 속에서 살 때가 너무나 많다. 그리하여 백만 년이나 살 것처럼 계획을 세우고, 바벨탑을 쌓곤 한다. 죽음은 이런 환상을 깨쳐준다. 죽음 앞에서 인간은 자신의 한계를 깨닫게 된다. 이 세상에는 하나님 무서운 줄 모르고 자기의 권세를 하늘로 뻗치는 사람들이 있다. 이런 욕망은 로마의 황제와 같이 위대하다는 인사들에게서 흔히 나타났다. 아마, 죽음이 없다면, 그런 사람들 때문에 큰 일이 날 것이다.

이에 하나님은 육체적 죽음을 남겨 놓으시므로, 사람이 자기가 하나님이 아니요, 사람은 마침내 하나님의 심판대 앞에 서야 하는 존재라는 것을 깨닫게 하시는 것이다. 그리하여 하나님은 사람은 심판을 받기 전에 한번 죽도록 하나님이 정하신 것이다(히 9:27).

(2) 하나님은 죽음을 통하여 우리는 청지기에 불과하다는 것을 깨우쳐 주신다. 죽음 앞에서 우리는 가지고 있던 모든 것을 놓고 가야만 한다. 재물, 토지도 다 놓고 가야한다. 이 세상에서 돈이 제일인 줄 알고 불의를 행하며, 세상에서 차지하는 권세가 제일인 양, 그 때문에 이웃 사람을 속이며 죽이곤 한다. 죽음 앞에서 우리는 이 모든 것은 엄밀한 의미에서 '내 것'이 아니라는 것을 깨닫게 된다. 우리는 이 세상에 있는 동안 그것들은 맡고 있는 청지기에 불과하다. 그러므

로 우리는 물질이나 명예심 때문에 형제를 모함하거나 해치는 일을 해서는 안 되며, 우리는 그 모든 것을 활용하여 하나님의 뜻을 성취하는 데 공헌해야 한다는 것을 깨닫게 되는 것이다.

성경은 말씀한다.

"이 세상이나 세상에 있는 것들을 사랑하지 말라. 누구든지 세상을 사랑하면 아버지의 사랑이 그 안에 있지 아니하니, 이는 세상에 있는 모든 것이 육신의 정욕과 안목의 정욕과 이생의 자랑이니 다 아버지께로부터 온 것이 아니요 세상으로부터 온 것이라. 이 세상도 그 정욕도 지나가되 오직 하나님의 뜻을 행하는 자는 영원히 거하느니라"(요일 2:15-17).

"돈을 사랑함이 일만 악의 뿌리가 되나니 이것을 탐내는 자들은 미혹을 받아 믿음에서 떠나 많은 근심으로써 자기를 찔렀도다 오직 너 하나님의 사람아 이것들을 피하고 의와 경건과 믿음과 사랑과 인내와 온유를 따르며 믿음의 선한 싸움을 싸우라 영생을 취하라 이를 위하여 네가 부르심을 받았고 많은 증인 앞에서 선한 증언을 하였도다"(딤전 6:10-12).

(3) 하나님은 죽음의 아픔을 통하여 다시는 범죄지 말라고 경고하시는 것이다. 죽음은 우리에게 아픔과 슬픔을 준다. 어떤 이들은 그렇지 않다고 하지만, 이는 거짓말이다. 죽음은 아픈 것으로 하나님께서 만드신 것이다. 성도는 그 아픔 가운데서도 소망하며 위로를 받는 것뿐이다.

하나님은 사람들이 죄의 값인 죽음의 아픔을 체험하면서, 죄의 결과가 어떻다는 것을 깨닫게 하시는 것이다. 성경은 경고한다. 이렇게 하나님께서 우리를 깨우쳐 주심에도 불구하고 계속 죄를 범하면, 그에게는 무서운 둘째 사망이 있노라고. 그러므로 우리는 심판의 날이 다가오기 전에, 죄를 범하는 길에서 돌이켜 철저히 하나님의 뜻에 따라 살아야 한다. 지은 죄는 지체 말고 회개하여 용서를 받아야 한다.

(4) 하나님은 사람이 한 번 죽은 것으로 정하시되 그 죽는 시간은 비밀에 감추어 둠으로 깨어서 하나님 앞에서 바르게 살 것을 교훈하고 있는 것이다.

죽음은 꼭 오고야 마는 것인데, 그 날과 시간은 아무도 모른다. 우리 모두가 하나님의 심판대 앞에 서게 되는 주의 날 곧 주님의 재림이 언제 임할지 모른다. "너는 내일(來日) 일을 자랑하지 말라 하루 동안에 무슨 일이 날는지 네가 알 수 없음이니라"(잠 27:1).

그러므로 우리는 깨어서 정직하게 살아가야 한다. 기회 있을 때에 회개하고 예수님을 진실하게 믿으며 생활해야 한다. 그리고 시편기자와 함께 "우리에게 우리 날 계수함을 가르치사 지혜로운 마음을 얻게 하소서"(시 90:12)라고 기도하여야 할 것이다.

2. 중간 상태에 대한 여러 견해들

여기서 중간 상태란, 죽음과 주님의 부활 사이의 인간의 상태를 가리키는 것이다. 중간상태가 있다면 죽음과 부활사이에 신자와 불신자가 겪는 상태는 어떤 것일까.

이 문제를 다루는 것은 어려운 일이다. 그 이유로는 첫째로 성경에 중간상태에 관한 언급이 비교적 드물다는 것이다. 따라서 이 교리를 둘러싼 신학적인 논쟁이 많다.

1) 영혼 불멸설

자유주의 신학자들은 영혼의 불멸사상을 주장한다. 이들은 몸의 중요성을 인정하지 않는다. 따라서 육체의 부활을 믿지 않는다. 이들은 예수님이 육신의 몸으로 재림하신다는 사실도 믿지 않는다.

2) 연옥설(Purgatory)

로마 가톨릭은 연옥설을 말한다. 이 주장에 의하면 악한 상태로 죽은 사람은 직접 지옥으로 내려간다. 그들은 거기서 영원한 형벌을 받는다. 그 고통은 각 사람의 악함의 정도에 따라 주어지며 부활 후에는 더욱 증가될 것이다.[1]

한편, 은혜의 완전한 상태로 죽은 사람들은 죽음과 동시에 완전히 정화되어 즉시 천국에 가게 된다. 그러나 비록 은혜의 상태에 있기는 하였지만 아직 영적으로 완전하지 못한 채 죽은 사람들은 연옥으로 간다. 이 연옥은 하나님의 은혜 안에서 이생을 떠났으나 아직 가벼운 죄들을 여전히 가지고 있고 지은 죄에 합당한 형벌을 현세에서 충분히 받지 않은 사람들에 대한 일시적인 형벌의 상태이다.[2]

아퀴나스(Thomas Aquinas)에 의하면, 죽음 이후에 있을 정화(cleansing)는 형벌로서의 고통을 겪는 과정이다. 이 땅에서는 우리는 속죄 행위를 수행함으로써 정결케 될 수 있으나, 죽음 이후에는 그렇게 하는 것이 불가능하다. 그리하여 그들은 이 땅에 있는 신실한 성도로부터 도움을 받아야 하는데 여기에는 세 가지 방법이 있다.[3] 미사, 기도, 그리고 선행이 그것이다. 이를 통하여 연옥에서 받는 고통이 경감된다. 그리하여 연옥에 있는 영혼이 영적 완전함에 이르렀을 때, 다시 말해 용서받아야 할 어떤 죄도 남아 있지 않게 될 때, 그 영혼은 연옥에서 놓임을 받아 천국에 들어가게 된다고 말한다. 그래서 로마 가톨릭교회는 전통적으로 죽은 자를 위한 기도하는 것과 미사를 드리는 것, 그리고 자선을 베푸는 것을 전통으로 삼아 행하여 오고 있는 것이다.

개신교에서는 연옥설을 거부한다. 이는 외경(Apocrypha)에 근거했는지는 몰라도 성경에 근거하고 있지 않기 때문이다. 그리고 이 연옥 개념은 구원을 하나님의 은혜로 인한 것으로 보기보다는 행위에 의한 것이라는 사상에 근거하고 있다. 또한 이와 유사한 개념, 즉 죽음 이후에 시련과 속죄의 기간이 있다고 가정해 죽은 자를 위하여 기도하여야 한다는 견해는 모두 거부되어야 한다.

3) 영혼 취침설 (sleep of soul)

일부에서는 죽은 다음에 영혼은 부활 때까지 무의식 상태로 잠들어 있게 된다고 주장한다. 이는 16세기의 재세례주의자들(Anabaptists)과 오늘의 안식교인들이 주장하는 학설이다. 이 학설은 일부에 의하여서 영혼-소멸로 주장되기도 한다. 사람이 죽은 이후에는 아무 것도 하지 않는 상태 곧 무 존재와 같기 때문이다. 이들은 인간이 여러 가지 요소로 구성된 존재가 아니라, 단일한 통일체(a unitary entity)라고 보는 입장에서, 육체가 그 기능을 멈출 때 영혼 곧 전 존재도 더 이상 존재하지 않게 된다고 보는 것이다. 육체가 죽은 이후에 살아남는 것은 아무것도 없다는 것이다.

중간 상태를 영혼의 잠으로 보는 견해는 성경에서 종종 비유적으로 죽음을 자는 것이라고 표현하고 있는 예들이 있기 때문에 그런 것 같다. 사도행전 13장 36절에서 사도 바울은 말하기를 "다윗은 당시에 하나님의 뜻을 따라 섬기다가 잠들어 그 조상들과 함께 묻혀 썩음을 당하였으되"라고 하며, 이와 동일한 표현을 여러 곳에서 하고 있다(고전 15:6, 18, 20, 51, 살전 4:13-15 참조). 예수님 자신도 나사로가 죽은 것을 '그가 잠들었도다' 라고 표현한 적이 있다(요 11:11). 이러한 표현들에 대한 문자적 이해로 죽음을 영혼이 잠자는 것이라고 주장하게 된 듯하다. 그럼에도 불구하고 이 주장은 몇 가지 문제점을 지니고 있다.

누가복음 16장 19-31절에 있는 부자와 나사로에 대한 비유에서 읽듯이, 성경 여러 곳에서 죽음과 부활 사이에 인격적이고 의식 있는 존재가 있다는 사실을 언급하고 있다(눅 23:43 참조). 또한, 영혼의 소멸을 주장한다면 부활 시에 무엇이 생명으로 될 것인가? 그리고 무슨 근거로 부활 시에 생명을 얻은 사람이 과거에 죽었던 그 사람과 동일한 사람일 것이라고 주장할 수 있겠는가? 이런 문제들을 고려해 볼 때 죽음을 영혼의 잠으로 보는 견해는 부적절하다고 사료된다.

4) 정통주의 입장

정통주의 신학은 중간 상태가 있다는 입장을 견지하여 왔다. 정통주의 신학은 영혼의 불멸성과 육체의 부활을 모두 믿는다. 이들은 인간은 영혼과 육체로 구성되어 있다는 인간의 이분설(dualism)에 근거하여, 죽음에서 인간의 육체는 부패하나 비물질적인 영혼은 의식 있는 개별적인 존재로 계속 살아간다는 것이다. 그리하여 죽음과 동시에 신자는 축복의 상태로 있게 될 장소, 곧 낙원에 가며, 불신자들은 고통과 형벌이 있는 비참한 장소 곧 하데스(Hades, 음부)로 가게 된다. 그러다가 예수께서 재림하실 때, 신령한 육체와 재결합하여 부활한다고 주장한다. 중간상태에 있는 인간은 불완전한 상태에 있기 때문에, 부활한 후에 누릴 최종 상태만큼은 좋거나 힘들지 않을 것으로 추측이 된다.

5) 순간적 부활 (Instantaneous Resurrection)

그런가 하면, 신정통주의 신학은 일반적으로 다른 견해를 주장하고 있다. 이들은 중간상태를 인정하지 않는다. 이들에 의하면, 인간은 육체와 분리된 존재를 인장하지 않는다. 따라서 인간존재란 육체적 존재(bodily existence)라고 일원론적 입장(a radical unity)을 주장한다.[4] 이들은 죽음 이후에도 분리되어 계속 존재할 수 있는 영적존재란 없다는 것이다. 그리하여 신자는 죽음과 동시에 신자들에게 약속된 부활의 몸을 받아 죽음과 동시에 최종적인 상태로의 전환된다는 것이다. 이들에게는 하나님의 나라가 완전히 이루어진 것이다. 단지 주님의 재림에 따라 일어날 우주의 회복, 곧 "모든 눈물을 그 눈에서 닦아 주시니 다시는 사망이 없고 애통하는 것이나 곡하는 것이나 아픈 것이 다시 있지 아니하리니"(계 21:4)라는 날을 기다리고 있다는 것이다.[5]

이 입장을 옹호하면서 데이비스(W. D. Davies)는 사도 바울이 신자의 부활과 관련하여 고린도전서 15장에서는 장차 있을 몸의 부활을 말하고 있지만, 그 후에 쓴 고린도후서 5장 1-10절에서는 더 이상 어떠한 중간 상태도 인정하지 않고 신자는 죽음과 동시에 신령한 몸을 순간적으로 받게 된다고 말하고 있다고 하며, 순간적 부활을 지지한다.[6]

구스리(Guthrie)는 사람이 잠깐동안이나마 영혼과 몸이 분리되어 있을 수는 없다는 부루너(Brunner)와 같은 입장에서 정통주의 신학의 입장을 비판하면서, 정통주의 입장은 하나님이 심판을 불필요하게 두 번이나 한다는 것이 되어, 죽음에서 심판을 받은 자를 다시 최후심판 때 또 심판한다는 말이 되어 버린다고 하며 중간 상태를 부정한다. 그리고 예수님이 십자가상에서 한 강도에게 "이르시되 내가 진실로 네게 이르노니 오늘 네가 나와 함께 낙원에 있으리라(눅 23:43)"고 하셨듯이 우리는 죽는 순간 신령한 몸을 입고 천국에 간다고 주장한다.[7] 또한 누가복음 16장 22-24절에 있는 부자와 거지 나사로에 관한 이야기에서 그들이 서로를 인지하고 있었다는 것은 그들이 이미 몸을 입고 있었기에 분별이 가능했던 것이 아닌가 하는 생각도 든다.

그렇다면 이런 주장이 문제를 완전히 해결하였는가? 에릭슨(Millard J. Erickson)은 아니라고 주장한다.[8]

왜냐하면, 인간의 본질이 근본적으로 완전한 통일성을 이루고 있다는 주장은 성서적이 아니라는 것이다. 성경은 영혼과 몸의 이원론을 지지하는 입장을 갖고 있다고 여겨진다. 사도 바울은 미래의 육체의 부활과 육체에서 이탈한 영혼의 생존 양쪽을 분명히 주장하고 있는 것이다. 더 나아가 데이비스가 고린도후서 5장 1-10절을 인용하면서 주장한 것보다 성경에는 우리 몸의 변화와 재림 때에 있을 미래의 부활을 결합시키는 내용의 성경구절이 더 많다는 것이다(빌 3:20-21, 살전 4:16-17 참조). 뿐만 아니라 성경은 재림을 구원과 영화의 사건으로 많은 곳에서 묘사하고 있다(롬 2:3-16, 고전 4:5, 살후 1:5-2:12, 딤후 4:8, 요 5:25-29 참조).

6) 결론

우리는 앞에서 각 학설에 대한 소개와 아울러 비판도 하였다. 결과적으로 우리는 정통주의 입장이 보다 성서적이라고 결론 내린다. 이는 다음과 같은 예에서 힘있게 뒷받침되고 있다고 사료되기 때문이다. 성경은 의로운 자들의 영혼은 낙원으로 들어가게 된다고 말하고(눅 16:19-31, 23:43), 하데스로 내려가지 않는다고 말하고 있다(마 16:18, 행 2:31).

그런데 신약에서는 하데스(ἅδης)와 게헨나(Γέεννα)를 구분하고 있음을 알아야 한다. 곧 하데스는 불의한 자들이 죽음과 부활 사이의 기간 동안 머무는 곳(음부), 곧 경건치 못한 자들이 영혼이 몸 밖에 있는 곳이지만, 게헨나는 최후의 심판 때에 영원히 주어질 형벌을 받는 곳(지옥), 곧 부활 시에 재결합된 몸과 영혼이 모두 영원한 불에 의하여 고통을 당하는 곳이다(막 9:43-48, 마 10:28). 이러한 구별된 표현은 영혼이 머무는 중간상태가 있다는 것을 뒷받침하는 것이다.[9]

또한 바울은, 인간의 구성에 있어 단일체(radical unity)를 주장함으로 육체를 떠난 영혼의 존재를 부정하는 것과는 달리, 육체를 떠나 있는 것과 주님과 함께 있는 것을 동일하게 본 것으로 여겨진다(고후 5:1-10, 빌 1:19-26).

우리는 이와 같은 성경적인 내용들을 근거로 정통주의의 입장을 받아들이다. 곧 죽음과 부활 사이에는 신자와 불신자가 경험하게 되는 각각의 중간 상태가 있는 것이다. 곧 낙원과 하데스가 있다고 본다.

3. 주님의 재림

지금부터 우리가 다루고자 하는 것은 우주론적 종말론으로서, 미래에 전 인류와 우주 전체가 경험하게 될 사건들, 예수님의 재림과 그 결과들, 즉 부활과 최후 심판에 대한 것이다.

1) 주님의 재림은 분명히 있다.

전통적 교회는 사도신경을 통하여 예수님이 '저리로서 산 자와 죽은 자를 심판하러 오시리라'고 믿으며 고백하여 오고 있다.
성경은 주의 재림을 예언하고 있다. "그리스도도 많은 사람의 죄를 담당하시려고 단번에 드리신바 되셨고 구원에 이르게 하기 위하여 죄와 상관 없이 자기를 바라는 자들에게 두 번째 나타나시리라"(히 9:28)고 히브리 기자는 증언하였고, 성경에는 예수님의 재림이 무려 300회 이상 언급되고 있다[예를 들어서, 행 1:11, 마 24:30, 27, 37, 39, 42, 44, 빌 3:20-21, 살전 4:15-16(고전 15:23), 히 9:28, 벧전 1:7, 벧후 1:16, 요일 2:28, 약 5:8 등등]. 예수님도 친히 말씀하였다. "보라 내가 속히 오리라"(계 22:7).
사도 야고보는 다음과 같이 말씀한다. "너희도 길이 참고 마음을 굳게 하라 주의 강림이 가까우니라"(약 5:8).

2) 사도들은 주님의 재림을 대망하면서 살았다.

초대 교인들은 부활하신 예수님을 믿을 뿐 아니라 부활하신 바로 그 주님께서 재림하실 것을 믿었다. 그리고 자신들을 진노에서 구원하신 예수님의 재림을 기다리면서 신앙생활을 했다(딛 2:13). 그들은 주의 재림으로 하나님의 의로우신 심판(살후 1:5, 6-8)이 있을 것이며 정의의 최후 승리가 있을 것을 믿었다. 그 날의 심판은 악인에게는 형벌이요 멸망(살후 1:6, 8, 9)이지만, 신자들에게는 보상이요 안위(살후 1:7)요, 복스러운 소망(딛 2:13, 히 9:28-29)이다. 그러기에 그들은 죽음의 공포에서 벗어났으며 현재 당하는 고난도 이겼다.

"자녀이면 또한 상속자 곧 하나님의 상속자요 그리스도와 함께 한 상속자니 우리가 그와 함께 영광을 받기 위하여 고난도 함께 받아야 할 것이니라 생각하건대 현재의 고난은 장차 우리에게 나타날 영광과 비교할 수 없도다"(롬 8:17-18).

또한 그들은 재림의 소망 하에 성결한 생활을 하였다. "주를 향하여 이 소망을 가진 자마다 그의 깨끗하심과 같이 자기를 깨끗하게 하느니라"(요일 3:3).

3) 주님은 영광 중에 인격적으로 오실 것이다.

주님은 어떻게 오실까? 우리는 주님의 재림의 시점에 관하여 유의하여야 한다. 아는 만큼만 안다고 해야 하기 때문이다. 일부 사람들은 성경이 강조하는 것은 강조하지 않은 채, 성경이 침묵을 지키고 있는 것을 말할 뿐 아니라, 심지어 그것을 절대화하는 과오를 범하고 있다. 성경을 억지로 풀다가 스스로 멸망에 이르지 않도록 하여야 한다(벧후 3:16).

성경에는 주님께서 영광으로 모든 천사와 함께 호령과 천사장의 소리와 하나님의 나팔로 친히 하늘로 좇아 강림하실 것이며(마 25:31, 살전 4:16) 주님은 하늘로 가심을 본 그대로 오실 것이라고 기록되어 있다(행 1:11).

사도 바울은 죽은 자로 인하여 걱정하는 데살로니가 교인들에게 다음과 같이 말하였다.

"형제들아 자는 자들에 관하여는 너희가 알지 못함을 우리가 원하지 아니하노니 이는 소망 없는 다른 이와 같이 슬퍼하지 않게 하려 함이라 우리가 예수께서 죽으셨다가 다시 살아나심을 믿을진대 이와 같이 예수 안에서 자는 자들도 하나님이 그와 함께 데리고 오시리라 우리가 주의 말씀으로 너희에게 이것을 말하노니 주께서 강림하실 때까지 우리 살아 남아 있는 자도 자는 자보다 결코 앞서지 못하리라 주께서 호령과 천사장의 소리와 하나님의 나팔 소리로 친히 하늘로부터 강림하시니 그리스도 안에서 죽은 자들이 먼저 일어나고 그 후에 우리 살아 남은 자들도 그들과 함께 구름 속으로 끌어 올려 공중에서 주를 영접하게 하시리니 그리하여 우리가 항상 주와 함께 있으리라"(살전 4:13-17).

이와 같이 주님께서 공중에 재림하시면, 성도는 공중에 올라가서 오시는 주님을 만나게(ἀπάντησις) 될 것이다. "그리하여 우리가 항상 주와 함께 있으리라"(살전 4:17). 그러므로 휴거는 성도들의 영광스러운 소망이 된다. 성경은 이미 에녹의 승천(창 5:24), 엘리야의 승천(왕하 2:15-18), 예수님의 승천을 모형으로 삼아 휴거(携擧, rapture)의 가능성을 암시하고 있다(마 24:40,41; 눅 17:34 참조). 하나님이 하시는 일에는 불가능이 없을 것이다. 그러므로 주의 재림은 신자들에게는 복된 소망이며, 기다려지는 구속 사건이다. 마라나다! 주여 어서 오시옵소서!

이 점에 있어서 신학적으로 깊이 고찰하면 두 가지 다른 학설이 있다. 곧 휴거가 대 환난 전에 있는가, 아니면 후에 있는가, 또는 대 환난 중간에 있는가, 또한 주님의 재림이 두 단계로 이루어지는가, 아니면 하나의 단계뿐인가에 관한 주장들이다. 그 외에 천년왕국에 대한 학설에도 서로 다른 견해가 있다. 이런 문제는 다음 장에서 다루고자 한다.

4) 주님은 언제 오실지 모른다.

그러면 주님께서는 언제 재림하시는가? 적지 않은 사람들이 예수님의 재림의 시기를 계산하여 주장함으로 혼란을 일으킨 적이 있다. 그러나 성경은 주님의 재림이 있을 것이라는 것은 분명히 말하고 있지만, 언제 임하는가에 대하여는 침묵하고 있다. 예수님은 그 재림의 때가 언제인가에 대하여는 자신과 천사들도 모른다고 말씀하셨다(막 13:32-33, 35, 마 24:36-44, 행 1:7 참조). 사도 바울도 이 문제에 대하여 말하기를 "형제들아 때와 시기에 관하여는 너희에게 쓸 것이 없음은 주의 날이 밤에 도둑 같이 이를 줄을 너희 자신이 자세히 알기 때문이라 그들이 평안하다, 안전하다 할 그 때에 임신한 여자에게 해산의 고통이 이름과 같이 멸망이 갑자기 그들에게 이르리니 결코 피하지 못하리라"(살전 5:1-3)고 하였다.

주님과 성경이 강조하는 것은 재림이 언제 임할지 모르기 때문에 준비하고 기다리라는 것이다(고전 1:7, 빌 4:5, 딛 2:13, 약 5:8-9, 유 21 참조).

어떤 사람은 예수님의 재림이 더딤을 인하여 재림이 없을 것이라고, 또는 속히 오지는 않을 것이라고 생각할는지 모른다. 그러나 이는 어리석은 일이다. 성경의 역사를 보자. 예수님의 초림에 관하여, 예수님의 탄생이 더디어지자 많은 사람이 불신했지만 주님은 마침내 베들레헴에 나시었던 것이다. 노아의 홍수 때도 그랬다. 성경의 예언과 약속의 성취가 더디다고 불신하는 사람들은 어리석은 사람들이요, 멸망의 운명을 택할 사람들이었다. 이에 성경은 경고하고 있다.

"먼저 이것을 알지니 말세에 조롱하는 자들이 와서 자기의 정욕을 따라 행하며 조롱하여 이르되 주께서 강림하신다는 약속이 어디 있느냐 조상들이 잔 후로부터 만물이 처음 창조될 때와 같이 그냥 있다 하니"(벧후 3:3-4) "사랑하는 자들아 주께는 하루가 천 년 같고 천 년이 하루 같다는 이 한 가지를 잊지 말라 주의 약속은 어떤 이들이 더디다고 생각하는 것 같이 더딘 것이 아니라 오직 주께서는 너희를 대하여 오래 참으사 아무도 멸망하지 아니하고 다 회개하기에 이르기를 원하시느니라 그러나 주의 날이 도둑 같이 오리니 그 날에는 하늘이 큰 소리로 떠나가고 물질이 뜨거운 불에 풀어지고 땅과 그 중에 있는 모든 일이 드러나리로다 이 모든 것이 이렇게 풀어지리니 너희가 어떠한 사람이 되어야 마땅하냐 거룩한 행실과 경건함으로 하나님의 날이 임하기를 바라보고 간절히 사모하라"(벧후 3:8-12).

5) 재림의 목적

주님께서는 마태복음 25장에 있는 열 처녀의 비유와 달란트의 비유에서 그의 재림의 목적을 잘 설명하고 있다. 이들 비유에서 강조되고 있는 것은 주님이 오시면 심판이 있어 의로운 자들은 상을 받을 것이요 악한 자들은 형벌을 받을 것이라는 것이다. 그 비유들에 이어서 주님은 말씀하신다.

"인자가 자기 영광으로 모든 천사와 함께 올 때에 자기 영광의 보좌에 앉으리니 모든 민족을 그 앞에 모으고 각각 구분하기를 목자가 양과 염소를 구분하는 것 같이 하여 양은 그 오른편에 염소는 왼편에 두리라 그 때에 임금이 그 오른편에 있는 자들에게 이르시되 내 아버지께 복 받을 자들이여 나아와 창세로부터 너희를 위하여 예비된 나라를 상속받으라"(마 25:31-34). "또 왼편에 있는 자들에게 이르시되 저주를 받은 자들아 나를 떠나 마귀와 그 사자들을 위하여 예비된 영원한 불에 들어가라"(마 25:41).

결론적으로 악인은 영벌에, 의인들은 영생에 들어간다는 것이다(마 25:46).

또한 주님의 재림에 관련된 사건으로는 심판 외에도 몸의 부활, 우주 회복(final consummation)이 있을 것이다. 이런 사건들에 관하여는 다음에서 설명하고자 한다.

4. 천년왕국과 대환난

예수의 인격적인 재림 후에 있을 일과 시기와 연관하여 기독교신학에서 크게 논란이 되어오고 있는 문제가 천년왕국설과 대환난의 시기에 대한 것이다. 이러한 논란은 두 가지 질문과 깊은 관련이 있다.

첫 번째 질문은 요한계시록 20장 1-10절에 언급되고 있는 '천 년'이 과연 예수 그리스도의 지상통치, 곧 지상에서의 천년왕국을 의미하는가, 만일 있다면 예수의 재림은 그 이전에 일어날 것인가, 아니면 이후에 일어날 것인가에 대한 것이다. 이에 있어서 예수 그리스도의 지상 통치가 없을 것이라고 주장하는 입장이 있다. 그리고 예수의 재림이 천년왕국시대를 마감할 것이라는 견해 곧 천년왕국이 끝난 뒤에 그리스도의 재림이 있을 것이라고 주장하는 학설이 있다. 그런가 하면 그리스도의 재림이 천년왕국 시대를 열 것이라고 주장하는 가르침이 있다.

두 번째 질문은 데살로니가전서 4장에 예수가 공중에 오실 때 성도의 휴거(rapture)가 있다고 하는데, 그 휴거가 대 환난 전에 있을 것인가, 아니면 대환난 후에 있을 것인가에 대한 것이다.

그러면 이제 그리스도의 재림과 관련하여 천년왕국에 대한 견해들과 대환난에 대한 견해들을 살펴보기로 하자.

1) 천년왕국설에 대하여

(1) 후천년설(postmillenialims)

후천년설을 주장하는 이들은 계시록 20장에 있는 천년은 반드시 문자적인 의미의 천년을 말하는 것이 아니라 그저 비유적으로 해석하여 연장된 기간을 의미하는 것으로 본다. 천년왕국에 대하여, 그리스도께서 육체적으로는 안 계시지만 이 세상을 영적으로 통치하시는 것으로 보는 것이다. 그리하여 예수의 초림과 재림 사이의 기간으로 생각한다. 이 기간 동안에 교회는 번성할 것이고, 세상은 낙원과 같은 축복을 향유할 것이라고 믿는다. 그리하여 이 기간을 천년왕국이라고 간주한다. 그러면서 주님의 재림은 천년왕국 이전이 아니라 천년왕국 이후라고 간주한다. 그래서 이런 주장을 후천년설이라고 부른다.

이 학설은 복음전파가 성공적으로 이루어져서 결국은 온 세상이 회심하게 될 것이라는 낙관론에 근거하고 있는 것이다. 그러면서 그들은 구약에서 모든 나라들이 하나님을 알게 될 것이라고 예언되고 있는 것(시 47, 72, 100, 사 45:22-25, 호 2:23 참조)과 예수께서 마태복음 24장 14절에서 그의 재림 이전에 복음이 온 세상에 널리 전파될 것이라고 말씀하신 것을 근거로 삼고 있다.

이런 주장은 대체로 자유주의 신학자들이 가르쳐 왔다.

이들은 그리스도의 재림 이전에는 이 세상의 상황이 더 나빠지지 않고 오히려 더 나아질 것을 기대하고 있는 것이다. 과연 현재의 세상의 상황은 그런가? 주님도 "인자가 올 때에 세상에서 믿음을 보겠느냐"(눅 18:8)라고 하시면서 세상이 악해질 것을 예견하고 계셨다. 이에 이러한 주장은 많은 신학자들과 신자들에게 설득력을 주지 못하고 있다고 생각된다.

(2) 전천년설(premillenialism)

전천년설을 주장하는 사람들은 계시록 20장 4-6절에 있는 천년왕국을 주로 문자적으로 해석한다. 그리하여 이들은 그리스도께서 육체적으로 재림하시어 이 땅에서 천년왕국을 시작할 것이라고 주장한다. 이러한 경우 천년왕국은 여전히 미래에 놓이게 될 것이다.

천년왕국의 본질에 있어 후천년설에서는 천년왕국이 점진적으로 그리고 알아볼 수 없게 시작되고 있다고 여겨지는 반면에, 전천년설에서는 천년왕국이 갑작스럽게 시작될 것이며, 그리스도의 통치가 처음부터 완전하게 이루어질 것으로 본다. 그때에는 모든 악이 제거되었을 것이라는 것이다.

전천년설주의자들은 천년이라는 기간과 두 차례의 육체적 부활 즉 처음과 마지막에 있을 부활을 말한다. 이 점에 대해서는 뒤에서 살피겠지만, 무천년설의 주장과는 다르다.

전천년설에 대하여, 일부에서는 비판하기를 계시록의 대부분은 상징적으로 해석하면서 왜 천년왕국에 대하여는 문자적으로 해석하느냐, 또는 하나님의 나라는 영적인 것이지 지상적인 것이 아니라는 반론도 있으나, 전천년설은 아마도 초대교회에서 3세기동안에는 지배적인 믿음이었다고 사료된다. 그리고 중세시대에는 이 가르침이 매우 드물었으나, 19세기 중엽에 들어서면서 전천년설은 보주진영에서 점차 인기를 얻어가기 시작하여, 오늘의 성결교회, 침례교회, 오순절교회, 그리고 독립적인 근본주의 교회 사이에서 상당한 호응을 얻고 있다. 특히 세대주의(dispensationalism)를 주장하는 그룹에서는 전천년설을 강력히 주장하고 있다.

(3) 무천년설(amillennialism)

계시록 20장에 있는 천년을 상징적으로 또는 영적으로 해석하고 예수의 지상통치가 없을 것이라는 견해이다. 그리하여 무천년설이라고 부른다.

이 주장은 후천년설과 공통적인 것이 많다. 이 두 견해는 종종 천년왕국이 교회시대를 의미하는 것이라고 주장한다. 다만 다른 점이 있다면, 후천년설은 무천년설과는 달리 천년왕국이 그리스도의 영적 지상통치를 포함한다고 주장한다. 또한 무천년설을 주장하는 사람들은 후천년설이 기대하는 것처럼 세상에 대한 낙관론을 제시하지 않는다는 점에서 다르다.

이들은 종종 예언을 미래적이고 문자적인 것으로 보기 보다는 상징적으로 다룬다. 그리하여 계시록 20장에 있는 사탄의 결박은 우리 주님의 초림때 시작되었다고 본다. 그리고 첫째 부활은 영적 부활, 곧 중생을 의미하며, 천년동안 왕노릇한다는 것은 우리 주 예수 그리스도가 하늘에서 이 땅을 다스리는 것을 의미하며, 천년이라는 것은 완벽한 시간적 길이를 나타내는 상징적인 숫자로서 오직 하나님만이 아시는 초림과 재림사이의 기간이라고 본다.

첫째 부활과 둘째 부활을 묘사하는 말은 같은 것인데, 하나는 영적부활, 둘째는 육체적 부활이라고 임의로 해석하는 등 너무 무리하게 영적 해석을 하고 있다는 비판을 받고 있다. 그러나 무천년설은 4세기에 어거스틴에 의하여 그리고 로마 카톨릭교회, 동방교회, 성공회, 루터교회, 그리고 칼빈에 의하여 지지되고 있다.

(4) 요약과 결론

천년왕국설에 있어서, 우리는 지금까지 예수 그리스도의 지상 통치가 없을 것이라고 주장하는 무천년설, 천년왕국이 끝난 뒤에 그리스도의 재림이 있을 것이라고 주장하는 후천년설, 그리스도의 재림이 천년왕국 시대를 열 것이라고 주장하는 전천년설을 각각 살펴보았다.

어떤 천년왕국설이 타당한가. 우선 후천년설이 19세기 후반에 많은 지지를 받았지만 오늘에 와서는 많은 지지를 못 받고 있다. 이 학설이 전제하고 있는 선교에서의 낙관주의는 적합하지 않는 것으로 보이기 때문이다. 앞에서도 언급했지만, 예수께서 자신이 재림하기 전에 많은 사람들이 믿음에서 떠나고 불법이 성행할 것이라고 말씀하신대로(눅 18:8참조) 오늘날 선교상황에는 많은 어려움이 있기 때문이다.

그렇다면 남은 것은 전천년설과 무천년설인데 어느 것이 보다 타당할 것인가? 양쪽 모두 많은 지지를 받고 있기에 쉽게 판단하기는 어려운 문제이기도 하다. 양자가 받고 있는 비판도 앞에서 언급했다.

에릭슨이 지적하듯이, 무천년설에서는 두 차례의 부활(계 20장)에 대한 설명에 무리수를 두고 있다. 곧 그들이 두 차례의 서로 다른 형태의 부활이 있을 것이라고 설명하는 것은 일반적인 해석학의 원리를 지나치게 무시하는 것이다.[11]

반면에, 전천년설에서 주장하는 두 차례 부활에 관하여서 분명하게 언급하고 있는 곳은 계시록 20장 뿐이지만 부활의 두 단계에 관하여 암시하는 구절들이 있고(요 5:29, 단 12:2) 선택된 자들의 부활에 관한 구절들도 다수 (눅 14:14, 20:35, 고전 15:23, 빌 3:11, 살전 4:16) 있다.

  이와 같이 전천년설을 주장하는 사람들의 해석이, 어떤 이들이 비판하는대로, 결코 단 하나의 성경 구절에 근거를 두고 있는 것이 아니며 이에 대해 암시하는 내용들이 성경 여러 곳에서 발견된다는 점에서 전천년설이 무천년설보다 더 적절한 학설이라고 사료된다.

2) 대환난과 재림의 관계에 대하여

  주님께서는 주님의 재림이전에 대환난(conflagration/tribulation)이 있을 것을 말씀하셨다(마 24:3-31, 막13:3-27, 눅 21:10-33 참조). 그러면 주님의 공중재림이 대환난전에 있을 것인가? 아니면 교회가 대환난을 경험하고 곧 대환난을 통과 한 후에 있을 것인가?
  이에 대해, 주님의 공중재림이 대환난 전에 있고 그 때 신자들의 공중 휴거가 있을 것이라는 주장이 있다. 이를 전환난설(pretribulationism)라고 칭한다. 그리고 대환난후에 주님의 공중재림이 있을 것이라는 주장도 있다. 이를 후환난설(posttribulationism)라고 부른다. 그런가 하면 중간 입장을 취하는 주장도 있다.

(1) 전환난설

  전환난설은 앞에서 언급했듯이, 그리스도의 공중재림이 대환난이 시작할 때 있고 그 때 교회의 휴거가 있다고 보는 견해이다. 그리스도께서는 대환난이 시작될 때 이 세상에 있는 교회를 데려가실 것이라는 것이다. 곧 주님이 교회를 대환난으로부터 구원한다는 것이다

(살전 1:10, 5:9 참조). 데살로니가전서 4장 16-17절에서 주님의 공중재림과 신자의 휴거에 대하여 다음과 같이 증언하고 있다.

"주께서 호령과 천사장의 소리와 하나님의 나팔 소리로 친히 하늘로부터 강림하시리니 그리스도 안에서 죽은 자들이 먼저 일어나고 그 후에 우리 살아 남은 자들도 그들과 함께 구름 속으로 끌어 올려 공중에서 주를 영접하게 하시리니 그리하여 우리가 항상 주와 함께 있으리라"

마태복음 24장 25-27절, 40-42절에서는 다음과 같이 말하고 있다.

"보라 내가 너희에게 미리 말하였노라 그러면 사람들이 너희에게 말하되 보라 그리스도가 광야에 있다 하여도 나가지 말고 보라 골방에 있다 하여도 믿지 말라 번개가 동편에서 나서 서편까지 번쩍임 같이 인자의 임함도 그러하리라"

"그 때에 두 사람이 밭에 있으매 한 사람은 데려가고 한 사람은 버려둠을 당할 것이요 두 여자가 맷돌질을 하고 있으매 한 사람은 데려가고 한 사람은 버려둠을 당할 것이니라 그러므로 깨어 있으라 어느 날에 너희 주가 임할지 너희가 알지 못함이니라"

그리고 공중재림하신 주님은 그 환난의 마지막 때에 가서야 그의 모든 성도와 함께 이 땅에 내려오실 것이다(살전 3:13). 즉, 그리스도의 오심에 있어 두 가지 단계, 곧 공중재림과 지상재림이라는 두 단계가 있을 것이라고 주장하는 것이다.

(2) 후환난설

후환난설은 교회가 대환난 기간을 통과한다는 견해이다. 그리고 주님은 그 후에 재림하실 것이라고 주장한다. 또한 교회가 환난을 면한다거나 환난으로부터 구원받는다고 전제하지 않는다. 이들은 교회가 대환난의 한가운데서 보전되는 것이지 결코 대환난을 모면하는 것이 아니라고 주장한다(요 16:33, 마 24:9, 21, 29, 막 13:19, 24, 계 7:14 참조).

후환난설의 관점에서는 데살로니가전서 4장 17절에서 성도들이 공중에서 주님을 만날 것이라는 구절을 다르게 이해한다. 만난다는 말(ἀπάντεσις)은 "어떤 사람을 도중에 맞이하러 나갔다가 그와 함께 그들이 출발하였던 곳으로 다시 되돌아오는 어떤 환영 단체를 암시한다"고 주장한다. 그러므로 우리가 공중에서 주님을 만난다는 것은 우리가 주님에 의해 끌어 올려져 다른 곳으로 격리된다는 의미가 아니라 우리가 주님을 맞이하여 그의 승리의 수행원의 일부로서 그와 함께 지상으로 즉시 되돌아오는 것을 의미한다고 주장한다. 이 점을 래드(George E. Ladd)는 강하게 주장하고 있다.

이렇게 데살로니가전서 4장 17절을 달리 이해함으로 이들은 주님의 재림의 일회성, 곧 그리스도의 재림이 오직 한번만 있을 뿐이라고 주장한다. 이 점에 있어 전환난설과 대조적이다. 전환난설을 주장하는 사람들에게 재림의 복된 소식이 신자들이 대환난 전에 지상에서 휴거될 것이라는 소망이었다면, 후환난설을 주장하는 사람들에게는 주님의 재림이 어떠한 일이 그들에게 닥친다 할지라도 주님께서 그들을 지키시고 보호하실 것이라는 확신을 가져다 준다.

(3) 중환난설

그런가 하면 중간 입장을 취하는 주장도 있다. 이들은 재림이 환난 기간 중간, 예를 들어 7년간의 대환난이면 환난이 시작한지 3년 반에 주님의 재림이 있을 것이라고 주장한다. 이 견해에 따르면 교회가 환난을 경험하기는 하겠지만 하나님의 진노가 쏟아지기 전에 휴거될 것이라고 한다. 그러나 이 입장은 다수의 지지를 얻지 못하고 있다. 그러므로 자세한 설명을 생략하겠다.

(4) 요약과 결론

이런 자세한 것은 전천년왕국설을 말하는 사람들의 중요한 관심사이다. 각 주장은 그 나름대로 개별적인 성구를 근거하여 주장하고 있다. 각 주장은 그 나름대로 유익한 점뿐 아니라 문제점도 지니고 있다. 따라서 어떤 주장을 고집하는 것보다는 공통적이요 확실한 큰 주장을 강조함으로 피차 이견을 달리하는 것으로 동의하고 넘어가야 한다고 사료된다. 주목할 것은 주님의 공중재림과 휴거에 관한 데살로니가전서 4장 17절을 자세히 보면, 공중에서 신자가 주님을 만난다는 사실은 언급되어 있으나, 그 만남 직후에 어떻게 된다는 것에 대하여는 언급이 없다는 점이다. 이와 관련하여 우리를 확인시켜 주는 말씀은, "그리하여 우리가 항상 주와 함께 있으리라"라는 것이다. 공중에서건, 하늘에서건, 땅에서건, 우리는 항상 주님과 함께 있으리라는 믿음과 확신, 그것이 중요한 것이요, 재림이 어떻게 구현되느냐는 부차적인 문제이다. 여기서 우리가 명심할 것은 의견이 일치하지 않는 사소한 것들을 강조할 것이 아니라 의견이 일치하는 것들에 초점을 두고 그러한 일치점들을 강조하여야 한다는 것이다.

5. 몸의 부활

1) 영지주의자들의 반론

초대교회 시대에 영지주의(靈智主義, gnosticism)라는 이단 사상이 성행하여 교회를 괴롭히고 있었다. 영지주의자들은 헬라철학의 영향으로 육체를 경시하였다. 그들은 물질, 곧 육신은 악한 것으로서 선에 도달하는 데 큰 방해가 된다고 생각했다. 이런 사고를 가진 그들에게 있어서 종말론적인 유산으로서 육을 생각하는 것은 불가능하였다. 그리하여 그들은 구원을 영혼이 육에서 벗어나는 것으로 생각하였다. 따라서 죽음 후에는 몸은 존재하지 않는다고 생각하였다. 그들이 바랄 수 있는 것은 오직 몸의 완전한 멸망과 순수한 영혼의 생존뿐이었다. 이러한 신앙 하에서는 몸의 부활이란 것은 최악의 상태라고 여겨졌을 것이다. 그리하여 교회 안에 몸의 부활을 부정하는 이단이 생겼다.

디모데후서 2장 18절을 보면 부활이 이미 지나갔다고 주장하는 사람들이 있었다. 그들은 부활을 순전히 정신적인 경험으로 생각하여, 사람이 예수 그리스도에게 있는 진리를 깨달았을 때 일어난 경험을 부활이라고 가르친 것이다. 또 어떤 사람들은 부활은 신자가 세례 받을 때에 일어난다고 하기도 했다.

성경에는 사도 바울이 그리스도와 함께 죽었다가, 다시 사는 것에 대하여 말한 바가 있다(롬 6:5-11). 하지만, 그런 영적 표현이 사람의 사후에 몸의 부활이 있다는 것을 부정하는 것이라고 받아들여서는 안 된다. 왜냐하면 사도 바울은 다른 많은 곳에서 사후에 있을 몸의 부활에 대하여 언급하고 있기 때문이다.

2) 신자와 불신자의 부활

기독교는 이러한 영지주의자들의 주장과 그 영향 하에서 생겨난 잘못된 학설들을 단호히 배격하였다. 기독교는 하나님께서 인간의 영혼과 육을 창조하셨다고 믿는다. 하나님이 창조하신 인간은 몸과 영혼으로 되어 있는 복합적인 피조물이다. 따라서 몸만을 가리켜 이것이 인간이라고 말할 수 없다. 또한 영혼만 가리켜 이것이 사람이라고 할 수 없다.

그리스도인은 하나님이 지으신 인간의 일부인 몸이 구원 받을 수 없으며 멸망 받아야만 할 것이라고 믿지 않는다. 오히려 그리스도인들은 그의 몸으로 하나님께 영광을 돌릴 수 있으며, 그의 몸은 성령의 전이며, 성령이 거하시는 곳이 될 수 있다고 믿는다(고전 6:19-20). 그리스도인은 몸으로 하나님께 산 제사를 드려야 하는 것이다(롬 12:1). 또한 하나님이 창조하신 것은 악한 것이 아니다. 귀한 것이다. 그리하여 그리스도인은 궁극적으로는 인간의 영혼과 몸이 모두, 곧 전체로서 구원을 받는다고 믿는다(롬 8:22-23).

그리하여 성경은 몸의 부활이 있음을 여러 군데에서 언급하고 있다. 마가복음 12장 21절에서 예수님은 사두개인들과의 대화에서 구약성경에 기초하여 '죽은 자의 살아남', 곧 부활에 관하여 언급하셨다. 요한복음 5장 28-29절에서는 주님의 재림 이후에 믿는 자와 불신자의 부활이 있을 것을 다음과 같이 언급하고 있다. "이를 놀랍게 여기지 말라 무덤 속에 있는 자가 다 그의 음성을 들을 때가 오나니 선한 일을 행한 자는 생명의 부활로, 악한 일을 행한 자는 심판의 부활로 나오리라." 사도 바울도 고린도전서 15장에서 장차 있을 몸의 부활에 관하여 길게 논의하고 있다.

3) 부활에서 어떤 몸으로 부활하나?

사람의 몸이 다시 살아난다는 것은 예수 그리스도의 부활에 근거한 믿음이다. 성경은 예수님의 부활이 우리의 부활의 첫 열매가 되었다고 증언하고 있다(고전 15:20). 그러므로 몸의 부활은 성령께서 초자연적으로 이룩하시는 구원 사건이다.

그러면 죽은 사람이 어떻게 다시 살아나며 어떤 몸으로 살아난다는 것인가? 사도 바울은 그런 질문에 대하여 고린도전서 15장 35-44절에서 아래와 같이 설명하고 있다.

"누가 묻기를 죽은 자들이 어떻게 다시 살아나며 어떠한 몸으로 오느냐 하리니 어리석은 자여 네가 뿌리는 씨가 죽지 않으면 살아나지 못하겠고 또 네가 뿌리는 것은 장래의 형체를 뿌리는 것이 아니요 다만 밀이나 다른 것의 알맹이 뿐이로되 하나님이 그 뜻대로 그에게 형체를 주시되 각 종자에게 그 형체를 주시느니라 육체는 다 같은 육체가 아니니 하나는 사람의 육체요 하나는 짐승의 육체요 하나는 새의 육체요 하나는 물고기의 육체라 하늘에 속한 형체도 있고 땅에 속한 형체도 있으나 하늘에 속한 것의 영광이 따로 있고 땅에 속한 것의 영광이 따로 있으니 해의 영광이 다르고 달의 영광이 다르며 별의 영광도 다른데 별과 별의 영광이 다르도다 죽은 자의 부활도 그와 같으니 썩을 것으로 심고 썩지 아니할 것으로 다시 살아나며 욕된 것으로 심고 영광스러운 것으로 다시 살아나며 약한 것으로 심고 강한 것으로 다시 살아나며 육의 몸으로 심고 신령한 몸으로 다시 살아나나니 육의 몸이 있은즉 또 영의 몸도 있느니라"

이 말씀은 지상적인 것을 하늘의 것으로 연장하는 의미에서의 몸의 계속성은 없다는 것이다. 그러나 또 그렇다고 해서 부활에 있어 지상의 몸과 관계없는 새 몸이 생긴다고 생각해서는 안 된다는 것이다. 다시 말해서, 그것은 무로부터의 두 번째 창조가 아니라, 오히려 썩을 몸이 불멸의 옷을 입고 죽을 몸이 불사의 옷을 입는다는 것이다(고전 15:53).

여기에서 주목할 것은 '나'라는 동일성(identity)은 계속 된다는 것이다. 몸이라는 것이 바로 '나'라는 정체성, 동일성을 드러내는 것이 아닌가. 따라서 영지주의자들이 말하는 대로 몸이 없는 영혼은 그 정체성(동일성)을 드러낼 수가 없다. 몸의 부활을 말하는 것은, 우리의 '나'라는 자아가 천국 문 앞에서 벗겨지거나, 무의 심연 속으로 사라져 버리는 것이 아니라, 계속 '나'로 하나님 앞에 서게 된다는 것이다. '나'의 삶과 존재의 참다운 계속성과 동일성이 지속된다는 것이다.

그러므로 '몸의 부활을 믿는 신자는 그 날을 사모한다. 또한 거룩한 생활을 한다. 사도 요한은 요한일서 3장 2-3절에서 다음과 같이 외친다.

"사랑하는 자들아 우리가 지금은 하나님의 자녀라 장래에 어떻게 될지는 아직 나타나지 아니하였으나 그가 나타나시면 우리가 그와 같을 줄을 아는 것은 그의 참모습 그대로 볼 것이기 때문이니 주를 향하여 이 소망을 가진 자마다 그의 깨끗하심과 같이 자기를 깨끗하게 하느니라"

4) 신자와 불신자가 언제 부활하나?

그러면 이런 찬란한 사건이 언제 일어나는가? 구속 사건은 모두 예수 그리스도를 통하여 이루어지며, 또한 그리스도 안에서 완성된다. 곧 주님은 과거의 사건인 그리스도의 죽음과 부활로서 구원의 근거를 마련하셨고, 현재에 있어 그리스도의 영을 통하여 영적으로 우리를 구원하시고, 장래 그리스도의 재림 시에 몸의 부활로 우리의 구원을 구체적으로 완성하시는 것이다.

이에 대하여 주님은 일찍이 요한복음 6장 40절에서 "내 아버지의 뜻은 아들을 보고 믿는 자마다 영생을 얻는 이것이니 마지막 날에 내가 이를 다시 살리리라 하시니라"라고 말씀하셨다.

사도 바울은 이에 대하여 데살로니가전서 4장 15-17절에서 다음과 같이 언급한다.

"우리가 주의 말씀으로 너희에게 이것을 말하노니 주께서 강림하실 때까지 우리 살아 남아 있는 자도 자는 자보다 결코 앞서지 못하리라 주께서 호령과 천사장의 소리와 하나님의 나팔 소리로 친히 하늘로부터 강림하시리니 그리스도 안에서 죽은 자들이 먼저 일어나고 그 후에 우리 살아 남은 자들도 그들과 함께 구름 속으로 끌어 올려 공중에서 주를 영접하게 하시리니 그리하여 우리가 항상 주와 함께 있으리라"

또한 고린도전서 15장 23-24절에서 말씀하신다.

"그러나 각각 자기 차례대로 되리니 먼저는 첫 열매인 그리스도요 다음에는 그가 강림하실 때에 그리스도에게 속한 자요, 그 후에는 마지막이니 그가 모든 통치와 모든 권세와 능력을 멸하시고 나라를 아버지 하나님께 바칠 때라"

위의 말씀들을 종합하여 정리하면, 첫째로 그리스도 강림하실 때 믿는 자들의 부활이 있을 것이요, 나중에 심판받기 위하여 죄인들의 부활이 있다는 것이다(요 5:29, 계 20:12-15). 곧 두 번의 부활이 있다는 것이다.

이는 그리스도의 재림을 일회성(single occurrence)으로 인정할 때의 입장이다. 다시 말해서, 공중휴거(Rapture)가 대환난 후(Posttribulation theory)에 이루어지며, 주님께서 이어 성도들과 함께 재림하심으로 천년왕국으로 들어간다는 학설에 근거한 것이다.

이와는 달리 다른 학설은 공중휴거가 대환난 전(Pretribulation theory), 또는 대환난 중간(Midtribulation theory)에 있으며(이를 흔히 공중 재림이라고 칭함) 그 후 대환난 기간이 끝난 다음에 지상 재림(행 1:11)이 있다고 하는 것인데, 이와 같이 재림의 2회성을 주장하면 부활은 세 번 있는 것이 된다. 곧 첫째로, 그리스도의 공중 재림 시 성도가 일어날 것이요, 두 번째로, 주님의 지상 재림 시 환난에서 이긴 성도들이 일어날 것이고(계 20:4-6참조), 그리고 세 번째로, 나중에 심판을 받기 위하여 죄인들의 부활이 있을 것이다.[13]

그러나 우리가 명심할 것은 에릭슨이 주장한대로[14] 의견이 일치하지 않는 사소한 것들을 강조할 것이 아니라 의견이 일치하는 것들에 초점을 두고 그러한 것들을 강조하여야 한다는 점이다. 그렇다면, 분명하고 일치된 의견은 주님의 재림 후에 신자와 불신자의 부활이 있다는 사실이다.

6. 최후의 심판

주님의 재림은 또한 최후의 대심판(大審判, final judgement)을 가져온다. 예수님은 미래에 자신이 집행할 심판에 관하여 말씀하고 있다. 요한복음 5장 26-29절을 예로 들 수 있다. 이는 마태복음 25장 31-34절에서 더 자세히 말씀하고 있다.

"아버지께서 자기 속에 생명이 있음 같이 아들에게도 생명을 주어 그 속에 있게 하셨고, 또 인자됨으로 말미암아 심판하는 권한을 주셨느니라. 이를 놀랍게 여기지 말라 무덤 속에 있는 자가 다 그의 음성을 들을 때가 오나니 선한 일을 행한 자는 생명의 부활로, 악한 일을 행한 자는 심판의 부활로 나오리라"(요 5:26-29)

"인자가 자기 영광으로 모든 천사와 함께 올 때에 자기 영광의 보좌에 앉으리니 모든 민족을 그 앞에 모으고 각각 구분하기를 목자가 양과 염소를 구분하는 것 같이 하여 양은 그 오른편에 염소는 왼편에 두리라 그 때에 임금이 그 오른편에 있는 자들에게 이르시되 내 아버지께 복 받을 자들이여 나아와 창세로부터 너희를 위하여 예비된 나라를 상속받으라" (마 25:31-34).

히브리서 저자도 "한번 죽는 것은 사람에게 정해진 것이요 그 후에는 심판이 있으리니"(히 9:27)라고 분명히 말하고 있다. 그 외에도 많은 성결 구절이 미래에 심판이 있을 것을 언급하고 있다(행 17:31, 24:25, 벧후 3:7, 계 20:11-15, 마 16:27, 13:37-43, 24:29-35 참조).

1) 심판 주와 심판의 근거

성경은 심판 주가 바로 예수 그리스도임을 말하고 있다. 예수님께서 친히 말씀하시기를 "아버지께서 아무도 심판하지 아니하시고 심판을 다 아들에게 맡기셨으니…또 인자됨으로 말미암아 심판하는 권한을 주셨느니라"(요 5:22, 27)고 하셨다. 사도 바울도 그리스도께서 산 자와 죽은 자를 심판하실 것이라고 말하였다(딤후 4:1, 고후 5:10).

그리고 심판의 근거도 바로 주님의 말씀이다. 주님은 말씀하셨다. "나를 저버리고 내 말을 받지 아니하는 자를 심판할 이가 있으니 곧 내가 한 그 말이 마지막 날에 그를 심판하리라"(요 12:48).

물론 바울은 우리 모두가 심판대 앞에 설 때 "각 선악간에 그 몸으로 행한 것을 따라 받으려 함이라"고 하였다(고후 5:10). 그리고 예수님도 "선한 일을 행한 자는 생명의 부활로, 악한 일을 행한 자는 심판의 부활로 나오리라"고 하셨다(요 5:29). 그러나 선행은 하나님의 뜻대로 한 선행이라야 한다. 따라서 주님이 다음과 같이 말씀하신 바가 있다.

"나더러 주여 주여 하는 자마다 다 천국에 들어갈 것이 아니요 다만 하늘에 계신 내 아버지의 뜻대로 행하는 자라야 들어가리라 그 날에 많은 사람이 나더러 이르되 주여 주여 우리가 주의 이름으로 선지자 노릇 하며 주의 이름으로 귀신을 쫓아 내며 주의 이름으로 많은 권능을 행하지 아니하였나이까 하리니 그 때에 내가 그들에게 밝히 말하되 내가 너희를 도무지 알지 못하니 불법을 행하는 자들아 내게서 떠나가라 하리라" (마 7:21-23).

그러므로 위에서 말했듯이 심판에서 평가가 이루어질 근거는 계시된 하나님의 뜻, 곧 주님의 말씀인 것이다.

그러나 주님의 말씀을 들은 적이 없는 사람들과 유대인의 심판은 어디에 근거할 것인가? 이에 대하여 와일리(H. Orton Wiley)는 로마서 2장 12-15절을 인용하면서, 유대인은 모세의 율법에 의하여 그리고 이방인은 자연의 법칙, 곧 양심의 증거에 의하여 심판을 받을 것이라고 말했다.[15]

"무릇 율법 없이 범죄한 자는 또한 율법 없이 망하고 무릇 율법이 있고 범죄한 자는 율법으로 말미암아 심판을 받으리라 . . . 율법 없는 이방인이 본성으로 율법의 일을 행할 때에는 이 사람은 율법이 없어도 자기가 자기에게 율법이 되나니 이런 이들은 그 양심이 증거가 되어 그 생각들이 서로 혹은 고발하며 혹은 변명하여 그 마음에 새긴 율법의 행위를 나타내느니라. 곧 나의 복음에 이른 바와 같이 하나님이 예수 그리스도로 말미암아 사람들의 은밀한 것을 심판하시는 그 날이라"(롬 2:12-15).

2) 심판의 목적

최후 심판에 의하여 하나님의 공의와 신실함이 드러나며 예수님은 만왕의 왕으로서의 영광을 드러내신다. 심판에 의하여 주님을 믿은 자의 마음의 지배자였던 그가 우주를 주관하는 왕으로 나타나게 되는 것이다.

하나님의 공의에서 볼 때 세상의 균형을 바로잡는 것은 꼭 필요한 것이다. 그런데 우리가 다만 이 세상에서의 인생만을 본다면 하나님의 통치는 정의롭다고 볼 수 없다. 왜냐하면 이 세상에서는 권선징악이 제대로 실현되고 있지 않기 때문이다. 그러나 사랑의 하나님은 의로운 사람이 이 세상에 부당하게 억울함을 당하고 미완성으로 생을 마치는 것을 용납하지 않으실 것이다. 그러기에 하나님의 공의와 사랑에 근거하여 인생에게는 하나님께로 부터의 마지막 심판이 있는 것이다(히 9:27, 마 10:28).

7. 우주의 회복: 새 하늘과 새 땅

최후 심판 뒤에는 만물의 회복이 있을 것이다. 성경은 베드로후서 3장 10-13절에서 다음과 같이 말하고 있다.

"그러나 주의 날이 도둑 같이 오리니 그 날에는 하늘이 큰 소리로 떠나가고 물질이 뜨거운 불에 풀어지고 땅과 그 중에 있는 모든 일이 드러나리로다…그 날에 하늘이 불에 타서 풀어지고 물질이 뜨거운 불에 녹아지려니와 우리는 그의 약속대로 의가 있는 곳인 새 하늘과 새 땅을 바라보도다."

이는 오늘의 세상의 역사의 마지막을 의미한다. 그리고 새 하늘과 새 땅이 있게 될 것이다. 이로서 하나님의 구속의 역사가 완성되는 것이다. 사람에게 있어 죽을 몸이 없어지고 신령한 몸으로 소생하듯, 저주 아래 있던 우주도 현재 것이 없어지고 새 하늘과 새 땅이 되는 것이다. 사도 바울이 말한 대로 하나님의 새 창조에 의하여, 저주 아래 있던 사람과 우주가 해방을 받게 되는 것이다.

"피조물이 고대하는 바는 하나님의 아들들이 나타나는 것이니 피조물이 허무한 데 굴복하는 것은 자기 뜻이 아니요 오직 굴복하게 하시는 이로 말미암음이라 그 바라는 것은 피조물도 썩어짐의 종노릇 한 데서 해방되어 하나님의 자녀들의 영광의 자유에 이르는 것이니라"(롬 8:19-21).

따라서 그 곳에는 처음 것들이 다 지나갔음으로, 애통하는 것이나 곡하는 것이나 아픈 것이 다시 있지 않으며 사망도 없을 것이다(계 21:4). 이로서 하나님의 구원의 과정이 승리로 끝난다. 그 곳에서는 하늘에 있는 자들과 땅에 있는 자들과 땅 아래에 있는 자들로 모든 무릎을 예수의 이름에 꿇고 모든 입으로 예수 그리스도를 주라 시인하여 하나님 아버지께 영광을 돌리게 될 것이기 때문이다(빌 2:10-11).

그리하여 하나님의 나라가 새 하늘과 새 땅에서 새롭게 시작될 것이다. 이 하나님의 나라는 영원할 것이다(계 22:5). 그 최후의 상태에 대하여는 다음에서 설명하고자 한다.

8. 최후의 상태 (영생)

1) 하늘나라

주를 믿는 신자는 예수 그리스도의 삶에 참여한다. 곧 신자가 주님과 함께 죽음, 몸의 부활, 그리고 영화(榮化, glorification)의 과정에 참여한다. 따라서 신자는 죽은 후 낙원에 있다가 예수님 재림시에 부활(몸의 부활)하여 하늘나라에 들어가 영원히 주님과 함께 지낸다고 하는데, 그렇다면 그 하늘나라는 어떤 것인가?

성경에서 하늘(heaven, οὐρανός)이라 할 때, 이 말은 세 가지 의미로 사용되었다. 첫 번째로, 예를 들어 "하나님께서 하늘과 땅을 창조하셨다"(창 1:1)고 표현하듯이 하늘이란 온 우주를 가리키거나, 또는 하늘에서 비가 내린다 또는 하늘의 별이라고 표현하듯이 그저 하늘을 가리킨다(눅 4:25, 마 24:29). 두 번째로, 하나님을 가리키기도 한다. 예를 들어, 탕자가 죄를 지은 다음에 말하기를 나는 '하늘'에 대하여 죄를 지었나이다(눅 15:18,21, 요 3:27, 마 21:25 참조) 라고 했던 표현의 의미가 그것이다. 세 번째로, '하늘'은 하나님이 거하시는 곳 (the abode of God)을 가리킨다. 성경에는 이런 뜻으로 사용되고 있는 곳이 많다. 예를 들어서, 주님께서 말씀하시기를, '하늘에 계신 우리 아버지'(마 6:9)라고 하셨고, 또 주님은 '하늘에 계신 너의 아버지'(마 5:16, 45, 6:1, 7:11, 18:14), '하늘에 계신 나의 아버지'(마 7:21, 10:32, 33, 12:50, 16:17, 18:10, 19)라고 여러 번 표현하셨다. 그 외에도 여러 군데에서 하늘은 하나님이 계시는 곳이라는 것을 가리켜 언급되고 있다.

여기서 우리가 말하는 하늘나라는 바로 하나님이 계시는 곳, 성도가 영원히 거할 곳을 가리킨다. 주님은 바로 그곳으로부터 재림하실 것이다(살전 1:10, 4:16, 살후 1:7). 또 주님은 말씀하셨다.

"내 아버지 집에 거할 곳이 많도다. 그렇지 않으면 너희에게 일렀으리라. 내가 너희를 위하여 처소를 예비하러 가노니, 가서 너희를 위하여 처소를 예비하면 내가 다시 와서 너희를 내게로 영접하여 나 있는 곳에 너희도 있게 하리라"(요 14:2-3).

또한 주님은 그곳에 계신다. 이에 대하여 히브리 기자는 히브리서 9장 24절에서 아래와 같이 증언하고 있다.

"그리스도께서는 참 것의 그림자인 손으로 만든 성소에 들어가지 아니하시고 바로 그 하늘에 들어가사 이제 우리를 위하여 하나님 앞에 나타나시고"

그러기에 그리스도와 함께 거하는 자는 하늘에 계신 하나님과 함께 거하는 것이다. 하늘나라는 결국 그리스도와 하나님과 함께 있는 곳이다. 다른 말로 표현하여, 거듭남으로 시작된 하나님의 은총의 역사는 하늘나라에서 영원히 거함으로 완결되는 것이다. 그 곳은 하나님과 함께하는 끝없는 기쁨의 삶의 완결이요 충족한 상태를 의미한다.

하나님은 태초부터 사람과의 교분(fellowship with men)을 의도하셨다. 그의 그런 의도는 첫째로, 인류를 창조하게 되었고, 그 후는 성막과 성전에 임재하셨고, 마침내 성육신하여 세상에 오셨다. 그리고 마지막에는 사람들을 하늘나라로 오게 하여 사람과 함께 하시는 것이다.

그리고 그곳에는 성부, 성자, 성령 삼위 하나님뿐 아니라 선한 천사들도 성도와 함께 있을 것이다(롬 8:34, 히 7:25, 계 4:4-6, 7:9, 히 12:22-23).[16]

2) 하늘나라의 본질 (nature of Heaven)

하늘나라의 성격과 상황에 대하여, 성경은 이론적으로 또는 과학적으로 설명하고 있지는 않고, 다만 찬양과 명상하는 것으로 묘사하고 있다. 그러면 성경이 묘사하고 있는 하늘나라의 모습은 어떤 것인가?

(1) 하늘나라는 하나님이 계시는 곳, 하나님이 구원받은 자들과 함께 있는 곳으로, 그 곳에는 모든 악이 없는 곳이다. 하나님의 영광으로 가득 찬 곳이다. 이에 대한 성경의 증언을 들어 보자.

"그 성은 해나 달의 비침이 쓸 데 없으니 이는 하나님의 영광이 비치고 어린 양이 그 등불이 되심이라 만국이 그 빛 가운데로 다니고 땅의 왕들이 자기 영광을 가지고 그리로 들어가리라 낮에 성문들을 도무지 닫지 아니하리니 거기에는 밤이 없음이라"(계 21:23-25).

그 때의 신자의 부활한 몸은 '해와 같이 빛나는' 몸이며 (마 13:43), 사탄과 죄의 저주에서 완전히 구속 받은 몸(롬 8:23)으로, 눈물이나 애통하는 것이나 곡하는 것이나 아픔이나 사망이 없는 몸(계 21:4), 곧 하늘에 속한 자의 형상을 입은 몸일 것이다.
또 계시록 21장 3-4절에서 말씀한다.

"내가 들으니 보좌에서 큰 음성이 나서 이르되 보라 하나님의 장막이 사람들과 함께 있으매 하나님이 그들과 함께 계시리니 그들은 하나님의 백성이 되고 하나님은 친히 그들과 함께 계셔서 모든 눈물을 그 눈에서 닦아 주시니 다시는 사망이 없고 애통하는 것이나 곡하는 것이나 아픈 것이 다시 있지 아니하리니 처음 것들이 다 지나갔음이러라"

(2) 그곳에서 우리는 하나님을 직접 보며 온전히 이해하게 될 것이다. 하나님에 대한 믿음이 하나님을 직접 봄으로 하나님에 대한 지식으로 채워진 것이다(Faith is transformed into knowledge by

meeting God face to face).

사도 바울은 고린도전서 13장 9-12절에서 그 때를 아래와 같이 전망하고 있다.

"우리는 부분적으로 알고 부분적으로 예언하니 온전한 것이 올 때에는 부분적으로 하던 것이 폐하리라 내가 어렸을 때에는 말하는 것이 어린 아이와 같고 깨닫는 것이 어린 아이와 같고 생각하는 것이 어린 아이와 같다가 장성한 사람이 되어서는 어린 아이의 일을 버렸노라 우리가 지금은 거울로 보는 것 같이 희미하나 그 때에는 얼굴과 얼굴을 대하여 볼 것이요 지금은 내가 부분적으로 아나 그 때에는 주께서 나를 아신 것 같이 내가 온전히 알리라"

사도 요한은 요한일서 3장 2절에서 다음과 같이 표현하고 있다.
"사랑하는 자들아 우리가 지금은 하나님의 자녀라 장래에 어떻게 될지는 아직 나타나지 아니하였으나 그가 나타나시면 우리가 그와 같을 줄을 아는 것은 그의 참모습 그대로 볼 것이기 때문이니"

하나님과 주님을 직접 뵌다는 것이 얼마나 행복하고 기쁜 일이겠는가. 그러므로 신자는 다음의 찬송가를 감격스럽게 부르지 않을 수 없다.
"구주를 생각만 해도 이렇게 좋거든 주 얼굴 뵈올 때에야 얼마나 좋으랴."

(3) 그곳에서 신자는 안식하며(rest), 하나님을 경배할 것이다. 히브리서 4장 9-11절의 말씀이 이를 생각하게 한다.

"그런즉 안식할 때가 하나님의 백성에게 남아 있도다. 이미 그의 안식에 들어간 자는 하나님이 자기 일을 쉬심과 같이 자기 일을 쉬느니라. 그러므로 우리가 저 안식에 들어가기를 힘쓸지니 이는 누구든지 저 순종치 아니하는 본에 빠지지 않게 하려 함이라."

그러니 하늘나라가 얼마나 좋은 곳인가! 사도 바울이 증언하였듯이 정말 "하나님의 나라는… 오직 성령 안에서 의와 평강과 희락"이다(롬 14:17). 그러므로 신자는 이 본향을 그리워하며 소망 가운데 걸어가고 있는 것이다. "이제는 더 나은 본향을 사모하니 곧 하늘에 있는 것이라"(히 11:15).

그러면 하늘나라가 하나의 영적 상태(state)를 말하는 것인가, 아니면 장소(place)를 말하는 것인가. 하나님은 영이시기에 계시는 공간이 필요하지 않다. 따라서 부활한 영의 몸 곧 영체(靈體, spiritual body)도 공간이 필요치 않는 영적 상태(spiritual condition)가 아닌가 생각된다. 그러나 동시에 예수님의 부활하신 몸에서 보듯이 영적 몸이지만 어떤 공간을 차지하는 것이 아닌가 생각되기도 한다. 따라서 하늘나라는 상태와 공간 모두를 포함하고 있다고 결론내리는 것이 안전할 것 같다. 그러나 하늘나라에서의 묘사는 주로 영적상태를 묘사하고 있다고 보는 것이 타당할 것이다.

3) 지옥

반면에 불신자, 악한 자가 심판 받고 들어갈 곳은 지옥(地獄, hell, gehena)이다. 이에 대하여 성경은 다음과 같이 증언하고 있다.

"또 왼편에 있는 자들에게 이르시되 저주를 받은 자들아 나를 떠나 마귀와 그 사자들을 위하여 마련된 영영한 불에 들어가라"(마 25:41)

지옥에서 영원한 형벌을 받으며 안식이 없으며 괴로워하리라고 하였다(마 25:46, 계 14:11).

결국은 지옥의 특징은 하나님이 떠나 있는 곳이다. "이런 자들은 주의 얼굴과 그의 힘의 영광을 떠나 영원한 멸망의 형벌을 받으리로다"(살후 1:9). 외로운 상태이다. 이를 성경은 제 2의 사망이라고 표현하고 있다(계 21:8).

주(註)

1장
1) H. Orton Wiley, *Christian Theology*, Beacon Hill Press, 1959, vol. 1, 14.
2) Ibid., 15.
3) 에릭슨(Erickson), 조직신학 개론, 기독교문서선교회, 2001, 18, 23ff.
4) 현대 신학자들의 신학의 출발 내지 중심교리는 다음과 같다.
   Schleiermacher - Human religious experience.
   Lewis S. Chafer - dispensation of salvation
   John Cobb - the idea of process
   Latin American Liberation Theology - the idea of liberation
   Pannenberg - the Kingdom of God
   Moltmann - Theology of Hope
   Stanley J. Grenz - the community of God
5) The Works of John Wesley (Outler ed.), Abingdon Press, I. 55.

2장
1) Wesley, Explanatory Notes upon the New Testament, Preface, 10-12.
2) The Works of John Wesley, ed. by Jackson, xi, 484.
3) John Wesley's Sunday Service of the Methodist in North America, The United Methodist Publishing House, 984, 307.
4) 로잔 언약 2항, (조종남, 로잔 세계복음화 운동의 역사와 정신, 한국기독교학생회출판부 (IVP),1990,.52).
5) Wesley, Explanatory Notes upon the New Testament, 딤후 3:16의 주석 참조.
6) 조종남, 요한 웨슬레의 신학, 기독교서회, 1995, 92-100 참조.
7) The Works of John Wesley, xiv, 252-253.

3장
1) Edwin Lewis, Manual of Christian Belief, Charles Scribner's Sons, 1927, p.22.
2) H. O. Wiley, Introduction to Christian Theology, Beacon Hill Press,1961, 123.

4장
1) Wiley, Christian Theology, vol. I, p.457, It is the glory of Christianity that it presents both the transcendent and the immanent aspects of creation in their balanced harmony.
2) Millard J. Erickson, Christian Theology, Baker Book House, 1983, vol. I, p.380ff 참조.
3) Ibid., p.382.
4) Thomas Oden, The Living God, Harper & Row, Publisher, 1987, 254ff.
5) Norman Geisler, Systematic Theology, Bethany House, 2003, I1, p.438,
6) 던닝(Dunning)이 말하는 대로 28절은 29절과 연결시켜 이해하여야 한다. 하나님은 마침내 선(good)을 이룰수 있다는 말이다. 그러면 이곳에서 말하는 선이 무엇인가를 잘 살펴야 한다. 본문을 자세히 보면

선은 곧 그 아들의 형상을 본받게 'conformed to the image of his son.' 하는 것이다. 그러므로 여기에서 말하는 선을, 개인적인 기쁨이라던가, 어떤 이기적인 결과로 생각하면 안 된다. 여기의 말씀은 우리가 삶의 역경에서 믿음으로 바로 호응한다면 그 결과는 우리의 인격과 태도가 그리스도와 같이 될 것이며, 따라서 하나님이 목적하시는 바 선이 이루어질 것이라는 뜻이다. H.R. Dunning, Grace, Faith and Holiness, Beacon Hill Press, 1988, p.257.

7) Purkiser ed, Exploring Christian Faith, Beacon Hill, p.138
8) Geisler,op.cit. Ⅲ. 105-106).
9) Purkiser,, op.cit., p.146.

5장

1) Millard Erickson, Christian Theology, Ⅱ, 498-517.
2) Emil Brunner, Creation and Redemption,Luttherworth Press, London, 1962, 59.
3) Ibid. 77.
4) Ibid. 58.
5) 전성용, 성령론적 조직신학, 도서출판 세복, 2010, 335.
6) Erickson, op. cit.. 507
7) Wesley Sermon, The New Birth, 1.1. Works of John Wesley ed. by Outler (이하 works로 표기 함), 2:188.
8) Wesley, sermon 62, The End of Christ's coming, 2:4, Works 2:475.
9) Wesley, sermon, "On the Fall of Man," #1, Works, 2:400-4001.
10) T. Runyon, The New Creation, Abingdon Press, 13.
11) sermon 60, General Deliverance 1:1, Works 2:439.
12) Sermon 60, "The general deliverance", 1:3, Works 2:440 Psalm, xxxx).
13) Sermon 45, "The New Birth", 1:1, Works 2:188.
14) 그리하여 에릭슨(Erickson)은 이 주장을 반대하고, 죽음 뒤에 일시 몸과 영혼이 분리 상태에 있는 것을 인정하는, 조건적 일원설을 주장한 것은 흥미롭다.
15) Geisler, op. cit., Ⅱ, 456.
16) Works vii. 220 (sermon, what is Man?)
17) Guthrie,op. cit., 199.
18) Works, ix, 419.
19) Works, ix, 426.
20) Works, ix, 428.
21) 아담과 우리와의 관계를 자연적 머리됨(natural headship)으로 보는 견해도 있다. 이렇게 보든 저렇게 보든, 아담과 우리와의 관계는 밀접하다. 아담의 죄과는 그의 후손의 죄과가 되는 것이다. Erickson, op.cit., Ⅱ. 635.
22) Erickson, op.cit., Ⅱ. 635.
23) 이런 사실은 칼빈주의자인 에릭크슨도 인정하였다. Ibid. 638.
24) Ibid., 639.
25) Ibid., 633.
26) Works, ix, 426.

27) Works, viii, 284.
28) Works X, 230, 392.
29) 웨슬리의 설교 'On Working Out Our Own Salvation'을 보라.
30) Works X, 230, 392.
31) Works VI, 511(설교 'On Working Out Our Own Salvation').
32) Charles A. Rogers, "The Concept of Prevenient Grace in the Theology of John Wesley", Ph. D. Dissertation at Duke University, 1967, 164.
33) 마7:22, 13:41, 23:28, 24:12, 롬6:19, 고후6:14, 살후3, 7, 딛2:14, 히1:9, 요일3:4.
34) 롬4:15, 5:14, 갈3:19, 딤전 2:14, 히2:2, 9:15.

6장

1) Millard Erickson, Christian Theology II. 736.
2) ibid., 714ff.
3) ibid., 694.
4) H. Orton Wiley, Introduction to Christian Theology, Beacon Hill Press,1961, 198.
5) 로이드 존스(임범진 역), 교리강좌 시리즈 I, 부흥과개혁사, 2011(17쇄), 468.
6) Erickson, op.cit., II. 735.
7) H. Ray Dunning, Grace, Faith, and Holiness, Beacon Hill Press,1988, 330.
8) 로이드 존스, op.cit., I, p.608-609, Wiley, op.cit. 215.
9) Wiley, ibid., 215.
10) Dunning, op.cit., 386 Wesley's Note on I Cor 15:26 참고. 골 2:15.
11) Wiley. op.cit., 215 "His death is the establishing of a new covenant."
12) Dunning, op.cit., p383.
13) 웨슬리(조종남역), 기독자 완전에 대한 해설, 한국복음주의간행회, 2009(4판), 64-66.
14) Ibid., 106.
15) 필만(H. G. Hohlmann, 이신건 역), 교의학, 한국신학 연구소, 1989, 284.
16) Wiley, op.cit. 221.
17) 필만(H. G. Hohlmann, 이신건 역), 교의학, 한국신학 연구소, 1989, 285.
18) Wiley, op.cit. 235.
19) A.B. Simpson, The Gospel of Healing, New York, CMA, 1880, 30-31.

7장

1) 민 12:12-15 (미리암이 문둥병에서 치유를 받음), 민 16:46-48 (백성에게 임한 염병에서 치유됨), 민 21:6-9 (불뱀에 물린 자들이 치유됨), 왕하 5:1-15 (나아만 장군이 문둥병에서 치유를 받음), 욥 42:10-13 (욥이 그가 당한 곤경에서 치유 받음) 등이 그 예이다. 그 밖에도 열왕기서에는 히스기야 왕이 그의 생명을 15년이나 연장 받은 사건(왕하 20:1-11)이 기록되고 있으며, 또한 죽은 자를 살린 사건도 두 곳에나 등장한다(왕상 17:17-24, 왕하 4:18-37).
2) 이사야 53장 4, 5절에 다음과 같은 예언이 기록되어 있다. "그는 실로 우리의 질고를 지고 우리의 슬픔을 당하였거늘 우리는 생각하기를 그는 징벌을 받아서 하나님에게 맞으며 고난을 당한다 하였노라 그가 찔림은 우리의 허물을 인함이요 그가 상함은 우리의 죄악을 인함이라 그가 징계를 받음으로 우리가 평화

를 누리고 그가 채찍에 맞음으로 우리가 나음을 입었도다."
3) Meesaeng Lee Choi, The Rise of the Korean Holiness Church in Relation to the American Holiness Movement, The Scarecrow Press, 2008, 20, Simpson, Gospel of Healing, The Word, the Work, and the World, 1883, 26, Robert Wood, In These Mortal Hands, OMS International, 1983, 41, Blue, Authority to Heal, IVP Press, 1997, 85.
4) 이 점에 있어서는, 그레이그 (박형룡 역), 「진정한 기독교」(Samuel G. Graig, Christianity rightly so called), 기독교문서선교회, 1956
5) Benjamin B. Warfield, Miracles: Yesterday and Today, Eerdmans, 1853, 6 참조.
6) John Calvin (John R. McNeill ed.), Institutes of Christian Religion, The Westminster Press, 1950, vol II. 1467 (book 4: chapter 19: 18). 영문으로 표기하면 다음과 같다. "But that gift of healing, like the rest of the miracles, which the Lord willed to be brought forth for a time, has vanished away in order to make the new preaching of the gospel marvelous forever. Therefore, even if we grant to the full that anointing was a sacrament of those powers which were then administered by the hands of the apostles, it now has nothing to do with us, to whom the administering of such powers has not be committed." 을 참고하라.
7) 타이어맨에 의하면, 이는 깁슨 감독(Bishop Gibson), 와버튼 감독(Bishop Warburton) 등 여러 지도자들이 주장하였던 바이다. Luke Tyerman, Life and Times of John Wesley, London, Hodder and Stoughton, 1872-75, I, 456 (Journal II. 256-257n. Aug. 16, 18, 1739).
8) 웨슬리는 야고보서 5:14-15을 주해하면서, 신유의 기적은 항상 있는 것으로 보았다. 웨슬리의 이런 신앙과 가르침은 그의 사역에서 여러 번 나타나고 있다.
9) Wesley, Explanatory Notes on New Testament(이하 Notes 로 표기함), note on James 5:14-15, Note Upon the Testament, 869.
10) Notes, I Thess. 1:5.
11) The Letters of the Rev. John Wesley, ed. by John Telford (이하 Letter 로 표기함), VII, 27.
12) Letters IV, 374.
13) A. J. Gordon, The ministry of Healing, Miracles of Cure in All Ages, Christian Publications, nd. 을 참고하라.
14) 조종남 역, 「오순절 운동의 신학적 뿌리」, (D. Dayton, Theological Roots of Pentecostalism), 대한기독교서회, 1993, 1998(2판)을 참조하라.
15) 마닐라 선언문, 전도자 하나님 편 (조종남, 「로잔 세계복음화운동의 역사와 정신」, 한국 IVP, 1990)을 참조하라.
16) 심프슨은, "성경이 '우리는 그리스도의 몸, 육과 뼈의 지체'(엡 5:30)라고 말하고 있는 것은, 구원받은 성도는 부활하신 그리스도의 몸과 연합되어 있다는 것을 암시한다. 그리고 이런 연합은 우리에게, 우리의 썩어질 형체를 위해, 주님의 완전하시고 생명의 활력을 요구할 권리를 주고 있다고 볼 수 있다"고 말한다(심프슨(박명수 역), 「신유」, 도서출판 은성, 1999, 54).
17) "예수께서 하나님 나라를 선포하고 병든자를 고치라고 부름받은 것처럼, 그는 다른 제자들도 똑 같은 일을 행하라고 명하면서 파송했다." 블루 (조종남 역), 「하나님의 병고치는 권세」, 도서출판 서로사랑, 2005(2판), 105.
18) Ibid., 85 참조.
19) George Eldon Ladd, The Gospel of the Kingdom, Eerdmans, 1959, 47 (천국복음 선포의 특

색은 치유이다).
20) 하나 밖에 없는 나의 형님 조종관 목사는, 소년 시절에는 나처럼 결코 목사가 되지 않겠다고 하던 사람이었다. 그러나 형님은 청년 시절에 일제하 징집을 당하여 일본 나가사끼에 있는 조선소에서 일하다가 원자탄의 투하를 경험하였다. 원자탄이 떨어져 주변에 있는 모든 사람이 죽는데 유독 형님만은 살아남았다. 그래서 그는 그 순간 자신을 하나님께 바치기로 결심하고 조국 해방과 함께 귀국하였다.
6·25 동란의 시기에 그는 신학교에 입학 후 공부하면서 경기도(지금의 인천광역시) 계양면 다남리에서 천막을 치고 교회를 개척하여 사역하는 가운데 있었다. 6·25 전쟁이 끝나면서 미군부대에서 교회당 건축자재를 기증하여 주는 일들이 있었다. 형님은 나와 함께 부평에 있는 미군 공병대에 가서 사정을 하여 건축자재 공급 약속을 받았다. 그래서 그것을 기초로 교회당 건축 설계를 하였다. 그러던 중에 내가 함께 일하던 선교사 측에서 건축비를 후원하겠다는 약속을 해왔다. 그러니 가진 것 없이 교회 개척으로 애쓰던 젊은 전도사였던 나의 형님이 얼마나 흥분하였겠는가. 하루는 공병대에서 큰 트럭에 건축자재를 싣고 교회가 있는 부락으로 오고자 하였다. 그런데 큰 트럭이 촌 동네에 들어오면서 부근 채소밭을 치어 경작물들이 다치게 되자 화가 난 동네 사람들이 트럭 입촌을 반대하여 결국 트럭은 부대에 되돌아가고 말았다. 완악한 부락 사람들의 마음은 요지부동이었고 형님은 천막에서 울며 기도만 할 뿐이었다. 답답한 상황이 계속되는 중에, 동네 한 어르신의 손녀가 중병에 걸렸다. 온갖 약을 써보고 굿도 하였지만 아이의 병은 낫지 않았다. 그런데 어찌된 일인지 그 할아버지가 전도사의 기도를 받아 보라며 손녀를 교회로 보내었다. 형님이 그 아이를 위해 안수하고 기도하였더니 하나님이 역사하시어 아이가 완쾌되었다.
그 이후 그 어르신을 비롯하여 온 동네 사람들이 교회당 짓는 것을 환영하여, 결국 공병대에서의 건축자재를 공급받아 그 마을 산 밑에 아름다운 돌집 교회당을 건축할 수 있었다. 이와 같이 신유사역은 선교에 큰 도움을 준다.
21) 블루 (조종남 역), 하나님의 병고치는 권세(이하 블루 로 표기함), op. cit., 137.
22) Ibid., 136, 요 5:24 참조.
23) Ibid., 142.
24) Ibid., 85.
25) (히 6:5) Bright, Kingdom of God (Abingdon, 1953, 218), 블루(조종남 역), Ibid., 138.
26) 켄 블루는 '하나님의 치유는 믿음으로 받을 수 있는 하나님의 자비의 표현이다' 라고 말한다. 블루 (조종남 역), Ibid., 131.
27) Simpson, The Fourfold Gospel, Christian Publications Inc.1925, 53-54, "Divine healing is not faith cure. The term gives a wrong impressions.. There is danger of getting one's mind so concentrated on faith..... It is God who heals always."
28) 블루(조종남 역), op. cit., 125.
29) Ibid., 129.
30) 막 6:5-6.
31) 이에 대하여 블루는 다음과 같이 말하고 있다.
"어떤 사람들은 수동성과 비관론에 대해 반대하면서 단순주의적인 승리주의(triumphalism)를 주장한다. 즉 그들은 믿음을 고된 사역으로 보고, 강한 믿음이 하나님의 축복을 보장받은 것으로 본다. 그러나 믿음은 하나님의 은총을 얻는 역사나 그의 권능을 움직이게 하는 역사가 아니다. 우리는 우리의 공로를 통하여 하나님 나라에 들어가거나 그에 대한 증거를 세울 수 없다." (블루 (조종남 역), op. cit., 127).

32) Simpson, The Fourfold Gospel, op. cit., 54
33) 블루 (조종남 역), op. cit., 157.
34) 킹혼 (조종남 역), 「성령의 은사」, 횃불 선교, 2008, 59-60.
35) L. Cowman, Missionary Warrior, Charles E. Cowman, OMS International, 1939, 242 (as a blessed privilege of child of God).
36) 블루 (조종남 역), op. cit., 204.
37) 심프슨 (박명수 역), op. cit., 1999, 52.
38) Ibid., 72, Gordon, The Ministry of Healing, p. 235 (If there are those who desire this office, we believe they should seek,....).
39) 블루 (조종남 역), op. cit., 199 참조.
40) Simpson, The Four-fold Gospel, op. cit., 54.
41) John White and Ken Blue, Healing the Wounded, quoted by Blue, 블루 (조종남 역), op. cit., 205.
42) 로잔운동에 관한 이야기와 로잔언약, 마닐라선언문은 조종남, 로잔 세계복음화운동의 역사와 정신 (1990)을 참고하라.
43) 조종남, Ibid., 40, 79.
44) 조종남, '성령의 역사와 표적에 대한 웨슬리의 이해' (웨슬리의 갱신운동과 한국교회, 201-228 참조.

8장

1) The Works of John Wesley, (이하 Works로 표기함), viii, 290.
2) Works vi, 509.
3) 넓은 의미에서의 구원은 우주적이다. 아담의 범죄는 인류뿐 아니라, 온 우주에 영향을 미쳤기 때문이다 (롬 8:19-23 참조). 그러나 좁은 의미에서의 구원은 현세에서의 인류구원을 말한다. 여기서 우리는 모든 인류를 위한 구원에 국한하여 설명하고자 한다.
4) 예수님께서 "하나님의 나라가 이런 자(어린아이들)의 것이니라(눅 18:16)"고 하셨듯이 어린아이들(영아)이 하나님의 나라에 용납됨은 바로 하나님의 선행적 은혜로 원죄의 죄책에서 용서를 받았기 때문이다. 조종남, 요한 웨슬레의 신학, 172-175, The Works of John Wesley, ed. by Jackson, (이하는 Works로 표기함), VIII, 277.
5) 예수님은 누가복음 18장 9-14절에서, 사람의 힘으로 의로워 질 수 없음을 암시하고 있다(빌 3:9 참조).
6) Allen Coppedge, John Wesley in Theological Debate, Wesley Heritage Press, 1987, 167.
7) H. Ray Dunning, Laymen's Guide to Sanctification, 37-38.
8) Works (ed. by Outler), iii, 506.
9) 중생이라는 말은 헬라어 파링게네시아(palinggenesia)를 번역한 말로서 그리스도인의 생활을 시작함에 있어 성령의 역사로 신자 아에서 일어난 사건을 생리학적 말로 비유하여 표현한 것이다. 마태복음 19장 28절, 디도서 3장 5절 참조.
10) 웨슬리의 설교 45, 〈신생〉 II-5, 조종남 편역, 요한 웨슬리의 설교선집, 서로사랑 출판사, 1998 (이하는 조종남 설교선집으로 표기함).
11) 이명직, 기독교의 사대복음, 기독교대한성결교회출판부, 1952, 10.
12) 웨슬리의 설교 45, 〈신생〉 I-1 을 참조하라.

13) 웨슬리의 설교 45, 〈신생〉 II-5.
14) 웨슬리는 믿음, 소망, 사랑을 거듭난 자의 표적(marks)이라고 말한다. 웨슬리의 설교 〈신자의 표적〉과 〈하나님께로서 난 자의 놀라운 특권〉을 보라.
15) 조종남 편저, 로잔 세계복음화운동의 역사와 정신, 한국기독학생회출판부, 1990, 53.
16) Wesley's Standard Sermons, ed. by Sugden ,Epworth Press, 1954 (이하는 STS 로 표기함), I. 159.

9장

1) Works, viii, 258.
2) 여기에 사용되는 말 '성화' 또는 '성결'은 헬라어의 a'giasmo,j, 영어의 sanctification 의 번역으로서 같은 의미로 사용된다. 그러나 성결교회 일각에서는 이 온전한 성화를 흔히 그저 '성결'이라고 칭하기도 한다.
3) 웨슬리(조종남 역), 기독자완전에 대한 해설, 복음문서 간행회 (이하 기독자완전으로 표기함), 2003년 3판, 136 (2009년 4판, 151).
4) 웨슬리는 그의 설교 〈신생의 표적〉에서, 중생한 신자의 표적으로서의 믿음, 사랑, 소망을 열거하여 설명하고 있다. Works, V. 212ff.
5) 원어 헬라어에서 직역한 것이다.
6) '어떤 사람들(곧 모라비안파 사람들)은 악은 그 때에만 없는 것이 아니라 그 후에도 계속하여 없는 것이라고 생각합니다. 그리하여 그들은 사람이 의롭다하심을 입을 때 전적으로 성화되는 것이라고 믿고 성경이나 이성이나 체험에 반대됨에도 불구하고 이것을 일반적인 원칙으로 삼았습니다. 이 사람들은 모든 죄는 사람이 의롭다함을 입을 때에 멸절된다고 전적으로 믿으며 또 이것을 열심히 주장합니다.'(조종남 편, 요한 웨슬레의 설교선집, 서로사랑, 1998(이후는 설교 선집으로 표기함) 141). 이에 웨슬리는 그의 설교 〈신자 안에 있는 죄〉에서, 이는 성서와 초대교부들의 가르침이나, 성도의 체험에 상치되는 것이라고 말하여 이런 주장을 반박하였다(설교 선집, 126).
7) 웨슬리의 설교 〈신자의 회개〉를 참조하라. (조종남 편역, 웨슬레의 설교 선집. 서로사랑 출판사, 1998 (이하 설교선집으로 표기함), 141-142).
8) 설교선집, 146.
9) Ibid., 128.
10) 롬 8:5, 히 12:15 참조.
11) 웨슬리의 설교 〈신자 안에 있는 죄〉(설교 선집, 119).
12) 와인쿠프는 이 죄를 정의하기를 이는 "love locked into a false center, the self"라고 하였다 (Midred Bangs Wynkoop, Theology of Love: The Dynamic of Wesleyanism, Beacon Hill Press, 1972, 158).
13) 웨슬리의 설교 〈신자의 회개〉(설교 선집, 146-147).
14) 더닝 박사가 말하듯이, 이 내재적인 죄가 작동할 때는 최소한 세 가지 모티프로 나타난다. self-sovereignty: 하나님께 복종하려는 것보다 자기의 뜻대로 행동하려 한다. 그리하여 자기가 그렇지 않게 되면, 노하고, 질투한다. self-gratification: 자기의 욕구를 충족시키려 한다. 그리하여 하나님께 영광을 돌리는 대신, 자신이 욕구를 채우려 한다. 다른 사람을 물건처럼 취급하여, 자기만 중요하게 생각한다. self-centered disposition: 다른 사람들과의 관계에서 그리고 모든 일에 있어 자기가 중심이다. 그리하여 남에게 해를 가한다. 그리하여 결국 하나님에게서 떠나려는 경향에 빠지고 만다는 것이다

(H. R. Dunning, Grace, Faith and Holiness, Beacon Hill Press, 1988, 483).
15) 현재 우리 성경에는 "너를 해방하였음이라"로 되어 있으나, 어떤 사본에는 "나를 해방하였음이라"로 되어 있으며, 영어성경 RSV, NIV에는 "나를 해방하였음이라"고 표현하고 있다.
16) 기독자완전(2003년 3판), 74-75(2009년 4판, 82-83).
17) 기독자완전(2003년 3판), 80, (2009년 4판, 88).
18) Wesley, Explanatory Note upon New Testament(on Heb. 12:14), 849.
19) 최근의 성서신학에서 성령세례와 성령충만의 의미를 재정리하고 있으나, 그 당시는 성신세례, 불세례 또는 성령충만을 같은 의미로 사용했다.
20) 기독교대한성결교회 헌법, 18조 성결 참조. 당시의 성결교회 지도자들은 '신자 안에 남아있는 내재적 죄'를 원죄(부패성)라고 불렀다.
21) 웨슬리가 1791년 3월 16일에 Joseph에게 쓴 편지에서, 사랑에서의 완전(perfected in love)과 성령충만(filled with the Holy Ghost)을 같은 것으로 표현한 적이 있다(Letters, v. 229).
22) Dunning, op. cit., 469-471, 484 참조. 이런 표현이 성결의 긍정적인 면 곧 거룩한 삶을 강조하는데 장점이 있으며, 오늘의 상황에서 보다 적응성 있는 표현이라고 사료된다.
23) 웨슬리는 권고하기를 자신의 성결의 체험을 이야기할 때에 겸손하게 이야기하라고 권고하였다. "모든 웅장하고 과장된 용어를 피하십시오. 완전, 성화, 제2의 은혜라든가, 나는 다 이루었다고 한다든가, 그런 일반적 용어들을 사용할 필요가 없습니다."(기독자완전, 121). 웨슬리 자신도 경우에 따라 여러 가지 다른 용어로 성결을 설명하였다. 스틸(Daniel Steele)의 조사에 의하면 무려 26개의 용어(26 terms)를 사용하였다고 한다. (Steele's Answer, Chicago, Christian Witness Co., 1912, 130-131, quoted by Dunning, op. cit., 470).
24) Wesley's Standard Sermons, ed. by Sugden, Epworth Press, 1954, 1956, II, 457-460.
25) Letters V. 229.
26) 기독자완전(2003년 3판), 39, (2009년 4판, 43).
27) 기독자완전(2003년 3판), 39, (2009년 4판, 44).
28) 설교 선집, 152 (설교 〈신자의 회개〉).
29) 성령충만의 결과(effects)에 있어, 죄에서의 씻음이 있느냐, 없느냐에 관하여, 웨슬리안과 케직파간에 논쟁이 심화되어 갔다. 그런 와중에, 심프슨은 웨슬리안과 칼빈주의 케직파간의 논쟁에 있어 어느 한편을 들지 않고 "이는 예수께서 신자의 생 속에 내주하시는 것" 이라고 하면서 '성화(sanctification)'라는 표현을 하였다. 그는 성화를 말하되 죄에서의 씻음은 언급하지 않고 능력 있는 삶만을 말한다. David F. Hartzfeld and C. Nienkirchen, The Birth of Vision, 1986, 21. "the truth was the ever-present Jesus abiding in the believer's life, Jesus Himself, a daily companion in the Christian's life. Or in a word, It was habitation."
여기에 우리는 웨슬리의 입장이 케직파나 심프손의 입장과 구별되는 독특한 특징을 지니고 있음을 인지하여야 한다.
30) '죄를 씻는다', '마음이 깨끗하여진다' 등 의식적인 용어를 웨슬리는 기독론적인 접근에서 윤리적인 용어로 표현하기를 선호하였다.
31) 기독자의 완전 (4판), 43.
32) Orton Wiley, Christian Theology, Beacon Hill Press, 1958, vol. 11, 402.
33) Works, 12:432 (Entire sanctification, or Christian perfection, is neither more nor less than pure love; love expelling sin, and governing both the heart and life of a child of God), 기독

자완전(2003년 3판), 137(2009년 4판 152)참조.
34) Works, xiv, 321.
35) Leon O. Hynson, To Reform the Nation, Francis Asbury Press of Zondervan Pub. House, 1984, 100.
36) 기독자완전(2003년 3판), 137(2009년 4판, 152).
37) 살전 1:3, 3:12 참조.
38) 이점에서 바울이 "그러므로 우리 온전히 이룬 자들은 이렇게 생각할지니.... 온전히 이루었다 함도 아니라 오직 내가 그리스도께 잡힌바 된 그것을 잡으려고 좇아가노라 (빌3:12, 15)"고 한 그 역설적인 표현을 이해하게 된다. 고후 7:1에서 바울은 신자들에게, 이룬 성결한 상태를 완전케 해나가는 과정에서의 순간적인 성결을 호소하고 있다.
39) Wesley, Standard Sermons ed. by Sugden II, p. 448, Works, 401, 기독자완전(2003년 3판), p. 56, 136-137. (2009년 4판, 62, 151-152).
40) Love is the sum of Christian sanctification... which is found, only in various degrees, in the belivers. Works vi, 488.
41) ibid.
42) 기독자완전(4판), 68.
43) H. Ray Dunning, Layman's Guide to Sanctification, Beacon Hill Press, 1991, 60ff.
44) Works, viii, 341.
45) Duning, op. cit., 61.
46) Wesley, Explanatory Note upon New Testament, on Eph. 5:28.
47) Wesley, Standard Sermons ed. by Sugden, II. 253.
48) 마 5:48 "그러므로 하늘에 계신 너희 아버지가 온전하심과 같이 너희도 온전하라 (be perfect)." 참조.
49) 이런 오해에 답하기 위하여, 그는 '기독자완전에 대하여' 라는 설교에서, 자기가 말하는 완전이 기독자의 완전 곧 성서가 말하는 완전으로서 이는 무지, 실수, 타락의 가능성 등에서의 자유나 완전을 말하는 것이 아니라고 변론하고 있다. Works, vi, 227. 기독자 완전(2003년 3판), 24(2009년 4판 26).
50) Works, 401, 444. 기독자완전(2003년 3판), 67-68 (2009년 4판 74).
51) 신약 성경에서 완전이라 할 때, 완전은 헬라어 teleio로 표기되어, 25회나 상용되었다. 이말의 의미는 어떤 표준 또는 규범에 도달했다(attain), 또는 목적이 채워졌다는 뜻이다.
사도 바울의 사용을 보면 어떤 때는 도독적인 면에서 성숙했다 (mature)는 뜻으로 (고전 14:20, 엡 4:13-14), 또는 고전 3:1을 보면 신령한 자(spiritual)를 의미하기도 한다. 그러므로 이는 사랑에서의 성숙, 완전, 또는 성령의 충만을 의미한다고 볼 수 있다.
52) 기독자완전(2003년 3판), 39, (2009년 4판, 43).
53) 기독자완전(2003년 3판), 60, (2009년 4판, 65).
54) Works, xi, p. 395. 기독자완전(2003년 3판), 60, (2009년 4판 66).
55) 칼빈의 요 13:9에 대한 주석.
56) 칼빈의 엡 5:27 과 시32:1 에 대한 주석 참조.
57) 롬 7:25, 8:1-2 참조.
58) Works, xi, 395. 기독자완전(2003년 3판), 60 (2009년 4판 66).
59) Works, ix, 395.

60) 기독자완전 (2003년 3판), 62, (2009년 4판, 66).
61) 요일 1:7, kaqari,zei(씻으신다)는 현재형으로 계속적인 씻음을 의미한다. 그리고 여기 '빛 가운데 거한다'는 것은 바로, 죄를 고백하는 일 곧 회개하는 것이라고 John Stott는 Alford의 주석을 인용하면서 설명했다(John Stott, The Letters of John, IVP, 1999, 80).
62) 기독자완전(2003년 3판), 93-94, (2009년 4판 104-105).
63) 롬 8:34에서도 예수의 계속적인 중보의 사역을 말하고 있다. 히브리서 에서 인용하고 있듯이, 구약에서도 사람이 알지 못하고 범한 허물과 죄는 그들이 대제사장의 제사와 기도에 동참함으로서 해결을 받았다. 지금 예수 그리스도는 하나님 우편에서 계속 대제사장의 기도와 사역을 하고 계시는 것이다(히브리 9장 10장 참조). 위에서 인용 한 요일 1:7은 이와 연관시켜 이해하여야 한다.
64) 롬 5:20, "죄가 더 한곳에 은혜가 넘쳤나니…우리는 그리스도로 말미암아 영생에 이르게 하려 함이라"
65) 기독자완전(2003년 3판), 109, (2009년 4판 121).
66) 기독자완전(2003년 3판), 109-132, (2009년 4판 121-146).
67) 성화가 신인협조적으로 이루어지는 것 곧 복음적협력론(Evangelical synergism)이 웨슬리적 영성수련의 핵심이라고 이후정은 말한다. 이후정, 성화의 길, 기독교서회, 2001, 150.
68) 나는 너희를 거룩케 하는 여호와이니라(I am the Lord who sanctifies you). 레 20:8, 21:8,15, 22:32, 출 31:3), 또한 히 13:12에서는 "예수도 자기 피로써 백성을 거룩케 하려고 성문 밖에서 고난을 받으셨느니라."고 증언하고 있다. 살전 5:24 참조.
69) STS II, 458 (He doeth it). 성서적 구원의 길 (설교).
70) 기독자완전 (2009년 4판), 77-78.
71) Works, viii. 286.
72) STS II. 455 (sermon, The Scripture way of salvation).
73) 웨슬리의 설교, 신자의 회개, 성서적 구원의 길을 참조하라. 또한 이글의 5.1.1.(신자 안에 아직도 내재적인 죄가 남아있기에)을 참조하라.
74) STS II. 457.
75) STS II. 453 (Exactly as we are justified by faith, so are we sanctified by faith. Faith is the condition, and the only condition of sanctification.' in sermon, The Scripture way of Salvation, 1765).
76) Works, vi, 491 ("Sanctification too is 'not of works,' lest any man should boast. It is the gift of God, and is to be received by plain, simple faith." in sermon on Patience. 1984)
77) 이후정, 성화의 길, 기독교서회, 2001, 150
78) 설교 선집, 179-182
79) 웨슬리의 '하나님의 영원한 사랑에 대한 찬송(II)' (London, Strahan, 1742), Hymn 8, 25(Poet. Works, III. 66)의 원문이 약간 수정되어 있다.
80) 또한 갈 4:6-7, 요일 3:24, 4:13, 롬 8:15-16 참조하라.
81) 기독자완전(2009년 4판), 75.
82) 기독자완전(2009년 4판), 109
83) Ibid.
84) 던닝도 그와 같이 결론 짓고 있다. "It may be stated that the pursuit of holiness is a condition of final salvation (see Heb 12:14)." Dunning, op. cit., 85.
85) "The Christian who has already been saved through faith, still awaits the final salvation

for which the maturing power of sanctification will qualify him." Lindstrom, Wesley and Sanctification, Epworth Press, 1950, 216.
성화와 종국적 구원(final sanctification)과의 관계에 관하여는 또한 아래의 글들을 참고하라. Kenneth J. Collins, The Scripture way of Salvation, Abingdon Press, 1999, 198-204 참조. Kenneth Collins, The Theology of John Wesley, Abingdon Press, 2007, 321-324 참조.
86) Works, xii, 227ff; Works, viii, 52, 56, 388 참조.
87) Works viii.285, 한국웨슬리학회 편역, 존 웨슬리 논문집 I, 한국웨슬리학회 발행, 2009, 289.
88) 그렇게 주장하는 이가 김홍기 박사다. 김홍기, 존 웨슬리의 성화론, 한들 출판사, 2008, 98, 117, 119-120 참조. 그러나 그는 같은 책 62쪽에서는, "선행은 믿음의 증거이다.…선행은 믿음의 증거일 뿐아니라, 믿음의 열매이다"라고 다른 견해를 말하고 있다.
89) Collins, op. cit., 199-200 참조: 웨슬리가 1740년대에 쓴 글들(김홍기, op. cit., 120, 참조). 그리고 1770에 쓴 글에서 웨슬리는 선행이 마지막 구원의 조건이 된다고 언급했다. 그래서 웨슬리가 선행으로 의한 구원(salvation by works)를 주장하는 것처럼 확대 해석되어 오해를 받았던 것이다. 그러나 그는 1771년 회의록에서 그런 오해를 불식시키고 있는 것이다.
김홍기 박사는 또한 성화가 믿음과 선행으로 이루어진다고 주장하나, 웨슬리는 이런 주장을 거부한다. 웨슬리는 다음과 같이 말한다. "Sanctification too is 'not of works', lest any man should boast. It is the gift of God, and is to be received by plain, simple faith. Works, vi. 491.
90) Collins, op. cit., 198-204.
91) 선행이 믿음의 증거요 열매라는 것은, 성화에서 선행을 강조하는 김홍기 박사도 인정하고 있다.
김홍기, op. cit., 62. Outler 도 그리 인정하고 있다. 김홍기,op. cit. 203 물론 선행은 저절로 이루어지는 것은 아니다. 하나님의 은혜에 인간의 자유의지적은 참여에 의하여 이루어지는 것이다.
92) L. Tyerman, The Life and Times of Rev. John Wesley, vols 1-3, London, Hodder and Stoughton, 3, 100.
93) George Tunner, The Vision which Transforms: Is Christian Perfection Scriptural?, Beacon Hill Press, 1964 참조. 이 책은 그가 Harvard University에서 쓴 박사 논문인데, 그는 그 책에서 웨슬리의 기독자의 완전이 성서적이라는 것을 입증하고 있다.
94) 기독자완전(2003년 3판), 136(2009년 4판 151).
95) Works, viii, 340.
96) 그리하여 웨슬리는 불과 100여 페이지밖에 안 되는 책 「A Plain Account of Christian Perfection」에서 성경을 195회나 인용했다. 반복한 것까지 합치면 248회나 된다(구약에서 24회, 신약에서 224회), W. E. Sangster, The Path to Perfection, Epworth Press, 1943, 1957, 36.
97) Henry Carter, The Methodist Heritage, Abingdon Press, 1951, 179.

10장

1) 칼 바르트, 사도신경 해설, 신경수 역, 133.
2) Works of John Wesley, Jackson ed, vi, 261-262.
3) 한경직, 사도신경 강해, 57
4) Wiley & Culbertson, Introduction to Christian Theology, Beacon Hill Press,1961, 380.
5) 로잔 언약, 5항
6) 로잔 언약, 5항

7) John Stott, Christian Mission in Modern World, Falcon Books, London, 1979, 31-32.
8) Waldon Scott, Bring Forth Justice, A Contemporary Perspective on Mission, Eerdmans, 1980, 266-268.
9) Jose Miguez-Bonino, "The Church and the Latin American Social Revolution," in the Church and Social Revolution, Perkins School of Theology Senior Colloquy, 1977, quoted from Bassham, op.cit., 345-346.
10) 로잔언약, 6항
11) John Driver, "The Anabaptist Vision and Social Justice," in Escobar and John Driver, Christian Mission and Social Justice, Herald Press, 1978, 102-108.
12) Jackson ed, Works of John Wesley, 6:150, Sermon 52, Society for reformation of manners.
13) Norman Geisler, Systematic Theology, Bethany House,2005, vol. iv, 72-73. 91.
14) See, Notes on Matt 3:15, 16. 여기서 Notes는 John Wesley, The Explanatory Notes upon the New Testament, (London, The Epworth Press, 1954)를 가리키며, 이하 Notes라 표기함.; Works X, 188. 여기서 Works는 The Works of John Wesley. An edition of Complete and unabridged Works by the Photo offset process from the authorized edition published by the Wesleyan Conference Office in London, 1872, 14 Vols. (Grand Rapids : Zondervan Publishing House, 1958)를 가리키며, 이하 Works라 표기함.
15) Ibid., 191.
16) W. F. Flemington, The New Testament Doctrine of Baptism (London : s.p.c.k., 1964), 123.
17) Ibid., 124.
18) 이러한 이해는 유아세례나 성인세례 모두의 경우에 적용될 수 있다. 그러므로 세례는 단순한 인간의 믿음의 표시로 여겨질 수 없다.
19) Journal II, 135.
20) Ibid.
21) Leon Morris, The Gospel According to John, Eerdmans, 1971, 215-216, Erickson, 조직신학 개론 602)
22) Notes on, Acts 2:38; I Cor. 12:13, Gal, 3:27; See, Cho, op. cit., 161-163.
23) Works X, 185, 188, 194-195; See also, Thoughts upon Infant Baptism, 5; Notes on Col. 2: 11-13.
어린이들은 자기 자신의 믿음에 의해서가 아니라 언약 공동체 곧 가시적인 교회 안에 태어났다는 근거에서 할례를 받았다. 그러므로 웨슬리가 주장한바, 유아가 세례받기 위해 요구되어지는 조건이란 그 유아가 신자들의 공동체 속에 있었어야 하고 그 공동체 보호 아래 있어 왔어야 한다는 것처럼 보인다. 웨슬리는 "유아들은" 하나님께서 아브라함과 맺은 "복음적 언약 아래 있었고, 아직도 그 아래에 있다"고 믿었다(Works X, 193).
24) Works X, 195. 웨슬리는 또한 사도들과 모든 시대의 교회가 유아세례를 실행했다고 믿었다.(See, Works X, 196ff, 201 Thoughts Upon Infant Baptism, 12ff)
25) 이 부문은 Rob. L. Staples, Outward Sign and Inward Grace 의 설명을 참고하였다.

26) Rob.L. Staples, Outward Sign and Inward Grace, Beacon Hill Press, 1991, 213ff.
27) Thomas Aquinas, Summa Theologica 3, 75, 4 (quoted by Staples, op. cit., 214).
28) Works x,151 (these elements are...'the images, the symbols, the figure' of Christ's body and blood).
29) Works vii.64.
30) Wesley, Notes Upon the New Testament(이후로는 Notes로 표기함), 마 26:26의 주석참고.
31) Berkhof, Christian Faith, Eerdmans, 1979, p. 65 (quoted by Staples, op. cit., 221).
32) John Calvin, Institutes 4.14.9-10 quoted by Staples op. cit., 224.
33) Ibid., 4.17.19.
34) Ibid., 4.17.32(It is a secret too lofty for either my mind to comprehend or my words to declare And, to speak more plainly, I rather experience than understand.)
35) Ibid., 4.17.24.
36) Works 1, 278.
37) Ole E. Borgen, John Wesley On the Sacraments, Francis Asbury Press,1972,. 58, 59. n.35.
38) Ibid., 67.
39) Hymns on the Lord's Supper, no 75.
"FATHER the Grace we claim" ...
"JESUS, the Blood apply" ....
SPIRIT of Faith, come down.".....
 Pardon, and Grace impart: Come quickly from above, And witness now in every Heart That GOD is perfect love.
40) Borgen, op. cit., 67-68, Staples, op.cit. 227; (cf. Hymns on the Lord's Supper, no.53).
41) Borgen, op. cit., 69.
42) Ibid., 90.
43) Borgen, op.cit., 237.
44) 이를 보겐은 'effectuated our remembrance' 라고 불렀다, Ibid., 242.
45) 이는 웨슬리가 Brevint의 말을 빌려 한 말이다. Brevint (Wesley's extracted version) sec. II.1. quoted by Borgen, op.cit., 86(Daniel Brevint, The Christian Sacrament and Sacrificer(extracted by Wesley)는 Rattenbury, The Eucharistic Hymns of John and Charles Wesley, 1948에 있다.)
46) Words Ⅶ, 148 ; Sermons I, 242.
47) Letters I, 118.
48) Bowmer, op. cit., p. 165.
49) Notes 고전 11:25. 'brought back'라는 표현은 Hymns on the Lord's Supper no. 123에 있다.
50) 그의 '성찬에 드리는 찬미(The Hymns on the Lord's Supper)'에서 웨슬리는 이 제목(The Holy Eucharist as it implies a Sacrifice)이 한 장 전체(a complete section)를 차지하고 있는 것을 본다.
51) 그렇다고 이점에서 웨슬리가 로마교회의 미사에서의 예수의 제사의 반복을 말하는 것과는 다르다는 것은 주목하여야 한다. 웨슬리는 그리스도의 십자가상에서의 대속의 죽음은 완전하며 충족한 것으로 반

복될 수 없는 것으로 이해하였다. 그리스도야 말로 단번에 드려진 제물, 흠 없는 양이다. 역사적으로 볼 때, 성찬을 속죄제물로 표현하는 것이 초기 메소디스트에서는 많았으나, 후대 감리교에서는 거의 안 사용하게 되었다고 보우머는 지적한다. 이는 아마도 로마교회의 입장으로 오해 될까봐 그리 된 듯하다(Bowmer, op. cit., 183).

52) Hymns on the Lord's Supper, no.46:3, 117:2. 120:4, 히 7:24, 9:14,24-25, 10:12.
53) Works 1, 280, V, 187.
54) Bowmer, op. cit., p.174-175.
55) Ibid. p. 167.
56) Hymns on the Lord's Supper, no. 26,4, 13.6, 97.3.
57) Cf. Notes on Luke 24 : 30, 35.
58) Letters Ⅶ, 10-11 ; I, 229.
59) The Hymns on the Lord's Supper, no.96.2.
그래서 웨슬리는 다음과 같이 찬미한다.
The Church triumphant in Thy love, Their mighty joys we know; They sing the Lamb in Hymns above, And we in hymns below.
60) 한번은 수찬자의 자격에 대한 질문을 받고 웨슬리는 다음과 같이 말하였다. "And if you believe Christ died for guilty, helpless sinners, then eat that bread and drink of that cup" -Wesley, Letters, vi, 124(Nov. 28, 1774).
61) 보우머는 이에 대하여 다음과 같이 표현하였다. "for the communicant, the efficacy of the Sacrament is bound up with the extent to which he, by faith, makes the sacrifice his own. ···The benefits of the Sacrament are contingent upon faith. ···In the final analysis, it is by faith that the communicant appropriates 'all the benefits of His Passion." Bowmer, op.cit. 175-176.
62) Bowmer, op.cit.120-122.
63) Works Vi, 148.
64) Ibid.

11장

1) Joseph Pohle, Eschatology: The Catholic Doctrine of the Last Things. A Dogmatic Treatise(St. Louis: B Herder, 1917). 70, 52-61.
2) ibid., 77.
3) Ibid., 91, 95.
4) Emil Brunner, The Christian Doctrine of Church, Westminster, 1962, Ⅲ. . 383-385, 408-414.
5) Shirley C. Cuthrie, Christian Doctrine, Westminster, 1994, 395.
6) W. D. Davies, Paul and Rabbinic Judaism, London, S.P.C.K, 1955, 317-318.
7) Guthrie, op. cit., 394.
8) Millard Erickson, 조직신학 개론, 기독교문서선교회, 2001, 639.
9) Ibid., 개역개정 성경은 hades (ᾅδης)를 음부라고 번역하고(마 16:18, 계 1:18, 20:13 참조), Gehena(γέεννα)는 지옥으로 번역하고 있다(마 5:22, 막 9:45 참조). H. R. Wiley, Christian

Theology,II. Beacon Hill Press, 1958, 364 참조.
10) 로이드 존스(임범진 역), 교리강좌 시리즈 3 (영광스러운 교회와 아름다운 종말), 부흥과 개혁사, 2011, 350-353.
11) Erickson, op. cit., 400.
   George E. Ladd, "Revelation 20 and the Millenium" Review and Expositor 57.2 (April 1960): 169
12) George Ladd, Blessed Hope, Eerdmams Pub. co, 1980, 90-91.
13) W.E. Blackstone, Jesus is coming, Fleming H. Revell com., 1916, 72-74 참조.
14) Erickson, 조직신학 개론, 626.
15) H. Orton Wiley, Introduction to Christian theology, Beacon Hill Press, 1961, 433.
16) Norman Geisler, Systematic Theology, Bethany House, 2005, vol. 4, 296-298.

참고도서

Aulen, Gustaf. *Christ Victor*, Translated by A. G. Herbert, New York, Macmillan Co. 1931
Barth, Karl. *The Doctrine of the Word of God*, Charles Scribner's Sons, 1936
Bloesch, Donald G. *Essentials of Evangelical Theology*, 2 vols. Harper and Row, Publisher, 1978
Blue, Ken, *Authority to Heal*, Intervarsity Press, 1987
Brunner, Emil. *Dogmatics*, 3 vols, Lutterworth Press, London, 1952, 1962
Calvin, John, *Institute of the Christian Religion*, translated by Beveridge, James Clark and Co. 1949
Cannon, William R. *The Theology of John Wesley*, Abingdon Press, 1946
Collins, Kenneth J. *The Scripture Way of Salvation*, Abingdon Press, 1997
Cox, Leo G. *John Wesley's Concept of Perfection*, Beacon Hill Press, 1964
Curtis, Olin a. *The Christian Faith*, Grand Rapids: Kregel Book Store, reprint, 1956
Dayton, Donald, *Theological Roots of Pentecostalism*, Francis Asbury Press,1987
Dunning, H. Ray. *Grace, Faith and Holiness*, Beacon Hill Press, 1988.
_____, *A Layman's Guide to Sanctification*, Beacon Hill Press, 1991
Erickson, Millard J. *Christian Theology 3 vols*. Baker Book House, 1984
_____, *Introducing Christian Doctrine*, 2nd edition, 2001
Geisler, Norman. Systematic Theology, 3 volumes, Bethany House, 2003
Gordon, A. J. *The ministry of Healing, Miracles of Cure in All Ages*, Christian Publications, nd.
Guthrie, Shirley C. *Christian Doctrine*, Revised Edition, Westminster Press,1994
Ladd, George Eldon. *The Gospel of the Kingdom*, Eerdmans, 1959,
_____. *The Blessed Hope*, Eerdmans, 1956
Niebuhr, Reinhold. *The Nature and Destiny of Man* 2 vols. New York, Charles Scriber's sons, 1943
Pope, William, B. *A Compendium of Christian Theology*, 3 vols. London, Wesleyan Conference Office, 1880
Purkiser, W. T. ed., *Exploring Our Christian Faith*, Beacon Hill Press, 1978
Sangster, W.E. *The Path to Perfection*, Abingdonn Press, 1943
Simpson, A. B, *The Gospel of Healing*, rev. ed, Christian Alliance Publishing, 1915
Starkey, Lycurgus M. Jr. *The Work of the Holy Spirit*, Abingdon Press, 1962
Strong, A. H. *Systematic Theology*, Griffith and Roland Press, 1907
Tillich, Paul. *Systematic Theology* 3 vols. University of Chicago, 1957
Turner, George Allen. *The More Excellent Way*, Light and Life Press, 1952
_____, The Vision which Transforms: *Is Christian Perfection Scriptural?* Beacon Hill Press, 1964
Tyerman, Luke. *Life and Times of John Wesley*, 2 vols. London, Hodder and Stoughton,1872-75,
Warfield, Benjamin B. Miracles: *Yesterday and Today*, Eerdmans, 1853
Wesley, John. Explanatory Notes upon the New Testament, The Epworth Press, 1950

_____. *The Plain Account of Christian Perfection*, Beacon Hill Press, 1966
_____. *The Standard Sermons of John Wesley*, ed. by Sugden, 2 vols. The Epworth Press, 1955
_____. *The Works of John Wesley*, 14 vols. ed. by Jackson,
_____. *The Letters of the Rev. John Wesley*, ed. by John Telford, Epworth Press, 1931
Wiley, H. Orton. *Christian Theology* 3 vols. Beacon Hill Press, 1940
Wiley, H. Orton & Culbertson, Paul, T. *Introduction to Christian Theology*, Beacon Hill Press, 1945
Williams, Colin W. *John Wesley's Theology Today*, Abingdon Press, 1960
Wynkoop, Mildres Bangs. *The Theology of Love*, Beacon Hill Press, 1972

색인 목록 (Index)

교회의 정치형태 · 299
루터의 공존설 · 101
교회 · 277
교회의 본질 · 281
교회의 사명 · 291
구원론 · 193 225
구원의 순서 · 201
그리스도 대속의 범위 · 155
그리스도 대속의 혜택 · 156
그리스도 중보사역 · 147
그리스도인의 완전 · 250
근본주의 · 344
기독교신학의 정의 · 11
기독론 · 127
네스토리우스주의(Nestorianism) · 140
도덕감화설 · 157
도덕론적 증명 · 58
도덕적 악 · 96 99
도케티즘(Docetism) · 131
동정녀 탄생 · 129
목적론적 증명 · 56
몸의 부활 · 111 183 333
무천년왕국설 · 355
민중신학 · 23
믿음의 유추(analogy of faith) · 50
배상설 · 150
복음적협동설 · 317
삼분설 · 110
삼위일체 · 80
새 언약설 · 154 168
선행적 은혜 · 320
성경의 영감 · 42
성결과 마지막 구원 · 269
성경의 권위 · 25 43
성경해석의 원리 · 49
성령 · 159
성령을 모독하는 죄 · 162
성령의 사역 · 160 164
성령의 신성 · 81

성령의 인격 · 160
성례전 · 301
성만찬 · 309
성화(성결, Sanctification) · 225 204
성화의 과정 · 226 270
세례 · 239 302
순간적 부활 · 333
속전설 · 149
속죄 · 145 146 149
신정통주의 · 8 45 67 111 333
신자의 회개 · 228 255 261
신학도의 기본자세 · 27
신유에 대한 신학적 이해 · 172
아폴리나리우스주의(Apolinarianism) · 132
악의 기원 · 97
양자됨(성자) · 203 206
칼빈의 영적임재설 · 314
연옥설 · 330
영혼의 취침설 · 331
예수의 신성 · 134
예수의 인성 · 128
온전한 성화 · 225 231
원죄 · 116 117
웨슬리의 하나님의 역동적 임재설 · 323
우주론적 증명 · 56
유아세례 · 308
유티커스주의(Eutychianism) · 140
은총의 수단 · 316
음부 · 333
이분설 · 332
이중예정론 · 120 156 214 258
인간의 타락 · 114
일반 은총 · 120
일원설 · 111
자범죄 · 122 202
자연악 · 96 100
자연계시 · 31
자유주의 신학 · 45 66 70

주님의 재림 · 225 329 336
전적 타락 · 209
전천년왕국설 · 350
종말 · 323
종교적 증명 · 59
중생 · 238
중생과 성화 · 226
지옥 · 269 330 366
창조의 목적 · 91 113
창조의 기간 · 89
천년왕국 · 342
천지창조의 신학적 의미 · 86
초기의 성화 · 228
츠윙글리의 기념설 · 310 313
칭의(Justification) · 203
최후 심판 · 334 359
칼빈주의 · 118 151 205
특별계시 · 30
펠라기우스주의 · 118
하나님의 도덕적 속성 · 72
하나님의 일반 섭리 · 92
하나님의 자연적 속성 · 62
하나님의 특별섭리 · 93
하나님의 형상 · 101 102
하나님의 초월성 · 64
하나님의 내재성 · 64
하늘나라의 본질 · 363
할례 · 263 287 304
해방신학 · 295
허물(무의적 죄) · 123
화체설 · 310
후천년설 · 342
휴거 · 339 342